Llenyddiaeth mewn Theori

Y MEDDWL A'R DYCHYMYG CYMREIG

Golygydd Cyffredinol

John Rowlands

Cyfrolau a ymddangosodd yn y gyfres hyd yn hyn:

1. M. Wynn Thomas (gol.), *DiFfinio Dwy Lenyddiaeth Cymru* (1995)
2. Gerwyn Wiliams, *Tir Neb* (1996) (Llyfr y Flwyddyn 1997; enillydd Gwobr Goffa Ellis Griffith)
3. Paul Birt, *Cerddi Alltudiaeth* (1997)
4. E. G. Millward, *Yr Arwrgerdd Gymraeg* (1998)
5. Jane Aaron, *Pur fel y Dur* (1998) (Enillydd Gwobr Goffa Ellis Griffith)
6. Grahame Davies, *Sefyll yn y Bwlch* (1999)
7. John Rowlands (gol.), *Y Sêr yn eu Graddau* (2000)
8. Jerry Hunter, *Soffestri'r Saeson* (2000) (Rhestr Fer Llyfr y Flwyddyn 2001)
9. M. Wynn Thomas (gol.), *Gweld Sêr* (2001)
10. Angharad Price, *Rhwng Gwyn a Du* (2002)
11. Jason Walford Davies, *Gororau'r Iaith* (2003) (Rhestr Fer Llyfr y Flwyddyn 2004)
12. Roger Owen, *Ar Wasgar* (2003)
13. T. Robin Chapman, *Meibion Afradlon a Chymeriadau Eraill* (2004)
14. Simon Brooks, *O Dan Lygaid y Gestapo* (2004)
15. Gerwyn Wiliams, *Tir Newydd* (2005)
16. Ioan Williams, *Y Mudiad Drama yng Nghymru 1880–1940* (2006)

Y MEDDWL A'R DYCHYMYG CYMREIG

Llenyddiaeth mewn Theori

Golygwyd gan
Owen Thomas

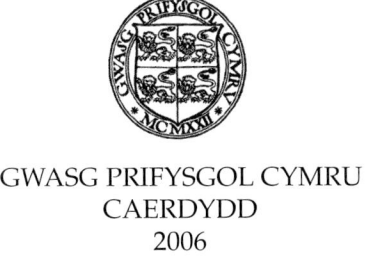

GWASG PRIFYSGOL CYMRU
CAERDYDD
2006

© Y Cyfranwyr 2006

Cedwir pob hawl. Ni cheir atgynhyrchu unrhyw ran o'r cyhoeddiad hwn na'i gadw mewn cyfundrefn adferadwy na'i drosglwyddo mewn unrhyw ddull na thrwy unrhyw gyfrwng electronig, mecanyddol, ffotogopïo, recordio, nac fel arall, heb ganiatâd ymlaen llaw gan Wasg Prifysgol Cymru, 10 Rhodfa Columbus, Maes Brigantîn, Caerdydd, CF10 4UP.
Gwefan: *www.cymru.ac.uk/gwasg*

ISBN 10 0-7083-2065-1
ISBN 13 978-0-7083-2065-5

Mae cofnod catalogio'r gyfrol hon ar gael gan y Llyfrgell Brydeinig.

Hoffai'r cyhoeddwyr gydnabod cymorth ariannol Cyngor Cyllido Addysg Uwch Cymru tuag at gyhoeddi'r llyfr hwn.

Datganwyd gan y Cyfranwyr eu hawl moesol i gael eu cydnabod yn awduron y gwaith hwn yn unol ag adrannau 77 a 78 o'r Ddeddf Hawlfraint, Dyluniadau a Phatentau 1988.

Argraffwyd yng Nghymru gan Wasg Dinefwr, Llandybïe.

Cynnwys

Rhagymadrodd	vii
1. 'Yr Hil': Ydy'r Canu Caeth Diweddar yn Hiliol? SIMON BROOKS	1
2. 'Bardd arallwlad': Dafydd ap Gwilym a Theori Ôl-Drefedigaethol DYLAN FOSTER EVANS	39
3. Trwy Lygaid Peniarth 52 OWEN THOMAS	73
4. 'Dwyn ei genedl dan ganu': Llafaredd a Pherfformiad ym Meirniadaethau Eisteddfodol John Morris-Jones LLION PRYDERI ROBERTS	115
5. Borshiloff ANGHARAD PRICE	137
6. 'Cwmwl Haf' Waldo Williams a Theori'r 'Switches' TUDUR HALLAM	152
7. Darllen Bobi Jones ELERI HEDD JAMES	188
Mynegai	207

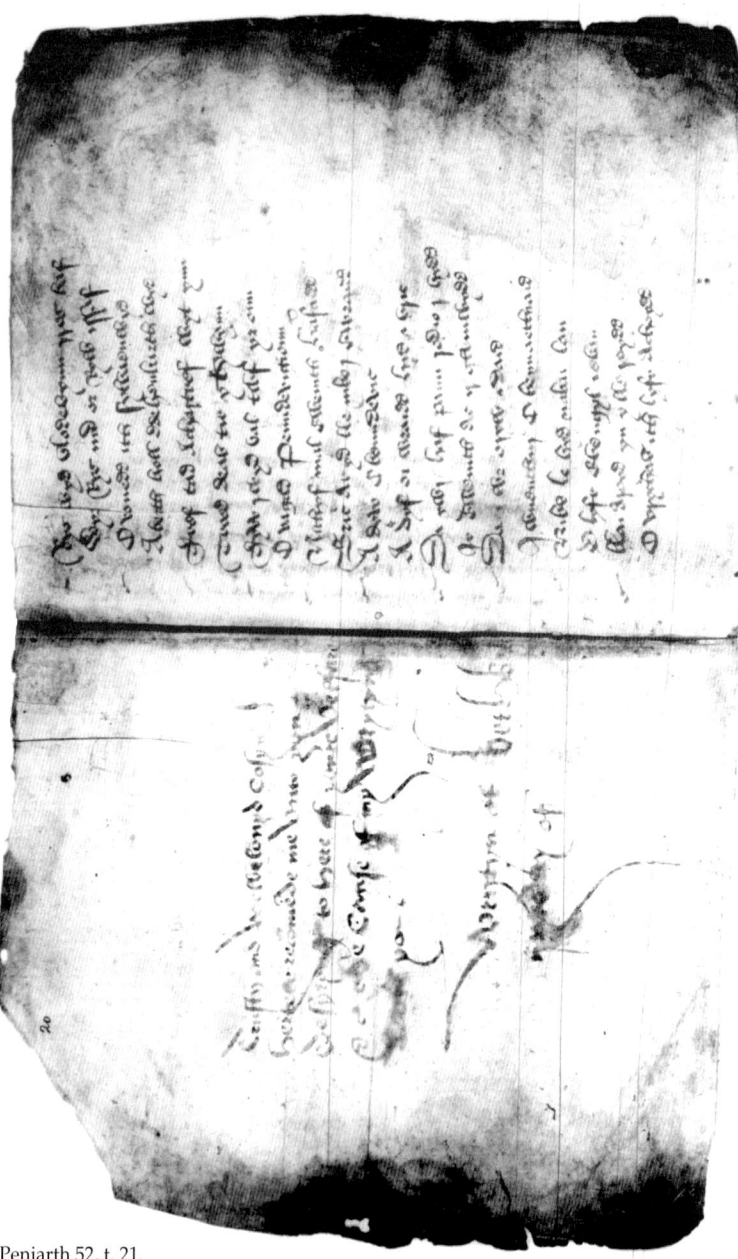

Peniarth 52, t. 21.
Trwy garedigrwydd
Llyfrgell Genedlaethol Cymru.

Rhagymadrodd

Ffrwyth uniongyrchol cynhadledd undydd a gynhaliwyd yn Llanbedr Pont Steffan ym mis Ebrill 2005 yw'r gyfrol hon sydd yn cynnwys papurau a draddodwyd yno. Cafwyd ymateb ardderchog gan bob un o adrannau Cymraeg Prifysgol Cymru a Phrifysgol Caerdydd ac ni fu'n rhaid gofyn ddwywaith i'r ysgolheigion hyn, bob un, droi eu nodiadau darlith yn ysgrifau gorffenedig mewn byr o dro yn ystod yr haf. Dyna arwydd o'u brwdfrydedd a'u diddordeb mewn maes sydd yn berthnasol iawn i Gymru ac i'r Gymraeg y dwthwn hwn. Mae'n arwydd hefyd, dybiwn i, o'r awydd i estyn y drafodaeth Gymraeg a gychwynnwyd pan gyhoeddwyd *Sglefrio ar Eiriau* yn 1992.

Pan ddaeth *Ysgrifau Beirniadol* i ben yn ddiweddar collwyd cyfle i ddarllen dadansoddiadau academaidd a theoretig drwy gyfrwng y Gymraeg. Felly, gyda chefnogaeth yr Athro John Rowlands, Golygydd Cyfres 'Y Meddwl a'r Dychymyg Cymreig', Robert Rhys, Cadeirydd Pwyllgor Iaith a Llên y Bwrdd Gwybodau Celtaidd, Ashley Drake, Cyfarwyddwr Gwasg Prifysgol Cymru, ynghyd â chymorth hael Cronfa Goffa Thomas Ellis, Prifysgol Cymru, aethpwyd ati i olygu papurau'r gynhadledd theoretig yn Llanbedr Pont Steffan yn ddiymdroi. At hynny, sefydlwyd gwefan neu, a bod yn fanwl gywir, we-flog i hwyluso'r trefniadau ac i gyflwyno gwybodaeth mewn modd diffwdan ac i restru manylion bras y papurau a draddodwyd.[1] Yn sgil llwyddiant y gynhadledd penderfynwyd parhau â'r fenter hon ac ym mis Rhagfyr 2006 lansir cyfnodolyn newydd o'r enw *Llenyddiaeth mewn Theori*, o dan nawdd Adran y Gymraeg, Prifysgol Cymru, Llanbedr Pont Steffan.

O fwriad, penderfynwyd bwrw'r rhwyd mor eang â phosibl wrth gynnull papurau ar gyfer y gynhadledd gyntaf ac adlewyrchu'r amrywiaeth hwnnw y mae'r ysgrifau sydd yn y gyfrol hon. Byth oddi ar sefydlu *Tu Chwith*, un o ladmeryddion amlycaf theori lenyddol yn y Gymraeg fu Simon Brooks, sydd bellach yn Gymrawd Ymchwil yn Adran y Gymraeg, Prifysgol Cymru, Llanbedr Pont Steffan. Mae'n hysbys ddigon hefyd ei fod yn ymddiddori mewn gwleidyddiaeth ac yn cymryd rhan ymarferol a gweithredol ynddi. Yn '"Yr Hil": Ydy'r Canu Caeth Diweddar yn Hiliol?' â ati i ddadansoddi barddoniaeth gynganeddol ddiweddar mewn perthynas â'r hyn a ystyrir yn hiliaeth gan y sefydliad Prydeinig a chan ddisgyrsiau Saesneg a Seisnig mewn pennod sydd yn batrwm o eglurder mynegiant hyd yn oed wrth drafod perfeddion gwaith Foucault. Mae hon yn bennod ysgytwol o wleidyddol a hynod o gyfoes ei neges. Nid yw'n ormod dweud ei bod yn amlygu'r ddolen gyswllt fywiol sydd rhwng cymdeithas a'i chynnyrch llenyddol.

Ym mhennod Dylan Foster Evans, '"Bardd arallwlad": Dafydd ap Gwilym a Theori Ôl-Drefedigaethol' trafodir ôl-drefedigaethedd mewn perthynas â Chymru, drwy archwilio'r cynodiadau hiliol mewn barddoniaeth Gymraeg yn ystod yr Oesoedd Canol Diweddar. Mae'n syndod, o gofio mai Cymru fu trefedigaeth gyntaf Lloegr, na fu mwy o drafod ar y pwnc hwn ond, fel yr esbonia Dylan Foster Evans, nid yw pob hanesydd, hyd yn oed yng Nghymru, o'r farn fod Cymru'n drefedigaeth. Yn ddiweddar iawn cyhoeddwyd mwy nag un astudiaeth ôl-drefedigaethol ar lenyddiaeth Gymraeg a Saesneg Cymru ac maent wedi cael ymateb tra bywiog. Cyhoeddwyd hefyd ambell drafodaeth ar lenyddiaeth yr Oesoedd Canol o'r safbwynt hwn ond, at ei gilydd, prin fu'r sylw i'r maes hwn ac, yn sicr ddigon, prin iawn yw'r trafodaethau Cymraeg sy'n mynd i'r afael â'r pwnc trawsffiniol hwn mewn ymdriniaeth estynedig. Yn ei bennod â Dylan Foster Evans ati i roi sylw i waith yr hanesydd diweddar Rees Davies, y seicolegydd eang ei ddylanwad Frantz Fanon, y llenor a'r theorïwr Raymond Williams ac, wrth gwrs, yr ysgolhaig o Balestiniad, Edward Said a fu'n arloesi ym maes llenyddiaeth ôl-drefedigaethol. At hynny, defnyddir syniadau Homi Bhabha ynglŷn â dynwared a'r cysyniad o'r *hybrid* i edrych yn benodol ar waith Dafydd ap Gwilym. Man cychwyn syniadol Dylan Foster Evans yw natur yr ystrydebau ethnig sydd yn ymwneud â Chymru. Rhydd enghreifftiau o ystrydebau modern am Gymru yn ogystal ag ystrydebau canoloesol. Dangosir yr ystrydebau hynny ar waith yn y Gymru gyfoes ac mewn cywyddau o eiddo Dafydd ap Gwilym mewn pennod sydd yn eang ei dysg ac yn mynd at graidd ein diwylliant Cymreig. Dyma bennod sydd yn brawf y gall astudio'r Oesoedd Canol fod yn fwy nag 'addurn' i'r deall yn unig, beth bynnag fu barn Charles Clarke, y cyn-Weinidog Addysg yn San Steffan, am ddefnyddioldeb haneswyr canoloesol.[2]

Ymddengys fy ysgrif i, sef 'Trwy Lygaid Peniarth 52', ar yr olwg gyntaf ymhlith yr ymdriniaeth leiaf 'theoretig' ei phwyslais, oherwydd ymdrin y mae â materion fel natur tystiolaeth lawysgrifol, y bardd fel copïydd, orgraff Gymraeg ganoloesol a golygiadau modern o weithiau Dafydd Nanmor a Dafydd ap Gwilym. Ar y llaw arall, rhaid peidio ag anghofio nad oes raid i ysgrifau theoretig eu cyfyngu eu hunain i feysydd ffasiynol y dydd, fel hanesyddiaeth newydd neu ôl-foderniaeth. Mae lle hefyd i feirniadaeth destunol, yn enwedig pan eill y feirniadaeth destunol honno ddwyn ystyriaethau newydd i'r golwg. Casgliad yr ysgrif hon yw fod ôl pedair llaw ym Mheniarth 52, ac nid un llaw fel y tybid cynt, a bod un o'r llawiau hynny yn perthyn i'r bardd Dafydd Nanmor. Ni fydd yn syndod i olygyddion barddoniaeth ganoloesol fod fersiynau Dafydd Nanmor o'i waith ei hun dipyn mwy dibynadwy a llai llwgr nag ymdrechion y llawiau eraill ond efallai y mynegir peth syndod o weld fod y Cymro hwn o fardd o ddiwedd y bymthegfed ganrif yn llunio llythyrau yn yr iaith fain.

Yn '"Dwyn ei genedl dan ganu": Llafaredd a Pherfformiad ym Meirniadaethau Eisteddfodol John Morris-Jones' Llion Pryderi Roberts trafodir gwedd ar waith John Morris-Jones sydd, hyd yma, heb dderbyn fawr o'r sylw sydd yn ddyladwy iddi. Ochr yn ochr â'i waith ar brosiect 'Perfformio o'r Pulpud', sef astudiaeth o elfennau llafar a pherfformiadol pregethu dramatig y bedwaredd ganrif ar bymtheg a'r ugeinfed ganrif, bu Llion Pryderi Roberts yn astudio patrymau traddodi a chyflwyno John Morris-Jones a fu'n gymaint o ddylanwad ar gynulleidfaoedd eisteddfodol ac ar osod y cywair ar gyfer dadansoddi llenyddiaeth dechrau'r ugeinfed ganrif. Yn ei bennod trafodir y berthynas rhwng theori llafaredd a pherfformio a llenyddiaeth. Gwneir hyn drwy fwrw golwg ar y corff o feirniadaethau eisteddfodol a draddodwyd gan John Morris-Jones ar gystadleuaeth y gadair yn yr Eisteddfod Genedlaethol rhwng 1900 a 1928. Er mai ffurfiau ysgrifenedig ar y beirniadaethau sydd yn weddill heddiw, mae tystiolaeth sylwebyddion ynghyd â thystiolaeth glywedol o enau Morris-Jones ei hun yn tystio i lafaredd y beirniadaethau. Canolbwyntir yn bennaf yn yr ymdriniaeth hon â'r beirniadaethau yng nghyd-destun y perfformiad llafar ohonynt, perfformiad a oedd yn hyrwyddo rôl John Morris-Jones fel athro barddol, gan fanylu ar elfennau yn y beirniadaethau sy'n amlygu llafaredd eu perfformiad gwreiddiol. Dangosir sut y gall darllen y beirniadaethau yng nghyd-destun theori llafaredd a pherfformio ein cynorthwyo i gael gwerthfawrogiad llwyrach o'r beirniadaethau eu hunain ac o John Morris-Jones fel beirniad, gan greu gwell dealltwriaeth o'i gyfraniad fel 'athro cenedl'.

Yn 'Borshiloff' Angharad Price eir i'r afael ag un o ysgrifau T. H. Parry-Williams trwy gyfrwng rhai o syniadau Edward Said. Yn y gyfrol *Myfyrdodau* a ymddangosodd yn 1957 lluniodd T. H. Parry-Williams ysgrif sydd yn dwyn i gof, mewn modd bywgraffyddol, brofiadau'r awdur yn yr Almaen cyn y Rhyfel Byd Cyntaf wrth ddod wyneb yn wyneb â Bwlgariad o gyd-fyfyriwr. Mae'r cyfarfod hwn rhwng y Gorllewinwr a'r Dwyreiniwr yn gyfle i gymhwyso syniadaeth y diweddar Edward Said at lenyddiaeth Gymraeg a dyna a geir gan Angharad Price yn rhan gyntaf ei phennod. Ond nid dilyn fformiwla theori ôl-drefedigaethol yn slafaidd a wna'r llenor o Fethel. Yn ail ran y bennod â rhagddi i fwrw amheuaeth ar y duedd ymhlith rhai theorïwyr llenyddol i 'lofruddio' awduron am gamweddau ideolegol a dengys hi fod testunau llenyddol gwerth chweil yn fwy cymhleth na'r darlleniadau gor-syml a gynigir weithiau gan safbwyntiau theoretig. Wrth ymdrin ag ysgrif T. H. Parry-Williams achubir ar y cyfle i esbonio syniadau mwy datblygedig am natur ôl-drefedigaethedd, a phwysleisir dynolrwydd llenyddiaeth.

Yn '"Cwmwl Haf" Waldo Williams a Theori'r "Switches"' Tudur Hallam eir i'r afael â'r modd y dehonglwyd barddoniaeth Waldo a'r modd y dehonglwyd Waldo'r bardd yng nghyswllt sylw'r bardd am y modd y ceisiai osod digon o 'switches' ar barwydydd y testun i alluogi'r darllenydd i'w ddeall yn iawn. Ef ei hun a fynnodd na châi flas o gwbl ar feirniadaeth sy'n awgrymu y gall y darllenydd ddod o hyd i ystyr nad oedd yn rhan o fwriad gwreiddiol yr awdur. Ond, er gwaethaf dymuniadau a dyheadau'r bardd, un o nodweddion hynotaf yr ymateb a fu i Waldo Williams yw'r amrywiaeth mawr yn natur deongliadau'r darllenwyr wrth fynd ati i werthfawrogi ei farddoniaeth. Enghraifft wiw o'r duedd honno yw'r modd y mae darllenwyr wedi ymateb i'r gerdd yn y wers rydd a elwir 'Cwmwl Haf'. Trwy gyfeirio at y tebygrwydd rhwng theori'r 'switches' a'r theori honno a adwaenir fel theori ymateb y darllenydd, mynnir gan Tudur Hallam i 'Cwmwl Haf' Waldo Williams fod yn gyfrwng i wahanol feirniaid Cymraeg gyflwyno eu syniadau hwy am lenyddiaeth. Yn ogystal â hynny codir ystyriaethau llawer mwy cyffredinol yn y bennod hon, gan gynnwys swyddogaeth a statws y darllenydd mewn perthynas â llenyddiaeth. Yn ddiau, bu cynnig Waldo fel gwrthrych ysgrif o'r fath ar theori'r darllenydd yn chwip o ddewis, o gofio bod ei ddywediadau a'r hanesion amdano wedi tyfu'n gymaint rhan o chwedloniaeth bro'r Preseli a bellach yn rhan annatod o oriel enwogion a phersonoliaethau llenyddiaeth Gymraeg. Gogleisiol yw rhan Dilys Williams, chwaer Waldo, ynghyd â'r cawr ysgolhaig J. E. Caerwyn Williams yn nrama'r darllen a'r dehongli, a go brin y gellir parhau i roi ei sylwadau hi rhwng cromfachau uchel eu haeliau.

Un a wnaeth gyfraniad aruthrol i faes ysgolheictod Cymraeg ac ar lwyfan rhyngwladol ym maes theori llenyddiaeth yw Bobi Jones – neu R. M. Jones, o ddefnyddio'r enw a arddelir ganddo wrth gyhoeddi ei waith beirniadol – a gweithio a fu ef ar fenter arloesol mewn beirniadaeth lenyddol a ddisgrifiwyd yn ddiweddar gan Robert Rhys fel y fenter fwyaf o'i bath yn hanes beirniadaeth Gymraeg. Cyhoeddodd gyfres o gyfrolau, pob un ohonynt yn rhan o'i ymgais i ddatblygu beirniadaeth lenyddol o safbwynt theoretig penodol a'i diffinio fel disgyblaeth. Yn ei phennod 'Darllen Bobi Jones' â Eleri James ati i drafod gweithiau'r ysgolhaig toreithiog hwn a'r dylanwadau amrywiol a fu arno, gan gynnwys ieithyddiaeth a'i ffydd Gristnogol. Eithr yn y gwerthfawrogiad hwn ni fodlonwyd ar gynnig teyrnged unllygeidiog o sebonllyd. Yn lle hynny, ceir ymgais i werthfawrogi'r cyfraniad unigryw hwn, gan gynnwys tynnu sylw at rai o wendidau'r dull strwythurol o ddarllen. Ymgais yw'r bennod hon i amlinellu theori driphlyg R. M. Jones yn fras cyn holi'r cwestiwn am berthynas y gyfundrefn fawr o syniadau hon a gwerthfawrogi enghraifft unigol o lenyddiaeth. Cais Eleri James ystyried ym mha fodd y gellir defnyddio theorïau Bobi Jones yn ymarferol er mwyn goleuo testun penodol a llwydda i grisialu cyfundrefn feddyliol Bobi Jones drwy ganolbwyntio ar *Tair Rhamant Arthuraidd*, sef monograff o eiddo Bobi Jones sydd yn hynod ddadlennol o ran ei syniadaeth lenyddol.

Yn nychymyg ambell Gymro a Chymraes mae'n bosibl fod theori llenyddiaeth a phob ymdriniaeth yn ymwneud â theori wedi troi'n gawl eildwym sydd yn llawn terminoleg astrus a di-fudd. Bu nifer o resymau yn gyfrifol am hynny. Yn eu mysg mae'n rhaid cofio'n gyntaf fod rhai o'r cyfranwyr i'r maes hwn yn y gorffennol yn bur anghyfarwydd â chyfoeth teithi'r Gymraeg. Yn y gyfrol hon, fodd bynnag, mae pob un o'r cyfranwyr yn proffesu arbenigedd yn y Gymraeg ac mae hyd yn oed un prif lenor yn eu plith. At hynny, mae'n rhaid ystyried fod y rhan fwyaf o waith ym maes theori llenyddiaeth yn ystod y deng mlynedd ar hugain diwethaf wedi ymddangos gyntaf yn Saesneg neu yn Ffrangeg. Felly, bu'n rhaid i'r ymdriniaethau 'Cymraeg' cyntaf fynd i'r afael â chyfieithu cenllif o dermau a chysyniadau dieithr. Aeth ambell theorïwr Cymraeg i gors ansicrwydd ar gyfrif awydd i gyfieithu pob un term, lle nad oedd ond angen cyfieithu'r ystyr. Wrth fwrw cip yn ôl ar 'ieuenctid ffôl' maes theori Gymraeg gellir synhwyro bellach mai gwyniau tyfiant fu'r ymbalfalu hwn am ystyr. Yn y gyfrol hon, fodd bynnag, gwnaethpwyd pob ymdrech i osgoi niwlogrwydd a Chymraeg clapiog a cheisiwyd cadw mewn cof, bob amser, mai'r nod yw gwerthfawrogi ein llenyddiaeth, boed honno'n perthyn i'r Oesoedd Canol neu i'r ugeinfed ganrif, o safbwynt syniadaeth gyfoes a pherthnasol i'r Gymru sydd ohoni ac nid gwthio gwin sur i hen gostrel.

Owen Thomas
Prifysgol Cymru, Llanbedr Pont Steffan
Haf 2006

Nodiadau

[1] Gw. <http://llenyddiaethmewntheori.blogspot.com> [gwelwyd 10 Medi 2005].
[2] Gw. yr adroddiad ar sylwadau Charles Clarke am werth 'addurnol' haneswyr yr Oesoedd Canol ar wefan *The Guardian*: <http://education.guardian.co.uk/higher/artsandhumanities/story/0,12241,952356,00.html> [gwelwyd 9 Mai 2003].

1
'Yr Hil': Ydy'r Canu Caeth Diweddar yn Hiliol?

SIMON BROOKS

Carreg filltir yn hanes beirniadaeth lenyddol Gymraeg yn yr ugeinfed ganrif oedd cyhoeddi casgliad o ysgrifau llenyddol yn 1992 o'r enw *Sglefrio ar Eiriau*. Yr un mor bwysig o safbwynt yr hanes hwnnw oedd yr ymateb negyddol i'r gyfrol yng nghylchgrawn y Gymdeithas Gerdd Dafod, *Barddas*, er gwaetha'r ffaith ei bod yn hynod o ddarllenadwy a hygyrch.[1] Roedd gan *Sglefrio ar Eiriau* un bai a'i nodweddai, ac a'i condemniai, hyd yn oed cyn iddi gael ei chyhoeddi. Cyfrol ydoedd a geisiodd gymhwyso theori lenyddol gyfoes at astudiaethau llenyddol Cymraeg. Buasai theori yn amhoblogaidd ymhlith y garfan fwyaf ceidwadol o feirniaid llenyddol yng Nghymru ers tro byd. Mae'r rhesymau dwfn dros y gwrthwynebiad hwn i theori yn eithriadol o ddiddorol, ac un o nodau'r ysgrif hon yw holi a oes goblygiadau ymarferol yn y byd 'go-iawn' i hyn, yn enwedig felly o safbwynt y mudiad cenedlaethol a'r rhagolygon ar gyfer y diwylliant a'r iaith Gymraeg.

Wrth holi hynny, bydd angen gofyn ai gwedd ar hanfodaeth (*essentialism*) yw'r gwrthwynebiad Cymraeg i theori, ac os felly tybed ai'r un hanfodaeth sy'n gyfrifol am natur ddi-ffrwt llawer o genedlaetholdeb Cymraeg? At hynny, trafodir arwyddocâd y gair 'hil', un o allweddeiriau pwysicaf cenedlaetholdeb Cymraeg ethnig, a hynny mewn barddoniaeth gaeth o saithdegau'r ugeinfed ganrif ymlaen. Mae 'hil' yn un o eiriau mwyaf hanfodaidd y Gymraeg, ac eto, yn eironig, bu'n fan cychwyn yn rhyngwladol i bob math o drafodaethau theoretig. Yn hynny o beth, mae'r ysgrif hon hefyd yn rhan o waith ehangach sydd ar y gweill gennyf, sef astudiaeth o hil, hiliaeth a chyhuddiadau o hiliaeth yng nghyswllt y gymuned Gymraeg gyfoes.

Ond, yn gyntaf, ceisir profi'r honiad fod y safbwynt gwrth-theoretig Cymraeg ynghlwm wrth hanfodaeth, a bod yr hanfodaeth honno yn sail i lawer o genedlaetholdeb Cymraeg.

Y mudiad gwrth-theoretig Cymraeg

Pan gyhoeddwyd *Sglefrio ar Eiriau*, roedd dau fath o ymateb i'r gyfrol, y naill yn destunol, a'r llall yn ymateb i'w harwyddocâd symbolaidd. O'r safbwynt testunol, nid oedd yn gyfrol dramgwyddus, na hyd yn oed yn anarferol. Roedd yn debyg i'r *readers* bondigrybwyll hynny sy'n crynhoi prif ddamcaniaethau theori lenyddol gyfoes i israddedigion Saesneg. Yn wir roedd hi gryn dipyn llai theoretig na'i chymheiriaid Saesneg gan mai bwriad y golygydd, John Rowlands, oedd '[c]adw'r ddysgl yn wastad rhwng ymdriniaeth theoretig a beirniadaeth ymarferol'.[2]

Nid oedd dim yn od am y gyfrol o safbwynt cyhoeddi Cymraeg ychwaith. Mor gynnar â 1929, cyhoeddwyd *reader* yn y Gymraeg yn ymdrin â gwahanol 'ysgolion' ym maes theori lenyddol. Nid esgorodd *Elfennau Beirniadaeth Lenorol* Joseph Harry ar fawr o gyffro. Dosrannodd 104 o 'brif feirniaid llenorol' Groeg, Rhufain, Lloegr a Chymru, a chyhoeddwyd detholiadau o'u gwaith.[3] Buasai theori lenyddol yn ddull cydnabyddedig cyn hynny, wrth gwrs, a chyfrifir rhai o destunau theoretig degawdau cyntaf yr ugeinfed ganrif ymhlith 'clasuron ein llên' erbyn heddiw: *Cerdd Dafod* John Morris-Jones, a gyhoeddwyd yn 1925, yn benodol. Theoretig hefyd yw holl waith Saunders Lewis yn y cyfnod hwn, o'i *A School of Welsh Augustans* yn 1924 hyd ei erthygl enwog ar Ddafydd Nanmor yn 1925, a'i *Williams Pantycelyn* eneidegol yn 1927.

Nid oedd gwaith John Morris-Jones a Saunders Lewis yn trigo mewn gwagle. Degawd pwysicaf yr ugeinfed ganrif o safbwynt datblygiad y meddwl Cymraeg oedd y dauddegau, ac roedd theori yn rhan fywiog o hyn. 'Yr Adwaith yn Llenyddiaeth Ffrainc yn yr Oes Bresennol' yw pwnc R. T. Jenkins yn rhifyn cyntaf *Y Llenor* yn 1922, a thraethai'n huawdl ddiddorol am Voltaire, 'y Chwildroad Ffrengig' a 'gwyddoniaeth ddeallol' – ac o safbwynt y gwrth-theorïwyr Cymraeg nid yw'r cylchgrawn arbennig hwnnw yn gwella ryw lawer ar ôl hynny! Mae'n anodd darllen trafodaeth ddiddorol, ond esoterig braidd, Saunders Lewis, R. I. Aaron a D. Miall Edwards ar ddiwedd y dauddegau ynglŷn ag a ddylid cyfieithu'r newyddbeth hwnnw, *psychology*, i'r Gymraeg fel 'meddyleg' ynteu fel 'eneideg' heb feddwl am y gwrth-theorïwyr gyda gwên: 'o'r geiriau ψυχή a λόγος' y 'tardd y gair *psychology*', meddai R. I. Aaron, '– fel y gŵyr pawb –'.[4]

Yn wir, gallem fynd rhagom yn ddi-ben-draw bron i restru'r holl fân ddadleuon a gafwyd yn y wasg Gymraeg yn yr ugeinfed ganrif yn trafod ymwneud llenyddiaeth â diwinyddiaeth, gwleidyddiaeth, syniadaeth, ieithyddiaeth, athroniaeth, cymdeithaseg, daearyddiaeth, mathemateg; yn wir y myrdd o ddisgyblaethau y gellid cyfeirio atynt o dan y teitl cyffredinol, 'theori'. Cam â'r gweithgarwch hwn yw i wrth-theorïwyr ddiwedd yr ugeinfed ganrif beidio â chydnabod, heb sôn am werthfawrogi, y pwyslais ar y deall sydd wedi nodweddu'r Gymru Gymraeg erioed. Ffordd gyfarwydd o synio am ieithoedd lleiafrifol yw'r diystyru hwn, yn deillio o'r Oleuedigaeth, pryd y pennwyd bod ieithoedd gwladwriaethol yn ieithoedd rheswm, yn gymwys i drafod ystod eang o ddisgyblaethau, ac ieithoedd cenhedloedd diwladwriaeth yn ieithoedd afreswm, yn addas i ddisgyrsiau 'anffurfiol' yr aelwyd, y buarth a'r enaid yn unig. Mae gwrthddeallusrwydd Cymraeg, fel y'i mynegir trwy ddrwgdybiaeth o theori, yn dilysu'r swyddogaeth hanesyddol a gambriodolwyd i'r Gymraeg fel un o ieithoedd 'afreswm', un o ieithoedd 'yr ymylon'. Efallai mai'r nodwedd dristaf ar y safbwynt gwrththeoretig y mae rhai cenedlaetholwyr ceidwadol yn ei arddel yw ei fod yn gwneud gwaith y Wladwriaeth Brydeinig drosti wrth fynnu cadw'r Gymraeg yn ei lle.[5] Dychwelwn at oblygiadau hyn yn y man.

O fynd yn ôl at y gyfrol *Sglefrio ar Eiriau*, fe welir nad oherwydd ei chynnwys y cafwyd ymateb mor sur iddi gan rai cenedlaetholwyr ceidwadol, ond oherwydd ei rôl symbolaidd. Roedd y ffordd y'i dilornid yn *Barddas* yn dweud mwy am ragdybiaethau beirniadol ceidwadaeth nag am *Sglefrio ar Eiriau* ei hun. Dadl dros natur honedig ddiduedd a gwrthrychol gwybodaeth oedd gwrthwynebiad *Barddas* iddi yn y bôn. Yn nhyb y cylchgrawn hwnnw, bu theori, neu 'ddamcaniaethu am ddamcaniaethu' ys galwodd, yn bwrw amheuaeth ar wybodaeth berffaith ac 'yn ei grynswth yn un cruglwyth o gymhlethdod a dryswch'. 'Peiriannau creu rhagfarnau' oedd ei phleidwyr, yn euog o hyrwyddo 'Staliniaeth lenyddol'. Yn sgil rhagfarn o'r fath mae'n anochel y deuai anwiredd i'r amlwg: 'Y broblem yw: pwy sy'n iawn? Ac os yw un ysgol yn gywir, onid yw'r holl ysgolion eraill yn anghywir? Ac os yw rhai ysgolion yn anghywir, onid yw'r modd y dehonglir llenyddiaeth ganddynt yn anghywir yn ei hanfod [. . .] Ni all pawb fod yn iawn.'[6] Dadleuasai *Barddas* cyn hynny fod unrhyw fath o drafodaeth ar theori mewn efrydiau llenyddol Cymraeg yn ffuantus, yn anghymreig ac yn amharu ar briod waith beirniaid llenyddol, sef gwerthfawrogi llenyddiaeth 'berffaith'.⁷ Daeth hanfod-aeth, a'i delfryd o wybodaeth gywir a seml, yn gysyniadau canolog i'r mudiad gwrth-theoretig Cymraeg.

Er gwaethaf protestiadau ceidwadol, erbyn diwedd y nawdegau datblygasai theori yn rhan fwy derbyniol, a llai dadleuol, efallai, o fyd llenyddiaeth Gymraeg.⁸ Sefydlwyd y cylchgrawn *Tu Chwith*, er i hwnnw gael ei feirniadu yn ei dro.⁹ Buan y'i sobrwyd gan y sefydliad llenyddol ar ôl rhifynnau 'eironig' ac 'ôl-fodern' cynnar. Ond er i theori lenyddol Gymraeg 'aeddfedu' yn ystod ail hanner y nawdegau, ni newidiodd tymer y feirniadaeth arni. Swyddogaeth gwybodaeth, a hynny mewn cyd-destun cenedlaethol Cymreig, oedd asgwrn y gynnen o hyd.

Pan gyhoeddodd Angharad Price ei *Robin Llywelyn* yng nghyfres 'Llên y Llenor' yn 2000, bu'n ddigon anffodus i gael Glyn Evans, cyn-olygydd *Y Cymro* a phoblogeiddiwr ceidwadol, yn adolygydd arni ar wefan Gymraeg y BBC, *Cymru'r Byd*. Cwynodd hwnnw ei bod wedi dieithrio'r 'darllenwyr cyffredin' a'u gadael mewn 'cors o ddryswch', a soniodd am yr angen i feirniadaeth lenyddol fod yn 'llusern', am anhawster y '[d]erminoleg anghyfarwydd' ac am ei dybiaeth fod tueddAngharad Price 'i gyfeirio wrth fynd heibio at fyrdd o ysgolheigion eraill yn ymylu ar fod, ar adegau, yn hunan barodi [sic] o'i harddull ei hun.'¹⁰

Os nad oedd pechu'r poblogeiddwyr ceidwadol yn ddigon, llwyddasai Angharad Price i bechu academwyr ceidwadol hefyd. Mewn erthygl yn trafod cyfieithu o safbwynt theoretig, roedd wedi mentro dyfynnu o *Tractatus Logico-Philosophicus* a *Philosophical Investigations* Ludwig Wittgenstein.¹¹ Bu hyn yn ormod i'r athronydd proffesiynol, Walford Gealy. Beirniadodd ei gafael ar athroniaeth Wittgenstein, gan awgrymu nad oedd wedi darllen y cyfrolau o dan sylw (awgrym a wadwyd ganddi), a chan ddweud bod ei defnydd o theori yn anghywir, ac felly'n rhwystr rhag canfod 'gwirionedd'. Yn wir, buasai'n well pe na bai'r 'awdures, yn hollol ddianghenraid, wedi cerdded i faes estron nad oedd angen iddi fentro iddo'.¹² Roedd hyn yn feirniadaeth deg mewn un ystyr; roedd Angharad Price wedi camddeall syniad Wittgenstein o 'iaith breifat'. Ond roedd hefyd yn sobor o annheg: codasai Gealy un camgymeriad a'i chwyddo'n erthygl gyfan. Anodd osgoi'r casgliad mai un o nodau'r erthygl oedd gwarchod statws breintiedig athroniaeth fel disgyblaeth academaidd a'i chadw yn bur rhag ymyrraeth theorïwyr llenyddol. Roedd y ceidwadwr academaidd, fel y ceidwadwr gwrthacademaidd yn y byd llenyddol, am sicrhau fod rôl y llenor, a rôl y meddyliwr, yn cael eu cadw ar wahân. Mewn llythyr sardonig yn ateb y cyhuddiadau yn ei herbyn, sylwodd Angharad Price ar arwyddocâd hyn yn syth: 'Ni ddylwn fod wedi bod mor gafalîr â gwirioneddau ein hathronwyr a'u trin fel petaent ond nemor lenorion.'[13]

Ni waeth pa safbwynt theoretig sydd o dan sylw, yr un yn aml fu'r dadleuon, yr ieithwedd a hyd yn oed y geiriau a ddefnyddiwyd gan geidwadwyr beirniadol er mwyn lladd ar theori lenyddol Gymraeg. Fe awgryma hyn, wrth gwrs, mai ymateb i'w rhagdybiaethau a'u rhagfarnau eu hunain a wnâi gwrth-theorïwyr, ac nid i'r theori benodol yr honnent ei thrafod. Fe awgryma hefyd nad ffaeleddau tybiedig un testun (megis *Sglefrio ar Eiriau*, *Tu Chwith* neu *Robin Llywelyn*) a'u tramgwyddai, ond rhywbeth dyfnach o lawer. Beth yn union oedd y 'dyfnder' hwn, a fu'n sail syniadol ac emosiynol mor rymus i safbwyntiau gwrth-theoretig?

Yn ei chyfrol *Rhwng Gwyn a Du* (2002) sy'n sylwebu wrth fynd heibio ar y ddadl ddechrau'r nawdegau am theori lenyddol, mae Angharad Price yn awgrymu bod a wnelo hyn â natur leiafrifol y diwylliant Cymraeg.[14] Mae llenorion Cymraeg a'u cynulleidfa yn agosach at ei gilydd, yn fwy tebyg o adnabod ei gilydd hyd yn oed, nag y mae llenor a'i ddarllenwyr mewn diwylliant mwyafrifol. Mwynhânt berthynas 'naturiol' agos-atoch y mae theoreiddio ideolegol yn amharu arni. Yn ei erthygl yntau, 'Camfarnu neu Garfarnu Beirniad Llenyddol?', dywed Tudur Hallam fod theori yn bygwth hunansicrwydd llenorion mai ganddynt hwy y mae'r gwirionedd. Yn rhesymegol felly, mae'n rhaid fod yr hyn sy'n gwrth-ddweud y 'gwirionedd' hwn yn rhagfarnllyd, yn gul ac yn ymosodol. Cred Tudur Hallam fod argyfwng y diwylliant Cymraeg yn porthi awydd ymhlith cenedlaetholwyr ceidwadol i geisio 'undod', a'u bod, yn enw'r undod hwnnw, am hyrwyddo un canfyddiad o'r gymuned Gymraeg ei hiaith, sef canfyddiad ceidwadol.[15] Y syniad mai cenedl 'synnwyr cyffredin' yw Cymru ac y dylai ei hysgolheictod fod yn ddi-lol yw un o gymhellion craidd y mudiad gwrth-theoretig.

Nid anodd profi hynny pan geir cynifer o wrth-theorïwyr yn pwysleisio bod ymdriniaethau theoretig yn cynnwys 'ymadroddi anghymreig ei naws' ac yn arwyddnod felly o Seisnigrwydd cynhenid. Mae a wnelo ei 'afrwyddineb rywbeth ag ymgais i ieuo ynghyd o fewn yr un gwaith ddwy ddisgyblaeth wahanol, os nad anghymharus', meddai Iestyn Daniel mewn adolygiad ar *Ysbryd y Cwlwm* R. M. Jones yn 1999, 'sef gwerthfawrogi a dadansoddi llenyddiaeth ar y naill law ac athronyddu amdani ar y llaw arall'. Roedd y duedd theoretig hon i'w chymharu'n anffafriol â thrafodaethau 'lle yr ymgyfynga [yr awdur] i lenyddiaeth fel y cyfryw', trafodaethau a oedd fel canlyniad yn 'gwbl naturiol a Chymreig eu naws'. Yn y meddwl gwrth-theoretig, felly, ceir cyswllt rhwng Cymreictod dilys a gwybodaeth ddilys, a thybir bod 'dilysrwydd' yn gyfystyr â 'naturioldeb'.[16]

At hynny, gwelir bod y safbwynt gwrth-theoretig yn wedd ar genedlaetholdeb ceidwadol pan ystyrir ymatebion mwy pleidiol i theori. Mae llawer o'r ymateb cadarnhaol hwnnw wedi gweld golau dydd mewn cyhoeddiadau sy'n 'ymylol' mewn rhyw ffordd neu'i gilydd i 'brif ffrwd' y diwylliant Cymraeg. Derbyniodd *Tu Chwith*, er enghraifft, adolygiadau ffafriol mewn colofnau Cymraeg yn y wasg ieuenctid neu 'danddaearol' Saesneg ymhell oddi wrth gaerau tybiedig cenedlaetholdeb diwylliannol Cymraeg.[17] Pan ymatebid yn gadarnhaol i theori yn y wasg lenyddol, mynegid y gwerthfawrogiad hwnnw yn nhermau anwybyddu gwerthoedd ceidwadol neu hyd yn oed ymwrthod â hwy. Yn rhifyn Eisteddfod 1994 *Barddas*, er enghraifft, holwyd nifer o ddarllenwyr am 'ddamcaniaethu neu theoreiddio ynghylch llenyddiaeth heddiw' gan mai 'ychydig iawn o sylw a roir i lenyddiaeth fel *llenyddiaeth*'. Wrth ateb, tybiodd Islwyn Edwards y bu gormod o ganolbwyntio ar waddol ceidwadol John Morris-Jones a beirniadaeth '*judicial*'.[18] Cysylltodd y bardd dinesig Emyr Lewis theori lenyddol gyda *joie de vivre* yfed potel 'o St Emilion neu o Export 33'.[19] Credai'r academwyr, Jerry Hunter a Richard Wyn Jones, wrth ysgrifennu yn *Taliesin* yn 1995, y cawsid yn y nawdegau 'ddadeni mewn beirniadaeth lenyddol Gymraeg' ac mai sail y gwrthwynebiad iddi oedd 'agwedd wrthddeallusol'. Nid yn gymaint y math o syniadau a geid 'yn *Tu Chwith* sydd o dan y lach adweithiol hon o reidrwydd ond, yn hytrach, unrhyw ymdrech i halogi'n bywyd llenyddol â syniadau haniaethol estron'.[20]

Gyda cheidwadaeth y gwrth-theorïwyr mor ddigymrodedd yn ei defnydd o ddelweddau cenedlatholgar, gellid camdybio bod theori yn wrthbwynt i bob math o genedlaetholdeb yng Nghymru. Camsyniad fyddai hyn. Roedd llawer o'r theorïwyr hefyd yn genedlatholwyr, ond roedd natur eu cenedlaetholdeb yn wahanol. Ar sawl golwg, felly, nid brwydr dros genedlaetholdeb neu yn ei erbyn oedd y ddadl rhwng theorïwyr a gwrth-theorïwyr ond, yn hytrach, dadl ydoedd y tu mewn i genedlaetholdeb ei hun.[21]

Roedd theorïwyr Cymraeg yn gweld cysylltiad uniongyrchol rhwng theori ac amddiffyn Cymreictod. Dywedodd y beirniad llenyddol o genedlatholwraig, Jane Aaron, yn ei herthygl 'Dadadeiladaeth a Gwleidyddiaeth' yn 1994: 'Nid gêm ieithyddol yw dadadeiladaeth yn y bôn ond ymgais wleidyddol (yn yr ystyr eang) i ddadansoddi a diddymu grym adweithiol – grym sydd yn dibynnu ar driciau rhethregol er mwyn cynnal ei afael ar ymwybyddiaeth dorfol.'[22] Un o'r pethau a olygai wrth 'rym adweithiol' oedd Prydeindod. Bu yn y carchar gyda Richard Wyn Jones yn enw Cymdeithas yr Iaith Gymraeg ganol y nawdegau. Ond nid hi oedd yr unig theorïwr a fu ynghlwm wrth weithgarwch gwleidyddol dros yr iaith Gymraeg. Bu Kate Crockett a Francesca Rhydderch (dwy o olygyddion rhifyn arbennig o *Tu Chwith* ar ffeminyddiaeth) hefyd yn aelodau o Senedd Cymdeithas yr Iaith. Bu Jerry Hunter yn lladmerydd dros y mudiad Cymuned, gan gyflwyno tystiolaeth ar ei ran mewn cyfarfod yn y Cenhedloedd Unedig yn 2002, a bu Angharad Price, Dylan Foster Evans a rhai theorïwyr eraill yn aelodau amlwg. Yn wir, yn ôl Angharad Price, bu sefydlu Cymuned yn gymhelliad iddi gyfansoddi ei nofel arobryn, *O! Tyn y Gorchudd*.[23]

Nid oes tystiolaeth, felly, fod y safbwynt gwrth-theoretig yn fwy pleidiol i'r achos cenedlaethol Cymreig na theori. I'r gwrthwyneb, i'r graddau fod y safbwynt gwrth-theoretig yn ddilornus o wleidyddiaeth a syniadaeth, a bod hyn yn dilysu'r swyddogaeth ymylol ac israddol a briodolwyd i'r Gymraeg gan Brydeindod, mae'r safbwynt gwrth-theoretig yn un tra gwrthgenedlaetholgar. Un nodwedd ddiddorol ar wrth-theorïwr fel Alun Jones, er enghraifft, yw ei fod, nid yn unig yn elyniaethus i theori, ond yn watwarus hefyd o syniadaeth ehangach, hyd yn oed yng ngwaith cenedlaetholwyr ceidwadol, megis Emyr Llywelyn.[24]

Nid cenedlaetholdeb sy'n cymell hanfodaeth wrth-theoretig, ond ymdeimlad â math arbennig o genedlaetholdeb. Ceisiwn gynnull ynghyd yn awr enghreifftiau o'r math o ddatganiadau sy'n sail i'r dybiaeth wrth-theoretig, a thrwy ddosraniad ohonynt, ddangos athroniaeth y cenedlaetholdeb ceidwadol hwn.

Allweddeiriau ac ymadroddion a ddefnyddir i ddilorni theori lenyddol Gymraeg.

Di-fudd: 'damcaniaethu am ddamcaniaethu' (Alan Llwyd, 1992), 'damcaniaethu'n niwlog-annelwig ynghylch ôl-hyn ac ôl-llall' (Alan Llwyd, 1993), 'cwestiynau dirifedi nad oedd dichon na diben eu hateb' (Alun Jones, 1993), 'categorïo haniaethol' (R. Gerallt Jones, 1994), 'ffasiynau' (Islwyn Ffowc Elis, 1994).

Annealladwy: 'cruglwyth o gymhlethdod a dryswch' (Alan Llwyd, 1992), 'gor-academaidd' (R. Gerallt Jones, 1994), 'brawddegau trofaus' (Glyn Evans, 2000), 'terminoleg anghyfarwydd' (Glyn Evans, 2001).

Ffug: 'crach-academaidd a ffug-feirniadaethol' (Alan Llwyd, 1988), 'termau ffugwyddonol di-ri' (Alun Jones, 1993), 'llawn mega-cachu ffug-ysgolheigaidd' (*Lol*, 1994), 'siwds' (*Golwg*, 1994), 'hunan barodi [sic] o'i harddull ei hun' (Glyn Evans, 2001).

Anwireddus: 'pwy sy'n iawn? Ac os yw un ysgol yn gywir, onid yw'r holl ysgolion eraill yn anghywir? . . . Ni all pawb fod yn iawn' (Alan Llwyd, 1992), 'ffals a chelwyddog' (Alan Llwyd, 1992), 'a ydynt yn adlewyrchu unrhyw wirionedd go iawn?' (R. Gerallt Jones, 1994).

Rhagfarnllyd: 'Staliniaeth lenyddol' (Alan Llwyd, 1992), 'pur unochrog, peirianyddol ac unbenaethol' (Donald Evans, 1992), 'gorchymyn y maniffesto' (Alun Jones, 1993), 'agweddau absoliwt' (R. Gerallt Jones, 1994).

Gwrth-Gymraeg: 'arnoch chi y Cymry Cymraeg y mae'r bai, y diawliaid anniolchgar' (Alun Jones, 1993).

Saesneg: 'meddwl yn Saesneg heb ymdrafferthu neu arafu digon i feddwl am ffordd fwy Cymreig' (Iestyn Daniel, 1999), 'pob brawddeg a geir yma wedi'i ffurfio'n drwyadl yn Saesneg ym meddwl yr awdur cyn cael ei rhoi mewn geiriau Cymraeg yn y llyfr . . . llyfr Saesneg ydi hwn, nid bod disgwyl na gobaith i'r awdur ddallt hynny tasa fo yma am fil o flynyddoedd eto.' (Alun Jones, 2005).

Elitaidd: 'Y mae angen . . . fod o gymorth i'r darllenydd cyffredin' (R. Gerallt Jones, 1994), 'wedi eu sgrifennu i'r dethol dysgedig gyda'r llwyr fwriad o'n dieithrio ni ddarllenwyr cyffredin' (Glyn Evans, 2000), 'darllenwyr cyffredin . . . mewn cors o ddryswch' (Glyn Evans, 2001).

Egotistaidd: 'ei unig swyddogaeth ydi mynegi a dyrchafu deallusrwydd y beirniad' (Alun Jones, 1993), 'cywair ymffrostgar' (Islwyn Ffowc Elis, 1994).

Ffug-ddeallusol: 'wedi huno yn y Deallusrwydd' (Alun Jones, 1994), 'addoli'n ddigwestiwn gampweithiau'r Mawrion detholedig' (Alun Jones, 1995), 'hanner boddi gan ddyfyniadau digri o weithiau Meddylwyr Mawr' (Alun Jones, 1996).

Ffasgaidd: 'A thra bydd hi wrthi, gall egluro inni hefyd y gwahaniaeth sylfaenol rhwng Natsïaeth a brawddeg olaf ei phennod' (Alun Jones, 1996).[25]

Prif nodwedd y safbwyntiau ceidwadol hyn yw eu bod yn cynnig bydolwg sy'n wrthddeallusol, yn yr ystyr eu bod yn ymwrthod â meddwl yn ddamcaniaethol, a bod cysylltiad rhwng eu gwrth-ddeallusrwydd a gwrthwynebiad i ideoleg wleidyddol. Y cymhelliad dros y gwrthddeallusrwydd yw gwarchod hygrededd a dilysrwydd syniadau hanfodaidd am natur gwybodaeth. Awgrymir gan y gwrth-theorïwyr y dylai gwybodaeth feddu ar wirionedd, a bod y gwirionedd hwn, y penderfynwyd ei natur eisoes, yn meddu ar gyneddfau cyffredinol, hunanamlwg. Mae'r sawl sy'n ceisio cynnal trafodaethau theoretig am lenyddiaeth Gymraeg yn amherthnasol ar y gorau, ac yn beryglus ar y gwaethaf. Gosodir y dadleuon i gyd mewn cyd-destun cenedlaetholgar, a hynny oherwydd bod y ceidwadwr yn Gymreigiwr da sy'n meddu ar 'wirionedd' y genedl Gymreig, tra bo'r theorïwr yn anghymreig ac weithiau'n wrth-Gymraeg. Yn wir, fe awgrymir mai amhosib yw cyfansoddi theori yn y Gymraeg: mor wrthun ydyw, fel y mae'n rhaid ei bod wedi ei llunio yn Saesneg, a'i throsi wedyn i'r Gymraeg. Gan un neu ddau wrth-theorïwr yn unig, ac nid gan y cwbl, ceir tinc o anoddefgarwch ethnig: estron yw theori, ac estron yw'r un sy'n ei harddel.

Adwaith yw'r ymateb hwn yn erbyn bygythiad tybiedig i fyd Cymraeg cyflawn. Byd perffaith, byd delfrydol sydd yn wynebu difodiant o'r tu allan. Dyma lenorion sydd wedi ceisio lloches mewn llenyddiaeth Gymraeg, ac yn y gynghanedd yn aml iawn, rhag Seisnigrwydd y byd go-iawn. Yn wir, mewn byd Seisnigedig, llawn bygythiadau gwrth-Gymraeg, mae llenyddiaeth Gymraeg yn lle i enaid gael llonydd. Mae ymyrraeth anhydrin theori yn y lloches hon ymron â bod yn drais seicolegol. Diddorol yw cywair rhai o'r gwŷr gwrth-theoretig: 'his explosive remarks . . . border on mania', chwedl un 'darllenydd cyffredin' am arddull newyddiadurol Alun Jones.[26] O'i gwrthgyferbynnu â'r 'mania' hwn, mae theori fel pe bai'n cynrychioli rhyw oerni dideimlad.

Anfantais y synio hanfodaidd hwn am y diwylliant Cymraeg yw ei fod yn camddehongli'r byd go-iawn. Mae hwnnw'n mynd yn ei flaen, a'r Gymraeg yn edwino. Mae llawer o'r 'gwirioneddau' ceidwadol a hybir gan 'ganol llonydd' gwrth-theoretig y diwylliant Cymraeg yn niweidiol i barhad y Gymraeg yn y byd go-iawn hwnnw gan eu bod yn ddilornus o syniadau a gwleidydda. Moddion ydynt i geidwadoli a distewi 'cenedl' sydd eisoes yn rhy dawel a diymadferth. Daw hyn yn amlwg o fwrw cip ar ddiffiniad cenedlaetholdeb ceidwadol o 'wirionedd' y genedl Gymreig yn ei llenyddiaeth.

Yr 'Hil': allweddair llenyddol y mudiad gwrth-theoretig Cymraeg

Safbwynt y mudiad gwrth-theoretig Cymraeg yw dilysrwydd gwybodaeth seml sy'n ymgorfforiad o hanfod a 'bod' (*being*) y genedl Gymreig. Yn y llenyddiaeth Gymraeg a gysylltir agosaf â'r mudiad gwrth-theoretig, sef barddoniaeth gaeth saithdegau ac wythdegau'r ugeinfed ganrif, y gair a ddefnyddir yn anad dim i gyfleu ystyr y 'bod' Cymraeg hwn yw 'hil'. Mae cysylltiad rhwng hanfodaeth y mudiad gwrth-theoretig Cymraeg a hanfodaeth ysgol farddol 'yr hil'. Nid syn hynny gan mai'r un mudiad ydynt.

Yn *Cadwn y Mur: Blodeugerdd Barddas o Ganu Gwladgarol* (1990), mae'r Gymdeithas Gerdd Dafod yn cynnig ei dehongliad ei hun o estheteg cenedlaetholdeb Cymraeg. Blas 'ceidwadol' sydd ar y flodeugerdd hon, blas metaffisegol hefyd a chryn dipyn o ddylanwad Mudiad Adfer arni. Yn y canu hwn, ceir yr allweddeiriau canolog hynny sy'n ffurfio geirfa'r 'gwirionedd' hanfodaidd. Ceir 'hanfod' ei hun, wrth gwrs, ond hefyd 'hil' a 'hiliogaeth'. O amgylch y tri gair canolog hyn mae cwmwl tystion o allweddeiriau sy'n gysylltiedig â hwy: bod, cof, estronwynt, estroniaid, gwahanfur, gwerin, organig, cyfanfyd, bychanfyd, gwarchodaeth, eneidiol, llinach, gwaed, uniaith, heniaith, caethglud, cyfamod, troedle, unwedd, pur a pharhad.[27] Mae'r cwbl o'r canu hwn, yn enwedig yn y saithdegau, yn ethnoganolog i'w ryfeddu: 'eiliwn y to yn bobl o un tuedd' ys canodd Alan Llwyd yn ei gerdd 'Adfer', cyn ymorol ychydig flynyddoedd yn ddiweddarach am gadw 'yr hil, rhag halogi'i chred'.[28]

O blith yr holl allweddeiriau hyn, 'hil' yw'r allweddair pwysicaf, mwyaf llywodraethol. Gan amlaf, cyferbynnir yr 'hil' â'r hyn sydd y tu allan i'r 'hil', fel yn llinell Frank Olding sydd yn trafod 'dirywiad' y genedl, 'yn lle'n hil, allanolion'.[29] Mae'r gair 'hil' yn derm a ddefnyddid mewn llenyddiaeth Gymraeg cyn saithdegau'r ugeinfed ganrif wrth gwrs: yn wir, gellir olrhain ei darddiad yn ôl i lawysgrifau'r ddeuddegfed ganrif, a thrwyddynt hwy yn ôl i fore oes llenyddiaeth Gymraeg. Fe geir 'hil' yn Llyfr Taliesin, yng ngwaith y Gogynfeirdd a'r Cywyddwyr, megis Dafydd ap Gwilym a Lewys Glyn Cothi, gan wŷr y Dadeni, fel William Salesbury, a chan lenorion yn y cyfnod modern.[30] Weithiau fe ddefnyddid 'hil' er mwyn cyfleu rhywbeth tebyg i'w ystyr 'ethnig' gyfoes. Ond fe'i defnyddid hefyd mewn cyd-destunau crefyddol, ieithyddol a biorywiol. Un o gyfieithiadau'r geiriadurwr John Davies yn ei *Dictionarium Duplex* (1632) yw *'semen'*.[31]

Fe dardd y defnydd cyfoes cenedlatholgar ohono o ymdrech i greu iaith farddonol, fetaffisegol er mwyn rhoi gwedd lenyddol ar weledigaeth Mudiad Adfer, a'i brif ladmerydd, Emyr Llywelyn. Credai Adfer y dylid atgyfodi broydd uniaith Gymraeg, a benthycid cryn dipyn o derminoleg oddi wrth yr athronydd J. R. Jones er mwyn mynegi'r safbwynt hwn: cysyniadau megis gwahanrwydd, ffurfiant, Pobl, troedle a bychanfyd.[32] Roedd syniadaeth drosgynnol yr athronydd Almaenig, Johann Gottlieb Fichte (1762–1814), ynghyd â rhamantiaeth yr Almaen yn nechrau'r bedwaredd ganrif ar bymtheg, ac yn benodol yng ngwaith J. G. von Herder (1744–1803), yn ddylanwad ar y mudiad hefyd. Anghywir yw honni, fel y gwnaeth R. Tudur Jones ganol y saithdegau, fod cysgod Natsïaeth ar y syniadaeth hon.[33] Nid oes arlliw o Ffasgaeth yn perthyn iddi. Ond mae dylanwad syniadau hanfodaidd am ethnigrwydd yn drwm ar Fudiad Adfer a *Barddas* ill dau.

Y llinellau o farddoniaeth a ddyfynnir amlaf i ddangos agwedd hanfodaidd mudiad *Barddas* at 'hil' yw'r rheini o eiddo Alan Llwyd yn ei gerdd, 'Yr Iaith':

> A dywedais: derbyn fi'n un o'r ychydig gwarcheidiol;
> os dewisi di dy weision, dewis fi iti'n was
> i warchod yr hanfod i'r hil, [. . .] [34]

Ceir enghreifftiau eraill o'r hanfodaeth hon yn ei waith. Yn 'Cywydd Croesawu'r Eisteddfod i Abertawe', mae Alan Llwyd yn cyferbynnu 'hil' y Cymry Cymraeg â chenedl etholedig Israel – hen thema apocalyptaidd mewn llenyddiaeth Gymraeg[35] – ond tro newydd yn ei chynffon yw'r modd y dehonglir yr etholedigaeth honno yn nhermau caethglud ethnig yn hytrach na chadwedigaeth ffydd a chenedl.

> Hil oeddem heb lywyddiaeth,
> a'n cenedl yn genedl gaeth,
> [. . .]
> Hil ydym a gaethgludwyd
> lle'r oedd canrifoedd yn rhwyd
> ffoaduriaid o Aifft arall
> gan ddagrau'n gweddïau'n ddall;
> o gaethglud ei halltudiaeth
> yr hil ar ei chrwydr a aeth
> am y Ganaan amgenach,
> gwlad ymdaith hirfaith ein hach.
> [. . .]
> Midian ein cyfamodi
> fan hyn nid anghofiwn ni

> nac ystyr hil, mae'r gist draw
> yn dyst o'n hyder distaw.³⁶

Yr un cymysgu ar hanfodaeth syniadaeth a hil a geir yn natganiad rhyfeddol Donald Evans am Saunders Lewis: 'Na, nid dyn, ond enaid hil'.³⁷

O'r braidd y defnyddir 'hil' i gyfeirio at bob siaradwr Cymraeg: fe'i ceir yn hytrach i ddisgrifio math arbennig o 'Gymro ethnig', un sy'n siarad Cymraeg, bid siŵr, ond un sydd hefyd yn arddel dehongliad metaffisegol penodol o ddiwylliant. 'Lladd yr hil a'i theithi' a wnaethai'r Saeson yng Nghilmeri, yn ôl Tony Elliot, ac ar y teithi hynny mae llawer o bwyslais y beirdd caeth.³⁸

Mae 'hil' y canu caeth yn ymgorffori, felly, agwedd arbennig at 'wybodaeth'; gwybodaeth a ddiffinnir yn erbyn rhywbeth y tu allan i'r 'hil', sef 'ffug-wybodaeth academaidd', ys canodd Alan Llwyd yn ei gerdd 'Troeon Bywyd'.³⁹ Nid yw pob Cymro Cymraeg yn aelod o'r 'hil': go brin y cyfrifid Cymro dinesig, bratiog ei iaith yn aelod cyflawn ohoni. Oherwydd bod 'yr hil' yn ymgorffori math arbennig o wybodaeth 'naturiol', gallai Alan Llwyd ganu wrth gyfarch Donald Evans yn 1976,⁴⁰ 'Gwerin Talgarreg; oni chanfyddaist, fardd, / holl fawredd Bod yn ei dinodedd hi [. . .]'. Pan ddychwelodd Donald Evans i fro ei febyd yng nghalon Ceredigion, nid symud yn ôl i fangre ddaearyddol yn unig a wnaeth, ond symud yn ôl at ddelfryd hanfodaidd. Dyma fro 'hil o esgidiau hoelion' fel y'i galwodd, 'hil' a ddiffiniwyd gan ei arddeliad o fath neilltuol o Gymreictod. Roedd pobl Talgarreg yn 'hil' am eu bod yn werin, a rhan o fod yn werin oedd ymwrthod â gwybodaeth ddadansoddol neu ddamcaniaethol.⁴¹ Yn ôl gweledigaeth y canu caeth, y Cymro gwledig, prin ei addysg ffurfiol, yw hanfod 'yr hil'. Caiff y bydolwg hwn ei ddal yn dda gan Donald Evans wrth iddo gyferbynnu gwybodaeth 'naturiol' yr 'hil' â gwybodaeth ffug yr addysgedig yn ei gerdd 'Hebog y Chwilgarn':

> Ond dy hil ddiwyd di
> a gloes
>   y doethineb hwn
> drwy glyfrwch yr oesau
> o dan gadwynau
>   athroniaethau a geiriau o gell,
> ac yno mae o hyd yn ei gyni mwll
> yn gweiddi am ddianc
> o neilltuaeth gaeth dy gof,

y reddf dan dy gynheddfau –
y gwybod dan d'ysgolheictod dall.[42]

Nid Donald Evans oedd yr unig 'alltud' i ymadael â thref golegol a symud i fyw i'r Fro Gymraeg. Yn wir, dyma un o brif ofynion Mudiad Adfer, galwad a atebwyd gan rai degau, os nad cannoedd, o bobl ifainc yn y saithdegau. Ond peth anffodus yn y canu caeth yw i'r alwad hon gael ei chymysgu â chwlt gwrthddeallusrwydd.

Nid mudiad gwrthddeallusol, ar y cychwyn, oedd Adfer: 'Gwŷr llên Ffrainc yn y ddeunawfed ganrif,' meddai Emyr Llywelyn yn ei lyfryn *Y Chwyldro a'r Gymru Newydd* (1971), 'a baratodd y ffordd i'r Chwyldro Ffrengig; Marcs a Lenin oedd arloeswyr y chwyldro yn Rwsia; athronwyr fel Fichte yn yr Almaen a osododd sail y genedl Almaenig, deallusion Iddewig osododd sail Seioniaeth. [. . .] Athronydd chwyldro oedd yr Athro J. R. Jones.'[43] Mudiad o bobl ifainc ddeallus oedd Adfer, a mudiad o dan ddylanwad athroniaeth Ewropeaidd. Yng nghanu Adferaidd mudiad *Barddas*, fodd bynnag, ac yng nghyhoeddiadau Adfer ei hun maes o law, bwrir anfri ar syniadaeth a chanmolir y werin am 'amau'r soned academig'.[44] Buasai Emyr Llywelyn ei hun yn amddiffyn Waldo Williams yn erbyn cyhuddiad Saunders Lewis fod ei ganu hanfodaidd yn ystrydebol trwy honni mai 'dyn yn llefaru o grebachdod corachaidd byd y rheswm sydd yma yn methu deall nac amgyffred dyn yn llefaru o eangder cawraidd byd yr ysbryd'.[45] Arddelir weithiau ryw weledigaeth Rousseauaidd o'r gwerinwr fel 'noble savage', sef nodwedd anthropolegol braidd, fel y sylwodd T. Robin Chapman mewn astudiaeth ddifyr o'r duedd i ffoli ar y gwerinol mewn barddoniaeth.[46]

Fe geir, felly, gan *Barddas* rywbeth annisgwyl. Er ymwrthod â gwybodaeth syniadol 'ffug', Alan Llwyd a Donald Evans oedd y beirdd cyntaf o bwys er Bardd Newydd y 1890au i lenwi eu gwaith â therminoleg haniaethol athronyddlyd i geisio cyrraedd canol 'Bod'. Llenwir eu prydyddiaeth a'u beirniadaeth gan ymdrechion i 'amcanu at berffeith-rwydd [. . . ac] anelu at yr amhosibl',[47] fel y gwnâi Ben Bowen ac Iolo Caernarfon dri chwarter canrif ynghynt. Fel y Bardd Newydd, fe lenwir eu gwaith â metaffisegu, ac fel yntau, gwrthwynebant drafodaethau syniadaethol, diriaethol. 'The *Bardd Newydd*,' meddai T. Robin Chapman mewn astudiaeth fer o Ben Bowen, 'was Nonconformist in upbringing, earnest by disposition and a crude Christian Platonist by design. He effected to inhabit a world which was merely a shadow of deeper, divine realities. Truth was reverenced and assiduously pursued, but never defined.'[48] Felly hefyd feirdd *Barddas*. Ni ddylem synnu bod y gair 'hil' yn eu gwaith yn ymddangos fel syniad o'r bedwaredd ganrif ar bymtheg: i raddau helaeth, syniad o'r bedwaredd ganrif ar bymtheg ydyw. Mae fel pe na bai chwyldro theoretig John Morris-Jones a Saunders Lewis – chwyldro yr 'Oleuedigaeth Gymraeg' a ysgubodd y Bardd Newydd ymaith ar droad y ganrif ddiwethaf – erioed wedi digwydd. Nid cyd-ddigwyddiad yw fod y beirdd caeth, a'u cymheiriaid ym Mudiad Adfer, yn ymosod ar reswm a rhesymeg. Ffordd hanfodaidd, haniaethol o synio am wybodaeth yw gwybodaeth 'yr hil'.

'Yr Hil', hiliaeth, racism

Hanfodaeth yw un dehongliad, felly, ar y gair 'hil'. Ceir eraill. Cymhlethdod yn y drafodaeth amdano yw ei fod mewn cyfieithiadau o'r Saesneg yn cael ei ddefnyddio i ddynodi'r gair 'race'. Ond mae ystyr y gair Cymraeg 'hil', yn arbennig fel y'i defnyddir gan feirdd caeth, yn llawer ehangach ei gynodiadau na 'race'. Yn y canu caeth cenedlaethol-gar diweddar, fel y gwelsom eisoes, golyga 'hil' rywbeth tebyg i genedl, pobl, ach, llinach; efallai mai'r gair cyfystyr mwyaf hwylus fyddai 'nyni'; sef, wrth drafod y Cymry, 'nyni sy'n siarad Cymraeg' ac, yn fwy penodol, 'nyni, y werin bobl, sy'n siarad Cymraeg'; neu hyd yn oed, 'nyni, y beirdd addysgedig, sy'n synio'n haniaethol am y werin bobl sy'n siarad Cymraeg'.

Cyfeirio at genedl mewn ystyr fytholegol bron a wna 'hil'. Cyfeirir at ei 'bod'. Mae hyn yn wahanol i bwyslais 'race' ar waedoliaeth, a dosraniadau biolegol. Yn ogystal â hyn, defnyddir 'hil' mewn llenyddiaeth Gymraeg ar brydiau i olygu 'dynoliaeth', a hynny yn ei gweddau anethnig. Yn wir, weithiau fe geir 'hil' yn cyfleu'r ddwy ystyr hyn – ethnigrwydd 'ein hil ni', a chyffredinedd anethnig 'hil' y ddynolryw – yng ngwaith yr un awdur. Diddorol, er enghraifft, yw i Saunders Lewis arddel dehongliad 'ethnig' o'r gair 'hil' ym 'Marwnad Syr John Edward Lloyd', ac eto defnyddia'r un gair mewn cyd-destun mwy 'dyneiddiol' wrth drafod y ddynolryw yn 'Gweddi'r Terfyn'.[49] Ysywaeth, er gwaetha'r cymhlethdod cyfoethog hwn, mewn diwylliant dwyieithog, a diwylliant cyfieithiedig hefyd i raddau helaeth, mae'n debyg y daw'r diffiniad deddfol Saesneg o 'hil' sy'n golygu 'race' i ddisodli ystyron mwy amwys y term Cymraeg cysefin.

Mae i hyn arwyddocâd arbennig oherwydd yn ystod yr un cyfnod ag y bu'r defnydd o'r gair 'hil' fel allweddair ceidwadaeth Gymraeg yn ei flodau, dechreuai 'hil' fel allweddair cyfieithiedig o'r gair 'race' fagu ystyr dra gwahanol ym myd y gyfraith. Yn 1976, blwyddyn sefydlu *Barddas*, pasiwyd Deddf Cysylltiadau Hiliol, a waharddai gamwahaniaethu ar sail 'hil' (*race*), cenedl ac ethnigrwydd, ac a sefydlodd Gomisiwn Cydraddoldeb Hiliol. Daeth gwleidyddiaeth Brydeinig yn gynyddol sensitif i honiadau a gwrth-honiadau o hiliaeth. Er gwaethaf natur oleuedig y ddeddfwriaeth hon o safbwynt lleiafrifoedd ethnig gwledydd Prydain, tueddid i'w defnyddio yng Nghymru er mwyn dadlau bod amddiffyn yr iaith Gymraeg mewn ffordd 'hanfodaidd' yn hiliol. Yn hyn o beth, fe gafwyd dau *cause célèbre*. Yn 1986, cefnogodd y Comisiwn Cydraddoldeb Hiliol achos mewn Tribiwnlys Cyflogaeth yn erbyn Cyngor Sir Gwynedd ar y sail bod gosod amod iaith ar swydd yn camwahaniaethu'n hiliol yn erbyn y di-Gymraeg. Canodd Gerallt Lloyd Owen am hyn a mynnu bod '[ein] hawliau yn troi'n hiliaeth'.[50] Yn 2001, yn sgil sylwadau a wnaethpwyd am fewnlifiad i gymunedau Cymraeg gan un o gynghorwyr Plaid Cymru, Seimon Glyn, cafwyd dwy flynedd o honiadau gan aelodau o'r Blaid Lafur a'r wasg boblogaidd fod 'gwarchod' cymunedau Cymraeg yn hiliol. Yn ôl un sylwebydd, defnyddid cyhuddiadau o hiliaeth yn erbyn siaradwyr Cymraeg mewn modd tebyg i'r modd y defnyddid cyhuddiadau o anniweirdeb ac anfoesoldeb yn eu herbyn yn sgil Brad y Llyfrau Gleision yn 1847. Yn y ddau achos hyn, cyhuddid y Cymry o arddel prif bechod moesol y dydd, a hynny mewn ymdrech i'w cywilyddio'n gyhoeddus a'u distewi'n wleidyddol.[51]

Ar un olwg, nid ymyrrodd y feirniadaeth wleidyddol ar 'yr hil' ar lenyddiaeth a beirniadaeth lenyddol y gymuned genedlaetholgar Gymraeg am gryn amser ar ôl Deddf Cysylltiadau Hiliol 1976. Wedi'r cwbl roedd y beirdd yn ysgrifennu mewn iaith, sef y Gymraeg, a oedd yn anweledig i raddau helaeth i'r bobl a luniasai'r ddeddfwriaeth hil. Efallai hefyd y tybiai'r beirdd nad oedd hinsawdd, deddfwriaeth a gorchmynion hil yn berthnasol iddynt. Ond teg dweud hefyd i hynny o feirniadaeth a gafwyd ar y syniad o 'hil' yn y canu caeth Cymraeg gael ei hanwybyddu. Diddorol iawn, er enghraifft, fu peth o'r cystadlu ar y Goron yn Eisteddfod Genedlaethol Wrecsam yn 1977 pryd y gosodwyd 'hil' yn destun. Yn ogystal â chanu cenedlaetholgar i hil y Cymry, cafwyd pryddest am Sais o dras Cymreig, Albanaidd a Gwyddelig yn priodi Cymraes o dras Cymreig, Tsieineaidd a Charibïaidd, yn magu eu plant yn Gymry, ac yn gorchfygu 'rhagfarnau hiliogaethol'; pryddest yn trafod priodas Cymraes wen o Aberystwyth â dyn du o Soweto; a phryddest yn lladd ar y syniad o 'hil Geltaidd' a'r Fro Gymraeg. Fe roddwyd y pryddestau hyn ill tair yn yr ail a'r trydydd dosbarth.[52]

Cafwyd peth beirniadaeth ar y term 'hil' gan feirniaid llenyddol hefyd, ond peth prin ydoedd.[53] Erbyn troad y ganrif, fodd bynnag, ceir datganiadau mwy cyson yn awgrymu y gall rhai safbwyntiau mewn llenyddiaeth genedlaetholgar Gymraeg fod yn 'hiliol'. Awgrymwyd yn *Golwg* yn 2003 pe cyfieithid awdl arobryn Twm Morys y flwyddyn honno i'r Saesneg y buasai'n wynebu cyhuddiadau o hiliaeth, oherwydd cyfeiriad at fewnfudwr di-Gymraeg fel 'cwd anghyfiaith'.[54] Gwelwyd ffrae ddechrau 2005 ar ôl i Urdd Gobaith Cymru dderbyn cwynion swyddogol am gynnwys 'hiliol' cerdd ysgafn a osodwyd yn destun cystadleuaeth lefaru yn ei heisteddfod hithau, a hynny ar sail cyfeiriadau honedig ynddi at ragoriaeth bwyd Cymreig ar draul bwydydd gwledydd eraill.[55] Yn Eisteddfod Genedlaethol Eryri 2005, roedd Peredur Lynch am gadeirio – yn groes i farn ei ddau gyd-feirniad, gan gynnwys Alan Llwyd – awdl gan 'Lusudarus'. Cerdd ydoedd a honnai mai 'casineb ethnig' a fu wrth wraidd Gwrthryfel Glyndŵr, ac yn portreadu milwyr Cymreig yn cam-drin carcharorion Seisnig yn rhywiol.[56] Yn ei feirniadaeth lafar ar lwyfan y Brifwyl, awgrymodd Peredur Lynch fod yr awdl yn beirniadu 'hiliaeth' rhwng Cymro a Sais.

O'r nawdegau ymlaen y gwelir peth cefnu ar y gair 'hil' ymhlith cenedlaetholwyr ceidwadol Cymraeg eu hunain. Yng ngwaith Alan Llwyd, er enghraifft, 'hil' a'i chyfystyron metaffisegol yw prif thema *Gwyfyn y Gaeaf* (1975) a *Rhwng Pen Llŷn a Phenllyn* (1976), cyfrolau Adferaidd ill dwy. Yn yr wythdegau a'r nawdegau, mae 'hil' yn allweddair canolog, ond nid yw'n llywodraethol. Erbyn *Ffarwelio â Chanrif* (2000), fodd bynnag, mewn cerdd am lofruddiaeth y bachgen croenddu o Lundain, Stephen Lawrence, defnyddir cytras y gair 'hil', sef hiliaeth, i olygu 'racism'.[57] Yn y gyfrol honno hefyd, yn ei 'Dwy Gerdd ynghylch Hunaniaeth', beirniada Alan Llwyd y math o ganu hilganolog a gafwyd yn ei farddoniaeth cyn hynny. Mae'n well ganddo bellach 'hyder', hoff ymadrodd Cŵl Cymru a'r Gymru ddwyieithog newydd:

> na'n cof annelwig gynt
> am ryw Heledd yn anwylo'i marwolaeth
> ei hun, a marwolaeth ei hil; [58]

Mae'n amlwg, felly, erbyn dechrau'r unfed ganrif ar hugain fod ymgiprys ynghylch union ystyr y gair 'hil', a bod y syniad o wybodaeth rwydd a hunanamlwg 'yr hil' yn cael ei herio gan fath arall o wybodaeth. Gwybodaeth 'amlddiwylliannedd' yw honno; gwybodaeth sydd, yn nhyb ei lluniwyr, yn foesol amgen ac yn 'wrth-hiliol'. Yn y frwydr dros ystyr 'hil' mae ceidwadaeth Gymraeg ac 'amlddiwylliannedd' ill dau yn honni mai ganddynt hwy y mae'r gwirionedd. Ond odid y broblem, i aralleirio Alan Llwyd, yw: 'pwy sy'n iawn? . . . Ni all pawb fod yn iawn'? Mae'r ornest rethregol i weld 'pwy sy'n iawn?' yn frwydr am yr hawl i ddiffinio'r iaith a'r ieithwedd sy'n sylfaen i drafodaethau am ethnigrwydd a'r Gymraeg.

Gan y ceir yma anghytundeb ynghylch ystyr, mae'n amlwg y gall y drafodaeth hon fod o ddiddordeb neilltuol i'r theorïwr. I minnau, sy'n arddel rhai o ddulliau darllen ôl-strwythuraeth Ffrainc, mae'n ddiddorol ystyried sut y gellir defnyddio gwaith rhai o eiconau'r ysgol honno o feirniadaeth lenyddol – megis Jacques Derrida a Michel Foucault – i archwilio'r honiad haearnaidd fod cenedlaetholwyr Cymraeg yn hiliol.[59] Mewn trafodaethau am y diwylliant llenyddol Cymraeg, gallesid defnyddio'r theori yn bennaf i feirniadu llenyddiaeth 'draddodiadol' megis barddoniaeth gaeth am fod y cyfryw lenyddiaeth yn rymus, ac yn ddiystyriol ar adegau o fathau eraill o fynegiant llenyddol. Ond yng nghyd-destun gwleidyddiaeth 'hil' y Wladwriaeth Brydeinig, mae'r math o fydolwg ceidwadol a arddelir gan y beirdd caeth yn ymylol, yn ddi-rym ac yn wan. Onid iawn felly ei amddiffyn? Tybed a ellir 'dadadeiladu' honiadau fod y pwyslais Cymraeg ar 'hil' yn hiliol?

Dadadeiladu rhethreg wrth-Gymraeg y Wladwriaeth Brydeinig

Yn ei herthygl, 'Dadadeiladaeth a Gwleidyddiaeth', mae Jane Aaron yn cyfeirio at draethawd gan R. Radhakrishnan, academydd ôl-strwythurol sydd yn perthyn i'r lleiafrif Tamil yn Sri Lanka ac sy'n ymddiddori mewn hunaniaeth ethnig. 'Er ei fod yn cydnabod na fyddai,' meddai hi, 'mewn ralïau gwleidyddol, yr un fath o gic yn perthyn i sloganau fel "Na i'r gyfundrefn logo-ganolog" neu "Dros Différance" ag y ceir yn "Na i'r Quangos" neu "Dros yr Iaith" (ond ni ddefnyddir yr un enghreifftiau gan Radhakrishnan, wrth reswm) eto yr un yw'r nod, sef disodli'r math o feddylfryd sy'n awdurdodi trwy ymylu'r arall yn annemocrataidd, a cheisio rheoli chwarae holl leisiau lluosog y byd.'[60] Roedd dadadeiladaeth yn fodd, felly, i herio'r broses o ddistewi lleisiau ymylol, a'r llais ethnig ymylol yn eu plith. Â yn ei blaen: 'I Radhakrishnan y mae i radicaliaeth ethnig rôl allweddol yn yr ymdrech y mae dadadeiladaeth hefyd yn rhan ohoni, sef creu dyfodol lle bydd hi nid yn unig yn anghymeradwy ond yn amhosib meddwl yn nhermau darostwng yr arall.'[61]

Un nodwedd neilltuol ar y broses o lunio'r drafodaeth am 'hil' ym Mhrydain yw ei bod wedi digwydd heb odid ddim ystyriaeth o'i heffaith ar grŵp 'ethnig' lleiafrifol cynhenid fel y Cymry.[62] Y cymhelliad dros lunio Deddfwriaeth Hil 1976 oedd hwyluso cymhathiad mewnfudwyr o wledydd y Gymanwlad i ddiwylliant Prydeinig, wrth sicrhau ar yr un pryd na fyddent yn wynebu camwahaniaethu ar sail lliw eu croen. Ond er y diffiniwyd y Cymry fel grŵp ethnig gan y Ddeddf, roeddynt mewn sefyllfa wahanol i'r mewnfudwyr diweddar. Ni ddymunai canran dda ohonynt gael eu cymhathu gan ddiwylliant Prydeinig, na derbyn ei ddinasyddiaeth. Deallent wrth y term 'mewnlifiad' fewnfudiad o bobl groenwyn ddi-Gymraeg i ardaloedd Cymraeg eu hiaith. Credent fod eu profiad o 'fewnlifiad' yn llawer agosach at brofiadau pobloedd cynhenid yn wyneb gwladychiaeth Ewropeaidd nag ydoedd at brofiadau pobl Lloegr.[63] Dadleuent mai'r ing o weld tir a chymunedau yn cael eu colli i ddiwylliant cryfach, goresgynnol a esgorai ar hanfodaeth eu gwleidyddiaeth a'u llenydda. Ofnent fod y Cymry Cymraeg yn wynebu 'white death', chwedl y cymdeithasegwr iaith Joshua Fishman am ddiflaniad grŵp lleiafrifol trwy broses o ymgymhathiad heddychlon gan y mwyafrif.[64] Crisielir y gwewyr hwn gan Donald Evans yn ei gerdd, 'Ar y Bannau':

> 'Does newyn yr un Siwdan i'n hysgerbydu ar y Bannau Duon,
> na chynddaredd yr un Soweto yn distrywio ar hyd y rhos;
> na bomiau Belffast yn blastio ein haelodau'n gyrbibion ar led,
> [...]
> Ond y mae marwolaeth yn ein disbyddu ar y Bannau Duon:
> Marwolaeth lleiafrif ar ôl pymtheg canrif o fyw ar y cyd,
> [...]
> Clywaf y Saeson yn ymsefydlu ar y Bannau Duon:
> heno, oerllyd yw'r acenion sy'n rhyw gwafrio'n goeth drwy'r gwyll
> o feddau anheddau ein hil. A du yw'r ing o wrando ar eu hiaith
> yn disgyn fel hadau ysgall dros y fro, gan ymwreiddio yn y pridd Cymreig.[65]

Yma fe dybia'r bardd fod sail foesegol dros wrthwynebu mewnlifiad anghyfiaith i Gymru, sef achub lleiafrif rhag cael ei ddisodli gan brif grŵp ethnig y Wladwriaeth. Mae'r hawl sydd gan leiafrif i oroesi fel cymuned at y dyfodol, gan wrthsefyll ymgymhathiad gan y mwyafrif, yn egwyddor a gydnabyddir mewn cyfreitheg a chytundebau rhyngwladol ar wrth-hiliaeth. Fodd bynnag, nid yw'n rhan o gyfraith y Deyrnas Gyfunol parthed hiliaeth, cyfraith a luniwyd â hawliau'r unigolyn yn unig mewn golwg.

Fe berthyn y gwrthwynebiad yn Lloegr yn erbyn mewnlifiad ar y llaw arall i'r traddodiad Ewropeaidd o hilgasineb yn erbyn lleiafrifoedd croenddu. Nid oedd cymhlethdod cadw diwylliant lleiafrifol yn fyw ynghlwm wrth y ddadl honno. Gan fod deddfwriaeth hil Prydain wedi diffinio terminoleg 'hiliaeth' ar sail ei hadnabyddiaeth o'r profiad Seisnig yn unig, mae'n milwrio yn erbyn y drafodaeth Gymraeg a ddefnyddia yr un eirfa â'r drafodaeth Seisnig. Er bod y termau 'mewnlifiad' a 'hil' yn dynodi ffenomenâu gwahanol yng nghyswllt Cymru a Lloegr, y diffiniad Seisnig yn unig a ystyrir yn ddilys. Dyna pam y bu'n gymharol rwydd i'r gwrth-Gymraeg gyhuddo ymgyrchwyr dros y Gymraeg o hiliaeth, er bod yr ymgyrchwyr hynny, yn eu tyb hwy eu hunain, yn wrth-hiliol.

O ystyried dibyniaeth y ddadl am 'hiliaeth' honedig y Cymry ar gyfraith gwlad, yna hwyrach mai'r man priodol i godi trywydd theoretig yw ym maes theori'r gyfraith. Bygythir y gyfraith ar genedlaetholwyr Cymraeg yn gyson pan wneir sylwadau 'dadleuol' am fewnfudo Seisnig i Gymru. Disgyblaeth academaidd yw cyfreitheg sydd wedi gweld cryn drafod arni gan ddadadeiladwyr, yn bennaf oherwydd un o swyddogaethau'r gyfraith yw diffinio 'gwirionedd' ar ran y Wladwriaeth. Mewn cynhadledd yn Efrog Newydd yn trafod cyfreitheg o safbwynt dadadeiladol, 'Deconstruction and the Possibility of Justice', bu sylfaenydd dadadeiladaeth, Jacques Derrida, yn gofyn a yw'r cysyniad cyfreithiol o wirionedd yn bosibl. Er mwyn dangos mai ideoleg rhagor na gwirionedd sydd wrth wraidd y gyfraith yn aml iawn, cyfeiriodd at y modd y defnyddiasai rhai gwladwriaethau y gyfraith er mwyn newid cyfansoddiad ethno-ieithyddol eu tiriogaeth, gan ffafrio iaith a hunaniaeth y grŵp ethnig mwyaf pwerus (ac felly ffurfiannol) yn y Wladwriaeth. Disgrifiodd y sefyllfa hon fel un a oedd yn seiliedig ar drais.[66]

Yn nhyb Derrida, mae'r tueddfryd hwn i waredu ieithoedd anwladwriaethol yn nodwedd ar yr Oleuedigaeth Ewropeaidd, ac un o'r enghreifftiau y mae'n eu cynnig o hyn yw polisi iaith gwrthleiafrifol y Chwyldro Ffrengig. I Derrida, mae'n ddiddorol fod rhethreg flaengar, er mor anhraethol werthfawr ydyw, yn gwthio i'r cyrion ymwybyddiaeth o fathau eraill o ormes a all, ar yr olwg gyntaf, ymddangos yn ddibwys. Fe gyfeiria'n benodol at y ffordd yr anwybyddai'r Chwith ddeddfwriaeth iaith fel pwnc gwleidyddol.[67] Nid yw'n anodd gweld yn y dehongliad hwn gondemniad ar duedd hanesyddol y Chwith Brydeinig yng Nghymru i israddoli'r Gymraeg fel pwnc politicaidd wrth honni fod ystyriaethau 'mawr' eraill gwleidyddiaeth yn llawer pwysicach. Yn ogystal â hyn, defnyddiodd Derrida y ffaith y disgwylid iddo annerch y gynhadledd yn Saesneg er mwyn tynnu sylw at y ffordd y cyflyrir ymddygiad ieithyddol gan reolau anysgrifenedig yn ogystal â chan gyfraith gwlad.[68]

Dyma, wrth gwrs, union sefyllfa siaradwyr Cymraeg. Y 'grym neu'r gyfraith' symbolaidd, chwedl Derrida, yn ogystal â chyfraith gwlad sy'n gorfodi'r Cymry i droi at y Saesneg. Trwy rym symbolaidd anysgrifenedig yr iaith Saesneg fel iaith y Wladwriaeth, oherwydd niferoedd ei siaradwyr, a'u hunieithrwydd (a oddefir, er na oddefir unieithrwydd Cymraeg), fe grëir norm cymdeithasol lle yr ildir i'r Saesneg. Mor gryf yw'r norm ieithyddol hwn fel y cuddir ei wreiddiau ideolegol.

O safbwynt dadansoddiad dadadeiladol yn dadlennu'r grym symbolaidd hwn, hwyrach mai un man cychwyn fyddai bwrw golwg ar allweddair arall canu'r saithdegau, sef y galwadau ar 'yr hil' i aros yn 'uniaith'. Mae'n wir fod yr awch Adferaidd i gadw unieithrwydd yn hanfodaidd, ac yn groes i 'amrywiaeth diwylliannol', beth bynnag yw hwnnw. Tuedda'r beirdd i gyplysu unieithrwydd â motiffau hanfodaeth, megis anwybodaeth academaidd, a ddethlir fel arwydd o ragoriaeth gwybodaeth werinol. Dyna ddisgrifiad Alan Llwyd, er enghraifft, o un o werinwyr Pen Llŷn, Wil Cilan Fawr, fel

> Goleiath; cryn ddwylath o ddyn
> uniaith ac anllythrennog, [. . .]
> a'i sylwadau'n seiliedig
> ar hen ddoethineb yr hil. [69]

Dengys hyn nad disgrifiad o sefyllfa ieithyddol yn unig yw'r gair 'uniaith' i'r beirdd, ond dynodiad o werthoedd metaffisegol ehangach. Yng nghanu Alan Llwyd eto, disgrifir Penllyn fel: 'Bro unol / heb raniad dwyieithrwydd'.[70] Mae defnydd y bardd o'r gair 'unol' yn dangos fod gan yr unieithrwydd hwn ei arwyddocâd moesol. Symbol o gymdogaeth ddelfrydol yw Penllyn uniaith i Alan Llwyd.

Er gwaetha'r hanfodaeth hon, gellir defnyddio unieithrwydd y beirdd er mwyn dadadeiladu'r syniad o 'amlddiwylliannedd' fel y'i harferir yng Nghymru heddiw. Pam y mae amlddiwylliannedd yn caniatáu unieithrwydd Saesneg fel cyfrwng 'cynhwysol' ar gyfer mynegi profiadau diwyllianau 'ethnig' a lleiafrifol y tu mewn iddo, a thrwy hynny eu cymhathu; tra bo'n gwgu ar yr un pryd ar unieithrwydd Cymraeg fel rhywbeth gwahaniaethol, anoddefgar ac elitaidd? Yr ateb yw fod amlddiwylliannedd yn seiliedig ar oruchafiaeth y Saesneg fel yr iaith hegemonaidd, normaidd y mae'r diwylliannau llai yn gorfod bod yn hyddysg ynddi. Mae'n rhaid cydnabod ei phresenoldeb, er mwyn mwynhau dinasyddiaeth gyffredin y Wladwriaeth Brydeinig. Mae goslef hiraethlon barddoniaeth gaeth wrth drafod yr 'uniaith' yn awgrymu bod y beirdd yn gwybod na fydd unieithrwydd Cymraeg yn bosibl byth eto, a thrais y Wladwriaeth, chwedl Derrida, a fu'n gyfrifol am ei dranc. Er mwyn cyflawni hyn, defnyddiwyd deddfwriaeth: yn y Deddfau Uno, wrth reswm, ond hefyd wrth wrthwynebu rhoi hawliau iaith i'r Gymraeg ar seiliau cyfreithiol cadarn yn yr ugeinfed ganrif.[71] Cytunai cenedlaetholwyr Cymreig â Derrida, bid siŵr, nad yw cyfraith gwlad yn wirionedd gwrthrychol, ond bod ei hawdurdod yn amlygiad o fuddiannau ei chrewyr.[72] Nid peth dibwys yw fod y Gyfraith a weinyddir yng Nghymru yn cael ei hadnabod wrth yr enw Cyfraith Loegr.

Dadansoddiad dadadeiladol Derrida o 'sylfaen fytholegol awdurdod' yw nad yw sylfeini dilysol y Gyfraith, yn fwy felly nag unrhyw ddisgyblaeth arall, yn gyfiawn ond yn nhermau ei rhesymeg ei hun.[73] Gan fod y rhesymeg honno, ar ennyd sefydlu'r Gyfraith (Cyfraith Loegr yn achos Cymru) ynghlwm wrth fuddiannau ethnig goresgynnol (sef rhai Seisnig yn achos Cymru), teg rhagdybio bod anghenion 'parhad' ieithyddol yr 'hil' Seisnig wedi'u corffori yn y gyfraith honno. Bydd grym 'symbolaidd' y Saesneg yng Nghymru yn cael rhwydd hynt i fynd rhagddo fel canllawiau cudd i'r gymdeithas gyfan; y rheolau normadol, anniffiniedig hynny sy'n effeithio ar ein disgwyliadau ieithyddol i gyd. Mae grym symbolaidd y Gymraeg, ar y llaw arall, oherwydd nad yw'n rhan o wneuthuriad cudd y gymdeithas Brydeinig, yn gorfod ceisio mynegiant mewn ffordd echblyg, hunanymwybodol: sef mewn protest ac wrth eithrio o'r 'norm'. Gellid dadlau bod defnydd y beirdd o'r gair 'hil' yn rhan o'r ymdrech 'symbolaidd' echblyg hon dros y Gymraeg. Mae'n ethnoganolog, bid siŵr, ond wedyn gwrthbwynt ydyw i ethnoganolrwydd llawer cryfach, sef ethnoganolrwydd cudd y Wladwriaeth Brydeinig, ac ethnoganolrwydd a amddiffynnir, os oes raid, gan y Gyfraith.

'Disgwrs' a hil

Meddyliwr Ffrengig arall y gellir defnyddio ei waith er mwyn gosod y gair 'hil' yn ei gyd-destun theoretig priodol yw Michel Foucault. Yn un o'i weithiau enwocaf, *L'Archéologie du savoir* (*Archaeoleg Gwybodaeth*) (1969),[74] cais lunio'r hyn a eilw yn ddamcaniaeth o 'ymarfer disgyrsaidd', sef 'corff o reolau hanesyddol anhysbys sydd wedi pennu yn yr amser a'r gofod sy'n diffinio cyfnod, ac mewn maes cymdeithasol, economaidd, daearyddol neu ieithyddol penodol, amodau ar gyfer yr hyn a ddywedir'.[75]

Yn nhyb Foucault mae'r hyn a ddywedir ('disgwrs') yn gyfyng ei bosibiliadau (yn 'brin', yn ei eiriau ef). Serch hynny, bydd y 'disgwrs' hwn wedi ei wasgaru trwy sawl testun, a bydd yn croesi ffiniau sawl *oeuvre*. Yn sgil hyn, ni ellir dweud fod 'disgwrs' yn gynnyrch 'ymwybyddiaeth' awdur unigol. Yn hytrach bydd y disgwrs yn ffrwyth cysylltiadau plethweithiau o osodiadau a wnaed eisoes.[76] Bydd 'ymarfer disgyrsaidd' o'r fath yn creu 'gwybodaeth' ar adeg benodol ac mewn man penodol. Bydd yr wybodaeth hon yn ei thro yn 'peri ei bod yn bosibl amgyffred y casgliadau o gyfyngiadau sydd, ar ryw adeg benodol, yn cael eu gorfodi ar ddisgwrs'.[77] Mae cysylltiad, felly, rhwng grym a disgwrs. Bydd grym yn gweithredu trwy 'bositifiaeth' sy'n dethol, dilysu ac yn normaleiddio disgwrs. Tybia Foucault fod math arbennig o ddisgwrs wedi ei sefydlu pan yw'n ei gyfiawnhau ei hun yn nhermau ei resymeg ei hun.[78]

Yn ôl y ddamcaniaeth ffrwythlon hon, gellid tybio bod y mudiad gwrth-theoretig Cymraeg, gan ei fod yn dibynnu ar ei resymeg ei hun i gyfiawnhau ei ddadleuon ei hun, yn ffurfio ysgol 'ddisgyrsaidd'. Hanfodaeth gwybodaeth yw'r 'bositifiaeth' sy'n ei llywio, ac mae cysylltiad disgyrsaidd (a welir yn benodol yng ngwaith y beirdd caeth) rhwng yr hanfodaeth honno a hanfodaeth ym maes 'hil'. O ystyried y ddau ddisgwrs ymddangosiadol wahanol hyn (gwrth-theori a 'hil'), a'u hystyried yn rhan o'r un *episteme*, sef enw Foucault ar gyfnod â phatrymau disgyrsaidd penodol,[79] gellir gweld beth yw sylfaen disgyrsaidd y gair 'hil'. Gair yn deillio o hanfodaeth y gymuned Gymraeg ydyw, ac nid gair yn deillio o ymagwedd hiliol.

Go brin, serch hynny, fod ymgyrchwyr gwrth-hiliol di-Gymraeg yn deall mai hanfodaeth, yn hytrach na hiliaeth, sy'n gyfrifol am lawer o wleidyddiaeth ethnoganolog y gymuned Gymraeg. Dywed Foucault y bydd 'gwrthrychau' disgyrsaidd (megis 'hil' neu 'hiliaeth') yn 'ymddangos' mewn cymdeithasau gwahanol mewn ffyrdd gwahanol ar adegau gwahanol.[80] Yn y bôn, mae'r gymuned Gymraeg ar ei hôl hi o ran defnyddio'r math o ieithwedd wleidyddol gywir sy'n dderbyniol yn yr Ewrop ddinesig, wrth-hiliol sydd ohoni. Mae'n amlwg fod disgwrs 'hiliaeth' a 'gwrth-hiliaeth' yn y brif ffrwd Brydeinig wedi creu patrwm disgyrsaidd sy'n wahanol i ddisgwrs 'hiliaeth' a 'gwrth-hiliaeth' yn y gymuned Gymraeg. Mae'r gair 'hil' yn meddu ar ystyron gwahanol yng nghyswllt cerdd gan Gerallt Lloyd Owen a datganiad gan y Comisiwn Cydraddoldeb Hiliol, dyweder, am fod barddoniaeth gaeth Gymraeg a datganiadau cwango Prydeinig yn perthyn i ddau 'faes' disgyrsaidd cwbl wahanol. Gan fod y disgwrs Prydeinig yn gryfach na'r un Cymraeg, y Cymry sy'n ymddangos yn hiliol mewn trafodaethau yn deillio o'r gwrthdaro hwn. Dyna pam y ceir y sefyllfa hynod fod modd i'r mwyafrif Saesneg ym Mhrydain gyhuddo'r lleiafrif Cymraeg o hiliaeth. Dyma'r unig enghraifft yng ngwledydd Prydain o ddehongli 'hiliaeth' fel 'lleiafrif gwan yn gormesu mwyafrif cryf'.

Gwaetha'r modd, nid yw gwleidyddion a newyddiadurwyr, ac eraill sy'n llywio'r farn gyhoeddus wrth drafod 'hiliaeth' yng Nghymru, yn ddigon soffistigedig, nac yn dymuno bod yn ddigon soffistigedig, i gydnabod y gwahaniaethau rhwng disgwrs y Gymru Gymraeg a disgwrs y gymdeithas Brydeinig wrth drafod 'hil'. Mae disgwrs Prydeinig yn pwyso idiomau cyfarwydd y gymuned Gymraeg (megis 'hil', 'mewnlifiad' a 'mewnfudwyr') yng nghlorian ei ieithwedd hunangyfeiriadol 'wrth-hiliol' ei hun, ac yn eu cael yn brin.[81] O hyn y daw peth o'r argyhoeddiad fod y gymdeithas Gymraeg yn un hiliol. Darlleniad diog ydyw o ddisgwrs Cymraeg ei iaith, ond tyfodd yn farn lywodraethol, gan wthio barn Cymry Cymraeg am eu disgwrs eu hunain o'r neilltu. Yn hyn o beth, mae tebygrwydd rhwng y modd y synir am 'fyd' y Gymru Gymraeg mewn rhai trafodaethau Saesneg am ei 'hiliaeth' a'r modd y disgrifiodd Edward Said yn *Orientalism* (1978) sut y ffurfir barn y Gorllewin am y Dwyrain.[82] Ffurfir y farn gyhoeddus Saesneg ei hiaith am y Gymru Gymraeg, nid wrth gyfeirio at ddisgwrs Cymraeg yn ei holl gymhlethdod, ond wrth gyfeirio at destunau Saesneg eraill sy'n trafod y Gymraeg, a'r testunau hynny yn ddibynnol yn eu tro ar destunau Saesneg eilaidd eraill, ac yn y blaen a'r cwbl yn troi mewn cylch caeedig o wybodaeth hunangyfeiriadol a chamarweiniol.[83]

'Y frwydr hil'

O ystyried ei ddamcaniaethu am ddisgwrs, mae'n ddiddorol i Michel Foucault draddodi cyfres o ddarlithoedd yn y Collège de France ym mlwyddyn sefydlu *Barddas* sy'n trin 'disgwrs' hil a hiliogaeth mewn hanesyddiaeth.[84] Yn ei ddarlith agoriadol, 7 Ionawr 1976, dywed mai ei nod yw dadansoddi 'gwybodaeth ddarostyngedig', sef gwybodaeth sy'n lleol, rhanbarthol, anghyflawn, 'annilys' neu annilysedig, ac a wthiwyd i'r ymylon.[85] Cyfeiria at hyn fel gwybodaeth 'sy'n bodoli yn y gwyllt'.[86] Byddai barddoniaeth gaeth, a hithau â rheolau nad oes dilysrwydd iddynt y tu allan i'w maes cyfyng ei hun, yn perthyn i'r dosbarth hwn o wybodaeth. Yn nhyb Foucault, ceir gan wybodaeth ddarostyngedig bethau na ellir mo'u dweud mewn mathau eraill o ddisgwrs. Felly defnyddia'r beirdd y gair 'hil', sef gair na all cenedlaetholwyr byth ei ddefnyddio mewn rhyddiaith wleidyddol rhag cael eu cyhuddo o hiliaeth.

Yn ei ddarlithoedd ar hil, mae Foucault yn cychwyn ei drafodaeth wrth drafod rhyfel a heddwch. Yn ei dyb ef, mae heddwch yn cyfreithloni (ac eto'n ceisio cuddio) buddiannau grym anghyfartal a bennwyd gan ryfel. Oherwydd dibyniaeth 'heddwch' ar gytgord i ddilysu (ac eto celu) y trais sy'n sail iddo, bydd yn rhaid i'r sawl a gollodd unrhyw ryfel ddadlau bod dau rym gwrthgyferbyniol yn rhannu cymdeithas. O'r rheidrwydd hwn i rannu cymdeithas y daw'r ffenomen a eilw Foucault yn 'frwydr hil'. Ymdrech ydyw gan yr 'hil' a gollodd ryfel rhwng dau grŵp ethnig i herio honiadau'r gymdeithas sy'n seiliedig ar ganlyniad y rhyfel hwnnw ei bod yn unedig, yn heddychlon ac yn ddiduedd. Yn nhyb disgwrs 'yr hil' a drechwyd, mae cymdeithas 'anethnig' heddychlon yn ymgorfforiad o rym yr hil fuddugol. Dywed Foucault mai oherwydd hyn y ceir gan bobloedd darostyngedig yn y cyfnod modern ddatblygiad 'gwrth-hanes',[87] sef hanes sydd yn llefaru yn enw'r hil a drechwyd, yn hawlio gwirionedd ar ei rhan hithau, disgwrs sy'n cyrraedd ei benllanw ym 'mrwydrau' cenhedloedd diwladwriaeth canol a dwyrain Ewrop yn y bedwaredd ganrif ar bymtheg.[88] Yn y 'frwydr hil' hon, y sawl a gollodd, y sawl sydd wedi ei ormesu, sy'n codi ieithwedd 'hil', ac nid y sawl a enillodd. Ni raid iddynt, gan fod eu disgwrs yn sail i sofraniaeth y gymdeithas gyfan, ac felly, yn eu tyb hwy, yn hollgynhwysol.[89]

Afraid dweud nad yw'n anodd craffu ar farddoniaeth 'hil' y canu caeth, a'r ymdrech i gydio mewn gwirionedd cenedlatholgar a rhannu'r bydysawd rhwng dwy hil, a gweld ynddi dystiolaeth Gymraeg ar gyfer damcaniaeth Foucault. Mae damcaniaeth Foucault hefyd yn esbonio pam y mae'r Cymry yn sôn byth a beunydd am eu 'hil', tra na fydd Saeson ar ddiwedd yr ugeinfed ganrif (oni bai eu bod yn hilgwn biolegol) byth yn sôn am eu 'race'. Nid dynodiad biolegol-hiliol sydd gan y beirdd caeth wrth drafod 'hil', ond grŵp ethnig neilltuedig sydd mewn perthynas rym â grŵp ethnig arall.[90]

> Y mae ein hil yn meinhau
> Yn wreng i awr ei hangau; [...]
> Wele haf o fewnlifiaid,
> Yr ha' y dyhea'u haid
> Am gyfannedd ein beddau
> A meirw eu harf i'w marwhau:
> Byddin ddi-arf mor arfog
> Yn ein lladd â gwaywffyn llog. [91]

I'r beirdd, 'brwydr hil' ydyw rhwng y Cymry a'r Saeson, un sydd wedi bod erioed, ac felly'n fytholegol bron ei harwyddocâd: 'yng ngwawr hanes bu sgarmes goch / yn yr hesg rhwng glewion yr hil a'n gelyn erioed'.[92] Brwydr ydyw, hefyd, er bod gweddau gwleidyddiaeth gyfoes arni o bryd i'w gilydd, sydd bob tro yn synio am hanes Cymru (a Phrydain) yn nhermau goresgyniad milwrol y Cymry gan y Saeson:

> Mae hil arall amleiriog
> Yn y glyn ac ar y glog,
> Hil fyw a hyglyw ei hiaith
> Hyd fynwent wlad fy heniaith.
> A daw o hyd i dewhau
> O'i bodd i fysg y beddau:
> Y beddau mudan, byddar
> A hil eu hil fel eu hâr. [93]

Neu oresgyniad y Brythoniaid gan yr Eingl-Sacsoniaid.

> Ildiwn hyd dragwyddoldeb
> Ein tai ac yna tywys
> Hers Hil Hors i wâl ei lys. [94]

Dyma farddoniaeth felly sy'n rhyfeddol o ethnoganolog, ac un sy'n ymddangos yn gwbl anachronistaidd o safbwynt y gymdeithas 'amlddiwylliannol' gyfoes. Mae'n fwy nodweddiadol o feddylfryd Ewropeaidd y bedwaredd ganrif ar bymtheg nag o feddylfryd Ewrop ddiwedd yr ugeinfed ganrif; ac yn fwy nodweddiadol o wleidyddiaeth ethnig canol a dwyrain Ewrop nag ydyw o orllewin Ewrop.[95] Diddorol tu hwnt fyddai cymharu'r brydyddiaeth hon â barddoniaeth sy'n gysylltiedig â thraddodiadau eraill o genedlaetholdeb ethnoganolog mewn cenhedloedd diwladwriaeth Ewropeaidd megis Gwlad y Basg, gwledydd y Baltig, yn yr Iwcrain, neu ymhlith Albaniaid Cosofo a Macedonia.

Yn ôl Foucault, mae'r 'frwydr hil' yn hollol wahanol i hiliaeth. Disgwrs yw hiliaeth sy'n chwalu 'dimensiwn hanesyddol' y 'frwydr hil' ac yn gorseddu purdeb yn lle brwydr. Yn wir, dywed Foucault mai hiliaeth yw ymateb y wladwriaeth sofran i frwydr hil y grŵp ethnig sy'n ddarostyngedig. Mae hiliaeth yn codi'r syniad o 'hil' ar ran y Wladwriaeth ac yn ei droi, yn enw cynwysoldeb a phurdeb a daioni, yn erbyn y lleiafrif.[96] Nod hiliaeth felly yw sicrhau 'dilead' (un arall o allweddeiriau'r canu caeth) yr 'hil' wrthwladwriaethol, gan wneud yr 'hil' wladwriaethol yn burach, ac yn iachach. O'r herwydd cyraeddasai'r hiliaeth hon ei phen draw rhesymegol yn natblygiad Ffasgaeth fel credo, ac yna, yn derfynol, yn yr Almaen Natsïaidd.[97] Fodd bynnag, y rhan fwyaf diddorol o ddarlithoedd Foucault yw ei honiad fod Sosialaeth wladwriaethol hefyd yn fath o hiliaeth. Ei ddadl yw bod Sosialaeth yn honni gweithredu yn enw'r cynwysoldeb hwnnw sy'n puro, ac yn gwastatáu pob gwahaniaeth yn enw daioni. 'Mae'n anodd iawn i mi sôn am hyn,' meddai'r ysgolhaig adain chwith hwn. 'Roedd Sosialaeth yn hiliaeth o'r cychwyn, hyd yn oed yn y bedwaredd ganrif ar bymtheg . . . byddwch bob tro yn canfod elfen hiliol mewn Sosialaeth.'

Wrth ddilyn trywydd Foucault, a'i gymhwyso at Gymru, gwelir bod rhai beirdd wedi cymharu hanes y gymuned Gymraeg o wynebu difodiant trwy gymhathiad â hilgasineb a hil-laddiadau canolbarth a dwyrain Ewrop. Dyna Gerallt Lloyd Owen, er enghraifft, yn ei englyn, 'Hil-laddiad y Cymry':

> O na, ni raid wrth nwyon – i'n mygu
>   Megis yr Iddewon;
> Nid lladd a ladd yr hil hon,
> Nid SS ond y Saeson. [98]

Dadleuai nifer o feirniaid, megis Grahame Davies, fod y gymhariaeth uniongyrchol hon rhwng tynged Iddewon Ewrop, a thynged cymunedau Cymraeg, yn ddi-chwaeth. Diau fod hyn yn gywir. Nid oes tebygrwydd rhwng yr Holocost a diflaniad 'yr hil' Gymraeg. Mae'n bosib, efallai, inni ddadlau bod rhai safbwyntiau syniadol neu athronyddol wedi bod yn gyffredin i'r broses o ragfarnu yn erbyn pob cymuned leiafrifol, a'r gwahaniaeth a geir rhwng yr achos Iddewig a'r achos Cymreig yw un o raddfa effaith. Byddai ôl-strwythurwyr a rhai Marcsiaid, er enghraifft, yn dadlau bod gwaddol resymegol yr Oleuedigaeth wedi porthi gwrth-Semitiaeth: yn wir, dyna a ddadleuodd rhai athronwyr Iddewig eu hunain.[99] Ac mae'r ddadl mai'r Oleuedigaeth resymegol a arweiniodd at ddwysáu'r diraddiad ar ieithoedd diwladwriaeth Ewrop wedi hen ennill ei phlwyf hefyd.

Ond ai 'graddfa effaith' a ddywedais i? Rhaid cofio mai dros chwe miliwn o lofruddiedigion yw union faint y gwahaniaeth graddfa hwnnw rhwng y Cymry a'r Iddewon. Anghywir felly yw cymharu safbwyntiau gwrth-Gymraeg â 'hiliaeth' Stalinaidd neu Hitleraidd. Er hyn, mae gwreiddiau deallusol gwrth-Gymreictod yn rhai y byddai Foucault yn eu hadnabod. Mae'n ddiddorol, er enghraifft, sylwi ar sut y mae llawer o rethreg y mudiad Llafur yng Nghymru yn pleidio cyffredinedd, cynwysoldeb a chyfartaledd y diwylliant Saesneg rhagor nac ymneilltuedd, gwahanrwydd ac elitiaeth honedig y diwylliant Cymraeg. Nod hyn yw annilysu, mewn rhyw ffordd neu'i gilydd, y diwylliant lleiafrifol. Yn ddiweddar, ychwanegwyd 'amlddiwylliannedd' at y rhestr o enwau ac ansoddeiriau a ddefnyddir i ddynodi eangfrydedd y Saesneg, a 'hiliol' at y cyhuddiadau yn erbyn y Gymru Gymraeg. Tro newydd yw hwn ar hen ddadl. Mae'n bosibl fod yr awch i gymhathu'r diwylliant Cymraeg yn ninasyddiaeth gyffredin Brydeinig yn fwy 'hiliol' yn ôl diffiniad Foucault o hiliaeth nag yw ieithwedd anachronistaidd ethnoganolog hilryfelgar y beirdd caeth. Er hyn, ni ellir gwadu bod y fath ddefnydd ethnoganolog ar y gair 'hil' gan gynifer o'n beirdd caeth yn codi problemau moesegol difrifol ar gyfer y gymdeithas Gymraeg.

'Yr Hil' geidwadol

Down yn awr at ran olaf yr astudiaeth, sef ystyriaeth o sut y defnyddir 'hil' fel term metaffisegol a cheidwadol sydd yn cyfleu 'bod' y genedl. Er y'i defnyddir mewn cyd-destunau cenedlatholgar, cenadwri 'hil' yn y cyswllt hwn yn aml iawn yw clodfori dioddefaint y genedl Gymreig. O safbwynt datblygu cenedlaetholdeb radicalaidd deinamig mae'r pwyslais hwn yn dra anffodus.

Enghraifft ddiddorol iawn o gerdd sy'n defnyddio'r allweddair 'hil' mewn modd estynedig, ac mewn gwahanol gyd-destunau ideolegol yw 'Llef dros y Lleiafrifoedd', awdl arobryn Alan Llwyd yn Eisteddfod Genedlaethol Dyffryn Clwyd yn 1973.[100] Fe'i rhennir yn dair rhan, sef 'Cerdd i Hil Werdd', y Gwyddelod; 'Cerdd i Hil Goch', sef 'Indiaid Cochion' America; a 'Cerdd i Hil Wen', y Cymry. Mae'r rhannau hyn yn dra gwahanol i'w gilydd.

Cerdd ymosodol iawn yw 'Cerdd i Hil Werdd' sydd yn dehongli hanes Iwerddon o safbwynt gweriniaethol, ac yn trin Lloegr fel pŵer milwrol trefedigaethol. Er bod y lladd a'r llofruddio yn y Chwe Sir wedi cyrraedd eu hanterth yn ystod yr union adeg pryd y cyfansoddwyd y gerdd, mae Alan Llwyd yn barod i gyfreithloni mytholeg aberth gwaed y Gweriniaethwyr:

> Gwaed dewrion i'w gwteri – a redodd
>   Yn un ffrwd o'i gwythi;
> Hwn yw gwyrddwaed ei gerddi,
> Y dewrder a'i hadfer hi!

Eto, yn hon, y gerdd fwyaf filitaraidd 'chwyldroadol' o eiddo Alan Llwyd, dim ond mewn un pennill y ceir sôn am 'hil'.[101] Gwelir, felly, nad yw'r gair 'hil' yn ganolog i'r math o wrthdrefedigaethedd chwyldroadol, a threisiol hefyd ar adegau, a oedd mewn bri yn Iwerddon, Gwlad y Basg a nifer o wledydd diwladwriaeth eraill ar y pryd.

Cerdd sy'n fwy trymlwythog o gyfeiriadaeth at 'hil' yw 'Cerdd i Hil Goch' sy'n defnyddio'r gair ddeuddeg o weithiau, gan sôn am 'dranc' a 'diwedd' hil.[102] Mae'r prif bwyslais ar ddiflaniad 'hil' yr 'Indiaid Cochion', gan ddefnyddio 'hil' yn drosiadol i olygu 'nyni, y bobl' mewn llinellau megis:

> Fy mab yw'r olaf o'm hil,
> Unmab lle bu ugeinmil!
>
> Angau hil yn fy nghalon
>
> O ba werth ydyw bwâu
> I hil yn ei hualau?
>
> Ai diwedd hil yw ei dyddiau heulog?

Dyma un o drosiadau mwyaf cyfarwydd y saithdegau; hiraethu'n bruddglwyfus am ddiflaniad brodorion America, er rhybuddio dyn rhag tynged bosibl y broydd Cymraeg.[103] Sylwer bod y gair 'hil' yn ymddangos yma mewn cyd-destun lle y mae diflaniad y grŵp lleiafrifol yn anochel: galaru yn y cywair rhamantaidd am dranc cenedl y mae'r gair 'hil', nid cymell pobl i wrthsefyll.

Yn 'Cerdd i Hil Wen', sy'n ymdrin â thranc yr iaith ym Mhen Llŷn, ceir y 'frwydr hil' gyfarwydd wrth i'r bardd ymosod ar 'hil drahausfalch' y Saeson. 'Haid aliwn i'n didoli' yw'r hil orchfygol sydd wedi meddiannu Llŷn. Yn ogystal â hyn, fe gaiff y gair 'hil' ei ddefnyddio mewn modd dioddefus onid masochistaidd:

> Nid yw'r hil ond hil halog, – nid hil wen
>   – ond hil lofr a thaeog;
> Wele genedl y geiniog
> Yn byw'n llwfr gan dderbyn llog. [104]

Motiff cyffredin yn y canu caeth yw defnyddio 'hil' er mwyn dwrdio'r Cymry am fod yn ddi-asgwrn-cefn: 'ein hil swrth, di-lais yw hi', chwedl Gerallt Lloyd Owen.[105]

Awdl syniadol yw 'Llef dros y Lleiafrifoedd' sydd ar groesffordd ideolegol. Mae rhannau ohoni'n osio at safbwynt 'gwrthdrefedigaethol' Gwyddelig ei naws, rhannau yn defnyddio delweddaeth y 'frwydr hil' sydd mor hoff gan Donald Evans, Elwyn Edwards, Gerallt Lloyd Owen ac eraill, a rhannau yn ymagweddu'n stoicaidd oddefgar tuag at dranc y Gymraeg.

Mae'n ddiddorol iawn i feirniaid y Gadair wfftio at syniadaeth wrthdrefedigaethol yr awdl, gan ffafrio ei darnau mwyaf telynegol ac anwleidyddol, megis disgrifiad yn 'Cerdd i Hil Wen' o hen ŵr ar draeth yn Llŷn, a apeliodd at Mathonwy Hughes, a'r 'darlunio telynegol' yn 'Cerdd i Hil Goch' a roes 'foddhad esthetig' i James Nicholas. Collfarnasant yn unfrydol 'Cerdd i Hil Werdd' am ei bod, yng ngeiriau Gwyn Thomas, 'wedi symleiddio enbydrwydd cymhleth y sefyllfa yng Ngogledd Iwerddon a bod hyn yn effeithio ar wirionedd sylfaenol yr hyn a ddywedir yn y caniad cyntaf'.[106] Disodlwyd, felly, ddarlleniad gwrthdrefedigaethol Alan Llwyd o hanes Iwerddon gan ddyneiddiaeth yn traethu yn enw'r 'gwirionedd'; dyfais, yn eironig iawn, y byddai Alan Llwyd ei hun yn ei harddel maes o law yn ei feirniadaeth lenyddol ei hun.

Pan gyhoeddwyd rhannau o'r awdl arobryn yn ei gyfrol *Gwyfyn y Gaeaf* yn 1975, fe hepgorwyd 'Cerdd i Hil Werdd' yn gyfan gwbl.[107] Yn wir, erbyn cyhoeddi *Cerddi Alan Llwyd 1968–1990: Y Casgliad Cyflawn Cyntaf* yn 1990, roedd yr awdl wedi ei diarddel yn ei chrynswth, am ei bod yn brentiswaith.[108] Ni chafwyd canu gwrthdrefedigaethol milain ganddo eto. Cadwyd ganddo'r allweddair 'hil' ond fe'i ceidwadolwyd. Mae'n ddiddorol ystyried beth a gollwyd oherwydd ymateb 'synnwyr cyffredin' a gwrth-theoretig beirniadaeth lenyddol Gymraeg i waith cynnar Alan Llwyd. Diau y gallai fod wedi cadw ysbryd y radicaliaeth wrthdrefedigaethol, heb arddel ei thrais.

Pam y defnyddir y gair 'hil' yn y diwylliant Cymraeg mewn ffordd geidwadol? Yr ateb syml yw fod y gymuned Gymraeg ei hun yn geidwadol. Ceir syniadau megis 'naturioldeb' a 'chywirdeb' iaith, brogarwch a gweringarwch yn cydblethu â gwrth-syniadaeth; y cwbl yn atgyfnerthu'r syniad fod y gymuned organaidd wledig, a'r bobl a fagwyd yno, yn fwy Cymreigaidd na neb arall; yn 'hil'. Ond roedd y math o radicaliaeth wrthdrefedigaethol hunanymwybodol y gellid bod wedi ei chyfleu gan y gair 'hil' yn estron i'r gymuned wladaidd ddelfrydol honno: Cymry oedd y werin hon yn rhinwedd ei bodolaeth, ac nid oedd angen baldordd theoretig arnynt i brofi hynny. Roedd deallusion cenedlaetholgar y saithdegau yn llawn ymwybodol y gallai safbwyntiau theoretig, megis gwrthdrefedigaethedd, fod yn gefn i'w gwleidyddiaeth. Hyd yn oed mewn mudiad honedig geidwadol fel Mudiad Adfer, fe ganmolid y deallusyn gwrthdrefedigaethol Frantz Fanon.[109] Ond ni throsglwyddir y radicaliaeth hon i'r maes llenyddol; i ganol gweithgarwch y werin. Wrth reswm, mae'r gwrthwynebiad i theori mewn efrydiau llenyddol Cymraeg yn rhan o'r cwlwm syniadol hwn.

Mae'n amlwg, serch hynny, nad o wagle y daeth y gair 'hil' yn brif idiom barddoniaeth genedlaetholgar Gymraeg chwarter olaf yr ugeinfed ganrif. Mae gan y gair 'hil' ei dras, ac nid yn ein Hoesoedd Canol tybiedig yn unig y deuir o hyd iddo. Un ffynhonnell bosibl ar gyfer defnydd hanfodaidd o'r gair 'hil' yw gwaith Waldo Williams.[110] Wedi'r cwbl, bu'r heddychwr o Sir Benfro yn ddylanwad ffurfiannol ar Emyr Llywelyn a Mudiad Adfer. Yn ei gerdd 'Preseli', mae Waldo yn cyfeirio at ei 'bobl' fel 'hil', a dichon y gellid dadlau bod hyn, a llawer iawn o'i ieithwedd led-apocalyptaidd, yn hanfodaidd:

> Ac ar glosydd, ar aelwydydd fy mhobl –
> Hil y gwynt a'r glaw a'r niwl a'r gelaets a'r grug,
> Yn ymgodymu â daear ac wybren ac yn cario
> Ac yn estyn yr haul i'r plant, o'u plyg. [111]

Mae'n ddiddorol, fodd bynnag, fod Waldo yn defnyddio 'hil' mewn modd cadarnhaol rhagor na modd goddefol. Ac er mai Cymry gwerinol ei filltir sgwâr a olygai wrth 'hil', ni ddefnyddia'r gair â'r un pwyslais ethnig hunanymwybodol ag y gwneir yn y canu caeth diweddar.

Ffynhonnell bosibl arall i 'hil', sy'n dra gwahanol i eiddo gwaith Waldo, yw'r ffordd hanfodaidd, led-imperialaidd y defnyddid y gair 'race' yn Lloegr gan lenorion fel Rudyard Kipling, a chan wleidyddion fel Winston Churchill, hyd at bumdegau'r ugeinfed ganrif.[112] Ni ddylid synnu y gallai cenedlaetholdeb Seisnig ddylanwadu ar genedlaetholdeb Cymreig. Saeson ceidwadol fel F. R. Leavis (1895–1978) fu'r prif ddylanwad ar feirniadaeth lenyddol hunanesboniadol *Barddas*. Bu T. S. Eliot yn ddylanwad ar Saunders Lewis.[113] Mae'n ddigon posibl fod defnydd cenedlaetholwyr Seisnig o'r gair 'race' yn atgyfnerthu defnydd cenedlaetholwyr Cymraeg o'r gair 'hil'. Pam, felly, y mae'r defnydd hwn o 'hil' yn fyw ac yn iach hyd y dwthwn hwn pan nad oes neb bellach yn defnyddio'r gair 'race' yn yr ystyr hanfodaidd hon yn Lloegr, a hynny oherwydd ei gynodiadau hiliol? Dyma arwydd arall, efallai, o geidwadaeth y gymuned Gymraeg. Cadwodd y Gymru Gymraeg werthoedd hanfodaidd yn fyw ymhell ar ôl iddynt ddarfod yng ngwledydd mawrion Ewrop.

Casgliad

Wrth reswm, mae hiliaeth yn bodoli yn y gymuned Gymraeg ei hiaith. Weithiau mae hiliaeth o'r fath yn fwriadol. Bu ymosodiadau corfforol prin eithriadol mewn cymunedau Cymraeg ar unigolion o leiafrifoedd ethnig, a hefyd ar Saeson. Weithiau cafwyd hiliaeth yng Nghymru yn deillio o naïfrwydd di-glem. Yn y flwyddyn dyngedfennol honno o safbwynt ein llên, 1976, cyhoeddodd *Lol* gartŵn o seremoni gadeirio'r Eisteddfod a ddangosodd ddyn croenddu clustdlysiog o lwyth cyntefig yn sefyll ar ei draed yn disgwyl ei hebrwng i'r llwyfan. Roedd wedi dod â'i waywffon. 'Un o'r hen feirdd tywyll 'na wedi'i gneud hi leni eto, Wil', meddai'r naill Gymro wrth y llall yn y gynulleidfa.[114] A fyddai 'hiwmor' o'r fath yn bosib oni bai bod agweddau hiliol yn bodoli ymhlith rhai Cymry?

Nid yw'r ysgrif hon, felly, yn ceisio ail-greu myth am Gymru fel gwlad y menig gwynion, gwlad lle nad yw hiliaeth byth yn bwrw ei chysgod dros ei thrigolion rhinweddol, glân eu hiaith a glân eu moesau. Nod yr ysgrif hon yw holi yn hytrach a yw cenedlaetholdeb Cymreig, ac yn enwedig cenedlaetholdeb iaith, yn gysylltiedig â dulliau hiliol o feddwl. Yn yr astudiaeth hon, canolbwyntiwyd ar y beirdd hynny sy'n arddel y gair 'hil' mewn dull ethnoganolog.

Yn ddi-os, mae beirdd caeth wedi defnyddio'r gair 'hil' mewn modd sy'n cynnig bod rhai Cymry yn Gymreiciach na'i gilydd. Bu hyn ar adegau yn annymunol. Go brin ychwaith fod y beirdd caeth hyn yn 'gynhwysol'. Ond mater arall yw barnu eu bod yn hiliol. Hyd yn oed yn y cyfeiriadau anachronistaidd gwrth-Seisnig hynny pan hyrwyddir 'y frwydr hil', gellid dadlau bod rhagor rhwng hyn a hiliaeth. Yn eironig, ymddengys fod defnydd hanfodaidd o'r gair 'hil' yn debycach o beri rhagfarn yn erbyn siaradwyr Cymraeg 'anwerinol' nag ydyw o gymell casineb yn erbyn Saeson anghyfiaith. Os 'hiliaeth' yw hyn, mae'n rhyfeddol o ganibalaidd i genedl ar ei chythlwng ieithyddol; 'hiliaeth' gan rai Cymry Cymraeg yn erbyn Cymry Cymraeg eraill. Fodd bynnag, nid hiliaeth mohoni o gwbl, ond siofinistiaeth wledig, a dyfais fetaffisegol i rannu Cymru'n fewnol rhwng y sawl sy'n gadwedig a'r sawl sy'n golledig.

Nid hiliaeth yw 'hil' y beirdd caeth. Mae llawer o'r sylwebwyr di-Gymraeg sy'n gwneud yr honiad mai hilgwn yw'r Cymry wedi dewis anwybyddu seiliau Seisnig ethnoganolog cudd y Wladwriaeth Brydeinig. Anwybyddir ganddynt hefyd y gwahaniaethau rhwng 'disgwrs' hil yng Nghymru a Lloegr. Dangosasom, trwy gael cip ar waith Derrida, nad yw cyfreithiau ynghylch iaith a hil bob tro yn adlewyrchu gwirionedd gwrthrychol. Trwy ddefnyddio gwaith Foucault dangoswyd bod 'hil' y beirdd yn perthyn i 'faes disgyrsaidd' gwahanol i hiliaeth. Trwy gychwyn yr astudiaeth â golwg ar y mudiad gwrththeoretig yng Nghymru, gwelwyd bod ffordd naïf a hanfodaidd o synio am wybodaeth yn llywodraethol yn y Gymru Gymraeg. Yn y maes ethnig bu 'hil' yn llaw-fer am hyn.

Beth felly yw'n casgliad? Hanfodaeth a cheidwadaeth yw prif nodweddion gwleidyddiaeth lenyddol 'yr hil'. Nid syn hynny gan mai hanfodaeth a cheidwadaeth yw dwy brif nodwedd y meddwl llenyddol Cymraeg 'cyffredin' yn ail hanner yr ugeinfed ganrif.

Nodiadau

[1] Alan Llwyd, 'Golygyddol', *Barddas*, 183/184 (Gorffennaf/Awst 1992), 6–12; Donald Evans, 'Nithio'r Holl Ddamcaniaethau' [adolygiad ar John Rowlands (gol.), *Sglefrio ar Eiriau*], *Barddas*, 183/184 (Gorffennaf/Awst 1992), 40–43.

[2] John Rowlands (gol.), *Sglefrio ar Eiriau: Erthyglau ar Lenyddiaeth a Beirniadaeth* (Llandysul, 1992), xi. Cafwyd ymdriniaethau diddorol ynddi â'r Hanesyddiaeth Newydd, Ffeminyddiaeth, Ôl-Strwythuraeth, Marcsiaeth a Ffurfiolaeth.

[3] Joseph Harry, *Elfennau Beirniadaeth Lenorol* (Llundain, 1929).

[4] R. I. Aaron, 'Nodyn ar Gyfieithu'r Gair "Psychology"', *Y Llenor*, viii, 4 (Gaeaf 1929), 243. Gw., hefyd, Saunders Lewis, *Williams Pantycelyn* (Llundain, 1927), x–xi; D. Miall Edwards, *Bannau'r Ffydd: Dehongliad Beirniadol o Brif Athrawiaethau'r Grefydd Gristnogol* (Wrecsam, 1929), 392–393; *idem*, '"Meddyleg" ynteu "Eneideg"?', *Y Llenor*, ix, 1 (Gwanwyn 1930), 41–46.

[5] Am y ddadl hon, gw. Simon Brooks, *O Dan Lygaid y Gestapo: Yr Oleuedigaeth Gymraeg a Theori Lenyddol yng Nghymru* (Caerdydd, 2004), 1–37 a 113–15.

[6] Alan Llwyd, 'Golygyddol', 6–12.

[7] *Idem*, 'Golygyddol', *Barddas*, 101 (Medi 1985), 4.

[8] Ymddangosodd rhifynnau arbennig o *Tu Chwith* yn trafod theorïau rhywioldeb, diwylliant poblogaidd, gwleidyddiaeth iaith, ffeminyddiaeth, cyfieithu, gwrywdod a'r cysyniad o draddodiad. Bu ymdriniaethau theoretig yn y Gymraeg yn ymwneud ag ôl-drefedigaethedd, technoleg, *genre* a chafwyd amryw o astudiaethau o'r nofel Gymraeg ôl-fodern. Cafwyd hefyd yng nghyfres 'Y Meddwl a'r Dychymyg Cymreig' nifer o fonograffau academaidd a osodai lenyddiaeth mewn clorian ddamcaniaethol.

[9] Gw., er enghraifft, Alan Llwyd, 'Golygyddol', *Barddas*, 195/196 (Gorffennaf/Awst 1993), 8–10; [Alun Jones], 'Stondin Sam: Y Beirniad Newydd', *Llanw Llŷn*, 189 (Mai 1993), [18].

[10] Angharad Price, *Robin Llywelyn* (Llên y Llenor) (Caernarfon, 2000); Glyn Evans, 'Creu dryswch wrth egluro dryswch' [adolygiad ar Angharad Price, *Robin Llywelyn*], *Cymru'r Byd*, BBC Cymru, 12 Ebrill, 2001,

<http://www.bbc.co.uk/cymru/adloniant/llyfrau/straeon/010412angharad.shtml> [gwelwyd 10 Medi 2005].
11 Angharad Price, 'Cyfoeth Cyfieithu', *Taliesin*, 100 (Gaeaf 1997), 14.
12 Walford Gealy, 'Pwysigrwydd Cywirdeb', *Taliesin*, 101 (Gwanwyn 1998), 103–7. Diddorol yw diffiniad Walford Gealy o wirionedd: 'Y mae cysylltiad ieithyddol amlwg rhwng cywirdeb a gwirionedd . . . Ymhellach, ystyriwyd gwirionedd yn rhinwedd erioed yn ein diwylliant ni . . . Onid yw'n bwysig parchu'r fath ddarllenwyr drwy sicrhau nad ag anghywirdebau y bwydir hwy?'
13 Angharad Price, 'Gohebiaeth', *Taliesin*, 102 (Haf 1998), 110.
14 Idem, *Rhwng Gwyn a Du: Agweddau ar Ryddiaith Gymraeg y 1990au* (Caerdydd, 2002), 22–31.
15 Tudur Hallam, 'Camfarnu neu Garfarnu Beirniad Llenyddol?', *Taliesin*, 114 (Gwanwyn 2002), 29.
16 Iestyn Daniel, [adolygiad ar R. M. Jones, *Ysbryd y Cwlwm*], *Y Traethodydd*, cliv (Ebrill 1999), 121–2.
17 Gw., er enghraifft, Rhian John, 'Tu Chwith: Cyfrol 4 (1995/6)', *Gair Rhydd*, 27 Tachwedd 1995, 5: 'mae'n "radical" ac mae'n "wahanol" – i ddweud y gwir, mae'n wych'; Nia Lewis, 'Tu Chwith: Cylchgrawn Cymraeg gyda Attitude', *finetime*, Rhagfyr 1995, 22: 'mae'n hwyl ac yn ddiddorol. Os oes gyda chi attitude darllenwch "Tu Chwith". Mae'n well na Pobol y Cwm, honest.'; di-enw, 'Review: Tu Chwith', *Y Faner Goch*, 80 (Mai 1996), 11: 'would enliven any revolutionary coffee table'; Jeremy Evas, 'Y Tu Chwithers', *The Big Issue Cymru*, 22 (Mai 20–Mehefin 2, 1996), 15: 'os mai peth i bobl a'u pennau i fyny'u tinau yw cylchgronau fel *Tu Chwith*, mae'n biti garw gen i nad yw'r Cymry Cymraeg i gyd yn *double-jointed*.'
18 Islwyn Edwards, 'Be' sy Dda a be' sy Ddim', *Barddas*, 207/208 (Gorffennaf/ Awst 1994), 5.
19 Emyr Lewis, 'Be' sy Dda a be' sy Ddim', *Barddas*, 207/208 (Gorffennaf/ Awst 1994), 5.
20 Jerry Hunter a Richard Wyn Jones, 'O'r Chwith: Pa mor Feirniadol yw Beirniadaeth Ôl-fodern?', *Taliesin*, 92 (Gaeaf 1995), 30.
21 Nid wyf yn honni, wrth gwrs, na fu rhai o'r 'ceidwadwyr' hefyd yn weithgar yn y mudiad cenedlaethol. Bu Elwyn Edwards, Swyddog Gweinyddol y Gymdeithas Gerdd Dafod, yn aelod Plaid Cymru dros Landderfel a Gyngor Sir Gwynedd. Byddai Twm Morys, a ddychanai theori yn ei golofn 'Neil Sagam' yn *Taliesin* yn y nawdegau, yn 'Gadfridog Difyrrwch' i'r mudiad Cymuned.
22 Jane Aaron, 'Dadadeiladaeth a Gwleidyddiaeth', *Tu Chwith*, 2 (Haf 1994), 23.
23 Elinor Wyn Reynolds, 'Tynnu'r Gorchudd oddi ar Greadigrwydd' [cyfweliad ag Angharad Price], *Cardiff University Magazine*, 3 (Haf 2003), 20.
24 [Alun Jones], 'Stondin Sam', *Llanw Llŷn*, 256 (Mehefin 1999), 9.
25 Mae pob dyfyniad yma wedi'i nodi yn yr erthygl hon, un ai yng nghorff y testun neu yn y troednodiadau, ac eithrio'r dyfyniadau canlynol. Am sylwadau 'Alan Llwyd, 1988', gw. Alan Llwyd, 'Golygyddol', *Barddas*, 135/137 (Gorffennaf/Awst/Medi 1988), 14; am sylwadau 'Donald Evans, 1992', gw. Donald Evans, 'Nithio'r Holl Ddamcaniaethau', 41; am 'Alun Jones, 1993', gw. [Alun Jones], 'Stondin Sam: Y Beirniad Newydd', [18]; am

'Alan Llwyd, 1993', gw. Alan Llwyd, 'Golygyddol', *Barddas*, 195/196, 10; am 'Alun Jones, 1994', gw. [Alun Jones], 'Stondin Sam: Y Rhai a Hunodd', *Llanw Llŷn*, 200 (Mai 1994), [27]; am '*Lol*, 1994', gw. [Eurig Wyn], 'Mega Cachu', *Lol*, 33 (1994), 14; am 'R. Gerallt Jones, 1994', gw. R. Gerallt Jones, 'Golygyddol', *Llais Llyfrau*, Gaeaf 1994, 3; am '*Golwg*, 1994', gw. Meleri Wyn James, 'Plesio'r Sglyfs a'r Siwds', *Golwg*, 1 Rhagfyr 1994, 19–21; am 'Islwyn Ffowc Elis, 1994', gw. Islwyn Ffowc Elis, 'Llenyddiaeth Gymraeg Gyfoes: Argraffiadau Personol', *Taliesin*, 89 (Gwanwyn 1995), 76–81; am 'Alun Jones, 1995', gw. [Alun Jones], 'Stondin Sam: Ys dywed y Bardd', *Llanw Llŷn*, 217 (Rhagfyr 1995), 19; am 'Alun Jones, 1996', gw. [Alun Jones], 'Stondin Sam: Y Concrit Di-grac' [adolygiad ar Angharad Price, *Smentio Sentiment: Beirdd Concrid Grŵp Fiena 1954–1964*], *Llanw Llŷn*, 225 (Medi 1996), 7; am 'Glyn Evans, 2000', gw. Glyn Evans, 'Troi'r hawdd yn astrus' [adolygiad ar R. M. Jones, *Mawl a'i Gyfeillion: Cyfrol 1*], *Cymru'r Byd*, BBC Cymru, 15 Chwefror, 2000, gw. <http://www.bbc.co.uk/cymru/adloniant/llyfrau/straeon/010215bobi.shtml> [gwelwyd 10 Medi 2005]; am 'Alun Jones, 2005', gw. Alun Jones, 'Stondin Sam: A goleuni a fu' [adolygiad ar Simon Brooks, *O Dan Lygaid y Gestapo*], *Llanw Llŷn*, 317 (Ionawr 2005), 29.

[26] Mary Allman, 'Llythyrau', *Llanw Llŷn*, 264 (Mawrth 2000), 26.
[27] Codwyd rhai o'r allweddeiriau hyn o'r adran 'Iaith a Chenedl' yn Alan Llwyd, *Cerddi Alan Llwyd 1968-1990: Y Casgliad Cyflawn Cyntaf* (Llandybïe, 1990), 177–214.
[28] Alan Llwyd, 'Adfer', *Gwyfyn y Gaeaf* (Abertawe, 1975), 46; *idem*, 'Cywydd Croesawu'r Eisteddfod i Abertawe', *Yn Nydd yr Anghenfil* (Caernarfon, 1982), 37.
[29] Frank Olding, 'Etifeddiaeth y Cymro', *Cadwn y Mur: Blodeugerdd Barddas o Ganu Gwladgarol* (Caernarfon, 1990), 218.
[30] Gw. 'hil', *Geiriadur Prifysgol Cymru: A Dictionary of the Welsh Language: G–Llyys*, II (Caerdydd, 1968–1987), 1866.
[31] John Davies yn ddyfynedig yn 'hil' *Geiriadur Prifysgol Cymru*: 'hîl, soboles, proles, posteri. Id. d.g. *foetus, posteritas, progenies, semen*.'
[32] Gw., er enghraifft, J. R. Jones, *Prydeindod* (Llandybïe, 1966) a *Gwaedd yng Nghymru* (Lerpwl a Phontypridd, 1970).
[33] R. Tudur Jones, 'Cysgod y Swastika' [adolygiad ar Emyr Llywelyn, *Adfer a'r Fro Gymraeg*], *Tafod y Ddraig*, Ionawr 1977, 10–11; *idem*, 'Adolygiad – Rhan 2: Cysgod y Swastika', *Tafod y Ddraig*, Chwefror 1977, 6–7.
[34] Alan Llwyd, 'Yr Iaith', *Yn y Dirfawr Wag* (Llandybïe, 1988), 34. Gw. hefyd Gerwyn Wiliams, 'Darlunio'r Tirlun Cyflawn: amlinellu cyd-destun ar gyfer cyfres Beirdd Answyddogol y Lolfa' yn John Rowlands (gol.), *Sglefrio ar Eiriau*, 133 lle y dyfynnwyd y llinellau hyn er mwyn cyhuddo Alan Llwyd o hunan-etholedigaeth.
[35] Gw., er enghraifft, Derec Llwyd Morgan, '"Canys Bechan Yw": Y Genedl Etholedig', *Y Beibl a Llenyddiaeth Gymraeg* (Llandysul, 1998), 71–92.
[36] Alan Llwyd, 'Cywydd Croesawu'r Eisteddfod i Abertawe', 38.
[37] Donald Evans, 'Saunders Lewis', *Cread Crist* (Caernarfon, 1986), 18.
[38] Tony Elliot, 'Llwyddiant y Sais 1282–1980' yn Tudur Dylan Jones (gol.), *Blodeugerdd Barddas o Englynion Cyfoes* (Caernarfon, 1993), 92.
[39] Alan Llwyd, 'Troeon Bywyd', *Rhwng Pen Llŷn a Phenllyn* (Abertawe, 1976), 22.

40 *Idem*, 'Soned i Donald Evans', *Rhwng Pen Llŷn a Phenllyn*, 41.
41 Gw. Donald Evans, 'Dychwelyd', *Egin*, (Llandysul, 1976), 16.
42 *Idem*, 'Hebog y Chwilgarn', *Egin*, 55.
43 Emyr Llywelyn, 'Proffwyd Chwyldro', *Y Chwyldro a'r Gymru Newydd* (Abertawe, 1971), 9.
44 Donald Evans, 'Dychwelyd', 16.
45 Emyr Llywelyn, 'Waldo', *Bro*, 6 (Hydref/Tachwedd 1978), 39.
46 T. Robin Chapman, *Meibion Afradlon a Chymeriadau Eraill: Golwg ar y Dymer Delynegol, 1891–1940* (Caerdydd, 2004), 71–91.
47 Alan Llwyd, 'Safonau Creu', *Y Grefft o Greu: Ysgrifau ar Feirdd a Barddoniaeth* (Llandybïe, 1997), 90 a 94.
48 T. Robin Chapman, *Ben Bowen* (Writers of Wales) (Caerdydd, 2003), 23.
49 Saunders Lewis, 'Marwnad i Syr John Edward Lloyd' yn R. Geraint Gruffydd (gol.), *Cerddi Saunders Lewis* (Caerdydd, 1992), 32: 'Ond yma ym mro'r cysgodion y mae hil / Gondemniwyd i boen Sisiffos yn y byd, / I wthio o oes i oes drwy flynyddoedd fil / Genedl garreg i ben bryn Rhyddid, . . .'; 'Gweddi'r Terfyn' yn *Cerddi Saunders Lewis*, 53: 'Mae'n brofiad i bawb na ŵyr neb arall amdano. / Pob un ar ei ben ei hun yn ei ddull ei hun / Piau ei farw ei hun / Trwy filiynau blynyddoedd yr hil.'
50 Gerallt Lloyd Owen, 'Cymru'r Wythdegau', *Cilmeri a Cherddi Eraill* (Caernarfon, 1991), 91.
51 Lyn Lewis Dafis, 'Hiliaeth y Cymry', *Barn*, 488 (Medi 2003), 27.
52 Gw. Bryan Martin Davies, 'Pryddest: Hil: Beirniadaeth Bryan Martin Davies', *Cyfansoddiadau a Beirniadaethau Eisteddfod Genedlaethol Frenhinol Cymru Wrecsam 1977* (Llandysul, 1977), 16–17; Dyfnallt Morgan, 'Pryddest: Hil: Beirniadaeth Dyfnallt Morgan', *Cyfansoddiadau a Beirniadaethau Wrecsam 1977*, 22–25; Alun Llywelyn-Williams, 'Pryddest: Hil: Beirniadaeth Alun Llywelyn-Williams', *Cyfansoddiadau a Beirniadaethau Wrecsam 1977*, 29.
53 Robert Rhys, 'Cyflwr ein Llenyddiaeth', *Llais Llyfrau*, Gwanwyn 1982, 9 yn ddyfynedig yn Gerwyn Wiliams, 'Darlunio'r Tirlun Cyflawn', 130.
54 [newyddiadurwr], 'Wythnos Golwg: Nid gêm ydi gweiddi "hiliaeth"', *Golwg*, 16/48, 14 Awst, 2003, 3; [newyddiadurwr], 'Cadair Cymuned', *Golwg*, 16/48, 14 Awst, 2003, 6–7.
55 [newyddiadurwr], 'Urdd yn dal i obeithio setlo ffrae llefaru', *Golwg*, 17/ 23, 17 Chwefror, 2005, 6. Gw. hefyd 'Cerdd yn "anaddas" i blant', *Cymru'r Byd*, BBC Cymru, 9 Chwefror 2005, gw. <http://news.bbc.co.uk/welsh/hi/ newsid_4240000/newsid_4248800/4248889.stm> [gwelwyd 10 Medi 2005] ac 'Ymateb i gerddi'r Urdd', *Cymru'r Byd*, BBC Cymru, 10 Chwefror 2005, gw. <http://news.bbc.co.uk/welsh/hi/newsid_4250000/newsid_4252900/4252979.stm> [gwelwyd 10 Medi 2005].
56 Peredur Lynch, Emyr Lewis ac Alan Llwyd, 'Beirniadaeth Peredur Lynch, Emyr Lewis ac Alan Llwyd', *Cyfansoddiadau a Beirniadaethau Eisteddfod Genedlaethol Cymru Eryri a'r Cyffiniau 2005* (Llandysul, 2005), 10–12. Ysywaeth, ni chyhoeddasid yr awdl erbyn i'r bennod hon gael ei llunio.
57 Alan Llwyd, 'Stephen Lawrence: 1993', *Ffarwelio â Chanrif* (Llandybïe, 2000), 137.
58 *Idem*, 'Dwy Gerdd ynghylch Hunaniaeth', *Ffarwelio â Chanrif*, 55–58.
59 Yn sicr, bu gwaith Michel Foucault yn ysbrydoliaeth i mi wrth ystyried

sut i ymateb i helynt Seimon Glyn yn 2001. Gw. Simon Brooks, 'Annibyniaeth barn: Colofn fisol y Golygydd: Seimon Glyn', *Barn*, 457, Chwefror 2001, 6.

60 Jane Aaron, 'Dadadeiladaeth a Gwleidyddiaeth', 25; R. Radhakrishnan, 'Ethnic Identity and Post-Structuralist Difference' yn Abdul R. Jan Mohamed a David Lloyd (goln), *The Nature and Context of Minority Discourse* (Rhydychen, 1993), 50–71.

61 Jane Aaron, 'Dadadeiladaeth a Gwleidyddiaeth', 25.

62 Wilson McLeod, 'Autochthonous language communities and the Race Relations Act', *Web Journal of Current Legal Issues*, 1 (1998): 'The relationship between Britain's autochthonous languages communities – principally the Welsh and Scottish Gaelic communities – and the RRA has received little attention, both because these communities rarely register on the horizon of those in Britain's urban core, and because there is no intuitive link between these groups and racial legislation.'

63 Gw., er enghraifft, [Tim Webb], *Mewnfudo, Ie Gwladychu, Na!: Gwladychiaeth a Gwrth-wladychiaeth yn y Bröydd Cymraeg*, Aberystwyth, c.2003.

64 Joshua Fishman, 'Preface' yn Diarmuid Ó Néill (gol.), *Rebuilding the Celtic Languages: Reversing Language Shift in the Celtic Countries* (Tal-y-bont, 2005), 10: 'Assimilation is "white death" and genocide is "black death". They are quite different along an overt-covert dimension, but they both lead to the same bleak conclusion, namely the dislocation, attrition and termination of minority language-in-culture-and-identity.'

65 Donald Evans, 'Ar y Bannau', *O'r Bannau Duon* (Llandybïe, 1987), 69.

66 Jacques Derrida, 'Force of Law: The "Mystical Foundation of Authority"', *Deconstruction and the Possibility of Justice* (Efrog Newydd a Llundain, 1992), 21: 'one founding violence of the law or of the imposition of state law has consisted in imposing a language on national or ethnic minorities regrouped by the state'.

67 Ibid., 28.

68 Ibid., 4: 'This is an obligation, I must address myself to you in English [. . .] it has been imposed on me as a sort of obligation or condition by a sort of symbolic force or law in a situation I do not control. A sort of *polemos* already concerns the appropriation of language: if, at least, I want to make myself understood, it is necessary that I speak your language, I must.'

69 Alan Llwyd, 'Wil Cilan Fawr', *Rhwng Pen Llŷn a Phenllyn*, 37–8.

70 *Idem*, 'Penllyn', *Rhwng Pen Llŷn a Phenllyn*, 25.

71 Gwilym Prys Davies, 'Statws Cyfreithiol yr Iaith Gymraeg yn yr Ugeinfed Ganrif', yn Geraint H. Jenkins a Mari A. Williams (goln), *'Eu Hiaith a Gadwant'? Y Gymraeg yn yr Ugeinfed Ganrif* (Caerdydd, 2000), 207–38.

72 Jacques Derrida, 'Force of Law: The "Mystical Foundation of Authority"', 23–4: 'For in the founding of law or in its institutions, the same problem of justice will have been posed and violently resolved, that is to say buried, dissimulated, repressed. Here the best paradigm is the founding of the nation-states or the institutive act of a constitution that establishes what one calls in French *l'état de droit*.'

73 Ibid., 14.

74 Michel Foucault, *L'Archéologie du savoir* (Paris, 1969). Fe'i cyfieithwyd i'r Saesneg fel *The Archaeology of Knowledge* (Llundain, 1972). O'r cyfieithiad

Saesneg y codwyd y dyfyniadau sydd yn y bennod hon.
75 Michel Foucault, *The Archaeology of Knowledge*, 117.
76 Ibid., 38, 44, 60 ac, yn benodol, 95. Mae dadl Foucault yn groes, felly, i dybiaethau'r mudiad gwrth-theoretig Cymraeg am 'hanfodaeth' gwybodaeth sy'n awdur-ganolog.
77 Ibid., 192.
78 Ibid., 187.
79 Gw. ibid., 191 am ddiffiniad Foucault o *episteme*.
80 Ibid., 41.
81 O ran anachronistiaeth idiom ym maes hil, yr enghraifft fwyaf trawiadol yn y Gymraeg yw defnyddio 'mewnfudwyr' *(in-migrants)* a 'mewnlifiad' *(in-migration)* i ddynodi mewnfudiaeth i Gymru. Defnyddir yr un derminoleg i gyfeirio at 'fewnfudwyr' *(immigrants)* a 'mewnlifiad' *(immigration)* i'r Deyrnas Gyfunol. Mae hyn yn hwyluso gwaith y sawl sy'n dymuno gwneud cymariaethau rhwng cenedlaetholwyr Cymraeg a phleidiau adain dde eithafol, fel y BNP, yn Lloegr.
82 Edward Said, *Orientalism* (Llundain, 1978).
83 Gweler fy mhennod yn T. Robin Chapman (gol.), *The Idiom of Dissent*, a gyhoeddir gan Wasg Gomer yn 2006.
84 Michel Foucault, *'Il faut défendre la société'*: *Cours au Collège de France, 1976* (Paris, 1997). Fe'i cyfieithwyd i'r Saesneg fel *'Society must be Defended'*: *Lectures at the Collège de France, 1975–76* (Llundain, 2004). O'r cyfieithiad Saesneg y codwyd y dyfyniadau sydd yn y bennod.
85 *Idem*, *'Society must be Defended'*, 7–10.
86 Ibid., 183.
87 Ibid., 66.
88 Ibid., 60.
89 Ibid., 70–73.
90 Ibid., 77.
91 Donald Evans, 'Tua Chwm Tydu', *O'r Bannau Duon*, 73.
92 *Idem*, 'Mebyd Cenedl', *Egin*, 75.
93 *Idem*, 'Marwolaeth y Cymro Olaf', *Cread Crist*, 21.
94 Elwyn Edwards, 'I Siôn Aubrey' yn Pwyllgor Amddiffyn Carcharorion Gwleidyddol Cymru (goln), *Canhwyllau: Teyrnged i Siôn Aubrey Roberts* (Tal-y-bont, 1995), 11. Roedd Siôn Aubrey Roberts yn y carchar ar y pryd am ei ran yn ymgyrch losgi Meibion Glyndŵr.
95 Diau y gellid honni bod gorddibyniaeth Foucault ar hanes syniadol Lloegr a Ffrainc wedi peri iddo anwybyddu'r disgwrs hwn mewn gwledydd llai, lle goroesodd heb ei herio, yn aml mewn ieithoedd lleiafrifol, 'anysgolheigaidd', sy'n bodoli y tu allan i 'brif ffrwd' hanes syniadol Ewrop.
96 Michel Foucault, *'Society must be Defended'*, 81–82: 'Rwy'n meddwl y genir hiliaeth pan ddisodlir y syniad o frwydr hil gan y thema o burdeb hiliol, a phan mae gwrth-hanes yn cael ei drosi yn hiliaeth fiolegol. [. . .] Yn llythrennol, felly, hiliaeth yw disgwrs chwyldroadol wedi ei droi wyneb-i-waered.'
97 Ibid., 255–260.
98 Gerallt Lloyd Owen, 'Hil-laddiad y Cymry', *Cilmeri a Cherddi Eraill*, 78.
99 Gw. Theodor Adorno a Max Horkheimer, *Dialectic of Enlightenment* (Llundain,

1973). Fe'i cyhoeddwyd yn ei Almaeneg gwreiddiol, *Dialektik der Aufklärung*, yn 1944.
[100] Alan Llwyd, 'Llef dros y Lleiafrifoedd', *Cyfansoddiadau a Beirniadaethau Eisteddfod Genedlaethol Frenhinol Cymru Dyffryn Clwyd 1973* (Llandysul, 1973), 23–31.
[101] Ibid., 25: 'Nid hil yw'r hil ar wahân, – / Plygu mae pob hil egwan.'
[102] Ibid., 26–29.
[103] Gw., er enghraifft, caneuon Tecwyn Ifan, 'Y Navaho' a 'Gwaed ar yr Eira Gwyn' ar record hir *Y Dref Wen* (Sain, 1976). Lladmerydd Mudiad Adfer ym myd canu Cymraeg oedd Tecwyn Ifan.
[104] Alan Llwyd, 'Llef dros y Lleiafrifoedd', 30.
[105] Gerallt Lloyd Owen, 'Cymru'r Wythdegau', *Cilmeri a Cherddi Eraill*, 90.
[106] Gwyn Thomas, 'Beirniadaeth Gwyn Thomas', *Cyfansoddiadau a Beirniadaethau Dyffryn Clwyd*, 22.
[107] Alan Llwyd, 'Llef dros y Lleiafrifoedd (Detholiad)', *Gwyfyn y Gaeaf*, 11–17.
[108] Gw. *idem*, *Cerddi Alan Llwyd 1968–1990*, xiii.
[109] Emyr Llywelyn, 'Proffwyd Chwyldro', 9. Yn ôl Emyr Llywelyn roedd Frantz Fanon wedi gosod 'sylfeini chwyldro sy'n mynd i sgubo gwledydd y Trydydd Byd i ryddid a grym – a gwae'r gormeswyr a'r coloneiddwyr megis Prydain, Ffrainc, Portugal ac America pan ddaw'r dydd hwnnw.'
[110] Rwy'n ddiolchgar i T. Robin Chapman am yr awgrym hwn.
[111] Waldo Williams, 'Preseli', *Dail Pren* (Llandysul, 1956), 30.
[112] Hwyrach mai dyfyniadau Winston Churchill yw'r enghreifftiau gorau o ddefnydd hanfodaidd, rhagor na hiliol, o'r gair 'race' yn y byd gwleidyddol Seisnig. 'It was the nation and the race dwelling all round the globe that had the lion's heart,' meddai yn 1954 wrth drafod safiad yr Ymerodraeth Brydeinig yn erbyn Ffasgaeth yn ystod yr Ail Ryfel Byd. Noder hefyd mai *The Island Race* (Llundain, 1964) oedd teitl y fersiwn talfyredig o'i ddehongliad ethno-ieithyddol o hanes y Saeson, *A History of the English-speaking Peoples* (Llundain, 1956–58). Diolch i Dafydd Glyn Jones am yr awgrym hwn.
[113] Grahame Davies, *Sefyll yn y Bwlch: R. S. Thomas, Saunders Lewis, T. S. Eliot, a Simone Weil* (Caerdydd, 1999), 84–7.
[114] Elwyn Ioan, '"Un o'r hen feirdd tywyll 'na wedi'i gneud hi leni eto, Wil"', *Lol*, 13 (Haf 1976), 11. Atgynhyrchwyd y cartŵn yn Tegwyn Jones (gol.), *Hwyl yr Ŵyl: Canrif a Mwy o Gartwnau'r Eisteddfod* (Tal-y-bont, 1992), 68.

2

'Bardd arallwlad': Dafydd ap Gwilym a Theori Ôl-Drefedigaethol[1]

DYLAN FOSTER EVANS

Y carwr a'r epa

Agorwn y drafodaeth, nid ym maes theori lenyddol, ond gyda darn o lythyr caru canoloesol. Gan arfer cyffelybiaeth anarferol braidd, mae cyfansoddwr y llythyr hwn yn cymharu ei gariadferch â heliwr epa, a thrwy hynny'n dangos y gellid mynegi teimladau serchus mewn ffyrdd tra annisgwyl yn yr Oesoedd Canol. A chan mai ei gariad yw'r heliwr, mae'n dilyn mai'r epa (neu'r 'ap') yw'r llythyrwr ei hun:

> Ag velly idd wyd ti y'm lladd j ag y'm dallv val i dalla'r helwr kywraint yr ap. Kans natur yr ap yw provi gwnaethur pob peth ag a welo hi arall yn y wnaethur, ag velly i daw yr helwr kywraint o'i ystyriaeth i hvn hyd gyverbyn a'r prenn i bo'r ap arno, ag yno, ef a eistedd yn gyverbyn a'r lle i gwelo yr ap, ag a wisg i ysgidiav ar i draed, ag ef a edy yno ysgidiav bychain a vo kymesur i'r ap, ag ef a oddyno. Ag yna i daw yr ap i'r llawr, a hi a gaiff yr ysgidiav hynny, ag a'i gwisg hwynt ar i thraed, a chyn i kaffo hi i diosg, ef a ddaw yr helwr eti, ag yno, hi a gais tringad i'r prenn val i gwnai gynt, ond ny ad yr ysgidiav yddi dringad, ag velly i delir yr ap.[2]

Eglura'r llythyrwr fod ei gariad yn ei dwyllo ac yn ei ladd yn yr un modd ag y mae heliwr yn dal epa. Gan mai natur y creadur hwnnw yw dynwared yr hyn a welo, fe wisg yr heliwr ei esgidiau am ei draed yng ngŵydd yr epa, gan osod pâr o esgidiau bychain ar y llawr cyn ymadael.[3] O weld hynny, mae'r epa yn gadael ei goeden ac – yn driw i'w natur ddynwaredol – fe wisg yr esgidiau am ei draed. Ond pan ddychwel yr heliwr, mae'r esgidiau'n rhwystro'r epa rhag dringo'r goeden a dianc. A thrwy hynny, yn ganlyniad i'w ysfa i ddynwared, fe ddelir yr epa.

Gorchwyl difyr iawn, mae'n siŵr, fyddai dyfalu sut ymateb a gafodd y llythyr hwn gan y gariadferch. Ond byddai'r dyfalu hwnnw'n ofer – y gwir amdani yw na fwriadwyd erioed anfon y llythyr hwn at neb. Yn hytrach, mae'r llythyr ar ei hyd yn ffurfio testun a elwir yn fwystiadur. Casgliad o ddisgrifiadau a storïau sy'n ymwneud ag anifeiliaid (rhai go iawn a rhai dychmygol) yw bwystiadur, ac fel rheol ceir ynddo foeswers syml i gyd-fynd â hanes pob anifail. Er mai themâu crefyddol sydd i'r rhan fwyaf o fwystiaduron, serch yw thema'r bwystiadur hwn, ac mae'r cyfan wedi ei drefnu ar lun llythyr gŵr at ei gariad. Yn y darn dan sylw mae hanes yr epa yn drosiad ar gyfer serch. Ni ellir dal yr epa pan fo'n droednoeth, ac yn yr un modd ni ellir dal dyn sydd 'heb wisg kariad'.[4] Ond pan fo'n gwisgo cariad, mae dyn, fel epa sy'n gwisgo esgidiau, yn ysglyfaeth hawdd ei dal. Gŵr sydd â 'gwisg cariad' amdano yw'r llythyrwr, ac felly mae'n rhaid iddo erfyn ar ei gariad i beidio â'i gamdrin ac yntau bellach yn gaeth ac yn ddiamddiffyn o'i blaen.

Yn Ffrangeg y cyfansoddwyd y bwystiadur hwn yn wreiddiol. Ei enw yn yr iaith honno yw *Bestiaire d'Amour* ('Bwystiadur Cariad'), ac fe'i lluniwyd gan glerigwr o'r enw Richart de Fornival tua chanol y drydedd ganrif ar ddeg.[5] Er na wyddom enw'r cyfieithydd Cymraeg, mae'n debyg ei fod wrth ei waith yn ne Cymru rywdro yn ystod y bedwaredd ganrif ar ddeg. Ei gamp ef oedd llunio testun Cymraeg newydd ar sail y testun Ffrangeg gwreiddiol. Felly yn ogystal â chynnwys hanes epa dynwaredol, gellir galw'r testun Cymraeg ei hun yn fath o ddynwarediad.

Pam crybwyll hanes yr epa felly? Yr ateb syml yw fod dynwared yn chwarae rhan bwysig iawn yn y maes arbennig o theori feirniadol yr wyf am ei drafod yn y bennod hon, sef theori ôl-drefedigaethol. Bwriad y bennod fydd cyflwyno'r maes hwnnw drwy fwrw golwg ar destun arall o'r bedwaredd ganrif ar ddeg, sef un o gywyddau Dafydd ap Gwilym, a hynny yng ngoleuni theori ôl-drefedigaethol. Roedd Cymru oes Dafydd ap Gwilym yn wlad a oedd yn gyfarwydd â choncwest, gwrthryfel a chymodi, ac mae theori ôl-drefedigaethol yn cynnig pob math o bosibiliadau ar gyfer dehongli llenyddiaeth a gyfansoddwyd dan amgylchiadau o'r fath. Mae'r syniad o ddynwared diwylliannol yn greiddiol i'r maes damcaniaethol hwn, a bydd y drafodaeth sy'n dilyn yn ein galluogi i edrych o'r newydd ar ffawd yr epa dynwaredol.

Cymru drefedigaethol

Mae'n siŵr fod sawl rheswm gwahanol pam y cyfieithwyd bwystiadur Richart de Fornival i'r Gymraeg. Ond ni fyddai wedi cael ei gyfieithu o gwbl oni bai am y ffaith fod yng Nghymru'r bedwaredd ganrif ar ddeg siaradwyr Cymraeg a chanddynt y gallu i ddarllen Ffrangeg. Ac roedd hynny yn y pen draw yn ganlyniad i goncwest. Concwest a barodd i'r Ffrangeg ddod yn un o brif ieithoedd Lloegr, a choncwest yn fwy na dim arall oedd y rheswm pam yr oedd yr iaith i'w chlywed fwyfwy yng Nghymru o'r unfed ganrif ar ddeg ymlaen. Wrth i'r Normaniaid a'r Saeson Ffrangeg eu hiaith ymwthio i Gymru, crëwyd dosbarth nid ansylweddol o Gymry rhugl eu Ffrangeg. Fel heddiw, byddai rhai wedi manteisio ar addysg gyfandirol i ddysgu'r iaith a'i pherffeithio, ond diau fod eraill (megis Llywelyn ap Gwilym efallai, perthynas a noddwr i Ddafydd ap Gwilym) wedi dysgu peth o'r iaith yn eu cartrefi a'u broydd eu hunain.[6] Heb amheuaeth, roedd diwylliant newydd wedi ei greu yng Nghymru yn sgil concwest. Ond rhaid cofio o hyd nad yr un peth yw concwest â threfedigaethu. Cyn inni ddechrau sôn am theori ôl-drefedigaethol, felly, mae'n deg holi a fu Cymru erioed yn drefedigaeth.

Rhoddwyd ateb clir iawn i'r cwestiwn hwnnw mewn erthygl arloesol yn 1974 gan y diweddar Rees Davies. Roedd y saithdegau yn gyfnod pan oedd nifer o wledydd a fuasai gynt yn rhan o ymerodraeth Prydain newydd ennill eu hannibyniaeth, ac roedd eraill ar fin gwneud hynny. Roedd yr Ymerodraeth Brydeinig a'i threfedigaethau yn bynciau llosg a oedd yn gyson yn llygaid y cyhoedd. Nid ar chwarae bach, felly, y rhoddodd Rees Davies y teitl 'Colonial Wales' i'w erthygl ar hanes Cymru yn y cyfnod 1282–1400.[7] Ar ddechrau'r erthygl hon, cyflwynodd ei gasgliadau ynglŷn â pherthnasedd y term 'colonial' i Gymru:

> The term 'colonial' has been extensively used by historians to characterize a wide variety of situations and societies ranging chronologically from the ancient world to the twentieth century. Strangely enough it is a term that has rarely been applied, at least among professional historians, to the history of Wales. The omission is surprising since the history of Wales displays at various stages most of the well-recognized features of a colonial society. Most obviously does it do so in the period extending from Edward I's conquest of Gwynedd in 1282–3 to the outbreak of the revolt of Owain Glyn Dŵr in 1400.[8]

Gwelir yn yr erthygl hon rai o'r syniadau a ddatblygwyd yn ddiweddarach ganddo mewn cyhoeddiadau a weddnewidiodd y modd yr astudir gwledydd Prydain yn yr Oesoedd Canol. O ganlyniad i 'Colonial Wales' a chyfrolau megis *Domination and Conquest: the Experience of Ireland, Scotland and Wales, 1100–1300* (1990) a *The First English Empire: Power and Identities in the British Isles, 1093–1343* (1993) daeth yn gyffredin meddwl am berthynas Lloegr â'i chymdogion ym Mhrydain ac yn Iwerddon yn nhermau imperialaeth ganoloesol.[9] Mae dylanwad syniadau Davies yn fwy trawiadol eto o gofio'r feirniadaeth lem a gafodd astudiaeth ar thema debyg a ymddangosodd y flwyddyn ar ôl cyhoeddi 'Colonial Wales', sef *Internal Colonialism: The Celtic Fringe in British National Development, 1536–1966* gan Michael Hechter (1975). Ond mae dehongliad Rees Davies o Gymru'r bedwaredd ganrif ar ddeg fel trefedigaeth a Lloegr fel ymerodraeth yn dal ei dir o hyd.

Nod amgen gwaith yr haneswyr mwyaf yw bod ei werth yn cynyddu (yn hytrach na lleihau) yn y blynyddoedd a'r degawdau ar ôl ei gyhoeddi. Ac felly y mae yn achos gwaith Rees Davies. Erbyn nawdegau'r ugeinfed ganrif yr oedd maes a elwid yn theori neu feirniadaeth ôl-drefedigaethol yn dechrau dod i'r amlwg ymysg ysgolheigion a oedd yn astudio diwylliant gwledydd a fuasai gynt yn rhan o'r ymerodraethau Ewropeaidd modern. Erbyn y mileniwm newydd yr oedd y maes hwn yn dechrau cydio o ddifri yng Nghymru, ac yn 2005 ymddangosodd cyfrol o'r enw *Postcolonial Wales* dan olygyddiaeth Jane Aaron a Chris Williams – y gyfrol gyntaf i ddefnyddio safbwyntiau hunanymwybodol ôl-drefedigaethol i edrych ar amrediad o bynciau yn ymwneud â Chymru a'i phobl.[10] Nid yw'n syndod felly fod gwaith Rees Davies, a 'Colonial Wales' yn arbennig, yn cael ei ddefnyddio'n fan cychwyn ar gyfer astudiaethau ôl-drefedigaethol yng Nghymru. Gwneuthum innau hynny yn 2000 mewn erthygl fer ar y beirdd yn sgil methiant gwrthryfel Owain Glyndŵr, ac mae syniadau Davies yn un o fannau cychwyn cyfrol ar ôl-drefedigaethedd a llenyddiaeth Saesneg o Gymru a gyhoeddwyd yn 2004.[11] 'Colonial Wales' hefyd yw man cychwyn dwy bennod gyntaf *Postcolonial Wales*, sef 'Problematizing Wales: An Exploration in Historiography and Postcoloniality' gan Chris Williams ac 'In the Shadow of the First-born: The Colonial Legacy in Welsh Politics' gan Richard Wyn Jones.[12] Er mai llugoer yw ymateb greddfol Williams i'r syniad o Gymru fel trefedigaeth, mae'n cloi ei grynodeb byr o hanes Cymru yn yr Oesoedd Canol diweddar gyda'r geiriau a ddyfynnwyd uchod, sef bod Cymru rhwng 1282 a 1400 yn arddangos 'most of the well-recognized features of a colonial society'.[13] Mae Wyn

Jones yn dra brwdfrydig ynglŷn â dadl Rees Davies ac mae'n dilyn Davies yn agos drwy nodi: 'In colonial Wales the categories of settler and native – colonizer and colonized – became central to almost all aspects of social organization'. Effeithiai trefedigaethu ar bob haen o gymdeithas, ac wrth dynnu unwaith eto ar waith manwl Davies ar gymdeithas ac economi'r cyfnod dywed Wyn Jones, 'the colonial power relationships permeated all aspects of Welsh life from high politics to animal husbandry'.[14] Yn wir, meddai, '[a]fter Davies, it is hard to imagine that anyone could seriously seek to deny that Wales was an English colony from the conquest until the Acts of Union'.[15] Gwelwn gan hynny fod consensws pur gadarn yn bodoli o blaid y cysyniad o 'Gymru drefedigaethol' yn y bedwaredd ganrif ar ddeg.

Cymru ôl-drefedigaethol?

Mae cysylltiad amlwg, felly, rhwng astudiaethau ôl-drefedigaethol diweddar yng Nghymru a gwaith Rees Davies ar hanes canoloesol Cymru.[16] Ond y tu allan i Gymru yr ymffurfiodd ôl-drefedigaethedd yn faes cydnabyddedig yn y lle cyntaf. Fel y gellid disgwyl yn achos maes sy'n ymwneud â phrofiad nifer helaeth o wledydd amrywiol, mae ei wreiddiau i'w cael mewn sawl man gwahanol.[17] Un ohonynt yw'r hyn a elwid yn chwedegau a saithdegau'r ugeinfed ganrif yn 'Commonwealth Literature', sef llenyddiaeth Saesneg y gwledydd hynny a fu ar un adeg yn rhan o'r Ymerodraeth Brydeinig. Ond o gyfeiriad arall, ac yn arbennig o ogledd Affrica a'r Dwyrain Canol, y daeth y gweithiau pwysicaf a osododd y seiliau ar gyfer datblygu theori ôl-drefedigaethol. O gymuned Iddewig Tiwnisia y daw Albert Memmi (g. 1920), ac mae'r gyfrol a gyhoeddodd yn 1957, sef *Portrait du Colonisé* (a gyfieithwyd i'r Saesneg yn 1965 dan y teitl *The Colonizer and the Colonized*), yn canolbwyntio ar drefedigaethu a dad-drefedigaethu yn Nhiwnisia ac Algeria. Ond er mai trafod dwy wlad benodol y mae Memmi, mae'n tynnu sylw at rai nodweddion cyson sy'n bresennol ym mha le bynnag y ceir trefedigaethu. Mwy dylanwadol eto yw gwaith y seicolegydd Frantz Fanon (1925–61) a hanai yn wreiddiol o Martinique ond a ddaeth yn amlwg am ei ran yn ymdrechion Algeria i ennill annibyniaeth ar Ffrainc. Yn ei gyfrolau *Peau Noire, Masques Blancs* (1952) a *Damnés de la Terre* (1961) dadansoddodd yr effaith seicolegol yr oedd ymerodraethu Ffrainc yn ei chael ar y bobl a ddioddefai o dan ei grym. O'u cyfieithu (*Black Skin, White Masks* a *The Wretched of the Earth*), bu'r gweithiau hyn yn ddylanwadol iawn ledled y byd, ac roedd y dylanwad hwnnw yn sicr i'w deimlo yng Nghymru'r saithdegau.[18] O safbwynt llenyddiaeth Gymraeg ac ieithoedd llai eu defnydd yn gyffredinol, gwnaeth y nofelydd o Genia, Ngũgĩ wa Thiong'o (g. 1938), gyfraniad dadleuol pan roddodd y gorau i ysgrifennu'n greadigol yn Saesneg (iaith ei nofelau llwyddiannus *A Grain of Wheat* a *Petals of Blood*). Gwnaeth hynny yn sgil ei gred fod yr iaith honno'n annatod glwm wrth drefedigaethu niweidiol, gan ddatblygu ei syniadau ymhellach yn ei gyfrol *Decolonising the Mind: The Politics of Language in African Literature* (1986). Ond er pwysiced y gweithiau hyn, y gyfrol sy'n cael ei hystyried fel y cyfraniad unigol pwysicaf yn hanes cynnar beirniadaeth ôl-drefedigaethol yw *Orientalism* (1978) gan y Palestiniad Edward Said (1935–2003).

Man cychwyn *Orientalism* yw'r ffaith nad grym milwrol ac economaidd yn unig a alluogai'r Gorllewin i greu ymerodraethau yn y Dwyrain. Roedd syniadau hefyd yn fodd i greu trefedigaethau ac i gyfiawnhau eu bodolaeth. Yn wir, roeddynt yn hanfodol. Dadleuodd Said fod y Gorllewin (sef Prydain a Ffrainc yn bennaf) yn mynd ati i greu gwybodaeth ynglŷn â'r Dwyrain Canol mewn pob math o feysydd mewn ffyrdd a oedd yn lleoli'r Dwyrain mewn safle israddol. Dadleuodd fod y Gorllewin yn creu system begynol, lle'r oedd y Dwyrain yn 'Arall' a gynrychiolai wrthwyneb y Gorllewin, a lle'r oedd yr hyn a nodweddai'r Dwyrain (megis creulondeb, diogi, rhywioldeb rhemp ac ati) yn gyson negyddol. Er hynny, roedd y Dwyrain hefyd yn lle egsotig a chyffrous a oedd yn hynod apelgar mewn rhai ffyrdd. Lluniai'r Gorllewin y syniadau hyn drwy gyfrwng pob math o ddisgyrsiau gwahanol, gan gynnwys rhai ieithyddol, hanesyddol a gwyddonol. Ond dadleuodd Said fod yr wybodaeth honno yn y pen draw yn ddibynnol ar ystrydebau, honiadau a syniadau di-sail, a hynny oll er gwaethaf cred gwbl bendant awduron o'r Gorllewin fod eu gwaith yn ddiduedd, yn wyddonol, ac yn wrthrychol ei natur. Roedd syniadau'r awduron hyn, er mor ddi-sail ac anwyddonol, yn cadarnhau rhagoriaeth y Gorllewin (a'i gwelai ei hun yn lle moesol, synhwyrol a rhesymegol) ac felly'n cyfiawnhau'r broses o goncwest a threfedigaethu.

Cyfieithwyd gwaith Said i nifer helaeth o ieithoedd ac o ganlyniad cafwyd ymateb iddo o sawl cyfeiriad gwahanol. Er i'r ymateb hwnnw fod ar adegau yn negyddol yn ogystal ag yn ffafriol, yr oedd Said yn sicr wedi ysgogi trafodaeth. Yn sgil cyhoeddi cyfrolau fel *The Empire Writes Back: Theory and Practice in Post-Colonial Literatures*,[19] ac wrth i nifer o ysgolheigion, yn fwyaf amlwg yn eu plith Gayatri Spivak a Homi Bhabha (a drafodir yn fanylach yn y man), adeiladu ar waith Said (a hefyd anghytuno ag ef), ymsefydlodd maes newydd o astudiaethau a elwid yn *postcolonial* neu'n 'ôl-drefedigaethol'.[20] Nid yw'r maes hwn yn 'ôl-drefedigaethol' am fod y cyfnod trefedigaethol a'i effaith drosodd o anghenraid, nac ychwaith am fod ei berthnasedd wedi ei gyfyngu i gyfnod penodedig o amser yn dilyn cyfnod trefedigaethu. Yn hytrach, mae'r term 'ôl-drefedigaethol' yn cyfeirio at ddull o feddwl ac o ddadansoddi sy'n mynd i'r afael â'r holl brosesau a fframweithiau meddyliol sy'n rhan o drefedigaethu, a gall wneud hynny drwy edrych ar gyfnodau cynnar y trefedigaethu yn ogystal ag ar gyfnodau sy'n dilyn dad-drefedigaethu. Un rhan bwysig o'r maes yw'r gred bendant fod dulliau a strwythurau o feddwl trefedigaethol yn parhau ymhell wedi i'r trefedigaethu 'swyddogol' ddod i ben. Yn wir, gellid efallai fynd ymhellach a dadlau bod theori ôl-drefedigaethol yn berthnasol wrth drafod cymunedau nad ydynt erioed wedi bod yn drefedigaethau fel y cyfryw, ond sydd wedi byw dan gysgod neu dan fawd cymunedau neu wladwriaethau eraill ac felly wedi rhannu rhai o'r un profiadau â threfedigaethau 'swyddogol'.

Felly pa mor berthnasol yw'r maes hwn i Gymru? Mae'n deg dweud mai'n gymharol hwyr y mae syniadau ôl-drefedigaethol wedi cyrraedd Cymru, yn enwedig yn y Gymraeg.[21] Mae hynny'n sefyllfa ryfedd ar sawl cyfri, gan fod perthynas Cymru a Lloegr neu Brydain yn cael ei thrafod mewn termau trefedigaethol ers peth amser. Fel y dengys gwaith Dylan Phillips, yr oedd y syniad o Gymru fel trefedigaeth yn un pwysig yn rhethreg y mudiad iaith a'r mudiad cenedlaetholgar yng Nghymru o chwedegau'r ugeinfed ganrif ymlaen.[22] Roedd y mudiad hwnnw hefyd yn drwm dan ddylanwad gweithiau gwrthdrefedigaethol o Gymru, megis *Prydeindod* J. R. Jones (1966). At hynny, ar ddechrau'r saithdegau, yr oedd Ned Thomas wedi dadlau y gellid ystyried llenyddiaeth o Gymru yng ngoleuni llenyddiaeth y Gyman-wlad, gan wneud cysylltiad uniongyrchol rhwng Cymru a'r gwledydd a fuasai, neu a oedd, yn rhan o'r Ymerodraeth.[23]

Roedd gwaith Raymond Williams (1921–88) yn y saithdegau a'r wythdegau hefyd yn cyffwrdd â syniadau a themâu a fyddai'n dod yn berthnasol iawn i astudiaethau ôl-drefedigaethol. Cyn gynhared â 1975 yr oedd wedi disgrifio diwylliant Cymru fel 'a post-colonial culture' (er nad yw'n defnyddio'r term 'post-colonial' yn yr ystyr sy'n arferol erbyn hyn).[24] Mae nifer o'i sylwadau eraill yn codi pwyntiau sy'n ganolog i ôl-drefedigaethedd. 'To the extent that we are a people, we have been defeated, colonized, penetrated, incorporated' meddai yn 1975, gan nodi: 'you don't live for centuries under the power of others and remain the same people'.[25]

O ystyried hyn oll, mae'n syndod efallai nad yw beirniadaeth ôl-drefedigaethol wedi bod yn ddylanwadol iawn yng Nghymru tan yn bur ddiweddar. Efallai fod hynny'n ganlyniad i ryw amharodrwydd cyffredinol i estyn croeso i theori feirniadol, yn sicr drwy gyfrwng y Gymraeg.[26] Efallai hefyd ei fod yn ganlyniad i'r ffaith fod y Cymry (gyda rhai eithriadau) wedi bod yn ddigon bodlon i chwarae rôl amlwg yn y broses o greu'r Ymerodraeth Brydeinig. Gan hynny, gellid dadlau bod Cymru'n wlad sy'n trefedigaethu eraill ac nid yn drefedigaeth ei hun.[27] Un rheswm arall yw fod y syniad o Gymru fel trefedigaeth yn un a gysylltir yn agos â gwleidyddiaeth genedlaetholgar.[28] Hynny, efallai, sy'n esbonio pam y mae ymateb hanesydd o anian Dai Smith mor wrthwynebol i'r syniad o drin llenyddiaeth Saesneg o Gymru mewn termau ôl-drefedigaethol, fel y gwelwyd yn ei ymateb chwyrn a negyddol i waith Stephen Knight.[29] Yn y rhagymadrodd i'w gyfrol *A Hundred Years of Welsh Fiction* (2004) mae Knight yn pwysleisio bod y dull ôl-drefedigaethol o ddehongli bellach yn gyfarwydd ac wedi ei dderbyn ar gyfer sawl math gwahanol o lenyddiaeth o sawl man gwahanol: 'This is a widely spread and broadly accepted way of reading the literature that is involved in the process of colonization and empire – whether from the doubtful viewpoint of the colonizer, like Shakespeare's *The Tempest*, or from the critical viewpoint of the colonized, like Ngugi's [sic] *Petals of Blood*'.[30] Ond mae ymateb Smith, a'r trafodaethau a'i dilynodd, yn dangos nad yw'r ddadl wedi ei derbyn gan bawb.[31] Er hynny, mae'n bwysig nodi bod dwy ochr y ddadl hon fel petaent yn derbyn y syniad bod Cymru'r cyfnod 1282–1400 yn drefedigaeth Seisnig, ac felly ymddengys fod yna dderbyn y gall theori ôl-drefedigaethol fod yn berthnasol i o leiaf rai cyfnodau yn hanes Cymru.

Cafwyd astudiaeth ôl-drefedigaethol arall o ffuglen Saesneg o Gymru yn 2004, sef *Postcolonialism Revisited* gan Kirsti Bohata. Dyma gyfrol sy'n cynnwys llawer sy'n berthnasol i lenyddiaeth Gymraeg, ac yn y bennod agoriadol mae'r awdur yn cyfiawnhau ei defnydd o theori ôl-drefedigaethol mewn cyd-destun Cymreig:

> The wide appeal of postcolonialism is surely due in no small part to this concern with shifting identity, with 're-membering' the self, and is of immediate relevance to and for a nation such as Wales, which has relied in recent centuries on a fairly self-conscious imagining of nation. It is therefore not surprising that the concerns of postcolonial writers and theorists from elsewhere chime so resonantly with the concerns of a significant number of writers from Wales.[32]

Os yw ôl-drefedigaethedd yn berthnasol i weithiau Saesneg o Gymru, yna mae'n rhwym o fod yn berthnasol hefyd i weithiau Cymraeg. Ac fel y dywedodd Ned Thomas yn 2003, wrth edrych yn ôl ar gyfnod y saithdegau, 'in retrospect, one can see that the colonial analysis of Welsh society was always strongest in relation to language'.[33]

Gwelwn felly fod astudio Cymru mewn termau ôl-drefedigaethol ar gynnydd. Dylid nodi hefyd fod nifer o'r gweithiau ôl-drefedigaethol hynny sy'n trafod Cymru yn ymwneud â thestunau canoloesol – mae astudiaethau ar gael o chwedlau *Branwen* a *Peredur* ac o waith Dafydd ap Gwilym a beirdd canoloesol eraill.[34] Efallai nad yw hynny'n syndod o gofio am yr anghydweld yn dilyn cyhoeddi *A Hundred Years of Welsh Fiction*, a'r ffaith fod natur drefedigaethol Cymru yn lleiaf dadleuol o safbwynt yr Oesoedd Canol diweddar.[35] Daw nifer o'r astudiaethau hyn o'r tu allan i Gymru, a Saesneg yw iaith bron y cyfan ohonynt – ffaith ddiddorol ynddi'i hun o gofio bod iaith llenydda ac athronyddu yn bwnc llosg i sawl awdur ôl-drefedigaethol.

Ond dylid nodi hefyd fod themâu cwbl berthnasol i ôl-drefedigaethedd yn cael eu trafod yn y Gymraeg ers degawdau. Fel y dengys Simon Brooks, mae ysgolheigion Cymraeg megis Hywel Teifi Edwards ac R. M. Jones wedi bod yn ymwneud yn gyson â threfedigaethedd, er nad yw'r naill na'r llall wedi defnyddio theori ôl-drefedigaethol fel y cyfryw.[36] Mewn darlith gyhoeddus a draddodwyd yn 1993, dywedodd R. M. Jones fod 'mawr angen edrych o'r newydd ar ein llenyddiaeth heddiw o safbwynt trefedigaethol hefyd, yn ôl neilltuolrwydd gwleidyddol a chrefyddol Cymru . . . Mae'r math o fyfyrdod, o ystyried hynny, a geir gan Frantz Fanon, Albert Memmi ac Edward Said yn gallu bod yn nes atom na Paul de Man neu Derrida neu Foucault'.[37] Ond nid yw Jones wir yn uniaethu â'r maes hwn, neu o leiaf â'r modd y'i trafodir gan ddamcaniaethwyr diweddar. Cyfeiriodd yn 2003 at '[G]enedlaetholdeb neu Ôl-drefedigaethrwydd, a rhoi iddo'i enw parchus, os anghywir diweddar', a noda ei anfodlonrwydd â'r term drwy ddweud bod Beirniadaeth Ôl-drefedigaethol yn '[b]eth y byddai'n well gennyf i ei alw'n Feirniadaeth Drefedigaethol gan fod y sefyllfa drefedigaethol (gyn-ymreolaeth) yn parhau'n ddiwylliannol ac yn seicolegol hyd yn oed mewn gwledydd fel Iwerddon a Chanada Saesneg'.[38] Bychan, hyd yma, fu dylanwad theori ôl-drefedigaethol ar y Gymraeg, ei llenyddiaeth a'i beirniadaeth.[39]

Bhabha a'r ystrydeb

O gofio sylw R. M. Jones fod gwaith Fanon a Said yn fwy perthnasol i Gymru na gwaith Derrida a Foucault, mae'n ffaith eironig fod un o'r meddylwyr ôl-drefedigaethol mwyaf dylanwadol yn dibynnu'n helaeth ar waith y pedwar ohonynt. Mae gwaith Homi Bhabha (g. 1949), aelod o gymuned Parsi Mwmbai sydd wedi dysgu mewn prifysgolion yn Lloegr ac yn yr Unol Daleithiau, yn dangos yn glir ddylanwad meddylwyr ôl-strwythurol megis Jacques Derrida, Jacques Lacan a Michel Foucault, yn ogystal â dylanwad awduron gwrthdrefedigaethol megis Frantz Fanon ac Edward Said.

Mae prif syniadau Bhabha, megis dynwared (*mimicry*), deuoliaeth agwedd (*ambivalence*), a chymysgrywedd (*hybridity*), oll yn ymwneud â'i gred nad mater unochrog yw grym, hyd yn oed mewn perthynas drefedigaethol. Man cychwyn nifer o'i ddadleuon yw fod trefedigaethu yn ddibynnol ar system o ddelweddau ac ystrydebau sy'n cadarnhau'r hawl i drefedigaethu gwlad arall. Mewn gosodiad a ddyfynnir yn aml dywed: 'The objective of colonial discourse is to construe the colonized as a population of degenerate types on the basis of racial origin, in order to justify conquest and to establish systems of administration and instruction.'[40] Mae hyn yn cyd-fynd yn bur agos â dadl Edward Said yn *Orientalism*. Ond mae Bhabha yn mynd ar drywydd newydd drwy roi tro yng nghynffon y syniad cyfarwydd hwn. Ys dywed John McLeod, 'in an inspired departure from Said's concept of Orientalism, Bhabha argues that this important aim is *never fully met*'.[41] Y rheswm am hynny yw fod yr hyn y mae'n ei alw yn 'ddisgwrs trefedigaethu' (*discourse of colonialism*) yn tynnu mewn dau gyfeiriad gwahanol ar unwaith. Mae'r disgwrs ar y naill law yn tynnu sylw at odrwydd ac arallrwydd y trefedigaethedig sydd y tu hwnt i ddeall y trefedigaethwr. Ond ar y llaw arall mae'r disgwrs yn ceisio dileu arallrwydd y trefedigaethedig drwy eu cynnwys yng nghyfundrefn gwybodaeth y trefedigaethwr. Mae Bhabha yn crynhoi hyn drwy nodi: 'colonial discourse produces the colonized as a social reality which is at once an "other" and yet entirely knowable and visible'.[42]

Yn ôl Bhabha, un dull sydd gan y trefedigaethwr i geisio rheoli'r sawl y mae'n ei drefedigaethu yw'r ystrydeb (*stereotype*). Mae bodolaeth yr ystrydeb yn lleihau'r pellter rhwng y trefedigaethwr a'r trefedigaethedig drwy gynnig esboniadau ymddangosiadol resymegol am y gwahaniaethau rhyngddynt a thrwy greu gwybodaeth gyson amdanynt: mae'r Gwyddelod bob amser yn dwp, mae'r Arabiaid yn dreisgar wrth reddf, ac ati. Ar y llaw arall, mae natur yr ystrydebau hyn sy'n pwysleisio arallrwydd y trefedigaethedig yn cadw'r pellter rhwng y trefedigaethedig a'r trefedigaethwr. A chan nad yw'r ystrydebau a'r straeon hyn yn llwyddo i leoli'r trefedigaethedig mewn un safle cyson, mae'n rhaid eu hailadrodd dro ar ôl tro ar ôl tro: 'the *same old* stories of the Negro's animality, the Coolie's inscrutability or the stupidity of the Irish *must* be told (compulsively) again and afresh, and are differently gratifying and terrifying each time.'[43]

Gellir cymhwyso hyn at rai ystrydebau cyfoes am y Cymry a'r Gymraeg. Un o'r ystrydebau a wyntyllir amlaf am y Cymry Cymraeg yw'r stori am ymweliad Sais â thafarn rywle yn y 'Fro Gymraeg'. Wrth iddo agor drws y dafarn, fe glyw fod y Cymry lleol yno i gyd yn siarad Saesneg. Ond pan welant yr ymwelydd dieithr, maent yn newid iaith ac yn dechrau siarad Cymraeg.[44] Wrth gwrs, un ffordd o ymateb i'r stori gyfarwydd hon yw nodi'n rhesymegol pa mor hurt yw hi.[45] Yn gyntaf, sut y gall yr ymwelydd wybod pa iaith sy'n cael ei siarad mewn tafarn pan nad yw ef yno? (Fel arall y mae'n gosod y dieithryn mewn sefyllfa dra diddorol, yn ffigwr trothwyol ac anweledig sydd eto'n gweld a chlywed popeth.) Yn ail, mae'r ystrydeb yn awgrymu bod y Cymry'n cynnal iaith gyfan heb reswm yn y byd ond er mwyn ei defnyddio mewn siopau a thafarnau pan fo dieithriaid yn eu cwmni. Drwy hynny, mae'r ystrydeb yn tanseilio'r iaith a'i siaradwyr.[46] Ond mae syniadau Bhabha yn cynnig dehongliad pellach ar y stori gyfarwydd hon.

Yn y lle cyntaf mae'r ystrydeb hon yn fodd i leoli'r Gymraeg mewn cyfundrefn o syniadau. Fel iaith sydd wedi goroesi ar ynys Prydain er gwaethaf tra-arglwyddiaeth y Saesneg, ac yn wir twf a thranc ymerodraeth Lloegr, y mae bodolaeth y Gymraeg yn ffenomen ryfedd, os nad bygythiol, ar lawer cyfri. Mae'r stori hon yn ei hesbonio ac yn ei rhesymoli, ac felly mae'n ymgais i'w rheoli. Mewn ffordd, mae'n gwneud bodolaeth yr iaith yn llai od. Nid yw'n iaith sy'n cael ei defnyddio 'go iawn', ac felly mae'n gwneud y Cymry yn llai 'gwahanol' ac yn lleihau'r pellter rhyngddynt a'u cymdogion mwy pwerus. Mae'n awgrymu bod y Cymry yn y bôn yn debyg i'r Saeson, gan mai'r Saesneg yw eu hiaith naturiol hwythau ac mai honno yw'r iaith y byddant yn ei siarad â'i gilydd dan amgylchiadau arferol.

Ond ar yr un pryd, mae'r ystrydeb hon yn gwneud i'r Cymry ymddangos yn hynod ddieithr a pheryglus. Nid ydynt yn siarad Cymraeg am mai dyna eu hiaith naturiol, fel y mae Sais yn siarad Saesneg, er enghraifft, neu fel y mae Rwsiad yn siarad Rwsieg. Nage, maent yn ei siarad er mwyn herio'r Saesneg a'r Saeson, ac er mwyn hynny'n unig. O safbwynt adroddwr yr ystrydeb, mae'n dangos bod y Cymry'n ymddwyn mewn ffordd gwbl wrthun drwy ymwrthod â'r iaith sy'n *lingua franca* fydeang, a hynny ar eu stepen drws eu hunain. Mae'r ystrydeb felly'n gwneud y Cymry'n fwy o fygythiad na phe baent yn digwydd siarad eu hiaith eu hunain mewn ffordd 'niwtral'. Gwelir felly fod ergyd yr ystrydeb yn tynnu mewn dau gyfeiriad gwahanol. Mae'n lleihau bygythiad y Cymry a hefyd yn ei gynyddu. Yng ngeiriau John McLeod, '[a]ny attempt to subdue the radical otherness of the colonised is perpetually offset by the alarming fantasies that are projected onto them'.[47]

Nid cynnyrch y Cymry Cymraeg eu hunain yw'r stori hon, wrth gwrs.[48] Ond mae siaradwyr Cymraeg yn gyfarwydd iawn â hi, ac i'r graddau hynny y mae'n rhan o'u diwylliant hwythau hefyd. Mae'r pwynt hwnnw yn hanfodol i Bhabha, gan fod ei waith ef (i raddau mwy helaeth nag yn achos *Orientalism* Said) yn ymwneud ag ymateb y sawl sy'n cael ei drefedigaethu, a'r ffaith nad yw'r grym yn gyfan gwbl yn nwylo'r trefedigaethwr.

Gwelir felly fod y stori am y Cymry yn y dafarn yn un y gellir ei dadansoddi yn ogystal â'i hwfftio. Ond mae trydydd ymateb ar gael. Rai blynyddoedd yn ôl fe gafwyd sgets ar y gyfres deledu *Giamocs* am ddau Sais yn cyrraedd tafarn. Maent yn sylwi ar yr arwydd 'Yr Afr' sydd uwchben y drws, a dywed y naill wrth y llall: 'Look, Tony! A real Welsh pub!' Wrth iddynt agor y drws clywir yr yfwyr y tu mewn yn trafod chwaraeon yn Saesneg. Ond pan sylwant ar y dieithriaid clywir sŵn 'ust' mawr ac mae pawb yn y dafarn yn tawelu am ennyd – cyn ailddechrau eu trafodaeth yn Gymraeg. Fodd bynnag, mae'r ddau Sais wedi eu plesio'n arw ac fe ddywed y naill wrth y llall (mewn acen sydd ychydig yn afrwydd) fod hyn yn gyfle gwych iddynt ymarfer eu Cymraeg. Pan glyw'r yfwyr fod yr ymwelwyr yn siarad Cymraeg maent yn tawelu'r eildro. Ond mewn dim maent yn ailddechrau eu sgwrs – yn Rwsieg![49] Yma mae'r ystrydeb yn cael ei meddiannu gan y gymuned y mae'n honni ei disgrifio, ac yn cael ei gwyrdroi er mwyn creu jôc ar draul y grŵp a'i dyfeisiodd. Gwelir unwaith eto rym yr ystrydeb yn llifo mewn cyfeiriad croes i'r gwreiddiol.

Ystrydebau a dynwarediadau canoloesol

Roedd y Gymru ganoloesol hithau'n llawn ystrydebau. A chan mai'r Saeson a oedd yn rheoli yng Nghymru, nid yw'n syndod eu bod wedi llunio nifer o ddisgrifiadau ystrydebol o'r Cymry i gyfiawnhau eu goruchafiaeth. Mae Gerald de Barri (Giraldus Cambrensis neu Gerallt Gymro, c.1143–c.1223) yn cofnodi nifer ohonynt, ac elfen amlwg mewn sawl un yw'r awgrym fod y Cymry'n bobl a oedd yn nes at natur, yn wir, yn bobl farbaraidd a oedd bron â bod yn anifeiliaid eu hunain.[50] Ond roedd gan Gerallt hefyd gryn gydymdeimlad â'r Cymry. I'r perwyl hwnnw, yn ei *Hanes y Daith trwy Gymru* ceir ganddo anecdot enwog am sut y bu i'r Cymry droi ystrydeb yn fantais iddynt eu hunain. Stori ydyw am ddeon Cantref Mawr yn amser Harri II, gŵr a elwir gan Gerallt yn Guaidanus (sef Gwion, mae'n debyg).[51] Mynnwyd bod y deon hwn yn arwain marchog o Lydaw i weld y tir yn ardal Pencader gan ei bod yn fwriad gan Harri II gipio'r lle oddi ar y Cymry. Aeth yr offeiriad â'r marchog ar hyd y llwybrau anhawsaf a pheryclaf, a phob tro y câi gyfle byddai'n cymryd dyrnaid o wair ac yn ei gnoi a'i lyncu, gan roi'r argraff fod y Cymry fel anifeiliaid yn goroesi ar blanhigion a gwreiddiau. Pan ddychwelodd y marchog at Harri II fe adroddodd fod y wlad yn anaddas ar gyfer ei chyfaneddu, ac nad oedd yn cynnig ond digon o faeth ar gyfer pobl 'anifeilaidd' a oedd yn 'byw yn null anifeiliaid'.[52] Penderfynodd y brenin na fyddai'n ymdrafferthu â'r fath le, a rhyddhaodd y tywysog Rhys ap Gruffudd er mwyn iddo ef gael gofalu am y tir ei hun.

Megis y stori am y Cymry yn y dafarn, mae'r hanesyn hwn yn ei gynnig ei hun ar gyfer dadansoddiad ôl-drefedigaethol yn null Bhabha, a dyna a gafwyd gan yr ysgolhaig Americanaidd Jeffrey Cohen. Wrth drafod y modd y mae'r Cymro'n meddiannu'r ystrydeb dywed:

> Guaidan returns to the colonizers the very message they disseminate, reconfirming their knowledge in order to subvert their authority . . . The would-be invaders demonstrate that they are the naïfs, and the Welsh become the clever manipulators of dominant representation and *idées fixes*. Homi Bhabha has called such subtle moments of mimicry and doubleness 'sly civility'.[53]

Fel yn achos yr yfwyr yn y sgets o *Giamocs*, mae'r Cymry yn cael y llaw uchaf ar y trefedigaethwyr drwy gadarnhau (yn ymddangosiadol) yr ystrydeb amdanynt. Mae'r dynwared hwn yn fodd i danseilio awdurdod a grym y trefedigaethwr.

Nid dyma'r unig destun canoloesol o Gymru sydd wedi cael ei astudio yng ngoleuni gwaith Bhabha. Mewn dadansoddiad ôl-drefedigaethol o chwedl *Peredur*, mae Stephen Knight yn dadlau y gall dynwared weithio mewn ffordd ychydig yn wahanol.[54] Seilia ei ddehongliad ar erthygl ddylanwadol Homi Bhabha 'Of Mimicry and Man: the Ambivalence of Colonial Discourse', ac ar ei sylw: 'mimicry is at once resemblance and menace'.⁵⁵ Mewn cyfundrefn drefedigaethol, mae'r disgwrs trefedigaethol (sef y gyfundrefn o osodiadau sy'n llunio'r berthynas rhwng y trefedigaethedig a'r trefedigaethwr) yn annog y trefedigaethedig i ddynwared y trefedigaethwr, gan fod y disgwrs yn awgrymu bod diwylliant y trefedigaethwr yn rhagori ar y diwylliant arall. Ond pwynt Bhabha yw nad yw'r dynwared hwn (*mimicry*) byth yn llwyddo (mwy nag yw'r ystrydeb) gan nad yw'r dynwaredwr byth yn ymdebygu'n llwyr i'r trefedigaethwr. Gan hynny, gall y dynwared yn hawdd droi'n watwar yn hytrach nag yn efelychu cadarnhaol. Gall hefyd gyflwyno darlun o'r trefedigaethwr sydd ychydig yn wahanol i'w ddelwedd ohono ef ei hun, ac mae bodolaeth y fersiwn arall hwnnw'n fygythiad i'w awdurdod. Wrth i Beredur geisio dynwared y marchogion 'Anglo-Normanaidd' yn y chwedl hon, mae'n bygwth yn ogystal â chydymffurfio â'r drefn newydd sydd ohoni. Mae'n anorfod fod peth newid yn ei hunaniaeth, ond nid yw'n colli ei Gymreictod, ac mae ei ddynwarediad o'r marchogion yn gyfle iddo ddal ei afael ar ei etifeddiaeth mewn cyfnod o fygythiadau niferus.

Trochi Dafydd ap Gwilym

Mae'n bryd bellach inni ddychwelyd at Ddafydd ap Gwilym. Mae barddoniaeth Dafydd eisoes yn dechrau cael ei dehongli drwy gyfrwng theori ôl-drefedigaethol, er na chyhoeddwyd unrhyw astudiaeth hyd yn hyn drwy gyfrwng y Gymraeg.⁵⁶ Yng ngweddill y bennod hon, hoffwn ailymweld â chywydd a drafodais (mewn dull digon ysgafn) rai blynyddoedd yn ôl, sef 'Y Pwll Mawn'.⁵⁷ Y tro hwn hoffwn fynd ymhellach gan ddefnyddio syniadau Bhabha am ddynwarediadau ac ystrydebau i finiogi'r drafodaeth.

Ond dylid pwysleisio yn y lle cyntaf nad yw canfod deongliadau sy'n ymwneud â hunaniaeth ddiwylliannol a pherthynas anghyfartal rhwng gwahanol grwpiau neu genhedloedd yn gwbl ddibynnol ar theori ôl-drefedigaethol. Gan hynny, dechreuaf gyda darlleniad rhyddfrydol (neu 'synnwyr cyffredin') o'r cywydd, gan geisio tynnu sylw at themâu sy'n ymwneud â hunaniaeth a chenedligrwydd. Cywydd digon syml yw 'Y Pwll Mawn' – mae'n adrodd profiad bardd sy'n mynd ar goll wrth deithio i ymweld â'i gariad.⁵⁸ Yn y tywyllwch, mae ef a'i geffyl yn syrthio i bwll mawn, a difrïo'r pwll anghynnes hwnnw sy'n mynd â bryd y bardd yn rhan olaf y cywydd.

Egyr y gerdd fel a ganlyn:

> Gwae fardd a fai, gyfai orn,
> Gofalus ar gyfeiliorn.
> Tywyll yw'r nos ar ros ryn,
> 4 Tywyll, och am etewyn!
> Tywyll draw, ni ddaw ym dda,
> Tywyll, mau amwyll, yma.
> Tywyll iso, mau fro frad,
> 8 Tywyll yw tu y lleuad.

Yn syml iawn, mae'r bardd ar goll. Mae'n 'ofalus', sef yn llawn gofidiau, ac mae ar gyfeiliorn. Mae'r nos yn dywyll ar y rhos rewllyd, ac mae dirfawr angen etewyn neu ffagl arno. Nid oes dim da yn dod iddo, a'r cwbl sydd ganddo yw amwyll, neu ddiffyg pwyll. Mae'r wlad o'i gwmpas yn fro o frad, ac mae'r lleuad yn dangos ei hochr dywyll iddo.

Dyma agoriad digon syml, felly, sy'n cyflwyno sefyllfa'r adroddwr mewn modd uniongyrchol a chlir. Ond sylwer ar y ffaith ei fod yn ei gyflwyno ei hun fel 'bardd' o'r llinell gyntaf. Nid unrhyw grwydryn mohono, ond bardd ar daith o ryw fath. Wrth gwrs, mae tynnu sylw at statws yr adroddwr fel bardd yn gwbl nodweddiadol o ganu Dafydd ap Gwilym (ac o waith y Cywyddwyr yn gyffredinol). Ond rhoddir sylw arbennig i'r ffaith honno drwy gyfeirio ati yn llinell gyntaf y gerdd. *Bardd* sydd ar goll yma, felly.

Yn ail ran y gerdd cawn ragor o hel meddyliau gan y bardd coll:

>   Gwae fi na ŵyr, lwyr loywryw,
> Da ei llun, mor dywyll yw,
> Fy mod, mau ei chlod achlân,
> 12 Mewn tywyllwg tew allan.
> Dilwybr hyn o ardelydd;
> Da y gwn nad oeddwn, bei ddydd,
> Gyfarwydd i gyfeiriaw
> 16 Na thref nac yma na thraw,
> Chwaethach, casach yw'r cysur,
> Nos yw, heb olau na sŷr.

Ni ŵyr ei gariad, sy'n hardd a disglair ei gwedd (mewn gwrthgyferbyniad llwyr â'r nos dywyll), fod y bardd allan yn y tywyllwch. Mae'r ardaloedd y mae'n eu crwydro yn ddi-lwybr, ond cyfeddyf y bardd nad y tywyllwch yw'r broblem yn y pen draw. Gŵyr yn iawn na fyddai'n abl i ganfod tref nac unrhyw le arall hyd yn oed petai'n ganol dydd, heb sôn am ganol nos ddi-sêr. Rhyw ddiffyg mwy na'r tywyllwch sydd i gyfri am ei sefyllfa druenus.

Erbyn cyfnod Dafydd, wrth gwrs, roedd wedi dod yn rhan o alwedigaeth y bardd i fod yn 'glerwr', neu'n fardd a deithiai o lys i lys i dderbyn nawdd gwahanol noddwyr. Roedd y sefydlogrwydd a fodolai yng nghyfnod y tywysogion wedi dod i ben, ac roedd yn rhaid i'r beirdd grwydro i'w cynnal eu hunain. Yn wir, bardd a fu 'yn crwydro llawer' oedd Dafydd, chwedl Eurys Rowlands.[59] Gwelir yr arfer hwn o deithio yn glir iawn mewn cywydd gan Iolo Goch, cyfoeswr iau i Ddafydd. Yn 'Ymddiddan yr Enaid a'r Corff' ceir disgrifiad o daith glera drwy dde a gogledd Cymru sy'n cynnwys ymweliadau â Chydweli a'r Hendygwyn yn y de-orllewin cyn dod i ben yn Sycharth a Choedymynydd yn y gogledd-ddwyrain.[60] Ceir cerdd gyfoes arall sy'n tystio i'r arfer yn Llyfr Coch Hergest, sef yr awdl gan Iocyn Ddu ab Ithel Grach sy'n agor â'r geiriau 'Rhodiwr fydd clerwr'.[61] Ceir ganddo ddisgrifiad o daith glera sy'n cynnwys ymweliadau â sawl man yng ngogledd-ddwyrain Cymru, gan gynnwys Dyffryn Clwyd, Marchwiail, Llanferrais, Aberryw, a'r Cemais. Teithia'r bardd hefyd dros Glawdd Offa, ac, yng ngeiriau Huw M. Edwards, clywn 'am y modd y'i camdriniwyd yn llys Sais crintachlyd yng Nghaer ac y bu iddo ddial drwy wneud cwcwallt ohono'.[62] Mae'n amlwg fod teithio'n rhan o waith y bardd, ac felly gwelwn yn 'Y Pwll Mawn' fod gennym fardd sy'n ddiffygiol o'r cychwyn cyntaf.

Sylwer ymhellach ar y llinellau: 'Da y gwn nad oeddwn, bei ddydd, / Gyfarwydd i gyfeiriaw . . .' Byrdwn y bardd yw ei fod yn gwybod nad oedd yn ddigon cyfarwydd â'r ardal i gyrraedd ei nod yn ystod y dydd, heb sôn am yn y nos, ac mae'n defnyddio'r gair 'cyfarwydd' mewn ffordd debyg iawn i'r ystyr fodern. Ond yng nghyfnod Dafydd yr oedd ystyr arall i'r gair. Gallai 'cyfarwydd' fod yn enw ac iddo'r ystyr 'chwedleuwr, ystorïwr, adroddwr chwedlau, gŵr wrth ei grefft gynt yn difyrru â chwedlau' (*Geiriadur Prifysgol Cymru* [= GPC], 685). Roedd y cyfarwydd canoloesol yn rhywun a oedd yn hyddysg mewn *cyfarwyddyd*, sef, yng ngeiriau Brynley Roberts, 'a complex corpus of traditional lore necessary for society to function'. Roedd sawl cangen i'r corff hwn o wybodaeth: 'history, genealogies and origin narratives, topography, boundaries and geography, religious myths, tribal and family lore, antiquities and legends, social and legal procedures, and medicine.'[63] Dyma gyfuniad o elfennau a roddai eu hunaniaeth a'u cenedligrwydd i'r Cymry, neu o leiaf i Ddafydd ac eraill o'i ddosbarth.

Roedd perthynas agos rhwng y beirdd a'r cyfarwyddiaid. Mae'r cwestiwn o beth yn union oedd natur y berthynas honno yn gymhleth, ond nid oes amheuaeth nad oedd yn glòs.[64] A nodi enghraifft enwog, yng nghainc olaf y *Mabinogi* mae Gwydion a'i gyfeillion yn ymweld â Phryderi 'yn rith beird' ('yn rhith beirdd') ac yn fuan wedi iddynt gyrraedd gofynnir iddynt adrodd 'kyuarwydyt' ('cyfarwyddyd').[65] Dylai bardd, felly, fod yn 'gyfarwydd' ym mhob ystyr y gair. Wrth ddweud nad oedd yn 'gyfarwydd', mae'r bardd yn awgrymu bod rhyw agendor yn bodoli rhyngddo ef a'i ddiwylliant cenedlaethol ei hun. Byddai goblygiadau clera, a hefyd yr elfen ddaearyddol a oedd yn rhan o'r cyfarwyddyd ei hun, yn golygu na ddylai'r bardd gael trafferth wrth deithio'r wlad. Ond nid felly yn 'Y Pwll Mawr'. Mae'n amlwg nad yw ei berthynas â thir a diwylliant Cymru fel y dylai fod.

Â'r gerdd yn ei blaen:

>   Nid call i fardd arallwlad,
> 20   Ac nid teg rhag breg na brad,
>   O'm ceir yn unwlad â'm cas,
>   A'm daly, mi a'm march dulas.
>   Nid callach, dyrysach draw,
> 24   Ynn ein cael, yn enciliaw,
>   Ym mawnbwll ar ôl mwynbarch,
>   Gwedy boddi, mi a'm march.
>   Pyd ar ros agos eigiawn,
> 28   Pwy a eill mwy mewn pwll mawn?

Mae'r bardd yn poeni am gael ei ddal gan ei elyn ('cas', sef gŵr ei gariadferch, o bosibl), ond byddai cael ei ddal yn y pwll mawr yr un mor ddiflas iddo. Sylwer hefyd ar y ffaith ei fod yn ei alw ei hun yn 'fardd arallwlad'. Mae ymhell o'i gartref, ond ym mh'le? Go brin mai yn Lloegr y mae.[66] Yn y cyfnod hwn gallai 'gwlad' olygu un o'r unedau daearyddol llai oddi mewn i Gymru (megis Gwynedd neu Faelienydd), ac ystyriai'r beirdd fod Cymru'n wlad o wledydd.[67] Efallai fod y bardd yn ansicr ynglŷn â'i berthynas â Chymru (yn ddaearyddol ac yn ddiwylliannol), ond mae'n dal yn rhan ohoni. Er ei fod mewn 'arallwlad', nid yw wedi croesi Clawdd Offa. Yn wir, nid lleoliad daearyddol, o anghenraid, mo'r 'arallwlad' hon. Yn hytrach, gall fod yn adlewyrchiad arall o statws diwylliannol amwys y bardd.

Â'r bardd yn ei flaen i ddisgrifio'r pwll mawn fel a ganlyn:

> Pysgodlyn i Wyn yw ef
> Fab Nudd, wb ynn ei oddef!
> Pydew rhwng gwaun a cheunant,
> 32 Plas yr ellyllon a'u plant.
> Y dwfr o'm bodd nid yfwn,
> Eu braint a'u hennaint yw hwn.
> Llyn gwin egr, llanw gwineugoch,
> 36 Lloches lle'r ymolches moch.
> Llygrais achlân f'hosanau
> Cersi o Gaer mewn cors gau.
> Mordwy lle nid rhadrwy rhwyd,
> 40 Marwddwfr, ynddo ni'm urddwyd.
> Ni wn paham, ond amarch,
> Ydd awn i'r pwll mawn â'm march.

Ceir awgrym pellach mai yng Nghymru y mae'r bardd yn y cyfeiriad at Wyn ap Nudd. Er ei fod yn ffigwr braidd yn annelwig, mae Gwyn ap Nudd yn ymddangos mewn sawl man yn llenyddiaeth ganoloesol Cymru. Cyfeirir ato yn llawysgrif farddoniaeth hynaf y Gymraeg, sef Llyfr Du Caerfyrddin. Fe'i henwir hefyd yn *Culhwch ac Olwen* ac yn rhai o fucheddau'r saint yn ogystal ag yng ngwaith y Cywyddwyr. Yn aml iawn, fe'i cysylltir mewn rhyw fodd ag Annwfn, neu isfyd y dychymyg Cymreig, ac felly digon addas yw ei gael yn llechu mewn pwll mawn dan wyneb y ddaear.[68] Heb amheuaeth, mae'n rhan o'r 'cyfarwyddyd' traddodiadol Cymreig.

Mae'r pwll mawn ei hun yn gyfuniad o'r arallfydol (Gwyn ap Nudd a'r ellyll) a'r cwbl fydol (lloches y moch sy'n ymolchi gan adael dŵr nad yw'r bardd am ei yfed). Ond yr hyn sy'n poeni'r bardd fwyaf yw'r ffaith ei fod wedi maeddu ei hosanau: 'Llygrais achlân f'hosanau / Cersi o Gaer mewn cors gau.'[69] Dyma hosanau a ddaw o Loegr, mae'n debyg, arwydd arall o hunaniaeth gymysg y bardd. Cawn drafod hynny eto yn y man.

Â rhagddo wedyn i feio'r gŵr a fu'n cloddio'r pwll:

> Oerfel i'r delff, ni orfu,
> A'i cloddies; ar fawrdes fu.
> Hwyr y rhof, o dof i dir,
> 46 Fy mendith yn y mawndir.

Mae'r bardd yma'n dymuno oerfel i'r 'delff', neu'r llabwst, a gloddiodd y pwll (a chofier mai fel cors rewllyd y disgrifid uffern yn aml yn yr Oesoedd Canol, o leiaf yng Nghymru).[70] Mae *delff* (yn ôl GPC, 926) yn ddatblygiad o'r gair *delw* yn yr ystyr 'darn o bren, postyn, blocyn pendew'. Ond mae tarddiad arall yn bosibl yma, sef y gair Saesneg *delf*, sef 'that which is delved or dug' neu 'a hole or cavity dug in the earth, e.g. for irrigation or drainage; a pit; a trench, ditch'.[71] Er mai 'llabwst' yw'r brif ystyr yma ac y byddai angen amrywio ychydig ar yr atalnodi i gael synnwyr llawn o'r ail ystyr, mae'n ddigon posibl fod yma chwarae ar eiriau. Os felly, mae awgrym pellach fod y sefyllfa y mae Dafydd ynddi yn gymysg – a yw mewn twll o eiddo rhyw labwst Cymreig ynteu ai twll Seisnigaidd sydd wedi ei ddal? Er bod y pwll yn eiddo i Wyn ap Nudd, gall fod y chwarae ar air Saesneg yn awgrymu eto fod Dafydd rywsut yn anghydnaws â'r wlad o'i gwmpas.

Mae'r gerdd yn cloi, felly, wrth i'r bardd ddatgan y bydd yn hwyr iawn arno'n rhoi bendith ar y pwll mawn. Mae wedi gwylltio â'r pwll am y rheswm amlwg ei fod wedi syrthio iddo a'i fod bellach yn oer, blin a budr. Ond gobeithiaf fod y darlleniad uchod yn dangos bod amwysedd ynglŷn â'i hunaniaeth ei hun hefyd yn cyfrannu at y portread cyfoethog o'r adroddwr.

Esgidiau, hosanau a dynwarediadau

Gwelwn fod darlleniad 'synnwyr cyffredin' o'r cywydd yn codi rhai cwestiynau sy'n ymwneud â hunaniaethau o wahanol fathau. Gwelsom ddaearyddiaeth amwys, ansicrwydd y bardd ynglŷn â thopograffeg y wlad, ei fethiant i fod yn 'gyfarwydd', ei deimladau negyddol tuag at Wyn ap Nudd, yr hosanau Seisnig, ac amwysedd posibl y 'delff' y mae'n cwyno amdano. Cawsom hyn oll heb ystyried ôl-drefedigaethedd fel y cyfryw. Ond trown yn awr at Bhabha, er mwyn gweld a all ei waith ôl-drefedigaethol ef fynd â ni ymhellach.

Gwelwyd eisoes fod yr ystrydeb yn rhan hanfodol o'r hyn a eilw Bhabha yn 'ddisgwrs trefedigaethu'. Ac mae rhan olaf 'Y Pwll Mawn' yn tynnu ein sylw at un ystrydeb sy'n ymddangosiadol ddibwys ond sydd mewn gwirionedd yn dra arwyddocaol. Rees Davies, unwaith eto, yw'r man cychwyn. Yn ei erthygl 'Race Relations in Post-Conquest Wales: Confrontation and Compromise' (a draddodwyd flwyddyn cyn cyhoeddi 'Colonial Wales' ac y dylid ei darllen ar y cyd â'r erthygl honno), mae Davies yn cofnodi ystrydeb ynglŷn â'r hyn a wisgai'r Cymry canoloesol am eu traed, neu'n hytrach yr hyn na wisgent. 'The bare-footedness of the Welsh was frequently the subject of pejorative comment by the English', meddai Davies, gan nodi hefyd: 'The Welsh were notorious, in England and on the continent, for going barefoot.'[72] Cyfeiria at sawl enghraifft ysgrifenedig o'r ddelwedd hon, a hefyd un enghraifft weledol. Yn yr Archifdy Gwladol yn Llundain ceir casgliad sylweddol o ddogfennau canoloesol sy'n ymwneud â Chymru. Dynodid eu lleoliad yn yr archif gynt gan ddau lun: y naill o ŵr gwaywffon a'r llall o ŵr bwa. Yn gyffredin i'r ddeuddyn y mae eu traed noeth.[73]

Dyma awgrym o fodolaeth ystrydeb am y Cymry fel cenedl, ac mae digon o dystiolaeth ohoni ar gael. Gallwn nodi geiriau Walter Map (c.1130–1209/10) sy'n cymharu'r mynaich Sistersaidd â'r Cymry drwy ddweud: *'isti calceos habent et caligas, illi nudis pedibus et tibiis incedunt'* ('mae gan y naill garfan fwtias ac esgidiau, mae'r llall yn mynd yn droednoeth goesnoeth').[74] O'r un cyfnod y daw tystiolaeth enwog Gerald de Barri (Gerallt Gymro). Yn ei *Disgrifiad o Gymru*, dywed am y Cymry: 'Yn noeth eu traed y cerddant; neu o leiaf heb ddefnyddio'n amddiffyn i'w traed ond ffollachau di-lun wedi eu gwnïo ynghyd o ledr heb ei gyweirio.'[75] Yn ei *Hanes y Daith trwy Gymru* disgrifia un o feibion yr Arglwydd Rhys fel a ganlyn: 'cadwai arfer ei wlad a'i genedl, ni wisgai ond yn unig fantell denau a chrys, gyda'i goesau a'i draed yn noeth, ond heb arswydo rhag y drysi a'r drain'.[76]

Mae'r disgrifiadau hyn yn dra diddorol, yn enwedig eiddo Gerallt. Ar un lefel, mae yma awgrym fod y Cymry'n gyntefig neu'n israddol, gan eu bod (fel anifeiliaid) yn droednoeth. Ond ar y llaw arall, ac yn sicr yn y disgrifiad o Gynwrig ab yr Arglwydd Rhys, mae yma edmygedd o'r parodrwydd i fynd yn droednoeth, ac mae'r darlun yn un sy'n cyfleu elfen amlwg o rywioldeb. Mae cymharu cenedl ag anifeiliaid er mwyn ei dilorni yn beth digon cyffredin, ond mae edmygedd neu ofn o rym corfforol a rhywioldeb anifeiliaid hefyd yn ddigon cyfarwydd. Felly mae'r disgrifiadau o'r gwŷr troednoeth yn bychanu'r Cymry, ac eto'n eu gwneud yn destun edmygedd. Fel y dywed Bhabha, nid pethau syml yw ystrydebau.

Nid yn y ddeuddegfed ganrif yn unig y gwelwn yr ystrydeb o'r Cymro troednoeth; ceir cyfeiriadau pellach yng nghyfnod Dafydd ap Gwilym ei hun. Sylwer hefyd fod y cyfeiriadau hyn yn digwydd mewn oes pan oedd gwisgo dillad byr er mwyn dangos y coesau a'r hosanau lliwgar wedi dod yn dra phoblogaidd ymysg gwŷr ieuainc yn Lloegr.[77] Tynnodd Rees Davies sylw at gyfeiriadau'r croniclydd o Gaer, Ranulf de Higden (m. 1364), at yr hyn a wisgai'r Cymry am eu traed. Er ei fod yn byw yn agos at Gymru, wrth ddisgrifio'r Cymry yn ei gronicl dibynnodd Higden yn bur helaeth ar waith Gerallt Gymro, ac felly nid syndod yw ei weld yn ailgylchu'r ystrydeb am y Cymry troednoeth, wrth ddweud eu bod yn mynd o gwmpas eu pethau 'alle with bare legges'.[78] Ond yn fwy diddorol, mae'n awgrymu bod Cymry ei gyfnod ef wedi newid eu ffyrdd:

> They rideth i-armed, as wolde God,
> And gooth i-hosed and i-schod . . .
> So they semeth now in mynde
> More Englische men than Walsche kynd.[79]

Ymddengys eu bod bellach yn gwisgo hosanau ac esgidiau ac yn edrych yn debycach i Saeson nag i Gymry. Mae'n bosibl fod Higden wedi profi'r newid hwn ei hun dros flynyddoedd o sylwi ar y Cymry'n ymweld â Chaer. Ond mae'n fwy tebygol ei fod, fel pawb arall mae'n siŵr, yn gyfarwydd iawn â'r ystrydeb am y Cymro troednoeth, ac felly iddo ef roedd y Cymry a ddeuai i Gaer yn eu hesgidiau a'u hosanau yn ffenomen a oedd yn galw am eglurhad. Yn wir, byddai'r ystrydeb yn cael ei hadrodd ddegawdau wedi marw Higden, megis pan wfftiwyd gwrthryfel Glyndŵr fel campau rhyw 'ddihirod troednoeth' ('*scurri nudipedes*').[80] A diddorol gan hynny yw'r sylw a gaiff esgidiau Owain Glyndŵr ei hun (cyn y gwrthryfel) gan y bardd Gruffudd Llwyd:

> Os iach a rhydd fydd efô
> Ef a ennill, pan fynno,
> Esgidiau, gwindasau gwaisg,
> Cordwalfrith, carw diwylfraisg,
> Yn ymwan ar dwrneimant,
> Yn briwio cyrff, yn bwrw cant.[81]

Wrth gwrs, mae sylwadau Higden yn arbennig o berthnasol yng nghyddestun 'Y Pwll Mawn'. Fel y nododd D. J. Bowen, 'y mae cyfeiriad Dafydd ap Gwilym at ei "hosanau / Cersi o Gaer" yn ein hatgoffa o sylw Ranulf Higden (m. 1364), gŵr o'r dref honno, fod y Cymry'n dechrau gwisgo hosanau ac esgidiau, ymhlith pethau eraill'.[82] Mae'r cyfochredd yn drawiadol, er y dylid cofio y gall 'Caer' olygu Caerfyrddin yn ogystal â Chaer yng ngogledd-orllewin Lloegr.[83]

Beth bynnag am union leoliad 'Caer' Dafydd ap Gwilym, gellir bod yn hyderus y byddai ef a'i gynulleidfa wedi bod yn gyfarwydd ag ystrydeb y Cymry troednoeth.[84] Ond byddai Dafydd a'i gynulleidfa wedi gwybod hefyd fod y Cymry'n hen gyfarwydd â gwisgo hosanau ac esgidiau. Nid oes angen ond bwrw golwg fras iawn ar ffynonellau Cymraeg eu hiaith, ac yn wir ddogfennau swyddogol, i weld bod mwy na digon o esgidiau a hosanau am draed y Cymry yn yr Oesoedd Canol. Dangosir hynny'n glir iawn mewn cyfrol fer gan Heather Rose Jones o'r enw *Medieval Welsh Clothing to 1300*.[85] Mae'n tynnu sylw at y ffynonellau sy'n portreadu'r Cymry troednoeth, ond yn nodi hefyd fod y ffynonellau Cymraeg yn gyforiog o gyfeiriadau at esgidiau. 'Given the importance of shoe-making episodes in the third and fourth branches of the Mabinogi', meddai Jones, 'I find it nearly impossible to believe that shoes were not common and normal items of dress for the medieval Welshman.' Noda ymhellach, 'as with legwear, there is a contrast between the "typical" barefoot Welshman of Giraldus and Walter Map, and the richly detailed descriptions of shoes and shoemaking found in the laws and the tales'.[86] Wrth drafod y lluniau a grybwyllwyd uchod o'r Cymry diesgid, dywed ei bod yn debygol nad darluniau ffeithiol gywir mohonynt o gwbl: 'I find it just as likely that the artist had heard some garbled anecdote about a Welshman with one shoe and had concluded that it was somehow characteristic.'[87] Dylid nodi hefyd fod mwy na digon o gyfeiriadau ar gael i brofi bod esgidiau a chryddion yn ddigon cyffredin yng Nghymru'r bedwaredd ganrif ar ddeg, ac yn wir cyn hynny.[88] Ymhellach, nid yw Cymraeg Canol yn brin o eirfa i ddisgrifio esgidiau: gellir nodi *archen* 'esgid (isel), esgidiau' (GPC, 180); *botas* 'coesarn, arfogaeth i'r grimog a rhan isaf y goes' (GPC, 303); *esgid*; *gwintas* 'esgid(iau) uchel yn cyrraedd hyd y pen-glin neu groth y goes, botasen' (GPC, 1665); *ystywaws* '?esgidiau o ryw fath' (GPC, 3871). Yn wir, mae'n ymddangos bod mwy o dermau gan ein rhagflaenwyr canoloesol nag sydd gennym ni heddiw.

Daw'n amlwg felly y gallwn ystyried bod y Cymro troednoeth yn perthyn i fyd yr ystrydeb genedlaethol. Diau fod rhai Cymry'n mynd yn droednoeth bryd hynny (y tlotaf, mae'n siŵr), fel yr oedd rhai Saeson hwythau'n ddiesgid. Ond ystrydeb yn hytrach na ffaith oedd ystyried y Cymry oll yn genedl droednoeth. Gan hynny, gallwn droi'n ôl at y sylwadau o waith Bhabha a ddyfynnwyd uchod. Mae'r ffaith fod y Cymro troednoeth yn ailymddangos droeon yn cyd-fynd â'i sylwadau am yr angen i ailadrodd ystrydebau: 'the *same old* stories of the Negro's animality, the Coolie's inscrutability or the stupidity of the Irish *must* be told (compulsively) again and afresh, and are differently gratifying and terrifying each time'. Ond gwedd chwareus ar hynny a geir yn 'Y Pwll Mawn'. Nid yw'r bardd yn droednoeth, ond er hynny mae'r hyn sydd am ei draed yn estron, sef yr 'hosanau cersi o Gaer'.

Math o frethyn caerog yw'r cersi, a daw'r enw, yn ôl pob tebyg, o bentref Kersey yn Suffolk.[89] Mae Caer hithau naill ai'n dref yn Lloegr, neu fel arall yn dref a oedd yn brifddinas ar dywysogaeth De Cymru, a thref a oedd wedi bod yn ganolfan i rym Seisnig hyd yn oed cyn cwymp y tywysogion. Mae awgrym cryf fod yr hosanau hwythau yn dod o wahanol fath o 'arallwlad'.

Wrth eu gwisgo, felly, mae Dafydd yn tanseilio'r ystrydeb. Yn anorfod, mae i ryw raddau yn dynwared y Saeson, y bobl yr oedd eu hystrydebau yn llunio'r Cymry fel 'arall'.[90] Un o syniadau mwyaf dylanwadol Bhabha, fe gofiwn, yw'r syniad o ddynwared (*mimicry*). Wrth ddynwared y trefedigaethwr, nid ildir, o anghenraid, hunaniaeth frodorol: 'to be Anglicized is *emphatically* not to be English' yw un o ymadroddion enwocaf Bhabha.[91] I raddau, er hynny, roedd 'bod yn Sais' (chwedl Huw Jones) yn opsiwn yn y cyfnod hwn, gan y gallai Cymro gyflwyno petisiwn i'r Goron i ofyn am ddinasyddiaeth Seisnig a fyddai'n dileu ei statws cyfreithiol fel Cymro. Ond nid yw hynny, wrth gwrs, yn gyfystyr â cholli'r cyfan o'i hunaniaeth Gymreig, gan fod mwy i honno na statws cyfreithiol yn unig.[92] Yn wir, mae dynwared diwylliant arall bron â bod yn anorfod i'r sawl sy'n cael ei drefedigaethu, ond gall hefyd beryglu sefyllfa'r trefedigaethwr. Felly wrth ymwrthod â'r ddelwedd Seisnig ystrydebol o'r Cymro, mae Dafydd yn dynwared ac yn bygwth y trefedigaethwyr drwy danseilio'u bydolwg. Mae gwneud hynny drwy wisgo 'hosanau cersi o Gaer' (yn hytrach na hosanau cyffredin o Gymru, dyweder) yn tynnu sylw at y dynwarediad hwnnw. Gan hynny, gwelwn mai camgymeriad fyddai dehongliad simplistaidd sy'n dadlau bod Dafydd yn ceisio peidio â bod yn Gymro drwy wisgo'i hosanau cersi, a'i fod yn cael ei haeddiant drwy syrthio i'r pwll mawn.

Mae Dafydd yn cyfeirio at hosanau mewn cywydd arall, ac eto y mae islais cenhedlig i'r cyfeiriad. Yn y cywydd 'Dewis Un o Bedair' mae'r bardd yn pendilio rhwng merched gwahanol – y ddwy enwocaf (Morfudd a Dyddgu), a dwy arall, y naill ohonynt yn ddienw ('gwawr brenhiniaeth', sef 'arglwyddes brenhiniaeth', yw hi yng ngolwg Dafydd), a'r llall o'r enw Elen, sydd eisoes yn wraig i ŵr arall: 'Gwraig ryw benaig, Robin Nordd'. Geilw Dafydd hi'n 'Elen chwannog i olud, / Fy anrhaith â'r lediaith lud', ac mae'n amlwg ei bod hi'n ymwneud rywsut â'r farchnad wlân:

> Ni chymer hon, wiwdon wedd,
> Gerdd yn rhad, gwrdd anrhydedd.
> Hawdd ym gael, gafael gyfa,

> Haws no dim, hosanau da;
> Ac os caf, liw gwynnaf gwawn,
> Fedlai, hi a'm gwna'n fodlawn. [93]

Fel y nodwyd yn gyntaf gan David Jenkins, diau mai'r un yw Robin Nordd y cywydd hwn â'r gŵr o'r enw *Robert le Northern* a oedd yn un o fwrdeiswyr Aberystwyth ac y bu achos llys o'i herwydd yn 1344 pan gyhuddwyd rhyw Hywel ap Goronwy o ddwyn cwpan arian oddi arno.[94] Fel yr awgrymir gan enw ei gŵr, mae'n bosibl iawn mai Saesnes oedd Elen hithau.[95] Yn wir, ystyr 'Nordd' neu 'North' yn yr Oesoedd Canol diweddar oedd gogledd Lloegr, ac nid gogledd Cymru fel y mae tuedd iddo olygu bellach.[96] Mae'r enw, felly, yn Saesneg o ran iaith ac yn Seisnig o ran cyfeiriadaeth. Ond mae Elen hefyd yn ffigwr rhannol Gymreig. Mae'n ymddangos ei bod yn deall barddoniaeth Dafydd, a Chymraeg yw'r 'lediaith lud' sydd ganddi, er gwaethaf yr acen estron. Awgryma'r gerdd, felly, fod iddi safle trothwyol rhwng dwy iaith a dau ddiwylliant. Y symbol o'r berthynas rhwng y ddau yw pâr o hosanau sy'n rhodd i'r bardd.[97] Felly ai Seisnigrwydd yn ei hanfod yw'r hosanau, ac ai Cymreictod yw'r farddoniaeth? Go brin. Nid Saesnes yn unig mo Elen, ond ffigwr cymysgryw, *hybrid*, a defnyddio un o hoff dermau Bhabha.[98] A dyna hefyd, i ryw raddau, yw Dafydd, wrth iddo dderbyn yr hosanau a sôn am y defnydd 'medlai' y mae'n gobeithio'i gael gan Elen – gair Saesneg arall yw *medlai*, sef brethyn ac ynddo fwy nag un lliw.

Wrth gwrs, mae natur y medlai ei hun yn arwyddocaol – nid gwedd unffurf sydd ganddo. Mae yntau, fel Elen a Dafydd, yn gymysgryw. Mae Elen yn rhoi hosanau i Ddafydd sy'n negyddu'r ystrydeb Seisnig ohono fel Cymro, ac mae Dafydd yn cynnwys Elen ym myd ei farddoniaeth, ac felly, gellid dadlau, yn y genedl Gymreig ei hun.[99] Os caiff fedlai, meddai, 'hi a'm gwna'n fodlawn'. Er i Helen Fulton ddweud bod y berthynas rhwng y bardd ac Elen yn cael ei chyflwyno 'as a purely business arrangement', go brin ei bod mor syml â hynny.[100] Cawn awgrym fod y medlai cymysgliw a'r hunaniaeth gymysgryw sy'n mynd gydag ef ill dau yn bodloni'r bardd, ac yn wir Elen hithau.

Mae'r cywyddau, felly, yn dilyn patrwm y gellir ei ddehongli drwy gyfrwng Bhabha a'i syniadau am ddynwarediadau a chymysgrywedd. Gellid dadlau bod y ddwy gerdd yn tynnu ar ddisgyrsiau dwy iaith a dau ddiwylliant gwahanol wrth ymdrin mewn gwahanol ffyrdd â chwestiynau o hunaniaeth. Mae Stephen Knight wedi galw Dafydd yn 'master of complicit fables in a time of colonization' ond eto wedi dweud ei fod yn 'inherently unhybridized ... by remaining inward-facing'.[101] Ond tybed? Yn 'Y Pwll Mawn' a 'Dewis Un o Bedair' mae'r bardd yn wynebu sefyllfaoedd cymysgryw neu *hybrid* ac yn eu cofleidio. Ni wna hynny'n gwbl ddiffwdan chwaith, o gofio am y cwymp i'r pwll a'r ffaith ei fod yn pen draw yn gwrthod Elen Nordd. Ond mae'r cywyddau eu hunain, ddadleuwn i, yn dangos yn glir gymysgrywedd diwylliannol.[102]

Canlyn yr epa?

Gobeithiaf, felly, fy mod wedi dangos sut y gall rhai elfennau o theori ôl-drefedigaethol fod o fudd wrth astudio testunau Cymraeg canoloesol. Wrth wneud hynny, rwyf wedi canolbwyntio ar agweddau ar y maes y credaf eu bod yn berthnasol i sefyllfa Cymru. Ond canlyniad anochel hynny, wrth gwrs, yw nad wyf wedi rhoi cymaint o sylw i'r problemau sy'n codi wrth gymhwyso'r maes hwn at lenyddiaeth Gymraeg.

O safbwynt yr Oesoedd Canol yng Nghymru, mae angen cydnabod bod y sefyllfa drefedigaethol yn fwy cymhleth, mewn rhai ffyrdd, nag yr oedd yn y cyfnod modern, sef y cyfnod a astudir gan amlaf o safbwynt ôl-drefedigaethol. Un rheswm yw'r ffaith fod trefedigaethu yn digwydd o sawl cyfeiriad. Os oedd Cymru mewn perthynas drefedigaethol â Lloegr, yr oedd Lloegr hithau mewn math ar berthynas drefedigaethol â Ffrainc, ac roedd gan Gymru yn ei thro berthynas drefedigaethol wahanol eto â Ffrainc. Mae angen rhagor o waith ar yr agweddau hyn yng Nghymru a thu hwnt. Mewn pennod o'r enw 'Colonial England, 1066–1215' o gyfrol o'r un enw, dywedodd yr hanesydd J. C. Holt yn ddadlennol ddigon yn 1997: 'No book has ever been written before with the title of this book and of this essay'.[103] Er hynny, mae sawl beirniad wedi ystyried cyfoeswr iau Dafydd ap Gwilym, Geoffrey Chaucer, yng ngoleuni theori ôl-drefedigaethol, a hynny yn rhinwedd perthynas Lloegr a Ffrainc.[104] Yn sicr, mae'r ffaith fod gan Gymru berthynas drefedigaethol â dwy wlad wahanol yn ychwanegu ffactor arall at ôl-drefedigaethedd canoloesol (heb sôn am y ffaith fod Cymru hithau wedi chwarae rhan yn nhrefedigaethu Iwerddon).[105] Gyda hynny mewn golwg, byddai darlleniadau ôl-drefedigaethol o gywydd megis 'I Ddymuno Boddi'r Gŵr Eiddig' gan Ddafydd ap Gwilym, lle y ceir cyfeiriadau at Gymry'n brwydro gyda'r fyddin Seisnig yn Ffrainc, yn esgor ar ddeongliadau tra diddorol. Gan hynny, efallai fod sefyllfa Cymru'n mynd y tu hwnt i'r syniad o'r *hybrid* fel y'i ceir gan Bhabha ac eraill.[106]

Drwy ysgrifennu'r bennod hon yn Gymraeg cyfyd cwestiwn arall, ac un yr wyf wedi ei osgoi hyd yn hyn, sef y cwestiwn o derminoleg. O gofio mai Saesneg yw prif iaith astudiaethau ôl-drefedigaethol (ac yn sicr y rhai mwyaf hygyrch o safbwynt Cymru), mae sylwadau Edward Said ar gyfieithiad Arabeg Kamal Abu Deeb o *Orientalism* yn codi sawl ystyriaeth bwysig:

> The main achievement of Abu Deeb's painstaking translation was an almost total avoidance of Arabized Western expressions; technical words like *discourse, simulacrum, paradigm,* or *code* were rendered from within the classical rhetoric of the Arab tradition. His idea was to place my work inside one fully formed tradition, as if it were addressing another from a perspective of cultural adequacy and equality.[107]

Beth, felly, am ein termau Cymraeg? Yn y bennod hon rwyf wedi cadw ar y cyfan at dermau sy'n seiliedig ar y gair *trefedigaeth*. Ond mae opsiynau eraill ar gael, wrth gwrs, ac yn arbennig y ddau derm *gwladychu* a *coloneiddio*. Mae'r rhain yn cyfleu naws ychydig yn wahanol i *trefedigaethu*, ac mae angen olrhain hanes y tri therm er mwyn dangos datblygiad eu hystyron oddi mewn i ddisgyrsiau Cymraeg, a hefyd er mwyn dangos natur y dylanwad terminolegol Saesneg sydd arnynt ill tri.

Ond problem fwy sylfaenol, efallai, ynglŷn â theori ôl-drefedigaethol yw'r perygl ei bod ynddi'i hun yn cynnal cyfundrefn neo-drefedigaethol o feddwl. Fel rheol, deillio o sefydliadau academaidd yn y Gorllewin a wna'r gweithiau sy'n sail i theori ôl-drefedigaethol (hyd yn oed os yw rhai o'r ysgolheigion eu hunain yn wreiddiol o wledydd a fu gynt yn drefedigaethau). Mae perygl, felly, i ôl-drefedigaethedd fod yn ffordd arall o lefaru ar ran cymunedau di-rym a'u rheoli, hyd yn oed os digwydd hynny mewn modd ymddangosiadol fwy cydymdeimladol. Yng Nghymru, trafod y berthynas â Lloegr neu Brydain y bydd ôl-drefedigaethedd yn rhwym o'i wneud gan amlaf, ond onid ysgolheigion sy'n gweithredu mewn sefydliadau cwbl Brydeinig eu natur (megis ein prifysgolion) sy'n ysgrifennu yn y maes hwn? Dyma sydd gan Stephen Knight mewn golwg pan sonia am 'modern academic interpreters of early Welsh, working as they usually do inside an academic structure that is certainly not Celtic in its epistemology or ontology'.[108] Mae R. M. Jones yn mynd â'r ddadl hon ymhellach drwy ddadlau y 'tuedda mwy nag un o'n beirniaid i fenthyca'u syniad o hanes oddi wrth wledydd eraill, rhai imperialaidd, mewn modd tra threfedigaethol'.[109] Ond yn eironig ddigon, mae hwn yn bwynt a wneir yn aml gan feddylwyr ôl-drefedigaethol.[110] Gellid cyhuddo Jones ei hun, felly, o fod wedi 'benthyca' y cyhuddiad hwn gan ddamcaniaethwyr o 'wledydd eraill'! Ond erys y perygl yn un real, a dylid cadw'r broblem anochel hon mewn cof.

Gwelwn, felly, y gall dynwared ddigwydd ar sawl lefel. A daw hynny â ni'n ôl at yr epa. Daliwyd yr epa am ei fod yn rhy awyddus i ddynwared unigolyn a oedd, yn y pen draw, yn fwy grymus nag ef. Talodd am hynny â'i ryddid ac â'i fywyd. Fe'n hatgoffir, gan hynny, nad oes bob amser unrhyw fygythiad neu *menace* (chwedl Bhabha) mewn dynwared. Gall y dynwared arwain at golli hunaniaeth a'r gallu i oroesi, yn arbennig yn sefyllfa ieithyddol y Gymru gyfoes.

Ond nid dynwared yr epa yw'r unig fodel o ddynwared sydd gennym, fel y gobeithiaf fod y bennod hon wedi dangos. Wrth i Ddafydd ap Gwilym wisgo'i hosanau a derbyn ei fedlai, nid oedd yn ildio'i hunaniaeth drwy wisgo'n fwy fel Sais nag fel Cymro. Ystrydeb allanol oedd llawer o'r hunaniaeth 'Gymreig' honno beth bynnag. Efallai mai'r hyn y mae barddoniaeth Dafydd yn ei wneud yw arddangos y ffaith nad oes 'purdeb' diwylliannol i'w gael mewn unrhyw fan, er gwaethaf bodolaeth ymdrechion i lunio cysyniadau o'r fath. 'Nobody comes out clean', meddai Stephen Knight am y sefyllfa drefedigaethol, rhywbeth sy'n llythrennol wir am Ddafydd ap Gwilym yn 'Y Pwll Mawn'.[111] Ond nid yw hynny'n gwneud Dafydd yn fardd llai Cymreig. Yn hytrach, mae'n codi cwestiynau ynglŷn â natur Cymreictod, ac yn wir natur unrhyw hunaniaeth. Os felly, ymddengys fod theori ôl-drefedigaethol yn cynnig cyfleoedd newydd a chyffrous i ddatblygu syniadau am genedligrwydd a hunaniaeth. Heb amheuaeth, mae angen ymagweddu'n feirniadol tuag at theori ôl-drefedigaethol, gan gofio mai maes ydyw a ddatblygodd heb roi fawr o ystyriaeth i Gymru a'r Gymraeg. Ond o'i fabwysiadu'n ddethol, a'i gymhwyso at ein gofynion ein hunain, go brin y byddwn yn dilyn yn ôl traed yr epa dynwaredol.

Nodiadau

[1] Hoffwn ddiolch yn fawr i Dr Angharad Price am roi sylwadau ar ddrafft cynharach o'r bennod hon.

[2] Graham C. G. Thomas (gol.), *A Welsh Bestiary of Love: being a translation into Welsh of Richart de Fornival's* Bestiaire d'Amour (Dulyn, 1988), 16.

[3] Credid yn gyffredin yn yr Oesoedd Canol fod yr epa'n ddynwaredwr greddfol (a sylwer ar y defnydd o'r ferf Saesneg 'to ape' yn yr ystyr o ddynwared). Gw. ymhellach H. W. Janson, *Apes and Ape Lore in the Middle*

Ages and the Renaissance (Llundain, 1952), 33–4. Am luniau llawysgrifol o epaod yn gwisgo esgidiau, gw. ibid., 172 a'r platiau yn dilyn t. 198.

[4] Thomas (gol.), *A Welsh Bestiary of Love*, 17.

[5] Ibid., xvi–xxix. Nid yw hanes yr epa bellach yn Llanstephan 4 (*c*.1400), y llawysgrif gynharaf o'r bwystiadur, gan fod honno wedi colli rhai o'i dail. Dyfynnwyd uchod o fersiwn Llywelyn Siôn (*c*.1600), gw. ibid., xix–xx.

[6] Ar Lywelyn ap Gwilym, gw., e.e., D. J. Bowen, *Dafydd ap Gwilym a Dyfed* (Llandysul, 1986), 14.

[7] R. R. Davies, 'Colonial Wales', *Past and Present*, 65 (1974), 3–23.

[8] Ibid., 3.

[9] Dylid hefyd dynnu sylw at weithiau gan eraill sy'n trafod themâu tebyg, megis John Gillingham, *The English in the Twelfth Century: Imperialism, National Identity and Political Values* (Woodbridge, 2000), cyfrol a gyflwynir i Rees Davies.

[10] Jane Aaron a Chris Williams (goln), *Postcolonial Wales* (Caerdydd, 2005).

[11] Dylan Foster Evans, 'Ail-lunio'r Cymry – y beirdd ar ôl methiant Glyndŵr', *Taliesin*, 110 (2000), 43–57 (yn arbennig 53); Kirsti Bohata, *Postcolonialism Revisited* (Caerdydd, 2004), 8 a 161 (n.20).

[12] Chris Williams, 'Problematizing Wales: An Exploration in Historiography and Postcoloniality', yn Aaron a Williams (goln), *Postcolonial Wales*, 3–22; Richard Wyn Jones, 'In the Shadow of the First-born: The Colonial Legacy in Welsh Politics', yn ibid., 23–38.

[13] Williams, 'Problematizing Wales', 4; yn dyfynnu o Davies, 'Colonial Wales', 3.

[14] Wyn Jones, 'In the Shadow of the First-born', 26.

[15] Ibid., 26–7.

[16] Teg nodi bod pwysigrwydd gwaith Rees Davies hefyd yn cael ei gydnabod gan ysgrifenwyr ar ôl-drefedigaethedd canoloesol o'r tu allan i Gymru, gw. Bruce W. Holsinger, 'Medieval Studies, Postcolonial Studies, and the Genealogies of Critique', *Speculum*, 77 (2002), 1200.

[17] Wrth ymgyfarwyddo â'r maes hwn, cefais y cyfrolau canlynol yn dra defnyddiol: Peter Childs ac R. J. Patrick Williams, *An Introduction to Post-Colonial Theory* (Llundain, 1997); Bart Moore-Gilbert, *Postcolonial Theory: Contexts, Practices, Politics* (Llundain, 1997); Ania Loomba, *Colonialism/Postcolonialism* (Llundain, 1998).

[18] Jane Aaron, 'Postcolonial Change', *New Welsh Review*, 67 (2005), 34; Simon Brooks, '"Yr Hil": Ydy'r Canu Caeth Diweddar yn Hiliol?', yn y gyfrol hon, 30.

[19] Bill Ashcroft, Gareth Griffiths a Helen Tiffin (goln), *The Empire Writes Back: Theory and Practice in Post-Colonial Literatures* (Llundain, 1989).

[20] Defnyddir y ffurfiau *post-colonial* a *postcolonial* am y maes hwn. Ond mae rhai ysgrifenwyr yn defnyddio *post-colonial* i gyfeirio at gyfnodau a sefyllfaoedd sy'n dilyn cyfnod trefedigaethu yn gronolegol, gan ddefnyddio *postcolonial* ar y gyfer y maes damcaniaethol ei hun, gw. e.e., Bohata, *Postcolonialism Revisited*, 2–3. Gan hynny, gellid efallai ddadlau o blaid defnyddio ffurf fel 'oldrefedigaethol' yn y Gymraeg, er gwaethaf ei ymddangosiad chwithig.

[21] Dylid nodi bod Iwerddon yn cael ei thrafod o'r persbectif hwn ers peth amser. Am gasgliad diweddar o erthyglau, gw. Clare Carroll a Patricia King (goln), *Ireland and Postcolonial Theory* (Cork, 2003).

22 Dylan Phillips, 'A New Beginning or the Beginning of the End? The Welsh Language in Postcolonial Wales', yn Aaron a Williams (goln), *Postcolonial Wales*, 100–4.
23 Gw. y drafodaeth yn Moore-Gilbert, *Postcolonial Theory*, 30–1.
24 Raymond Williams, 'Welsh Culture', yn Daniel Williams (gol.), *Who Speaks for Wales? Nation, Culture, Identity* (Caerdydd, 2003), 9. Gw. hefyd ragymadrodd Daniel Williams, ibid., xxiv–xxxii.
25 R. Williams, 'Welsh Culture', 9, 7.
26 Gw., e.e., Brooks, '"Yr Hil"', 1–9.
27 Bohata, *Postcolonialism Revisited*, 4.
28 Am enghraifft ddiweddar, gw. llyfryn y mudiad Cymuned, *Mewnfudo, Ie, Gwladychu Na!: Gwladychiaeth a Gwrth-wladychiaeth yn y Bröydd Cymraeg* (Aberystwyth, c.2003).
29 Gw. Dai Smith, 'Psycho-colonialism', *New Welsh Review*, 66 (2004), 22–9.
30 Stephen Knight, *A Hundred Years of Welsh Fiction* (Caerdydd, 2004), xii.
31 Cafwyd ymateb i adolygiad Smith gan Jane Aaron, 'Postcolonial Change', 320–6, a cheir rhagor o ymateb yn y rhifyn hwnnw a'r tri nesaf o *New Welsh Review* gan Patrick McGuinness, John Pikoulis, Dai Smith ei hun, Kirsti Bohata a Leighton Andrews.
32 Bohata, *Postcolonialism Revisited*, 2. Mae pennod gyntaf y gyfrol hon ('Theoretical Contexts', 1–28) yn gyflwyniad darllenadwy i berthnasedd ôl-drefedigaethedd i lenyddiaeth Saesneg yng Nghymru, gyda nifer o sylwadau o ddiddordeb o safbwynt llenyddiaeth Gymraeg.
33 Ned Thomas, 'Parallels and Paradigms', yn M. Wynn Thomas (gol.), *A Guide to Welsh Literature, VII: Welsh Writing in English* (Caerdydd, 2003), 319–20.
34 Jane Aaron, 'Bardic Anti-colonialism', yn *idem* a Williams (goln), *Postcolonial Wales*, 137–58 (yn arbennig 138–41); Foster Evans, 'Ail-lunio'r Cymry', 43–57; Stephen Knight, '"Love's Altar is the Forest Glade": Chaucer in the Light of Dafydd ap Gwilym', *Nottingham Medieval Studies*, 43 (1999), 172–88; *idem*, 'Resemblance and Menace: A Post-Colonial Reading of *Peredur*', yn Sioned Davies a Peter Wynn Thomas (goln), *Canhwyll Marchogyon: Cyd-Destunoli Peredur* (Caerdydd, 2000), 128–47; Patricia Clare Ingham, 'Marking Time: "Branwen, Daughter of Llyr" and the Colonial Refrain', yn Jeffrey J. Cohen (gol.), *The Postcolonial Middle Ages* (Basingstoke, 2000), 173–91; Morgan T. Davies, 'Dafydd ap Gwilym and the Shadow of Colonialism', yn Helen Fulton (gol.), *Medieval Celtic Literature and Society* (Dulyn, 2005), 248–74; Helen Fulton, 'Class and Nation: Defining the English in Medieval Welsh Poetry', yn Ruth Kennedy a Simon Meecham-Jones (goln), *Welshness(es) and Middle English Literary Culture* (Basingstoke, i ymddangos). (Hoffwn ddiolch i'r Athro Fulton a'r Athro Davies am fod mor garedig â gadael imi weld drafftiau o'u penodau cyn eu cyhoeddi, er na fu'n bosibl imi gyfeirio atynt yng nghorff y drafodaeth hon.)
35 Wrth gwrs, mae nifer o astudiaethau ôl-drefedigaethol ar gael sy'n ymwneud â'r Oesoedd Canol y tu allan i Gymru, gw., e.e., Cohen (gol.), *The Postcolonial Middle Ages*; Ananya Kabir a Deanne Williams (goln), *Postcolonial Approaches to the European Middle Ages* (Caergrawnt, 2005).

36 Simon Brooks, *Dan Lygaid y Gestapo: yr Oleuedigaeth Gymraeg a Theori Lenyddol yng Nghymru* (Caerdydd, 2004), 113–39.
37 R. M. Jones, *Llenyddiaeth Gymraeg a Phrifysgol Cymru* (Caerdydd, 1993), 16. Dyfynnir y geiriau hyn yn Brooks, *Dan Lygaid y Gestapo*, 122. Dylid nodi wrth fynd heibio fod dylanwad Foucault yn drwm iawn ar waith Said.
38 R. M. Jones, *Beirniadaeth Gyfansawdd: Fframwaith Cyflawn Beirniadaeth Lenyddol* (Llandybïe, 2003), 32, 33. Mae'r pwynt olaf yn un a gydnabyddir gan bawb sy'n gweithio ym maes ôl-drefedigaethedd, hyd y gwn.
39 Dylid hefyd gydnabod sylwadau Enid Jones, 'Olion Wiliam Owen Roberts', yn John Rowlands (gol.), *Y Sêr yn eu Graddau: Golwg ar Ffurfafen y Nofel Gymraeg Ddiweddar* (Caerdydd, 2000), 29–51, yn enwedig 39: '[g]an fod "ôl-drefedigaethol" yn ymadrodd a ddefnyddir fel arfer i gwmpasu profiad dioddefydd y broses imperialaidd o'r dechrau un, nid yw'n anaddas o gwbl ar gyfer sefyllfa Cymru'.
40 Homi K. Bhabha, *The Location of Culture* (Llundain, 1994), 70.
41 John McLeod, *Beginning Postcolonialism* (Manceinion, 2000), 52.
42 Bhabha, *The Location of Culture*, 70–1.
43 Ibid., 77.
44 Gwaith hawdd yw canfod nifer helaeth o enghreifftiau o'r stori hon ar y we. Ceir enghreifftiau ohoni mewn trafodaeth ar-lein ar safle'r BBC: 'Is there a welcome in NW Wales?' <http://www.bbc.co.uk/wales/northwest/yoursay/topics/welshdebate.shtml> [gwelwyd 1 Medi 2005].
45 Ceir trafodaeth ddifyr ar yr hanesyn hwn gan Dylan Llŷr ar safle'r BBC: 'Talking your language' <http://www.bbc.co.uk/wales/northwest/sites/voices/pages/pubwelsh.shtml> [gwelwyd 1 Medi 2005]. Hoffwn ddiolch i'm cyfaill Andrew Wong am y cyfeiriad hwn.
46 Fel a nodir gan Dylan Llŷr, 'Talking your language'.
47 McLeod, *Beginning Postcolonialism*, 53.
48 Diau, er hynny, y gellid canfod siaradwyr Cymraeg sy'n credu ei bod yn disgrifio digwyddiad cyffredin. Yn wir, mae'n ddigon posibl fod y sefyllfa a ddisgrifir wedi digwydd yn rhywle ar ryw adeg. Ond nid yw hynny'n esbonio pam y mae wedi mynd yn ystrydeb.
49 *Giamocs*, rhifyn 1, S4C, 7.30p.m. 13 Medi 1994 (Cwmni Cynhyrchu: Madfall; Cyfarwyddwr/Cynhyrchydd: Dylan Huws). Y prif actorion yw Emyr Roberts ac Eiry Thomas (y ddau gerddwr) a Marc Roberts (un o'r Cymry yn y dafarn). Mae Mari Gwilym, Noel James ac Iwan John hefyd yn cymryd rhan yn y sgets. Dylid nodi mai anodd iawn mewn gwirionedd yw adnabod iaith rhan olaf y sgets – iaith 'wneud' ydyw yn ôl pob tebyg. Hoffwn ddiolch i Eurgain Haf (S4C) a Dafydd Pritchard (Llyfrgell Genedlaethol Cymru) am eu cymorth parod wrth chwilio am fanylion y rhaglen hon.
50 Gw., e.e., Robert Bartlett, *Gerald of Wales, 1146–1223* (Rhydychen, 1982), 158–77.
51 Fe'i ceir wedi ei chyfieithu yn Thomas Jones (cyf.), *Hanes y Daith trwy Gymru. Disgrifiad o Gymru / Gerallt Gymro* (Caerdydd, 1938), 81–2 (I.X). Byddaf yn dyfynnu o gyfieithiad Jones yn y bennod hon, gan nodi rhif y llyfr a'r bennod. Ceir y gwreiddiol Lladin yn *Giraldi Cambrensis Opera*, cyfrol vi, gol. James F. Dimock (Llundain, 1868).

52 Jones (cyf.), *Gerallt Gymro*, 82 (I.X).
53 Jeffrey J. Cohen, 'Hybrids, Monsters, Borderlands: the Bodies of Gerald of Wales', yn *idem* (gol.), *The Postcolonial Middle Ages*, 87.
54 Knight, 'Resemblance and Menace', 128–47.
55 Bhabha, *The Location of Culture*, 85–92 (86).
56 Gw. y cyfeiriadau at waith Fulton, Knight a Morgan, uchod n.34. Cafwyd un astudiaeth anghyhoeddedig yn y Gymraeg, sef Angharad Wynne George, '"Nithio'r main": Golwg ar Farddoniaeth Dafydd ap Gwilym yng Ngoleuni Theori Ôl-Drefedigaethol' (MA Cymru [Caerdydd], 2004).
57 Dylan Foster Evans, 'Rhoi eich troed ynddi: camau cyntaf ar drywydd ffasiwn yng Nghymru'r Oesoedd Canol', *Tu Chwith*, 14 (2000), 21–34.
58 Byddaf yn dyfynnu o Thomas Parry (gol.), *Gwaith Dafydd ap Gwilym* [= GDG] (Caerdydd, trydydd arg. 1979), 337–8. Ceir trafodaeth ac aralleiriad o'r gerdd gan John Rowlands yn Alan Llwyd (gol.), *50 o Gywyddau Dafydd ap Gwilym* (Abertawe, 1980), 39–41. Ysgrifennwyd y bennod hon cyn cwblhau'r golygiad newydd o waith Dafydd ap Gwilym dan olygyddiaeth gyffredinol yr Athro Dafydd Johnston.
59 Eurys I. Rowlands, 'Dafydd ap Gwilym', *Y Traethodydd*, cxxii (1967), 21.
60 D. R. Johnston (gol.), *Gwaith Iolo Goch* (Caerdydd, 1988), 64–8.
61 Dafydd Johnston (gol.), *Blodeugerdd Barddas o'r Bedwaredd Ganrif ar Ddeg* (Llandybïe, 1989), 149–51.
62 Huw M. Edwards, '"Rhodiwr fydd clerwr": Sylwadau ar Gerdd Ymffrost o'r Bedwaredd Ganrif ar Ddeg', *Y Traethodydd*, cxlix (1994), 50.
63 Brynley F. Roberts, *Studies on Middle Welsh Literature* (Llanbedr Pont Steffan, 1992), 2.
64 Patrick Ford, 'The Poet as *Cyfarwydd* in Early Welsh Tradition', *Studia Celtica*, 10/11 (1975–6), 152–62; Proinsias Mac Cana, *The Learned Tales of Medieval Ireland* (Dulyn, 1980), 17–18, 132–41; Dafydd Jenkins a Morfydd E. Owen, 'The Welsh Marginalia in the Lichfield Gospels. Part I', *Cambridge Medieval Celtic Studies*, 5 (1983), 53–4; Roberts, *Studies on Middle Welsh Literature*, 2–8, *passim*; Sioned Davies, *Crefft y Cyfarwydd* (Caerdydd, 1995), 1–27.
65 Ifor Williams (gol.), *Pedeir Keinc y Mabinogi* (Caerdydd, ail arg. 1951), 69.
66 *Pace* Saunders Lewis a awgrymodd mai yn Lloegr y lleolir y gerdd hon ('perhaps Cheshire'), gw. S. Lewis, 'Dafydd ap Gwilym', yn Alun R. Jones a Gwyn Thomas (goln), *Presenting Saunders Lewis* (Caerdydd, 1973), 162. Ymddengys nad oes ym marddoniaeth Dafydd gyfeiriad pendant at unrhyw le yn Lloegr. At hynny, chwilio am ei gariad y mae yma, ac yng Nghymru y mae cartref pob un o gariadon Dafydd y gellir eu lleoli. Awgrymwyd hefyd mai ger Rhosyr ym Môn y canwyd y gerdd hon, gw. Rowlands, 'Dafydd ap Gwilym', 22.
67 Gw. y sylwadau yn R. R. Davies, *The Revolt of Owain Glyn Dŵr* (Rhydychen, 1995), 20–1.
68 Brynley F. Roberts, 'Gwyn ap Nudd', *Llên Cymru*, 13 (1974–81), 283–9; Eurys I. Rowlands, 'Cyfeiriadau Dafydd ap Gwilym at Annwn', *Llên Cymru*, 5 (1958–9), 123–4.
69 Mae'n ffaith ddiddorol fod o leiaf un gŵr (a mwy nag un yn ôl pob tebyg) â'r llysenw 'Budr ei Hosan' yn byw yng Nghymru'r ddeuddegfed ganrif a'r

drydedd ganrif ar ddeg, gw. Huw Pryce gyda chymorth Charles Insley (goln), *The Acts of the Welsh Rulers, 1120–1283* (Caerdydd, 2005), 158 a 810 a'r cyfeiriadau a nodir yno. Mae'n anodd gwybod beth oedd union ergyd y llysenw. Hoffwn ddiolch i'r Athro Huw Pryce am dynnu fy sylw at fodolaeth yr enw hwn.

70 M. P. Bryant-Quinn (gol.), *Apocryffa Siôn Cent* (Aberystwyth, 2004), 67 (1.5n). Odlid *gwern* ('cors, uffern') ag *uffern* yn aml gan y beirdd.

71 *Oxford English Dictionary* (Rhydychen, ail arg. 1989), d.g. *delf*. Er na nodir yr ystyr hon yn GPC, ceir *delff* yn elfen mewn enwau lleoedd yn ardal lofaol sir Ddinbych cyn gynhared â'r unfed ganrif ar bymtheg. Mae'n bosibl fod y gair wedi ei fenthyg i'r Gymraeg cyn hynny. Gw. William Rees, *Industry before the Industrial Revolution*, cyfrol i (Caerdydd, 1968), 72.

72 R. R. Davies, 'Race Relations in Post-Conquest Wales: Confrontation and Compromise', *Trafodion Anrhydeddus Gymdeithas y Cymmrodorion* (1974–5), 37 (n.15), 36. Daw'r cyfeiriad cyfandirol o waith y croniclydd Fflemaidd Lodewyk van Welthem o 1297.

73 Gellir gweld y darluniau hyn yn J. Goronwy Edwards (gol.), *Littere Wallie, preserved in Liber A in the Public Record Office* (Caerdydd, 1940), yn wynebu tt. iii a 158; hefyd yn A. H. Dodd, *Life in Wales* (Llundain, 1972), 42. Dywed Edwards: 'the drawings were not mere *jeux d'esprit* of the scribe, but were the identification marks of the receptacles in which these Welsh documents reposed', xxix (n.1).

74 M. R. James (gol. a chyf.), C. N. L. Brooke ac R. A. B. Mynors (adol.), *De nugis curialium = Courtiers' trifles / Walter Map* (Rhydychen, 1983), 100. (Myfi piau'r cyfieithiad Cymraeg.)

75 Jones (cyf.), *Gerallt Gymro*, 180 (I.VIII).

76 Ibid., 121–2 (II.IV).

77 Alaw Mai Jones, 'Gwisgoedd yn Llenyddiaeth yr Oesoedd Canol *c*.1100–*c*.1600' (M.Phil. Cymru [Aberystwyth], 2003), 13.

78 Dyfynnir o gyfieithiad Saesneg John Trevisa a wnaed yn wythdegau'r bedwaredd ganrif ar ddeg, gw. Churchill Babington (gol.), *Polychronicon Ranulphi Higden Monachi Cestrensis*, cyfrol i (Llundain, 1865), 403. Diweddarwyd rhywfaint ar yr orgraff.

79 Ibid., 411.

80 Davies, 'Race Relations', 37 (n.15); Frank Scott Haydon (gol.), *Eulogium Historiarum sive Temporis*, cyfrol iii (Llundain, 1863), 388.

81 Rhiannon Ifans (gol.), *Gwaith Gruffudd Llwyd a'r Llygliwiaid Eraill* (Aberystwyth, 2000), 147 (12.73–8).

82 D. J. Bowen, 'Beirdd a Noddwyr y Bedwaredd Ganrif ar Ddeg', *Llên Cymru*, 17 (1992–3), 77.

83 Nododd Thomas Parry y gallai 'Caer' Dafydd gyfeirio at Gaer yn Lloegr neu at Gaerfyrddin, gw. GDG, xix. Noda yno hefyd mai 'yr unig fan yn Lloegr y mae'n ei grybwyll yw Caerlleon, yn y gerdd i'r Grog'. Ond gwyddom bellach mai yng Nghaerfyrddin yr oedd y Grog honno, gw. sylwadau Ann Parry Owen yn Ann Parry Owen a Dylan Foster Evans (goln), *Gwaith Llywelyn Brydydd Hoddnant, Dafydd ap Gwilym, Hillyn ac eraill ynghyd â dwy awdl gan Lywelyn Ddu ab y Pastard* (Aberystwyth, 1996), 51. Mae Seisnigrwydd y dref yn elfen bwysig o'r gerdd i'r Grog. Roedd

Caerfyrddin yn ganolfan fasnachol bwysig yn y cyfnod hwn: 'Wool from hardy Welsh sheep was exported (often by Bristol merchants) to Bristol, as well as to Gascony, Iberia and the staple port of Calais, whence it reached the Flemish industrial centres; back along the same route came more luxurious items', R. A. Griffiths, 'Carmarthen', yn *idem* (gol.), *Boroughs of Mediaeval Wales* (Caerdydd, 1978), 152. Nid oedd cymaint o wlân yn mynd drwy Gaer: 'in particular, wool, which was England's main export, was not traded through Chester', Peter Carrington, *Book of Chester* (Llundain, 1994), 79. Ond mae'n debyg nad oes modd torri'r ddadl yn gwbl derfynol.

[84] Ond mae'n annhebygol iawn y byddai'n gyfarwydd â Higden a'i waith, er bod ei gronicl (y *Polychronicon*) yn cael ei ddarllen gan Gymry Cymraeg erbyn diwedd y bedwaredd ganrif ar ddeg a dechrau'r bymthegfed. Roedd copi ohono'n eiddo i Adam Wsg (Adda o Frynbuga), gw. C. Given-Wilson (gol. a chyf.), *The Chronicle of Adam Usk, 1377–1421* (Rhydychen, 1997), ac yn arbennig xxxviii–xxxix. Ceir addasiad Cymraeg o rannau byrion o'r *Polychronicon* mewn testun o ddechrau'r unfed ganrif ar bymtheg, gw. Thomas Jones, 'Syr Thomas ap Ieuan ap Deicws a'i Gyfaddasiad Cymraeg o "Fasciculus Temporum" Werner Rolewinck', *Trafodion Anrhydeddus Gymdeithas y Cymmrodorion* (1943–4), 48–50.

[85] Heather Rose Jones, *Medieval Welsh Clothing to 1300* (Oakland, California, 1993).

[86] Ibid., 41.

[87] Ibid., 5.

[88] Foster Evans, 'Rhoi eich troed ynddi', 26.

[89] *Oxford English Dictionary*, d.g. *kersey*.

[90] Gwneir defnydd o'r ystrydeb am y Cymro troednoeth a'r ffaith fod modd dynwared y Ffrancwyr drwy wisgo hosanau ac esgidiau yn nofel Christopher Meredith, *Griffri* (Pen-y-bont ar Ogwr, 1991), sy'n trafod Gwent yn y ddeuddegfed ganrif. Gw. ymhellach Bohata, *Postcolonialism Revisited*, 150.

[91] Bhabha, *The Location of Culture*, 87. Ond tybed a yw'r gosodiad hwn yn wir bob tro am y Cymry a'r Gymraeg?

[92] Bohata, *Postcolonialism Revisited*, 132–3.

[93] GDG, 267 (98. 39) a 266 (98.16, 17–18, 23–8).

[94] Gw. D. J. Bowen, 'Nodiadau ar Waith y Cywyddwyr', *Bwletin y Bwrdd Gwybodau Celtaidd*, xxv (1972–4), 26–7; GDG, xxix.

[95] Dywed D. J. Bowen, 'Dafydd ap Gwilym a'r Trefydd Drwg', yn J. E. Caerwyn Williams (gol.), *Ysgrifau Beirniadol x* (Dinbych, 1977), 204: 'A barnu wrth y cyfeiriad at "lediaith lud" Elen, rhaid mai Saesnes oedd.' Wrth drafod y 'lediaith lud', dywed Rachel Bromwich hithau: 'Elen and her husband were obviously both English', gw. Rachel Bromwich (gol. a chyf.), *Dafydd ap Gwilym: A Selection of Poems* (Llandysul, 1982), 62. Wrth gwrs, mater arall yw diffinio beth yn union a olygid wrth 'Saesnes' yn y cyfnod hwn.

[96] GPC, 2596.

[97] Gellid efallai ddadlau mai'r bardd sy'n rhoi'r hosanau i Elen, ond nid dyna'r ffordd fwyaf naturiol o ddeall y rhan hon o'r gerdd.

[98] Mae'r cysyniad o'r *hybrid* yn un hynod bwysig, a dadleuol, ym maes astudiaethau ôl-drefedigaethol. Am drafodaeth mewn cyd-destun Cymreig, gw. Bohata, *Postcolonialism Revisited*, 129–57.

[99] Ond mater arall, mewn gwirionedd, yw'r cwestiwn a oedd y Cymry'n ffurfio cenedl yn y bedwaredd ganrif ar ddeg. Roedd y syniad fod beirdd a barddoniaeth yn nodweddiadol o ddiwylliant y Cymry eisoes wedi ei nodi gan Gerallt Gymro yn ei *Disgrifiad o Gymru*: 'Ac felly, cei fod y prydyddion, y rhai a alwant hwy Y Beirdd, a benodir i'r gelfyddyd hon, yn niferus iawn ymhlith y genedl hon', Jones (cyf.), *Gerallt Gymro*, 187 (I.XII).

[100] Helen Fulton, *Dafydd ap Gwilym and the European Context* (Caerdydd, 1989), 221. Negyddol hefyd yw dehongliad Knight o Elen o'i chymharu â'r merched eraill: 'Dyddgu is the lost true Welsh nobility; Morfudd is what is left of it, fair and bright in Norman style and hideously mated. Elen is the crass everyday reality, bad Welsh and worse taste . . . [T]he nameless fourth who is both behind and within the triune women is *Y Sofraniaeth*, "The Sovereignty"', gw. Knight, '"Love's Altar is the Forest Glade"', 183.

[101] Knight, *A Hundred Years of Welsh Fiction*, 100; idem, 'Resemblance and Menace', 132.

[102] Eto, pwyslais gwahanol a geir gan Stephen Knight wrth ymateb i 'Dewis Un o Bedair' a cherddi eraill: 'Dafydd fills the well-known role of the colonised artist before hybridisation, the committed native artist who retains his indigenous culture as a whole and only partakes of the culture of the conqueror in a way that appropriates it for inherent resistance', '"Love's Altar is the Forest Glade"', 187. Er bod peth gwirionedd yn y geiriau hyn, nid yw'n glir beth yn union yw ystyr term fel 'indigenous culture' yn y cyd-destun hwn. Rhaid cofio hefyd nad un digwyddiad unwaith-ac-am-byth yw creu cymysgrywiaeth. Mae'n digwydd fesul tipyn ac mewn gwahanol ffyrdd. Ac nid mater syml chwaith mo'r berthynas rhwng 'Dafydd ap Gwilym' a'r llais person cyntaf a glywir yn ei gerddi.

[103] J. C. Holt, *Colonial England, 1066–1215* (Llundain, 1997), 1.

[104] Gw. e.e. Knight, '"Love's Altar is the Forest Glade"'; John M. Bowers, 'Chaucer after Smithfield: From Postcolonial Writer to Imperialist Author', yn Cohen (gol.), *The Postcolonial Middle Ages*, 53–66.

[105] Ceir trafodaeth graff ar gyfyngiadau ôl-drefedigaethedd mewn sefyllfa lle y mae mwy na dwy wlad yn cyd-gwrdd yn Daniel Williams, 'Pan-Celticism and the Limits of Post-Colonialism: W. B. Yeats, Ernest Rhys and William Sharp in the 1890s', yn Tony Brown a Russell Stephens (goln), *Nations and Relations: Writing Across the British Isles* (Caerdydd, 2000), 1–29.

[106] Cf. y syniad o synergedd a drafodir yn Bohata, *Postcolonialism Revisited*, 130.

[107] Edward W. Said, *Orientalism* (Llundain, ail arg. 1995), 339.

[108] Knight, 'Resemblance and Menace', 129.

[109] R. M. Jones, 'Rhwng Seimon a Thimotheus' (erthygl-adolygiad ar Simon Brooks, *O Dan Lygaid y Gestapo*, Caerdydd, 2004), *Taliesin*, 125 (2005), 127–8.

[110] Gw., e.e., Childs a Williams, *An Introduction to Post-Colonial Theory*, 14–15.

[111] Knight, 'Resemblance and Menace', 131.

3
Trwy Lygaid Peniarth 52[1]

OWEN THOMAS

Mewn ymdriniaeth â natur cyfieithiadau llenyddol yn ddiweddar honnwyd nad yw cyfieithu yn weithgarwch diduedd ac, yn achos cyfieithiad y barnwr Arthur James Johnes o waith Dafydd ap Gwilym, honnwyd i'w drosi o'r naill iaith i'r llall droi'n gyfle i guddio llestri bryntion y diwylliant Cymreig o dan ridens yr iaith Saesneg. Roedd mwy na chwilio am eiriau cyfatebol mewn geiriadur yn digwydd yng nghyfieithiadau'r Eglwyswr pybyr hwn o'r bedwaredd ganrif ar bymtheg yn ôl Dafydd Johnston: 'Selective translation is one of the strategies [Arthur James] Johnes adopts in order to defuse the sexuality of Dafydd ap Gwilym's poetry.'[2] Wrth gloi ei bennod ar gyfieithiadau'r bedwaredd ganrif ar bymtheg o waith Dafydd ap Gwilym, sef cyfieithiadau sydd o dan ddylanwad ffugiadau eneiniedig Iolo Morganwg, cynigir y casgliad trawiadol hwn am natur testunau cerddi Dafydd ap Gwilym: 'The canon was still unstable and hybrid, unbeknown to the translator, and indeed the creative additions to it were crucial in enabling him to produce a version of Dafydd ap Gwilym which was acceptable and meaningful to a nineteenth-century readership.'[3]

Yn y bennod hon cedwir mewn cof y casgliad fod y canon yn endid 'unstable and hybrid' wrth godi cwr y llen ar ddau gywydd a briodolir i Ddafydd ap Gwilym y ceir copïau ohonynt yn llawysgrif Peniarth 52. Ar yr un pryd, ystyrir y cerddi o eiddo Dafydd Nanmor sydd yn digwydd yn y llawysgrif gynnar hon ac, yn seiliedig ar feirniadaeth destunol o'r fath, cynigir ychydig o sylwadau ar natur dylanwad Dafydd ap Gwilym ar feirdd canoloesol diweddar fel Dafydd Nanmor a Lewys Glyn Cothi drwy gyfrwng y dystiolaeth a gynigir gan Beniarth

52. Sylwir yn fanwl iawn ar natur y llawiau sydd ym Mheniarth a deuir i'r casgliad fod mwy nag un llaw yn gyfrifol am drawsysgrifio'r cynnwys, sef barn sydd yn tynnu'n groes i'r hyn a dybid gynt am Beniarth 52 ac yn taflu goleuni newydd ar statws y llawysgrif hon. O ran methodoleg, cymerir y cam ceiliog cyntaf tuag at gyfuno beirniadaeth destunol â gwaith theoretig cynnar Harold Bloom, a alwyd yn llac gan rai beirniaid yn rhyw fath o ddadadeiladaeth.[4]

Os ydyw trafod dylanwadau ar lenorion yr ugeinfed ganrif yn faes astrus a niwlog ac os ydyw mesur dylanwad, neu hyd yn oed y graddau y mae testun yn ffrwyth llên-ladrad yn beth anodd ei bennu (fel y gwelwyd yn ddiweddar yn un o brif gystadlaethau Eisteddfod yr Urdd) mae'n saith gwaeth yn achos y Cywyddwyr.[5] Fodd bynnag, rhagdybiaeth gyffredin gymharol ddiweddar ydyw mynnu ei bod yn anodd, onid amhosibl, mesur hyd a lled dylanwad barddoniaeth. Nid oedd ein cyndadau, er enghraifft, mor gyndyn ac amharod i gynnig llinyn mesur. Yn ei ragair i'w olygiad o waith Dafydd Nanmor honnir gan Thomas Roberts:

> It was not until the period under consideration [namely the mid-fifteenth-century] that the literary creed of Dafydd ap Gwilym, the religion of nature and of love, 'crefydd y gwŷdd a'r gog,' obtained its true devotees, and the 'cult', if one may call it so, of Dafydd ap Gwilym, as the first apostle of that creed, was instituted. For worship him these enthusiasts did as truly as any saint has been worshipped by the devotees of the church.[6]

Fodd bynnag, fel y mae Saunders Lewis wedi nodi, o'r 38 awdl a chywydd a briodolir i Ddafydd Nanmor, ni ellir ond ystyried pump ohonynt yn gerddi serch, er bod y cerddi serch hyn ychydig yn wahanol eu pwyslais i'r hyn a ganwyd gan Ddafydd ap Gwilym. Nid oedd yr oed yng nghanol y goedwig, yn ôl y dystiolaeth foel hon beth bynnag, yn apelio cymaint at Ddafydd Nanmor ag y tybid gynt gan rai.[7]

Myn Saunders Lewis roi hwrdd pellach i'r pendil a bychanu gafael barddoniaeth Dafydd ap Gwilym ar ddychymyg ei olynwyr yn llwyr. Wrth drafod Dafydd Nanmor dywed nad oedd dyled Dafydd Nanmor i Ddafydd ap Gwilym 'ond dyled ei oes, sef defnyddio'r cywydd, mesur y bu gan ap Gwilym brif ran yn ei ddyfeisio. A dyna'r cwbl'.[8] Ei gor-ddweud hi'n ddybryd a wna Saunders Lewis yn y dyfarniad hwn ac, yn y bennod hon, dadleuir ar sail cynnwys Peniarth 52 nad oes modd ymfodloni bellach ar gasgliad mor ysgubol o gollfarnus o ddylanwad Dafydd ap Gwilym ar feirdd fel Dafydd Nanmor yn y bymthegfed ganrif.

Peniarth 52

Llawysgrif sydd heb dderbyn fawr o sylw hyd yma yw Peniarth 52. Yn ei astudiaeth feistraidd o'r llawysgrifau cynnar lle y cofnodir cerddi Dafydd ap Gwilym dyddir y llawysgrif hon gan Daniel Huws i ail hanner y bymthegfed ganrif, er na fu'n barod i ddatgan yn gwbl bendant mai llaw Dafydd Nanmor sydd ym Mheniarth 52, mewn cyferbyniad â'r hyn a wnaeth Gwenogvryn Evans o'i flaen.[9] Mae Peniarth 52, fodd bynnag, yn llawysgrif bwysig. Yn ogystal â Pheniarth 48, Llawysgrif Hendregadredd, Llyfr Gwyn Rhydderch, Peniarth 57 rhan i (sef Hengwrt 261 gynt) a Pheniarth 54 (a Llyfr Gwyn Hergest coll yn fwy na thebyg) cynrychiola Peniarth 52 un o'r ymdrechion cyntaf, sydd yn hysbys inni, i lunio casgliad llawysgrifol o farddoniaeth Dafydd ap Gwilym. Mae Dafydd Nanmor, ynghyd â Lewys Glyn Cothi, Gwilym Tew, Hywel Dafi, Hywel Swrdwal, Huw Cae Llwyd a Dafydd Epynt, ymhlith y beirdd cynharaf i geisio gwneud casgliadau o farddoniaeth Dafydd ap Gwilym ac, am y rheswm hwnnw yn unig, haedda ystyriaeth fanwl gan efrydwyr Dafydd ap Gwilym. Haedda sylw hefyd yng nghyswllt y gwaith sydd yn mynd rhagddo ar destunau barddoniaeth Dafydd ap Gwilym, gan gynnwys gwaith dadleuol Helen Fulton ac, yn fwy diweddar, y prosiect dan nawdd yr AHRC yn Abertawe i ddigideiddio barddoniaeth Dafydd ap Gwilym.[10]

O ran manylion palaeograffyddol y llawysgrif, memrwn bychan sydd yn mesur pum modfedd a hanner wrth bedair modfedd a hanner yn unig ydyw ac mae'n dwyn i gof rai o lyfrau Cyfraith Hywel, a oedd hefyd o faint hylaw a hwylus o fwriad, i'w defnyddio fel rhyw fath o *vade mecum* i'w gludo o le i le a'u defnyddio yn ôl y galw ymarferol a oedd arnynt. Nid yw'n rhy ffansïol hyd yn oed inni dybio fod Dafydd Nanmor ei hun wedi cludo'r llawysgrif hon o le i le yn ystod y bymthegfed ganrif os ei law ef sydd ynddi mewn gwirionedd.

Prin yw cynnwys y llawysgrif fechan hon ac felly fe'i trafodir yma fesul darn. Y gerdd gyntaf sy'n ymddangos yn y llawysgrif yw'r englyn a ganlyn:

> Pan ddarffo i honno i hynyd
> ar garv a gwario iviengtyd
> a marw r da y gayaf i gyd
> myn Sannan hi a sa ennyd. [11]

Mae'n englyn anhysbys ac mae'r ddau gopi arall ohono yn anhysbys hefyd yn ôl y *Mynegai i Farddoniaeth Gymraeg y Llawysgrifau* sydd yn y Llyfrgell Genedlaethol (neu'r hyn a elwir Maldwyn ar lafar).[12] Ar yr un tudalen uwchben yr englyn ceir enwau Ieuan ap Hywel ac Ieuan ap Einion. Gall fod yr enwau hyn yn allweddol wrth geisio olrhain hanes y llawysgrif hon ond, hyd yma, ni chafwyd dim llwyddiant wrth geisio darganfod ag unrhyw sicrwydd pwy yn union oeddynt.

Ar dudalen 7 ceir englyn nad oes ond tri chopi ohono ar gael ac mae dau ohonynt, yn ôl Maldwyn, yn digwydd yn y llawysgrif hon:

> Glan yw meingan mewn mangoyd
> a manwydd a minne sy ysgafndroyd
> y bore i bu riroyd
> a ffyrn hawn ir awn ir oyd. [13]

O dan y geiriau hyn mae'r copïydd fel petai wedi cael orig fach i hel meddyliau a cheir llun o aderyn a llythyren gain ar lun pen dyn. Ar y ddalen gyferbyn ceir amlinelliad anghyffredin o gi.

Ar dudalen 8 y down o hyd i'r awdl gyntaf sy'n dechrau â'r llinell: 'A dewis wyd wr llwyd ar hollwyr brytaen', ac yn gorffen ag 'A rroi doed o Iesu ny r hyd i dewsud'. Wrth droed y cywydd ceir y priodoliad 'Nanmor ai kant'. Er bod peth amheuaeth yn y gorffennol ynghylch gwrthrych yr awdl hon mae'n bur hysbys bellach mai'r Dafydd a gyferchir yw Dafydd ab Ifan ab Einion, sef noddwr o Wynedd yn ystod y cyfnod cyn i Ddafydd Nanmor gael ei alltudio o Wynedd. Mae'n ddiau mai cyfarch milwr medrus â chysylltiad, yn ôl y drydedd linell, â lle o'r enw 'twˆr Llŷr' sydd yn yr awdl hon. Bu Dafydd ab Ifan ab Einion yn amddiffyn castell Harlech am saith mlynedd yn erbyn cyrchoedd yr Iorciaid a chan ei fod yn wrthrych cywydd o eiddo Dafydd Nanmor nid yw'n annheg tybio mai'r Dafydd hwnnw yw gwrthrych yr awdl hon yn ogystal.[14] O fabwysiadu'r modd y dosbarthwyd cerddi Dafydd Nanmor gan Myrddin Lloyd, lle yr ystyrir y grŵp cyntaf o gerddi Dafydd Nanmor yn gerddi Tywyn, yr ail grŵp yn gerddi a ganwyd i Edmwnd, Iasber a Harri Tudur, a'r trydydd grŵp yn gerddi sy'n ymwneud â noddwyr eraill, mae'n rhaid gosod yr awdl hon yn y trydydd dosbarth.[15]

Mae'r gerdd gyntaf sy'n perthyn i Ddafydd ap Gwilym yn ymddangos ar dudalen 12 y llawysgrif ac yn cychwyn ag: 'Ivor ydoedd ovrodavr'. Dyma un o gywyddau mwyaf adnabyddus Dafydd ap Gwilym i Ifor Hael sydd yn diolch am fenig ac wrth droed y cywydd ceir y priodoliad 'dd ap Gwilim ai kant'.[16] Ar dudalen 15 gwelwn y cywydd sy'n cychwyn â'r hyn a ganlyn: 'y mae pob mai diveioed'. Ceir yr un math o briodoliad wrth ei droed ag sydd wrth y cywydd blaenorol, sef 'Dd ap Gwilim ai kant'.[17] Dyma un o gywyddau Dafydd ap Gwilym i'r ceiliog bronfraith, sef rhif 123 yng ngolygiad Thomas

Parry.[18] Os bu peth amheuaeth ynghylch awduraeth y naill neu'r llall o'r ddau gywydd i'r ceiliog bronfraith a briodolir i Ddafydd ap Gwilym dylid ystyried yn ofalus iawn natur y dystiolaeth a gyflwynir yn y llawysgrif hon gan ei bod yn ymddangos fod copïydd o'r bymthegfed ganrif yn gredinïol mai Dafydd ap Gwilym biau'r cywydd hwn i'r ceiliog bronfraith.[19] Mae tudalen 19 yn wag. Ar y tudalen nesaf, yn Saesneg, ceir y nodyn canlynol: 'Trusty and welbelouyd cosyn I hertele recomende me unto you desyring to here of youre uelfare . . . Wrytyn at bethkel[art]'.[20]

Mae'n ddryll pryfoclyd. Os llaw Dafydd Nanmor yw'r llaw sydd ym Mheniarth 52 mae'r sôn am Feddgelert yn anghydnaws â'r traddodiad sydd yn mynnu bod y gyfres hon o gerddi wedi ei chyfansoddi ar ôl i Ddafydd Nanmor gael ei alltudio o Feirionnydd am weddill ei oes am garwriaeth amhriodol neu am ymhél â gwraig briod o'r enw Gwen o'r Ddôl. Mae nifer o esboniadau yn bosibl. Yn gyntaf, nid oedd alltudiaeth y bardd o Feirionnydd wedi parhau trwy gydol ei fywyd a dychwelodd yn ddiweddarach cyn diweddu'i oes i blwyf ei febyd, sef Nanhwynain. Yr ail esboniad posibl yw nad yw'r cerddi sydd ym Mheniarth 52 yn llaw Dafydd Nanmor o gwbl ac mai'r copïydd sydd wedi drysu trefn y digwyddiadau. Esboniad arall posibl yw na ddigwyddodd ei garwriaeth drychinebus â Gwen o'r Ddôl y tu allan i derfynau barddoniaeth ac mai dweud barddol neu ffrwyth cysêt yw ei sôn am alltudiaeth. Yn nhyb bardd ceidwadol o'r bedwaredd ganrif ar ddeg, ceir mwy nag un enghraifft o gysêt yng ngwaith Dafydd ap Gwilym. Dyna'r cyfeiriad, er enghraifft, at ei 'saethau serch', chwedl Gruffudd Gryg yng nghywydd cyntaf ei ymryson â Dafydd ap Gwilym. Meddai Gruffudd yn goeglyd:

> Gwewyr rif y sŷr y sydd
> Yn difa holl gorff Dafydd.[21]

Go brin, fodd bynnag, mai ffrwyth dychymyg bardd oedd alltudiaeth Dafydd Nanmor gan fod tystiolaeth archif a thraddodiadau am ei fywyd yn ogystal â hanes cythryblus Ardudwy ac Eifionydd yng nghanol y bymthegfed ganrif yn awgrymu'n gryf iddo orfod ffoi o'i fro.[22] Ond mae ei lythyr Saesneg yn cymhlethu'r darlun hwn (os llaw Dafydd Nanmor a'i piau). At hynny, mae'n rhaid cofio i Ddafydd Nanmor ganu i Ddafydd ab Ieuan o'r Hendwr ar ôl 1469 felly mae'n ymddangos ei fod wedi cadw cysylltiad â noddwyr y gogledd-orllewin ond y mae BL. Additional MS 31,055, 48r a Wrexham MS 1, 463 yn nodi i Ddafydd Nanmor gael ei gladdu yn Hendy-gwyn ar Daf. Gogleisiol ei dyddiad cyfansoddi yw ei awdl i Syr Dafydd ap Tomas o Faenordeifi c.1490.[23] O'r herwydd ni ellir bod yn sicr a ddychwelodd Dafydd Nanmor yn barhaol ai peidio i fro ei febyd.

Ar dudalen 21 Peniarth 52 ceir copi o un o gerddi mwyaf adnabyddus Dafydd Nanmor, sef ei gywydd i Rys ap Rhydderch ap Rhys o'r Tywyn:

> Rys wyd vlodevynn rros haf [24]

Y priodoliad a geir wrth droed y gerdd hon yw 'Nanmor' yn unig.[25] Y gwrthrych yw ŵyr Rhys ap Maredudd o'r Tywyn, a estynnodd groeso i Ddafydd Nanmor flynyddoedd ynghynt pan ddaeth Dafydd Nanmor, yn ôl y traddodiad, i fyw i dde-orllewin Cymru.[26] Yn ôl Myrddin Lloyd dyma un o'r cerddi gorau yn y gyfres o gerddi i deulu'r Tywyn. Cynnig cyngor a wna'r bardd yn y cywydd hwn i Rys, sef gŵr ifanc a oedd newydd golli ei dad. Yr un yw'r cywair drwy'r cywydd sydd yn dechrau â'r cwpled trawiadol o urddasol hwn:

> Rys wyd flodeuyn rhos haf,
> Ŵyr Rhys, nid o'r rhyw isaf. [27]

Eir ati i'w atgoffa o'i dras a'i ysbrydoli i weithredu yn unol â disgwyliadau'r statws uchel hwnnw. Wedyn, mewn cyfres o ddelweddau trawiadol gwyntyllir athroniaeth gymdeithasol Dafydd Nanmor:

> Tyfu'r wyd fal twf yr onn
> O fagad pendefigion.
> Ni thyf, mal gwenith hafaidd,
> Brig ar ŷd, lle ni bo'r gwraidd.
> A dyfo o bendefig,
> A dyf o'i wraidd hyd ei frig.[28]

Pentyrrir delweddau o fyd natur yn ymwneud ag eryrod, hebogiaid, llewod a cheirw er mwyn annog yr etifedd i anelu'n uchel oherwydd:

> I ddŵr glas ydd â'r gleisiad,
> I'r ail don ar ôl ei dad.[29]

Efallai fod barn Saunders Lewis am y cywydd hwn erbyn hyn yr un mor adnabyddus â rhai o gwpledi'r cywydd:

> Y mae hwn yn un o ganeuon mawr y bymthegfed ganrif, ac felly'n un o gampweithiau pennaf yr iaith Gymraeg. Ynddo ceir holl ffilosoffi'r bardd

mewn cypledau tawel, pwysfawr, ac ambell air, megis y gair cyntaf yn y bedwaredd linell, ac ynddo ddyfnder môr o feddwl.[30]

Ar dudalen 23 Peniarth 52 ceir cerdd sydd yn cychwyn â llinell agoriadol gofiadwy arall: 'Rys Orav nhir isaeron'.[31] Eithr, ni chopïwyd ond pedair llinell ohoni. Mae fel petai'n rhyw fath o *aide de memoire*, ac yn debyg iawn i'r arfer a oedd gan Lewys Glyn Cothi o nodi llinellau cyntaf yn unig o gwpledi fel y'u gwelir ym Mheniarth 70 a Pheniarth 109.[32] Fel y dywed Daniel Huws wrth drafod llawysgrifau cynnar lle y digwydd gwaith Dafydd ap Gwilym: 'transmission of the poetry of the *cywyddwyr* was oral. Learning the best poems of earlier poets must have been an important part of bardic training: learning as large a repertoire as possible was incumbent on the *datgeiniad*.'[33] Os oedd y cof yn gymaint rhan anhepgor o'r ddysg farddol nid oedd angen i Lewys Glyn Cothi gofnodi pob llinell yn fanwl, yn enwedig os ei waith ei hun ydoedd. Yr un modd, os llaw Dafydd Nanmor sydd ym Mheniarth 52 ni fyddai'n rhaid iddo gofnodi pob un o'i gwpledi. Mae'r pedair llinell yn cyfeirio at gywydd Dafydd Nanmor i Rys ap Maredudd o'r Tywyn, sy'n dathlu haelioni di-ben-draw'r noddwr a'i stôr o fwyd a llyn amheuthun drwy ddefnyddio gormodiaith:[34]

> Ef a borthai i'w dai da
> Wledd Rhys luoedd yr Asia.[35]

Mae'r gerdd nesaf, sydd ar dudalen 24 Peniarth 52, y ceir yr enw 'Nanmor' oddi tano, yn gywydd mawl i Rys ap Maredudd, ac yn perthyn i waith Dafydd Nanmor:[36]

> Llys dywynn Iarlles deav . . .
> kedwit duw keidwad tywyn.[37]

Yn ogystal â bod yn fawl mae'n fyfyrdod ar freintiau a chyfrifoldebau arweinydd a'r hyn yr oedd Dafydd Nanmor yn ei ystyried yn wir hanfod uchelwriaeth.

Ar dudalen 27 Peniarth 52 ceir y cywydd i ofyn i Bedrog yrru'r tywod, a oedd wedi chwythu'n storm wyllt dros holl dir y plwyf, o'r Tywyn. Wrth droed y cywydd hwn ceir y priodoliad cyfarwydd 'Nanmor' eto.[38]

Ar dudalen 30 ymddengys fod y memrwn wedi mynd yn brin wrth i'r copïydd sylweddoli fod angen gwneud gwell defnydd o'i ofod. Mae'r gerdd a gofnodir yma yn cychwyn ag:

> Y kenav n dwyn kannwayw dur . . .
> Elych mor hen walchmai Rys. [39]

Ond, unwaith eto, yn y bloc hwn o gerddi ym Mheniarth 52 ni cheir ond yr enw 'Nanmor' wrth droed y gerdd.[40] Yn y cywydd hwn i Domas, mab Rhys ap Maredudd o'r Tywyn, cofnodwyd dwy fraich y cwpled ym mhob llinell lle y neilltuir llinell ar gyfer pob braich ar gyfer cerddi blaenorol y llawysgrif. Mae'n amlwg mai gŵr ifanc yw Tomas pan genir y cywydd hwn oherwydd fe'i gelwir yn *cenau* yn y llinell agoriadol. Trwy gydol y cywydd, y gellir ei ddyddio i gyfnod Rhyfel y Rhosynnau, anogir y cenau i ymwroli ac ymarfogi ar gyfer y cyrchoedd o'r cyfandir yn erbyn Caint yn ystod ail hanner y bymthegfed ganrif a rhydd y gyfeiriadaeth hon syniad bras inni o ddyddiadau'r gerdd hon.[41]

Ar dudalen 31, lle y ceir eto enw 'Nanmor' yn y priodoliad wrth droed y gerdd, y deuir ar draws llinell gyntaf awdl: 'Anodd bod hebod yn ynys. Dywynn',[42] sef llinell gyntaf yr awdl i Rys ap Maredudd, sydd yn arbennig o nodedig oherwydd y pwyslais a geir ynddi ar haelioni'r noddwr:

> Lle gwnn i [gallai] i gyd
> Dri emprwr dorri ympryd.[43]

Fodd bynnag, efallai nad gormodiaith sydd yma yn unig. Yn ei farwnad i Rys, er enghraifft, nodwyd gan Lewys Glyn Cothi fod Rhys yn arbennig o hael, yn enwedig mewn perthynas â rhannu gwinoedd:

> Ni bu'r un dug na brenin
> o'r Asia mal Rhys am win.[44]

Mae'r gerdd sy'n dilyn ar dudalen 34 ym Mheniarth 52 hefyd i Rys ap Maredudd:

> [G]enavr Glynn Tywynn minteioedd a droes[45]

a cheir 'Nanmor' yn y priodoliad ar dudalen 36. Awdl yw hon yn y gyfres o gerddi i deulu'r Tywyn, a'r tro hwn mawrygir hyd a lled dylanwad Rhys ap Maredudd:[46]

> Ni chylchynodd sêr, nag yderyn,
> Na havl, na lloer, na heli, na llyn,
> Na thraeth awyr kaeth, er cyn – i ddyfod,
> Hyd yr aeth i glod [o] draeth y Glyn.[47]

Ar dudalen 36 ceir copi o'r awdl orchestol, sy'n cynnwys pob un o'r 24 mesur, i Ddafydd ap Tomas ap Dafydd, Cwnstabl Castell Aberteifi, a oedd yn Iorcydd amlwg, ond ni chrybwyllir fawr ddim am hynny yn yr awdl hon.⁴⁸ Yn lle hynny pwysleisir achau anrhydeddus a hirhoedlog Dafydd ap Tomas ap Dafydd:

> Ba nid [> Banid] wyd benn o Dewdwr?
> Brenhinllwyth, tylwyth o'r Tŵr,
> Brycheiniog, bwrw chwechannwr.⁴⁹

A thybed a ydyw dewis sôn am achau mewn cerdd yn ystod y cyfnod cythryblus hwn yn cyfateb i siarad am y tywydd, ac yn ffordd o osgoi trafod pwnc tipyn mwy dadleuol? Mae'r cyfeiriad at y 'tylwyth o'r Tŵr' yn ei gysylltu â Fychaniaid Tretŵr ac mae 'Brenhinllwyth Brycheiniog' yn gyfeiriad at ddisgynyddion Maenyrch ap Tryffin, tywysog Brycheiniog. Tadogwyd y gerdd hon hefyd ar 'Nanmor'.⁵⁰

Ar dudalen 40 cawn ddarn o ryddiaith sydd yn cychwyn fel hyn: 'Llyma Compod manuel: llyma val ygossodir llythyrennav yr wythnos ar y managvys &c.' Mae llawer o'r hyn sy'n weddill o'r dryll hwn yn anodd ei ddarllen.⁵¹ Fodd bynnag, ni ddylid synnu fod barddoniaeth yn gymysg â gwyddoniaeth mewn llawysgrif o farddoniaeth Gymraeg gan fod cyfuniadau o'r fath yn ffenomen ddigon cyffredin mewn llawysgrifau o'r cyfnod. Yn wir cerdd hir mewn pum cyfrol oedd *Astronomica* yn wreiddiol gan Marcus Manilius, bardd o Rufain.⁵² At hynny, gallai swyddogaethau'r bardd Cymraeg orgyffwrdd hyd yn oed ag eiddo'r meddyg lleol fel y crybwyllwyd gan ysgolhaig yn ddiweddar, gan fod disgwyl i'r ddau ohonynt feddu ar wybodaeth drylwyr o rinweddau llysiau.⁵³ Nodwyd gan Morfydd Owen fod oddeutu 200 o lawysgrifau yn y cyfnod rhwng 1400 a 1800 yn cynnwys o leiaf beth gwybodaeth am ryseitiau llysiau rhinweddol. Yn arwyddocaol ddigon, yn gysylltiedig â'r rhestri hyn o wybodaeth mae enwau nifer o brifeirdd Cymru.⁵⁴ At hynny, ni ddylid anghofio ychwaith fod gan Ddafydd Nanmor ei hun ddiddordeb mewn gwyddorau o bob lliw a llun fel y mae'n amlwg oddi wrth bynciau rhai o'i gerddi.⁵⁵

Cyn mynd ati i olrhain perthynas Dafydd Nanmor â Pheniarth 52 a dylanwad Dafydd ap Gwilym arno yn fanylach mae'n rhaid inni yn gyntaf gael gwybod ai llaw Dafydd Nanmor sydd yn y llawysgrif hon. Ar y pwnc hwn cryno ond digamsyniol fu barn un o'n harbenigwyr llawysgrifol modern cynharaf. Yn ei law ei hun ar 27 Mehefin 1892 nododd J. Gwenogvryn Evans mewn llythyr:

> This MS is probably in the handwriting of Dd. Nanmor: it is too much injured by damp but, with the exception of a few words, is legible. For another copy of the Compod Manuel see Hengwrt MS 295. NB For another leaf of this MS see pp. 93–4 of Peniarth 44.[56]

Nid yw'n amlwg pa seiliau a oedd ganddo dros sicrwydd o'r fath ac nid aeth ef ei hun ati i esbonio'n fanwl pam y credai mai olion hynafol law Dafydd Nanmor sydd yma.

O ran dyfalu rhesymau bras yn garn i gred Gwenogvryn Evans, gellid honni yn gyntaf fod yr holl gerddi sydd yn y llawysgrif hon yn gysylltiedig â gorllewin Cymru lle bynnag mae modd dod o hyd i gyfeiriadau hanesyddol, a chynnwys nifer o gerddi Dafydd Nanmor gyfeiriadau at y Tywyn yng Ngheredigion. Yn ail, mae'r llaw yn debyg i eiddo Dafydd Epynt, bardd o Frycheiniog o'r bymthegfed ganrif, ac mae dull y llaw yn gyson ag arddull y cyfnod pan oedd Dafydd Nanmor yn ei flodau rhwng 1450 a 1490. Yn drydydd, mae pob cerdd gyfan o eiddo Dafydd Nanmor yn gorffen â'r llofnod 'Nanmor' heblaw am y cywydd cyntaf sydd â'r priodoliad 'Nanmor ai kant'. Roedd Dafydd Epynt yntau'n defnyddio'r llofnod 'Epynt'. Mae'r llofnod talfyredig 'Nanmor' hefyd yn awgrymu rhyw gynefindra sy'n fwy disgwyliedig gan berchennog yr enw na chan gopïydd neu ddatgeiniad a fyddai'n defnyddio'r ffurf lawn ar yr enw. Fodd bynnag, ni raid pwysleisio nad yw'r dystiolaeth hon yn anorthrech. At hynny, mae'r llawysgrif yn cynnwys dryll o lythyr Saesneg sydd, yn yr un llaw â'r cerddi sydd yn ei ddilyn, yn cyfeirio at Feddgelert, gerllaw cartref Dafydd Nanmor. Yn olaf, ac ar dir mwy cyffredinol, dylid dwyn i gof rai o'r sylwadau a wnaethpwyd gan Daniel Huws mewn darlith parthed y cyfnod rhwng 1400 a 1550 pan ddechreuodd math newydd o lyfr ymddangos yng Nghymru:

> Rhaid crybwyll un math newydd o lyfr a ymddangosodd gyntaf yn y cyfnod hwn, sef casgliad o waith bardd yn ei law ei hun: dyna Peniarth 70 a 109 yn llaw Lewys Glyn Cothi a Pheniarth 67 yn llaw Hywel Dafi. A mwy na hynny: i'r graddau fod modd adnabod ysgrifwyr llawysgrifau barddoniaeth y cyfnod o gwbl, beirdd oeddynt.[57]

Er y dyddiad hwnnw yn 1892 pan leisiodd Gwenogvryn Evans ei farn o blaid cysylltiad Dafydd Nanmor â Pheniarth 52, fodd bynnag, mae nifer o ysgolheigion wedi lleisio amheuon am y cysylltiad rhwng y bardd a'r llawysgrif, yn enwedig Gilbert Ruddock a dreuliodd ran helaeth o'i fywyd academaidd yn golygu barddoniaeth Dafydd Nanmor.[58] Gan mai dilyn casgliadau Gilbert Ruddock a wnaeth ysgolheigion diweddarach ar y pwnc hwn mae'n werth mynd i'r afael â'i union sylwadau.

Er na ddywed Gilbert Ruddock yn blwmp ac yn blaen yn ei gyfrol *Dafydd Nanmor*, nac yn ei erthygl yn *Llên Cymru* sydd yn ymdrin yn fanwl â *The Poetical Works of Dafydd Nanmor*, nad llaw Dafydd Nanmor sydd ym Mheniarth 52,[59] ceir awgrym i'r perwyl hwnnw ganddo yma ac acw:

> Os DN oedd yr awdur, ac yntau'n ysgrifennwr profiadol, credaf fod modd dadlau na wnaeth gyfiawnder â rhai o'i gerddi ei hun yma, a bod ôl diofalwch – neu ôl diffyg crefft ysgrifennu – ar ei gynnyrch. Ac ystyried rhai nodweddion, efallai fod yma enghraifft o bencerdd yn copïo ei waith ei hun oddi ar lafar.[60]

Fodd bynnag, wrth ddwyn i gof ambell wall neu fân frycheuyn sy'n digwydd yma ac acw dylid hefyd ddwyn i gof yr hyn a ddywed E. D. Jones am Beniarth 70 a 109 Lewys y Glyn (sef dwy lawysgrif nad ydynt yn amherthnasol i'r ymdriniaeth sydd dan sylw): 'None of these manuscripts is the work of a professional scribe, their irregularities make that out of the question . . . They are almost certainly the holograph manuscript of a fifteenth-century Welsh *pencerdd*.'[61] Weithiau, serch hynny, gallai Gilbert Ruddock fod yn hael ei ganmoliaeth o dystiolaeth Peniarth 52. Wrth gloi ei ymdriniaeth gyda chlod i ragoriaeth Peniarth 52 ar lawysgrifau eraill fel ffynhonnell destunol tyn sylw at nifer o fanteision y llawysgrif hon: 'Yn sicr, testun hen a gwerthfawr o rai o gerddi DN yw hwn, a'i ddarlleniadau yn aml yn rhagori ar ddarlleniadau ffynonellau eraill.'[62] Fe welir yn y man mai'r ymadrodd allweddol ganddo uchod yw 'yn aml'. Bwriedir yn awr ymdrin â'r amheuon testunol a oedd gan Gilbert Ruddock fesul un yn fanwl, gan gychwyn â'r llinellau sy'n brin o sillaf neu ddwy.

O ran y gwallau ym Mheniarth 52 y tynnir sylw atynt gan Gilbert Ruddock mae'r gwall cyntaf yn cyfeirio at linell sydd yn brin o sillaf. Y llinell yw: 'Lludd di y rhain y rhod a Chaer-ludd',[63] a berthyn i awdl Dafydd Nanmor i Rys o'r Tywyn ('Anodd bod hebod ynys – o Dywyn').[64] 'Y rheini' a geir mewn llawysgrifau eraill. Gellid dadlau mai llithriad pur ddistadl a diarwyddocâd ydyw'r gwahaniaeth rhwng 'yr hain' ac 'yr haini'.[65]

Ond mae fersiwn Peniarth 52 o linell 23 yn brin o ddwy sillaf: 'Over dann i vynnod Gwladoydd'.[66] Yn llinell 46 awdl arall Dafydd Nanmor i Rys ap Maredudd (y llinell gyntaf yw 'Genau'r Glyn, Tywyn, finteioedd – a droes') ceir: 'Nev wrth y Galais er nerth gelyn',[67] sy'n brin o sillaf.[68]

Mae'r awdl i Ddafydd ab Ieuan ab Einion yn cynnwys nifer o wallau, a gwallau a oedd yn peri i Gilbert Ruddock fwrw amheuaeth ar y gred mai Dafydd Nanmor oedd copïydd y llawysgrif.[69] Yn y llinell gyntaf, er enghraifft, ceir 'A' ddiangen ar gychwyn y llinell: 'A dewis wyd wr llwyd ar holl wyr Brytaen'.[70] Mae llinell 10 yn rhy hir o sillaf a llinell 41 yn rhy fyr o sillaf a cheir 'g' ynddi heb ei hateb.[71] Mae llinell 43 hithau'n rhy brin o sillaf ac mae llinell 47 yn rhy fyr oherwydd bod gair wedi ei hepgor sy'n awgrymu bod y copïydd wedi camgopïo'i *exemplar*. Mae llinell 63 yn rhy fyr hefyd ac mae angen y ffurf luosog ar y gair 'gamp' o ran y mydr a'r ystyr.[72] Mae gan bob un o'r diwygiadau a gynigir gan Gilbert Ruddock yn achos yr awdl hon sail destunol gref iddynt; hynny yw, ceir testunau eraill yn garn i'w gynigion a rhaid derbyn ei ddadleuon parthed y gerdd hon. O ran y gynghanedd hefyd mae darlleniadau Peniarth 52 yr awdl hon yn anfoddhaol ac yn cadarnhau nad llaw Dafydd Nanmor a fu wrthi. Rhestrir ac esbonnir nifer o'r llinellau gwallus hyn gan Gilbert Ruddock, gan gynnwys llinellau 41, 47, 16 a 55, yn ei erthygl fanwl yn *Llên Cymru* ac ni raid ailadrodd pob rhan o'i ddadansoddiad yma.[73]

Yn ddiau trawyd yr hoelen ar ei phen gan Gilbert Ruddock hefyd pan dynnodd sylw at rai o'r gwallau sylfaenol sydd yn fersiwn Peniarth 52 o awdl Dafydd Nanmor i Ddafydd ab Ieuan ab Einion. Yn llinell 16 mae'r gynghanedd yn gyfeiliornus ac mae arddodiad ar goll.[74] Yn llinell 39 mae fersiwn Peniarth 52 yn methu'r nod oherwydd nad yw'n gwneud synnwyr fel y mae.

Yr awdl i Ddafydd ab Ieuan ab Einion o Gryniarth a'r Hendwr yn Sir Feirionnydd, ceidwad enwog castell Harlech ar ran plaid Lancastr, yw'r gerdd hir gyntaf sydd ar glawr ym Mheniarth 52.[75] Mae hi yn llaw'r copïydd cyntaf sydd yn y llawysgrif hon ac nid yn llaw Dafydd Nanmor. Felly, o safbwynt testunol, ni raid derbyn tystiolaeth y llaw hon i'r un graddau â llaw'r bardd ei hun. Nodwyd gan Gilbert Ruddock fod nifer o wallau sylfaenol yng nghopi llaw 'A' sydd yn dangos nad oedd y copïydd yn deall pob llinell ac weithiau'n anwybyddu rheolau'r gynghanedd.

O ran llinell 19 PWDN III ('Anodd bod hebod ynys – o Dywyn') dywed Gilbert Ruddock fod gwell darlleniad ar gael ym Mheniarth 52.[76] Yn y llawysgrif honno ceir:

> Och meibion a honn kewch hynod wyrion
> aml orwyrion mal eryrod.[77]

Yr hyn a gynigir gan PWDN III yw:

> A'th vaibion o hon, gair hynod – gwirion,
> A mil o wyrion yn aml erod.⁷⁸

Ond myn Gilbert Ruddock fynd gam ymhellach na darlleniad Peniarth 52 drwy newid 'a hon' yn 'union' a chynnig:

> O'ch meibion union cewch hynod wyrion
> A mil orwyrion mal eryrod.⁷⁹

Y rheswm am y newid hwn, yn ôl Gilbert Ruddock, yw ei fod yn amheus o'r defnydd o'r ail berson lluosog gan ei fod wedi tybio mai cyfarch Rhys ap Maredudd o'r Tywyn yn unig a wneir yn y llinell dan sylw. Eithr o graffu ar y ddwy linell flaenorol:

> Oes yd a ry'r Vnduw sy'n y Drindod
> I ti gydoesi [a'th] wraig briod.⁸⁰

Neu, yn ôl darlleniad Peniarth 52:

> Oesad yr unduw ysy drindod
> yt i gydoesi ath wraic briod.⁸¹

Gellir tybio fod Dafydd Nanmor yn cyfarch y gŵr a'r wraig drwy ddatgan 'O'ch meibion' yn y llinell ddilynol ond cynigir y dylid dilyn darlleniad Peniarth 52 gan ychwanegu peth atalnodi i amlygu'r synnwyr.

> O'ch meibion, a hon, cewch hynod wyrion,
> Aml orwyrion mal eryrod.

Gellir dadlau bod y sangiad 'a hon' yn cyfeirio'n ôl at y llinell flaenorol sydd yn crybwyll gwraig Rhys ap Maredudd.

Yn llinell 39 yr awdl i Rys o'r Tywyn mae Gilbert Ruddock yn amheus o'r darlleniad a geir ym Mheniarth 52.⁸² Yr hyn a geir yno yn ôl Gilbert Ruddock yw:

> Wyth gantai o'th dai mae diod – ynys
> A'r llys lle'dd wyd, Rys, llaw Dduw drosod.⁸³

Dadleuir ganddo nad yw'n hawdd 'gweld union ystyr y naill na'r llall o'r ddwy linell hyn, na'u perthynas ramadegol â'i gilydd' ac awgrymir diwygio'r ddwy linell fel a ganlyn:

> Wyth gantai o'th dai! Aeth diod ynys
> O'r llys lle'dd wyd, Rys – llaw Dduw drosod.[84]

Ceir y darlleniad 'aeth' mewn llawysgrifau diweddarach, eithr onid oes modd deall y llinell heb fynnu defnyddio darlleniad sydd yn wahanol i eiddo llaw Dafydd Nanmor? Darlleniad Peniarth 52 ar gyfer y pennill cyfan yw'r hyn a ganlyn:

> Or tai nith garai heb wyth Gwirod
> Naw ugain Aethant ynnwac nythod
> Wyth ganntai oth dai may diod – ynys
> Ar llys lle ddwyd rys llaw dduw drossod.[85]

Ar sail darlleniad Peniarth 52 gellir cynnig y golygiad modern canlynol:

> O'r tai ni'th garai (heb wyth gwirod),
> Naw ugain, aethant yn wag nythod.
> Wyth gant âi o'th dai [lle] mae diod – ynys,
> A'r llys lle'dd wyd, Rys, llaw Dduw drosod.

Y syniad a gyfleir yn y llinellau hyn yw fod y sawl sydd yn clera yn nhai noddwyr o elynion i Rys ap Maredudd yn waglaw o'u cyferbynnu â'r wyth gant sydd yn hapus eu byd a llawn eu bol yn llys Rhys.

Yn llinell 8 cywydd Dafydd Nanmor i Rys ap Maredudd o'r Tywyn dywed Gilbert Ruddock fod angen gwella'r darlleniad ond camddyfynnu darlleniad Peniarth 52 a wnaeth ef yn yr achos hwn oherwydd y darlleniad a geir ym Mheniarth 52 yw: 'Frenhinllys burwenn henllwyd',[86] ac nid: 'Frenhinllys ferwen henllwyd',[87] fel y myn Gilbert Ruddock. O bosibl, roedd wedi cymysgu darlleniad Peniarth 52 â'r hyn yr oedd Thomas Roberts yn ei dybio. Yn sgil y cywiriad hwn, ni cheir yr un darlleniad tramgwyddus yn fersiwn Peniarth 52 o'r cywydd hwn.

Yn llinell 53 awdl Dafydd Nanmor i Rys ap Maredudd o'r Tywyn dywed Gilbert Ruddock mai 'darlleniad rhyfedd yw eiddo P52 yn ll.53'.[88] Dywed fod gair cyrch llinell 55 wedi ei roi ar ddiwedd llinell 53. Camddealltwriaeth yw hyn. O graffu ar Beniarth 52 gellir gweld mai'r hyn sydd yno yw'r hyn a ganlyn:

Nibu mor ebrwydd Gorwydd garrwynn
Nacharw o ryd na iwrch o redynn
Na nofiad gleissiad glasswynn - ar fordrai
Noc y kyrch pob rrai r tai ny tywynn.⁸⁹

Ceir grŵp arall o wallau y tynnwyd sylw atynt gan Gilbert Ruddock, sef llinellau sydd yn brin o sillaf neu'n rhy hir ond, at ei gilydd, mae'r 'gwallau' hyn yn hawdd eu newid heb orfod dod i'r casgliad fod y testun yn llwgr. Yn yr awdl i Rys o'r Tywyn (PWDN II) sydd â'r llinell gyntaf 'Genau'r Glyn, Towyn, finteioedd–a droes' nodir gan Gilbert Ruddock mai'r hyn a ganlyn sydd yn llinell 38 gan Beniarth 52:⁹⁰ 'Kannwr . . . kann erw mhob brynn', sef llinell sy'n brin o sillaf ond o droi 'mhob' yn 'ymhob' neu 'ym mhob' mae'r llinell yn gywir o ran ei hyd a diau mai dyna a fwriadwyd gan Ddafydd Nanmor.

Mae llinell 24 fersiwn Peniarth 52 o'r awdl i Ddafydd ap Tomas ap Dafydd sillaf yn rhy hir: 'ynn ynys deau nystiwart'.⁹¹ Ond prin fod cynnwys y llafariad brosthetig yn wall o bwys ac, o bosibl, mae'n dangos ôl gorgywirdeb a llythrennedd ar ran Dafydd Nanmor yr ysgrifwr ar draul yr hyn a yngenid.⁹²

At hynny, dylid cofio fod 'ambell linell hir yn oddefol' yng ngwaith y Cynfeirdd a'r Gogynfeirdd, yn ôl John Morris-Jones. Dengys astudiaeth ddiweddar gan Peredur Lynch hefyd o bedair llawysgrif o'r bymtheg-fed ganrif sy'n cynnwys rhai o gerddi Dafydd ap Gwilym fod rhyw lun ar batrwm i gynganeddu deoledig cyn ail hanner y bymthegfed ganrif a bod cynganeddion o'r fath yn tueddu i ddigwydd yn llinell gyntaf yr esgyll neu ym mraich gyntaf y cwpled.⁹³ Â rhagddo yn ogystal i awgrymu fod rhai o gywyddau Dafydd ap Gwilym yn cynnwys cynganeddion sydd wedi eu diweddaru (er enghraifft yn achos Peniarth 57, rhan i) wrth iddynt gael eu trosglwyddo ar lafar,⁹⁴ a chesglir bod 'tuedd ymhlith datgeiniaid a chopïwyr i safoni cynganeddion a ystyrid ganddynt hwy yn rhai gwallus'⁹⁵ a bod yma 'ddigon o dystiolaeth' i awgrymu fod olion safoni cynghanedd eisoes i'w gweld yng nghywyddau Dafydd ap Gwilym pan ddechreuwyd eu rhoi ar glawr yn ystod ail hanner y bymthegfed ganrif.⁹⁶ Dengys yr astudiaethau hyn nad oedd 'safonau' neu 'reolau' yn ymwneud â chynghanedd yn greiriau digyfnewid yn ystod y bedwaredd ganrif ar ddeg a'r bymthegfed ac, o'r herwydd, nid oes raid collfarnu testun fel un llwgr nac amau awduriaeth bardd ar sail ambell linell hir yn unig.

Ar gyfer yr awdl i Rys o'r Tywyn (PWDN III.43) nodir gan Gilbert Ruddock fod darlleniad Peniarth 52 yn brin: 'Lludd di y rhain y rhod a

Chaer-ludd',⁹⁷ neu o lynu'n dynn at yr hyn a geir yn y llawysgrif: 'lludd di yrrain yrrod – achaer ludd'.⁹⁸ Eithr, o safbwynt ymarferol yr ysgrifydd, y cyfan sydd ar goll yn yr achos hwn yw coes fach yr 'i' ac mae'n hawdd tybio bod gwallau o'r fath yn rhwym o godi o bryd i'w gilydd yng ngwaith hyd yn oed yr ysgrifwyr gorau. Ni ddylai tystiolaeth o'r fath, felly, filwrio yn erbyn y syniad mai Dafydd Nanmor biau'r llaw hon. Yn wir, o edrych ar ddarlleniad Peniarth 52 ar gyfer y pennill hwn mae lle cryf i ochri â'r hyn a gynigir ganddo yn erbyn yr hyn a gyflwynir yn PWDN III.41–4:

> Nith luddiant trychant ir tir uchod
> Or man uchelwyr mwy no chwilod
> lludd di yrrain yrrod – achaer ludd
> val y lludd karw rrudd y korr hyddod.⁹⁹

Ceir grŵp arall o linellau a nodir gan Gilbert Ruddock fel llinellau gwallus eu cynghanedd ond, yn y cyswllt hwn, mae'n rhaid gwrthod ei ddadleuon. Yn llinell 36 fersiwn Peniarth 52 o'r cywydd i Rys ap Rhydderch ap Rhys dywed Gilbert Ruddock fod y gynghanedd yn anfoddhaol: 'Uwch dy law, fraich deau'r wlad'.¹⁰⁰ Cynigir hepgor yr 'r' er mwyn cael 'gwell darlleniad'. Fodd bynnag, mae ysgolheigion eraill wedi dangos bod 'r' ganolgoll yn oddefiad cydnabyddedig.¹⁰¹ Nid yw'n briodol mewn golygiad o waith bardd canoloesol newid llinell o farddoniaeth i gydymffurfio â rheolau modern cerdd dafod. O'r herwydd, dylid cadw'r llinell fel y mae'n ymddangos ym Mheniarth 52.

Mewn grŵp arall o linellau a nodir gan Gilbert Ruddock ni cheir ond mân wallau neu amrywiadau orgraffyddol. Yn y cywydd i Domas ap Rhys mae Gilbert Ruddock yn cynnig gwella fersiwn Peniarth 52 drwy newid llinell 47 i'r hyn a ganlyn: 'Fal Samson yn y fronallt'.¹⁰² Fodd bynnag, gellid dadlau mai ffrwyth camddarllen darlleniad Peniarth 52 ydyw'r 'cywiriad' hwn oherwydd yr hyn a geir yno yw'r llinell hon: 'Fal Sampson yny vro niallt'.¹⁰³ Yr hyn a geir yw'r llythyren 'b' ar oleddf a eill gynrychioli'r llythyren 'f'. Ceir enghraifft arall o'r llythyren hon yn yr un llaw yn llinell 43 ar gyfer y gair 'fraich' (vraich) ac ar gyfer 'arfaichir' (arvaichir).¹⁰⁴ Ni cheir ond dwy enghraifft gynnar o'r gair cyfansawdd 'broniallt'.¹⁰⁵ Mae'r naill yn perthyn i waith Dafydd ap Gwilym yn y ffurf ganlynol:

> Ffraethach yw hon mewn bronnallt
> Y nos no'r eos o'r allt.¹⁰⁶

Perthyn y llall i Beniarth 52, wrth gwrs, ond dylid nodi mai ar ffurf 'broniallt' y'i ceir yn y fan honno sydd yn ffurf gydnabyddedig ar y gair cyfansawdd a ffurfiwyd o 'bron' + 'gallt'.[107] Awgrymir gan Gilbert Ruddock fod y copïydd wedi bwrw mai enw gwrywaidd oedd hwn: 'Gwir fod cenedl rhai geiriau yn amrywio mewn gwahanol rannau o'r wlad, ond credaf mai darlleniad gwell yma yw y *fronallt*.'[108] Hyd yn oed petai modd dehongli'r llythyren gyntaf yn 'b' yn lle 'f' dreigledig nid mater o lediaith ar ran Dafydd Nanmor fyddai hynny ychwaith o reidrwydd. Er bod *Geiriadur Prifysgol Cymru* yn nodi mai enw benywaidd yw 'bron' (ac eithrio yn yr ymadrodd 'o'r bron'), ac er mai gair cyfansawdd afrywiog benywaidd yw 'bronallt, broniallt',[109] yng ngwaith Lewys Glyn Cothi, cyfoeswr i Ddafydd Nanmor, ac yn ei law ei hun ym Mheniarth 109, nodir wyth enghraifft o ffurf dreigledig yr enw 'bron' drwy ddefnyddio 'vron'.[110] Fodd bynnag, nid oedd Lewys Glyn Cothi yn gyson yn hyn o beth. Ceir enghraifft ohono'n defnyddio'r 'f' mewn gair cyfansawdd i ddangos y treiglad meddal, 'ddwyfron'.[111] At hynny, ceir enghraifft yn ei law ei hun o'r gair 'bron' yn cynrychioli'r ffurf dreigledig.[112] Cynigir, felly (os mynnir dehongli'r llythyren gyntaf yn 'b'), mai enghraifft o anghysondeb orgraffyddol ysgrifydd sydd ym Mheniarth 52 a chynigir diwygio'r llinell fel a ganlyn: 'Fal Samson yn y froniallt'. Yn yr un modd, ceir enghraifft arall, a nodir gan Gilbert Ruddock, o ddiffyg treiglo gan Ddafydd Nanmor. Fel Lewys y Glyn ym Mheniarth 70 a 109 ni nodir y treiglad meddal i'r 'd' bob amser. Fel y dywed E. D. Jones yn ei nodyn ar orgraff testun Peniarth 109: 'gall "d" bob amser olygu "dd".'[113] Yn ei awdl i Arglwydd Herbart, er enghraifft, ceir yn y llinell gyntaf 'd' yn cynrychioli'r sain 'dd' yn y gair 'arglwydd': 'Dart argl6yd herbart baha. Na thozres'.[114] Ym Mheniarth 52 ceir yn llinell 19 o gywydd Dafydd Nanmor i Rys o'r Tywyn: 'A êl ac a dêl o ddyn'.[115] Mae'n deg, felly, mewn orgraff fodern nodi'r darlleniad canlynol: 'A êl ac a ddêl o ddyn'. Yn llinell 20 yr un gerdd ceir: 'Nid dieithr ynn y Dywyn'.[116] Dyma enghraifft unigryw yng ngwaith Dafydd Nanmor o ordreiglo ac, yn yr achos hwn, rhaid cytuno â sylw Gilbert Ruddock pan ddywed mai 'dylanwad gweld dwy "d" flaenorol' yn y llinell oedd y camgymeriad hwn'.[117]

Ar y llaw arall, cynigir mewn adran ar ddiwedd erthygl Gilbert Ruddock yn *Llên Cymru* nifer o ddiwygiadau a ystyrir gan yr ysgolhaig yn welliannau. Fe'u rhestrir ganddo a'u dosbarthu yn ôl gwell cynghanedd, geiriau unigol llwgr mewn llinell, llinellau afreolaidd eu hyd (lle nad oes raid gwneud hynny oherwydd ceseilio sydd ynddynt eisoes) ac yn welliannau i ansawdd yr iaith.[118] Ond tir peryglus iawn ydyw hwn a chan amlaf mae'n well glynu at ddarlleniadau testun llaw'r bardd oni bai eu bod yn amlwg lwgr.[119]

Papurau Gilbert Ruddock

Yn ddiweddar, cafwyd cyfle i fwrw golwg dros bapurau Gilbert Ruddock ac, at ei gilydd, cadarnhau ei gyhoeddiadau ysgrifenedig a wnânt.[120] Yn ei olygiad drafft o'r cywydd i Domas ap Rhys o Dywyn[121] dilyn Gilbert Ruddock ddarlleniad testun Peniarth 52 drwyddo draw oni bai am 'broniallt' llinell 47 a drafodwyd eisoes uchod. Yn llinell 44 ceir 'wir' gan Beniarth 52 ond dewisodd Gilbert Ruddock ddilyn darlleniadau diweddarach llawysgrifau M136 a BM10313: 'A'th law sydd i'th lawes hir'. Fodd bynnag, nid oes dim rheswm pam na ellid dilyn 'wir'. Yn llinell 55 ceir 'oddar' ym Mheniarth 52 yn lle 'oddi ar' golygiad drafft Gilbert Ruddock, ond o ddilyn Peniarth 52 gellid cael yr hyn a ganlyn: 'A'th feirch odd' ar geirch a gaid'. Mân amrywiadau orgraffyddol yw gweddill amrywiadau testun Peniarth 52 o'r cywydd hwn a nodir yng ngolygiad drafft Gilbert Ruddock.[122]

Digwydd yr awdl i Ddafydd ab Ifan ab Einion ym Mheniarth 52, 8 ond nid yw yn llaw Dafydd Nanmor.[123] O'r herwydd, nid yw'n syndod nad yw'r darlleniad a geir yn y llawysgrif gynnar hon mor ddibynadwy â rhai o'r darlleniadau eraill a geir yn y llawysgrif. Nid yw'n syndod felly fod golygiad drafft cyfansawdd Gilbert Ruddock yn gwyro oddi wrth destun Peniarth 52: 'Ymddengys hefyd fod rhai llsgau. yn tynnu ar ffynhonnell hen, ond annibynnol ar P52. Mae P52 yn bur ddiogel ar y cyfan, ond ceir nifer o enghfftiau. o ddarlleniadau gwell na hi.'[124] Oherwydd bod rhifiant golygiad drafft Gilbert Ruddock ar gyfer yr awdl foliant i Ddafydd ap Tomos ap Dafydd wedi newid mae'n anodd gweld i ba raddau y dibynnwyd ar ddarlleniad Peniarth 52 ar gyfer llunio'r testun cyfansawdd hwn yn ei bapurau.[125]

Digwydd y cywydd i Rys ap Rhydderch ap Rhys o'r Tywyn ym Mheniarth 52, 21 felly mae yn llaw Dafydd Nanmor.[126] Dibynna Gilbert Ruddock yn helaeth arno am ei olygiad drafft o'r cywydd.[127] Yn llinell 14 tyn Gilbert Ruddock sylw at 'ac ir' Peniarth 52 lle y ceir 'ac i'r' yn ei olygiad drafft ac ar gyfer llinell 22 ni cheir didolnod yn y gair 'tëyrn' yn narlleniad Peniarth 52. Ond mae Gilbert Ruddock wedi newid trefn y llinellau i ryw raddau a nodir fel a ganlyn:

Dilynir ll.36 [o olygiad drafft Gilbert Ruddock] gan l.49–52, sy'n mynd hyd waelod y t. Rhwng ll.36 a 49, ar ymyl chwith y ddalen, ceir +. Ar ymyl dde'r ddalen, wedi'i sgrifennu o'r top i'r gwaelod ar hyd ymyl y t., ceir ll.37–48, dwy l. i'r ll.[128]

Eithr, ar yr olwg gyntaf mae'n annisgwyl gweld fod yr awdur yn ymddangos fel petai wedi anghofio trefn cwpledi ei gerdd ei hun, ac ni nodir ond mân amrywiadau orgraffyddol gan Gilbert Ruddock ar gyfer llau. 43, 45 a 53.[129]

Ar gyfer y cywydd i Rys o'r Tywyn sydd yn digwydd ym Mheniarth 52, 24 ac felly yn llaw Dafydd Nanmor dibynnir yn helaeth ar ddarlleniad Peniarth 52.[130] Ceir mân amrywiadau orgraffyddol ar gyfer llinellau 1, 2, 7, 15, 17, 20 a 22. Yn llinell 8 ceir 'ferwen' yn lle 'burwen' golygiad drafft Gilbert Ruddock.[131] Yn llinell 12 ceir 'sydd glaim' gan Beniarth 52 ond 'oedd glaim' yng ngolygiad Gilbert Ruddock. Yn llinell 19 ceir 'a dêl' gan Beniarth 52 yn lle 'a êl' golygiad Gilbert Ruddock. Tybed ai enghraifft o safoni iaith a geir gan Gilbert Ruddock yma?[132] Yn llinell 27 ceir 'pan fu'r' gan Beniarth 52 ond 'pan fai'r' yng ngolygiad Gilbert Ruddock.[133] Yn llinell 59 ceir 'Adnabydded gyffredin' gan Beniarth 52 ond 'Adnabydded cyffredin' sydd yng ngolygiad drafft Gilbert Ruddock. Yn llinell 60 ceir 'Bei dôi' gan Beniarth 52 ond 'Be dôi' gan Gilbert Ruddock.[134] Gellid honni, at ei gilydd, fod golygiad drafft Gilbert Ruddock yn dilyn darlleniad Peniarth 52 yn bur agos yn yr achos hwn.

Mae'r cywydd annog Pedrog Sant i yrru'r tywod o'r Tywyn yn digwydd ym Mheniarth 52, 27 yn llaw Dafydd Nanmor ac felly nid yw'n syndod mai dilyn darlleniad y testun hwnnw a wna Gilbert Ruddock yn anad dim.[135] Ceir rhai amrywiadau orgraffyddol yn llinellau 6, 43, 52, 57 a 58. Yn llinell 13 ceir 'y troes' yn lle 'troes' golygiad drafft Gilbert Ruddock. Yn llinell 27 'blinhau' a geir ym Mheniarth 52 yn lle 'flinhau' y golygiad drafft. Yn llinell 28 'teau' yn lle 'deau' (fodd bynnag, oherwydd y cyfuniad arbennig hwn o gytseiniaid, 'teau' a ddywedir ac atgynhyrchu'r ynganiad cywir hwnnw a wnaeth Dafydd Nanmor). Yn llinell 38 'heb ran' yn lle 'heb rwn' y golygiad drafft, ac yn llinell 44 'o'i' yn lle 'i'w'.

Nid chwilio bai ar ddarlleniadau Peniarth 52 a wnaeth Gilbert Ruddock yn unig. Ceir ymdriniaeth ganddo sy'n cydnabod rhagoriaeth Peniarth 52 ar destunau eraill lle y ceir copïau o waith Dafydd Nanmor. Ar gyfer PWDN III ('Anodd bod hebod ynys – o Dywyn'), sef awdl i Rys ap Maredudd o'r Tywyn, er enghraifft, mae fersiwn Peniarth 52 o linell 35 yn cynnig: 'i ddiveilch i veilch am vod ith brofi' sydd, yng ngeiriau Gilbert Ruddock, yn 'well o ran mydr a chynghanedd' na'r hyn a geir yn PWDN.[136] O ran y cywydd i Bedrog Sant tynnir sylw at ddarlleniad Peniarth 52 o linell 57:[137] 'Pedroc . . . wynn' yn lle 'Pedroc . . . ynn' PWDN, a dywed Gilbert Ruddock: 'Mae hyn yn gwneud gwell synnwyr, ac yn cytuno â [llawysgrifau] M136 a B10313.'[138] Ar gyfer PWDN X ('Rhys wyd flodeuyn rhos haf') dywed Gilbert Ruddock fod gwell llinell 14 yn fersiwn Peniarth 52 nag a geir yn PWDN:

> Da yw'r haf, pan rodio'r hydd,
> I'r gwenith ac i'r gwinwydd.

Yn lle

> Da yw'r haf, pan rodio'r hydd,
> I'r gwenith ar y gwinwydd. [139]

Yn llinell 52 mae golygydd neu olygyddion PWDN wedi camddarllen darlleniad Peniarth 52. O gynnwys 'veilch' yn lle 'weilch' 'mae cynghanedd y ll. yn gyflawn wedyn'.[140] Y mae rhai darlleniadau Peniarth 52, felly, wrth fodd Gilbert Ruddock.

Pedair llaw Peniarth 52

Hyd yma, tybiwyd mai olion un llaw yn unig sydd ym Mheniarth 52, ond nid felly y mae. Mewn gwirionedd, mae ôl pedair llaw yn y llawysgrif hon. Mae'r llaw gyntaf yn gyfrifol am awdl gan Ddafydd Nanmor ar dudalennau 8–12, yr ail law yn gyfrifol am gywydd gan Ddafydd ap Gwilym ar dudalennau 12–14, y llaw nesaf yn gyfrifol am dudalennau 15–18 a llaw Dafydd Nanmor sydd rhwng tudalen 20 a 44, gan gynnwys y llythyr o Feddgelert.[141] Bu peth trafod am lawiau'r llawysgrif hon a bwriwyd amheuon ar gysylltiad Dafydd Nanmor â'r llawysgrif, ond mae'n deg dweud bod y gamdybiaeth hon wedi digwydd i raddau yn sgil tuedd i synied mai ôl un llaw yn unig sydd yn y llawysgrif.[142]

Trafodir llaw Dafydd Nanmor gan Robin Flower mewn perthynas ag *Itinerarium Cambriae* a *Descriptio Cambriae* Gerallt Gymro yn LlGC 3024 a dywed: 'On p. 150 (reversed) appears in an engrossing script with an elaborate form of capital G, the name "Geraldus" followed by the scribal inscription: "Quod Dauyd Nan[mor]", and on p. 130 the name "Gwen Or dol" written in the same elaborate script.'[143] Tybir ganddo mai llaw Dafydd Nanmor sydd ym Mheniarth 52.

> A comparison of the scribal inscription on p. 150 with the script of the poems of Dafydd Nanmor and Dafydd ap Gwilym in Peniarth MS. 52 which has been claimed as in the autograph of the poet definitely establishes this claim (Plate IV). Dafydd was clearly a practised scribe and his fancy for decorative writing may suggest that he had some training as a scrivener.

Â Robin Flower rhagddo i gadarnhau mai'r un llaw sydd yn gyfrifol am y dryll o lythyr Saesneg ar dudalen 20:

> It is interesting in this connection to observe that in Peniarth MS. 52, p. 20, he has written in a decorated hand the following letter form in English: 'Trusty and wellbelouyd Cosyn I hertele recomende me vnto you Desyryng to here of youre Velfare &c the Cause of my Wrytyng vnto you. Wrytyn at Bethkel[art].' [144]

Mae'r dryll Saesneg hwn yn hynod o ogleisiol gan fod tystiolaeth o ruglder beirdd Cymraeg y bymthegfed ganrif mewn Saesneg yn brin dros ben. Ceir tystiolaeth hefyd, drwy gymharu'r gwahanol enghreifftiau o olion ei law, fod Dafydd Nanmor yn hyddysg mewn Lladin. Yn ôl Robin Flower:

> Dafydd's possession of this MS. of Giraldus may be taken, in conjunction with his englynion in Llanstephan MS. 118, based upon the Latin prognostic: 'Clara dies Pauli bona tempora denotat anni', and the Latin crossword puzzles figured opposite p. 120 in *The Poetical Works of Dafydd Nanmor*, as evidence that he knew Latin, an accomplishment probably rare among Welsh bards.[145]

At hynny, mae Syr Ifor Williams yn nodi yn *Y Bywgraffiadur Cymreig hyd 1940* fod y *Compod Manuel* hefyd yn llaw Dafydd Nanmor, sef yr un llaw ag a fu'n gyfrifol am y cerddi o dudalen 21 ymlaen ym Mheniarth 52.[146]

At hynny, ar un o dudalennau llawysgrif Mostyn 117, sydd yn cynnwys copi o *Historia Regum Britanniae* Sieffre o Fynwy, ceir enghraifft o lofnod Dafydd Nanmor.[147] Ni fydd yn syndod i'r neb sydd wedi dilyn awgrymiadau'r ddadl uchod mai 'Nanmor' yw cynnwys y llofnod hwn.[148] Derbynnir gan yr arbenigwr ar lawysgrifau canoloesol, Daniel Huws, yn ogystal mai llaw Dafydd Nanmor sydd yn BL Add. 14912.[149] Mae'r llaw hon yn cyfateb yn union i un o'r llawiau a geir ym Mheniarth 52, sef y llaw a fu'n gyfrifol am drawsysgrifio tudalennau 20–44 Peniarth 52.[150]

Mae'n briodol bwrw cip yn ôl yn awr ar yr hyn a oedd gan Gilbert Ruddock i'w ddweud am Beniarth 52 yn gyffredinol gan fod y dadleuon newydd hyn yn cadarnhau amheuon Gilbert Ruddock am natur cynnwys y llawysgrif hon: 'Yn sicr, testun hen a gwerthfawr o rai o gerddi DN yw hwn, a'i ddarlleniadau yn aml yn rhagori ar ddarlleniadau ffynonellau eraill.'[151] Mae'r 'yn aml' yn awgrymu'n gryf fod Gilbert Ruddock ei hun yn synhwyro fod cryn anghysonder yn safon y trawsysgrifio ym Mheniarth 52 a chadarnhau hynny y mae ei sylwadau golygyddol manwl ar y testun. Dro ar ôl tro, ceir darlleniadau llwgr a sylfaenol anghywir yn y copïau sydd yn ymddangos cyn tudalen 20 ym Mheniarth 52 ond ar ôl hynny, yn ôl y disgwyl o wybod pwy biau'r llaw, mae'r testun yn ardderchog a dylid pwyso arno'n drwm mewn golygiad academaidd newydd o farddoniaeth Dafydd Nanmor.

Perthynas Thomas Parry â Pheniarth 52

O droi'n awr at ymwneud golygydd modern arall â'r llawysgrif hon gellir cymharu sut y defnyddiwyd Peniarth 52 fel ffynhonnell tystiolaeth ar gyfer gwaith bardd canoloesol arall. Yn ddiau, mae'r cerddi ym Mheniarth 52 a briodolir i Ddafydd ap Gwilym ychydig yn wahanol i'r hyn a geir yng ngolygiad terfynol Thomas Parry.[152]

Y cywydd cyntaf i'w ystyried yw 'Diolch am Fenig'. Roedd 34 o gopïau mewn llawysgrif o'r cywydd hwn yn hysbys i Thomas Parry pan aeth ati i olygu *Gwaith Dafydd ap Gwilym*, er bod y *Mynegai i Farddoniaeth Gymraeg y Llawysgrifau* yn nodi bod hyd at 42 o gopïau bellach yn hysbys, ond rhaid pwysleisio bod llawer o'r copïau ychwanegol hyn yn ddiwerth oherwydd eu bod yn gopïau diweddar iawn o un neu ragor o'r 34 copi arall.[153]

O bwys llawer mwy arwyddocaol yw'r modd yr anghytunodd Thomas Parry â rhai o'r darlleniadau a geir ym Mheniarth 52. Ymhlith y prif wahaniaethau ceir yr hyn a ganlyn. Yn y llinell gyntaf ceir: 'Ifor ydoedd afradaur' gan GDG ond 'o'i frodaur' yn ôl Thomas Parry a rydd Peniarth 52.[154] Yn llinell 11 roedd yn well gan Thomas Parry 'Aur yn y llaill' ar draul 'Aur yn y naill' o Beniarth 52 sydd yn well darlleniad o ran synnwyr y llinell ac o ran nifer y llawysgrifau eraill sy'n garn i'r darlleniad hwn. Fodd bynnag, yn lle ochri â thystiolaeth bardd o'r bymthegfed ganrif penderfynodd Thomas Parry ddibynnu ar dystiolaeth Lewis Morris yn B 53 er nad oedd yn siŵr, drwy ei addefiad ei hun, o ba le yr oedd y darlleniad arbennig hwnnw wedi tarddu.[155] Yn llinell 12 rhydd Thomas Parry flaenoriaeth i'r darlleniadau sydd mewn llawysgrifau diweddar.[156] Yn lle 'merch y sydd yn erchi' llinell 15 ceir 'Merched a fydd yn erchi' ym Mheniarth 52, er bod y rhan fwyaf o lawysgrifau yn yr achos hwn yn cytuno â darlleniad Thomas Parry.

Mae'n anos dewis rhwng y gwahanol ddarlleniadau ar gyfer llinell 19. Mae gennym 'Ni wisgaf fenig nigus' yn llawysgrifau B 48, B 14 938, 127, B 14 966, 272a (o ganol yr 17g.), C 2.616, 94 (17g.), C 64, 622b (un o gasgliadau Margaret Davies o Goetgae-du, Trawsfynydd *c*.1736 – y mae ei chopïau yn llwgr dros ben yn ôl Thomas Parry, ac mae'n dalcen caled gwybod beth yw tarddell ei darlleniadau,[157] Cw 5, 251 (17g. a'r 18g.), Ll 133, 1016 a Ll 14, 64 (sef dwy lawysgrif o eiddo Samuel Williams), Llg A 3, 52b (hanner cyntaf yr 17g.), N 162, 100, N 832, 23 (18g., sef copi William Bulkeley o'r Brynddu ym Môn), N 6706 (heb rif dalen; 17g.), P 198, 152 (1693–1701) a T 236 (amryw lawiau o ddiwedd yr 17g. a dechrau'r 18g.) tra bo llawysgrifau eraill, gan gynnwys Peniarth 52, yn cynnig 'Ni wisgaf faneg megys'. Cyfeddyf Thomas Parry fod 'amryw o'r llsgau' yn cynnig 'faneg megys',[158] ond ar yr un pryd dywed wrth fynd heibio, 'diau mai nigus sy'n gywir'.[159] Nid oes fawr i'w ddewis rhwng y ddau ddarlleniad ond dylid bob amser roi blaenoriaeth i'r darlleniad cynharaf, sef eiddo Peniarth 52 yn yr achos hwn.

Gwrthodir darlleniad Peniarth 52 ar gyfer llinell 37 gan Thomas Parry hefyd. Yn lle 'Gwaith digrif yw i brifardd' dilynir 'Ponid digrif i brifardd' llawysgrifau B 48, 238, B 14 938, 127, C 27, 167, llawysgrifau Llywelyn Siôn, A 3, 52b (hanner cyntaf yr 17g.), N 162, 100, N 675, 25, N 6706 (heb rif dalen; 17g.) a P 198, 152 (1693–1701).

Yn llinell 42 ceir darlleniad mwy synhwyrol ym Mheniarth 52 na'r hyn sydd yng ngolygiad terfynol Thomas Parry o'r cywydd. Yn lle 'Nid fal menig Seisnig Sais' (sef yr hyn a ffafriwyd gan Thomas Parry) dylid mynnu arddel fersiwn cynharach o'r llinell, sef 'Nid fal menig sarrug Sais', sydd yn ddiau yn gwneud gwell synnwyr. Gellid mentro mai gair llanw, chwedl *Cerdd Dafod*, yw 'Seisnig' yn y cyswllt hwn gan nad yw'n ychwanegu fawr ddim at y llinell, heblaw am gwblhau'r gynghanedd sain.[160] Mae'n ddigon posibl fod Thomas Parry wedi gwrthod llinell Peniarth 52 oherwydd nad yw'n cydymffurfio â'i syniad o gywirdeb mesur, gan fod amheuaeth ynghylch yr odl rhwng 'menig' a 'sarrug'. Ond dengys ffrwyth ysgolheictod diweddar, yn enwedig astudiaeth Peredur Lynch ar gynghanedd Dafydd ap Gwilym, fod y cywyddwyr yn fwy parod nag y tybid gynt i oddef amherffeithrwydd mydryddol.[161] At hynny, yn ôl John Morris-Jones, roedd y terfyniadau diacen 'yg' ac 'ig' yn meddu ar yr un sain o'r ddeuddegfed ganrif ymlaen, ac felly nid ffrwyth mydryddiaeth lwgr ddiweddar yw'r odl o gwbl.[162]

Yn ogystal ag anghytuno â nifer o ddarlleniadau Peniarth 52 ychwanegwyd rhai llinellau a chwpledi gan Thomas Parry at yr hyn a oedd yn fersiwn Peniarth 52 o'r cywydd. Ni cheir ym Mheniarth 52 y cwpled a ganlyn:

> Mi a dyngaf â'm tafawd
> Ffordd y try dydd, gwehydd gwawd.[163]

Yr un modd, ni cheir ym Mheniarth 52:

> Benthyg ei fenig i fardd
> A roes Ifor, ryseifardd;
> Menig gwynion tewion teg,
> A mwnai ym mhob maneg.

Ni cheir ym Mheniarth 52 ychwaith y cwpled:

> Ni roddaf, dygaf yn deg,
> Rodd Ifor rwydd ei ofeg.[164]

Eto, ni cheir ym Mheniarth 52:

> Rhoddaf i hwn, gwn ei ged,
> O nawdd rugl, neuadd Reged.[165]

Ac yn absennol o Beniarth 52 y mae'r cwpled canlynol yn ogystal:

> Yn ysgarlad rhad rhydeg,
> Yn aur tawdd, yn eiriau teg.[166]

Oherwydd natur y llawysgrifau sydd yn cynnig y deunyddiau ychwanegol hyn dylid bod yn ochelgar iawn wrth eu cynnwys mewn golygiad terfynol o'r cywydd. Ymysg y copïwyr a fu'n gyfrifol am rai o'r llawysgrifau diweddar hyn y dibynnwyd ar eu tystiolaeth er mwyn llunio testunau cyfansawdd modern y mae Lewis Morris a Llywelyn Siôn ac anodd yw gwybod weithiau beth yn union oedd eu ffynonellau hwy.

O droi ein golygon yn awr at gywydd 'Y Ceiliog Bronfraith' dywed Thomas Parry fel a ganlyn: 'Nid oes ond dau gopi o'r cywydd hwn ar gael, a'r ddau yn anodd iawn eu darllen . . . Ond ni eill fod dim amheuaeth nad yw'n ddilys.'[167] Yn ôl Thomas Parry ni ddigwydd y cywydd hwn ond mewn dwy lawysgrif, sef Peniarth 52, 15 a Pheniarth

78, 38 a pherthyn Peniarth 78 i ail hanner yr unfed ganrif ar bymtheg.[168] Yn ei nodiadau ar y cywydd hwn dywed Thomas Parry fod y ddau gopi o'r cywydd hwn sydd ar glawr yn anodd eu darllen oherwydd 'pylni'r inc'.[169] Fodd bynnag, ceir copi o'r cywydd hwn yn Llansteffan 118, 653 yn ogystal.[170] Roedd y llawysgrif honno ar glawr ac ar gael i Thomas Parry ac fe'i defnyddiodd yng nghyswllt cerddi eraill o eiddo Dafydd ap Gwilym, er enghraifft, yn y golygiad o'r cywydd i'r 'Breuddwyd'.[171]

Yr enw mwy traddodiadol ar Lansteffan 118 yw Carpiog Aber Llyfeni ac yn ôl un disgrifiad ohoni:

> This volume is made up of two different manuscripts. Fifteen poems are wanting at the beginning of part i which breaks off in the middle of its 105th poem, p. 176. Part ii begins in the middle of its 20th poem on p. 177 and ends with the 12th line of its 309th poem. Both parts are from the same pen which wrote also Mostyn MS. 160 and Peniarth MS. 115.[172]

Ymddengys 'Y Ceiliog Bronfraith' yn Llansteffan 118 heb briodoliad fel a ganlyn:

> Y mae pob mai difeioed
> ar flaenau canghenau koed
> keiliog teg reg rhagorgan
> bronfraith drwy gyfraith a ga[ ]
> pregethwr maith pob iaithoedd
> pendevig ar goedwig oedd
> siri fydd ymedwydd mai
> saith ugeiniaith a ganai
> ystus gwiw ar flaen gwiail
> ystiwart llys dyrys dail
> a thro maith fy nghoweithas
> ieithydd ar frig planwydd plas
> cowirwas ar friglas fry
> cydumeth mewn koed imy
> dowaid yw goreyriw gan
> ag ynill pwyll ag anian
> huder y balch i hedeg
> a wnaeth y dewiniaeth deg
> o blas i blas drwy draserch
> o lwyn i lwyn er mwyn merch
> dysg annerch a disgynny
> llei roedd y fun llariedd fy
> dowed yn deg fyneges
> diwyd fydd penn llowydd lles

Trwy Lygaid Peniarth 52

dangos a wnaeth cydfaeth kant
y gwir yn i lythr gwarant
darlleodd ymadrodd mudur
deg lwyswawd oi du glaswydur
gelwais yn faith gyfreithiol
arnaf ddechre r haf orhol
collais ni ddamunais ddig
daered kyn dirwy dremig
cydgollwnn gwnn gynnydd
dirwyon dan wyrddion wydd
ni chyll traserch merch i mi
kai nerth oedd am kwyn wrthi
[ ] budd kymen y genad
[ ] dd ef a gais i brad

ni wnn pwy ai kant. [173]

Dywed J. Gwenogvryn Evans fod y cywydd ym Mheniarth 78 yn llaw 'A' ac iddo gael ei gopïo yn 1573.[174] Nis trafodir o gwbl gan Daniel Huws yn ei erthygl gampus, 'The Transmission of a Welsh Classic', ond mae ganddo rai nodiadau manwl ar y llawysgrif hon sydd heb eu cyhoeddi.[175] Mae'n debyg mai'r un llaw a fu'n gyfrifol am y llawysgrif hon â Mostyn 160 a Pheniarth 114 ond ni cheir copi o gywydd 'Y Ceiliog Bronfraith' yn un o'r ddwy lawysgrif hynny. Lleolir y copi hwn rhwng dwy gerdd serch o eiddo Bedo Phylip Bychan a Bedo Aeddrem ond ni thadogir ef ar Ddafydd ap Gwilym. Yn wir, nis priodolir i neb. Awgryma hyn na ddigwyddodd y copïydd, yn ôl y dystiolaeth sydd ar glawr, weld na Pheniarth 52 na Pheniarth 78. Dilyn darlleniad Peniarth 52 a wna Thomas Parry ar gyfer y cywydd hwn yn bennaf oll. Fodd bynnag, er mai dau gopi yn unig o'r cywydd hwn a oedd yn hysbys iddo ar y pryd myn ddiwygio ambell air a llinell o eiddo'r testun hwnnw heb garn yn y naill lawysgrif na'r llall.

Yn llinell 9 ceir 'sierri' gan Beniarth 52 ond fe'i diwygir yn 'siryf' gan Thomas Parry er mwyn i'r llinell, mae'n debyg, gydymffurfio ag orgraff Gymraeg yr ugeinfed ganrif. Er hynny, ys dywed Thomas Parry, 'ceir digon o brofion fod y beirdd weithiau'n dewis ffurfiau ar eiriau a oedd wedi datblygu yn yr iaith lafar. Er enghraifft, hepgorir y gytsain feddal -*f* ar ddiwedd gair'.[176] Trwy fynnu cynnwys y gytsain 'f' collwyd y cyfle i roi blas i'r darllenydd modern ar y modd y byddai ffurfiau tafodieithol neu ansafonol o'r fath wedi eu cydblethu ag ieithwedd fwy cyd-nabyddedig gan olygyddion modern cywyddwyr y bedwaredd ganrif ar ddeg.[177]

Yn llinell 11 newidir 'sustus' Peniarth 52 yn 'ustus' yn y golygiad er bod hyn efallai yn enghraifft arall o'r modd y collir peth o'r blas canoloesol ar iaith y Cywyddwyr, ynghyd â chymeriad llythrennol, wrth fynnu glynu'n rhy gaeth at gonfensiynau orgraff ddiweddar. Anos yw esbonio pam y mynnodd Thomas Parry ddewis darlleniad Peniarth 78 ar draul yr hyn a geir ym Mheniarth 52 yn llinell 15. Byddai 'cyweithwas' yn gwneud cystal gwaith â 'cywirwas' o safbwynt cynghanedd y llinell. Rhydd 'cywirwas' liw ystyr ychydig yn wahanol i'r cwpled i'r hyn a rydd 'cyweithwas'. Efallai i Thomas Parry benderfynu nad oedd am weld Dafydd ap Gwilym yn ailadrodd gair sydd yn digwydd ddwy linell yn gynharach yn y cywydd, 'Athro maith fy nghyweithas', ond nid yw hynny – sef enghraifft o chwaeth esthetaidd fodern – mewn gwirionedd yn rheswm digonol dros wrthod y darlleniad cynharaf.[178]

Mae rhan gyntaf llinell 19 yn annarllenadwy ym Mheniarth 52 ac, ysywaeth, ni cheir y llinell hon yn y ddwy lawysgrif arall. Yn llinell 27 diwygiwyd y llinell oherwydd bod darlleniad Peniarth 52 (o'i ddiwygio i gydymffurfio ag orgraff safonol ddiweddar, sef 'dywedud') yn euog o'r bai tor mesur drwy fod yn rhy hir o sillaf. O'r herwydd, gwrthodwyd yr ail berson unigol amherffaith 'dwedud' a geir gan Beniarth 52, sydd yn ffurf 'a gysylltir â Chymraeg Canol',[179] a chreu darlleniad newydd gyda 'dywad', sef y ffurf amhersonol gorffennol mynegol ar y berfenw 'dweud'.[180] Cynnig Peniarth 52 a Llansteffan 118 'dowed' a 'dywed' ond nid oedd hwn yn dderbyniol gan Thomas Parry ychwaith. Mae darlleniad Peniarth 52 ar gyfer llinell 30 yn amlwg yn llwgr a gwallus, 'y gŵr ym lythr gwarant' ac roedd Thomas Parry yn llygad ei le i'w wrthod. Fodd bynnag, gwrthodir amrywiad dilys arall yn llinell 49 wrth i Thomas Parry ddewis 'gynheiliad' yn lle 'ganheiliad' Peniarth 52. Er na fyddai golygiad yn seiliedig ar y sylwadau uchod yn wahanol iawn i'r hyn a gynigir gan Thomas Parry gellid dadlau y byddai'n agosach i Beniarth 52 ac, yn sgil hynny, yn adlewyrchu iaith barddoniaeth y Cywyddwyr yn well na'r hyn a gynigir gan Thomas Parry. Byddai hefyd yn olygiad tebycach i'r hyn a ganwyd neu a glywyd gan Ddafydd Nanmor yn y bymthegfed ganrif.

Dylanwadau

Yn ogystal â delweddaeth natur a diddordebau ehangach eraill mae 'Diolch am Fenig' yn codi cwr y llen ar ddylanwad cerddi cyfeillgarwch ar waith Dafydd Nanmor. Mae'n werth nodi ar y cychwyn na cheir ond dau gyfeiriad at Ifor Hael yn holl waith Dafydd Nanmor. Mae'r ddau gyfeiriad yn digwydd, yn arwyddocaol ddigon, yn ei gywydd cymod i Rys ap Maredudd, sef cerdd nad oes copi ohoni ym Mheniarth 52.[181] Gelwir Rhys ddwywaith yn y cywydd cymod yn 'nai Ifor Hael' ac, o bosibl, dengys hyn fod Dafydd Nanmor yn ymwybodol o gysylltiadau teuluol Rhys â Dafydd ap Gwilym, gan y gallai Rhys ap Maredudd a Dafydd ap Gwilym olrhain eu hachau yn ôl hyd at Wynfardd Dyfed a Chuhelyn Fardd drwy Wilym ab Einion Fawr o'r Tywyn.[182]

'Diolch am Fenig' yw un o gerddi pwysicaf Dafydd ap Gwilym am ddau reswm. Yn gyntaf, dyma un o'r cerddi cynharaf sydd yn gysylltiedig ag Ifor Hael ac felly mae'n dystiolaeth allweddol wrth ystyried y cyswllt hwnnw. Yn ail, mae'n un o'r cerddi sydd yn asio ynghyd yr elfennau arloesol o newydd yng nghanu Dafydd ap Gwilym â'r gweddau mwy confensiynol ar y traddodiad barddol yng Nghymru. Dyma hefyd un o'r cywyddau diolch cynharaf yn Gymraeg.[183] Amlinellwyd gan Bleddyn Huws fod y dull llenyddol hwn yn unigryw ac awgrymir bod elfen o ddefod yn gysylltiedig â chyflwyno'r rhodd i fardd ac wrth i'r bardd ddiolch ar gân am ei rodd. Gellid ymhelaethu ar y dybiaeth hon a dadlau bod y ddefod hon yn feicrocosm o'r hyn yr oedd Dafydd ap Gwilym yn ei gyflwyno i farddoniaeth Gymraeg yn y bedwaredd ganrif ar ddeg.[184] Mae'n arwyddocaol hefyd, dybiwn i, fod Dafydd Nanmor wedi dewis y cywydd hwn ymysg ei gerddi ei hun i Rys ap Maredudd ac aelodau ei deulu. Mae'r cyfosod a fu ar farddoniaeth arloesol Dafydd ap Gwilym a cherddi Dafydd Nanmor ym Mheniarth 52, sydd â thôn ddigon tebyg, yn drawiadol.

Fel gwrthbwynt i'r drafodaeth ar berthynas Dafydd Nanmor a Dafydd ap Gwilym gellid ystyried bardd llythrennog arall o'r bymthegfed ganrif, sef Lewys Glyn Cothi (neu Lewys y Glyn). Ceir gwahaniaeth sylfaenol rhwng perthynas Dafydd Nanmor a barddoniaeth Dafydd ap Gwilym, a pherthynas Lewys Glyn Cothi a barddoniaeth Dafydd ap Gwilym. Neu, a bod yn fanwl gywir, ceir gwahaniaeth o ran pwyslais.

Dyma Lewys Glyn Cothi, er enghraifft, yn ymweld â Llywelyn ap Gwilym:

> Llywelyn derwyn fel dâr
> ap Gwilym heb gau alwar. [185]

Mae'n ŵr cadarn a charedig, yn ôl Lewys y Glyn, ond y ddau gwpled o'r moliant a ddylai hoelio ein sylw yw'r hyn a ganlyn:

> moethusach mewn maeth iso
> wy' ar ei fwrdd â'i aur fo
> no'r pysg ymysg heli'r môr
> no Dafydd ar ford Ifor,[186]

Mae Lewys Glyn Cothi yn well ei fyd, meddai, na Dafydd oherwydd bod ganddo haelach noddwr. Ymhlyg yn y gymhariaeth hon y mae'r modd y mae Lewys yn ei gymharu ei hun â Dafydd ap Gwilym. Gan hynny, gallwn gasglu bod Dafydd ap Gwilym, yn nhyb Lewys, yn batrwm o fardd a'i berthynas â'i noddwr yn fath o berthynas glòs y dylai pob bardd geisio ymgyrraedd ati. Nid *sui generis* o fardd, felly, ydoedd Dafydd ap Gwilym yng ngolwg Lewys, eithr *primus inter pares*. Mae byd o wahaniaeth rhwng y ddau gysyniad cyferbyniol hyn a fu'n gymaint testun trafod mewn beirniadaeth lenyddol glasurol.[187] Mae'r naill yn tybio mai gweledydd neu ddewin digymar yw bardd a'r llall yn synied am y bardd fel crefftwr celfydd.

Dro arall wrth iddo rodio trwy Elfael (neu 'Elfel', ys dywed Lewys) canodd i ŵr a gwraig o'r enw Hywel ap Rhydderch ac Annes Owbre. Mae'n rhaid ei fod yn ystyried y fath foliant, sef un cywydd i ddau wrthrych a'r rheini'n briod, yn bur anghyffredin oherwydd er mwyn cyfiawnhau'r gwaith hwn dywed iddo weld:

> I mewn hen ysgrifen gron
> mi a gaf yma gofion,
> gael o Rydderch Hael ei hun
> air o gerdd a'i wraig arddun;
> Ifor Hael, Efa er hyn,
> o'r wlad oedd yr ail deuddyn;
> Dafydd ar ei gywydd gynt
> a roddes ei air uddynt.[188]

Nest oedd enw gwraig Ifor, nid Efa (ond, fel y bardd Llawdden, efallai mai enghraifft o ddefnyddio'r enw Efa i ddynodi 'gwraig' a geir yma).[189] Ond sylwer ar y darlun a gynigia Lewys inni o Ddafydd yn estyn geiriau i'w noddwyr fel petai'r geiriau hynny'n anrheg. Eithr, o gofio'r ddau gwpled a luniodd Lewys er mawl i Lywelyn ap Gwilym, fe wyddom mai cyfnewid (ac nid rhoi) rhodd a wna'r bardd, mewn gwirionedd, am haelioni ei noddwr.[190]

Pan ganodd Lewys i Ieuan fab Llywelyn Fychan defnyddiodd y cymariaethau hyn i fynegi ei ddymuniad (er ei bod hi'n bosib, wrth gwrs, ei fod yn disgrifio perthynas a oedd eisoes yn agos):

> Dafydd i Ifor oedd fardd dyfyn,
> Iolo i Rydderch a hen felhyn;
> minnau i Ieuan, fardd meinwyn, araf,
> iso a brydaf Armes Brydyn.[191]

Ym 'Marwnad Dafydd Llwyd ap Dafydd' cyplysir enw Dafydd ap Gwilym unwaith eto ag enw Ifor Hael, gan barhau'r traddodiad fod y bardd wedi marw o flaen ei noddwr:

> Aeth Dafydd gwawdydd drwy gôr
> i nefoedd o flaen Ifor.[192]

Yn drawiadol iawn, nid yw Lewys yn crybwyll enw Dafydd ap Gwilym unwaith heb ei gyplysu ar yr un gwynt ag enw Ifor Hael. Ar y llaw arall, caiff Ifor Hael ei le yn aml iawn yng ngherddi Lewys heb hyd yn oed grybwyll enw Dafydd ap Gwilym. Awgryma hyn nad oedd teitlau megis 'athro pawb oedd', 'hebog merched Deheubarth', neu'r bardd serch a natur mor bwysig i fardd-herwr fel Lewys y Glyn ag yr oedd i feirniaid llenyddol diweddarach. Enghraifft oedd Dafydd ac Ifor Hael o gymdeithas gydedmygol a chydfuddiannol rhwng bardd a noddwr, ac enghraifft wiw iawn yn ogystal. Gan hynny, gellir cynnig yn betrus mai ffordd o gynodi delfryd uchelwrol oedd cyfeiriadaeth at farddoniaeth Dafydd ap Gwilym i glerwr fel Lewys Glyn Cothi.

O droi yn ôl at Ddafydd Nanmor fe welwn nad memrwm a llawysgrif yw unig ffurf ar fodolaeth sydd yn perthyn iddo bellach oherwydd tyfodd o'i gwmpas fanylion bywgraffyddol am fywyd anturus a chyffrous ac, yn iaith theori lenyddol ddiweddar, perthyn nifer o ddisgyrsiau i'w enw, ac mae'n werth sylwi ar rai o'r cyd-ddigwyddiadau a chyfatebiaethau mewn disgyrsiau y tu allan i Beniarth 52 sydd yn perthyn i'r hanes am Ddafydd Nanmor.[193]

Ar lawer golwg dygai bywyd Dafydd Nanmor i gof, o safbwynt bywgraffyddol y dystiolaeth sydd ar glawr ac yn ôl y *persona* a bortreedir yn y cerddi, hynt a helynt Dafydd ap Gwilym. Yn gyntaf, canodd i wraig briod. Yn ail, arweiniodd ei ymserchu mewn gwraig briod at alltudiaeth o'i fro efallai, pa un a oedd yr alltudiaeth honno'n wirfoddol ai peidio. Yn drydydd, derbyniodd y ddau fardd swcwr mewn llysoedd, yn y Tywyn yn achos Dafydd Nanmor ac ym Masaleg yn achos Dafydd ap Gwilym. Yn bedwerydd, mae naws y cerddi sydd ar glawr gan y ddau Ddafydd i'w noddwyr yn drawiadol o gyfeillgar, ac efallai ei bod yn anodd peidio â chasglu yn sgil hyn fod gwir gyfeillgarwch wedi datblygu rhwng y beirdd hyn a'u noddwyr. Fodd bynnag, oherwydd y tebygrwydd arwynebol hwn ac oherwydd ei bod hi'n ymddangos fel petai rhyw fath o batrwm yn datblygu, dylem fod yn ochelgar iawn cyn derbyn y manylion hyn yn anfeirniadol rhag ofn mai ffrwyth dychymyg a dyfais copïwyr a thrawsysgrifwyr diweddarach yw'r tebygrwydd hwn.

O orbwysleisio'r tebygrwydd rhwng bywydau Dafydd ap Gwilym a Dafydd Nanmor mae perygl inni anwybyddu'r agweddau ar eu gwaith sy'n unigryw. Roedd Dafydd Nanmor, er enghraifft, yn ôl tystiolaeth ei waith ei hun, yn ymddiddori'n fawr mewn llysiau fel y tystia llawer o'i englynion.[194] Yn ei awdl i Syr Dafydd ap Tomas, Offeiriad o'r Faenawr, ceir yr hyn a ganlyn:

> Mae kost llu yno, mae kistie llawnion
> O doreth gwenith yn dorthe gwynion,
> A saigau lawer drwy lysau glewon,
> Ag adar o dir, a physgod o'r donn.
>
> Ag o geginwaith i gogau gwynion
> I dygir seigau yn y dai gwresogion.
> A'r gorau [i] vraich a'i ry geyr i vronn,
> A'u roi'n dra aml, a'r haini'n drymon.
>
> Ag ar i vyrddau i gwrw i vairddion,
> A bragod y ty, brig ydau tewion.
> A llenwi medd o gann, a llynn meddygon,
> A'u berwi'n brau ffin fal berw o ffynnon.[195]

Hyd yn oed pan na fo Dafydd Nanmor yn sôn yn benodol am lysiau ceir cyfeiriadau difyr atynt yn ei farddoniaeth.

Canodd Dafydd Nanmor hefyd ar bynciau gwyddonol eraill fel y tystia ei englynion i arwyddion y sidydd. Ni roddai'r ysgolhaig Myrddin Lloyd fawr o bwys ar y cerddi hyn ac er eu bod yn arddangos crefft gain Dafydd Nanmor ei farn lem oedd eu bod yn 'somewhat commonplace.'[196] Bid a fo am hynny, er mor gyffredin ydynt maent yn dangos o'r hyn lleiaf fod Dafydd Nanmor yn fwy na bardd serch yn unig a bod ganddo nifer o heyrn deallusol yn y tân.

Llwyddodd Dafydd Nanmor i roi ar fydr ei ddiddordeb mewn hanes a seryddiaeth. Yn ei gywydd i Dduw ac i Sadwrn nodir cysylltiad Sadwrn â phlanedau eraill, a ddigwyddodd nifer o weithiau ar yr un adeg â chychwyn y Pla Du a phlâu eraill yn ystod ei oes ei hun (er enghraifft, yn 1478).[197] Ys dywed ef ei hun: 'Gweithred y blaned yw'r bla'.[198] Roedd Dafydd Nanmor yn fwy nag ymgorfforiad o grefft a dysg farddol gonfensiynol. Yng ngeiriau Myrddin Lloyd:

> [He] delighted in practising his verbal and metrical dexterity in such things as scraps of natural observation, weather lore and prognostications, riddles, the number of minutes in a year, tides, herbal remedies, the time spent by Adam in hell before being rescued by Christ, the divisions of Wales between the sons of Rhodri, and in *tours de force* such as the composing of verses consisting only of particles, or which could be read backwards or forwards, containing all the eight parts of speech, or only of pronouns or of nouns and adjectives, every syllable beginning with d-, or containing only one consonant.[199]

Cred Gruffydd Aled Williams hefyd nad oedd dysg Dafydd Nanmor yn gyfyngedig i ddysg farddol ei ddydd a thrwy ei gysylltiadau â noddwyr lleyg a mynachaidd daeth i gysylltiad â dysg llyfrau mwy Ewropeaidd ei ddydd.[200] Yn ei gywydd i'r Abad Morgan ap Rhys ymddengys fod gan Ddafydd Nanmor gysylltiad ag Ystrad Fflur. At hynny, awgryma ei lythyr ym Mheniarth 52 ei bod hi'n bosibl fod ganddo gysylltiadau â phriordy Awstinaidd Beddgelert yn ogystal.[201] Ystyrid Dafydd Nanmor yn ysgolhaig hirben yn ei oes ei hun ac nid oes syndod felly fod Hywel Rheinallt yn ei farwnad wedi datgan mewn modd cofiadwy fod ei farwolaeth yn gyfystyr â: 'Darfod y mefyrdod mawr'.[202]

I gloi

Ymddengys, felly, fod dyled y ddau fardd, Lewys Glyn Cothi a Dafydd Nanmor, i waith Dafydd ap Gwilym, yn faes astrus, o ran ceisio ei olrhain mewn canu serch, canu ysgafn ac o ran canu mawl. Mae'n ymddangos hefyd fod Dafydd ap Gwilym wedi rhoi cyfle i'r ddau fardd bwyso a mesur natur y berthynas rhwng bardd a noddwr, gan gynnig patrwm newydd. Tra bo Lewys y Glyn wedi datgan y ddyled honno neu'r dylanwad hwnnw yn ddigon amlwg yng nghyfeiriadaeth ei waith, datgelu dylanwad mawl Dafydd ap Gwilym i Ifor Hael mewn modd mwy gwylaidd a diffwdan a llai rhodresgar a wnaeth Dafydd Nanmor.[203] O bryd i'w gilydd, mae'n fwy ystyrlon disgrifio rhai agweddau ar waith Dafydd Nanmor fel adlais tawel o farddoniaeth Dafydd ap Gwilym neu fel adwaith yn ei herbyn.

At hynny, tra bo modd dadlau o hyd dros yr hyn a alwyd gan Saunders Lewis yn 'Estheteg Gymreig' y bardd mawl yng nghyswllt Dafydd Nanmor, dylid hefyd gofio bod rhai o linellau'r bardd hwn yn atseinio canu arwrol y Cynfeirdd. Mae ei gywydd aeddfed ei athroniaeth i Rys ap Rhydderch o'r Tywyn yn gerdd ddiweddar a diweddar hefyd yw ei awdl i Syr Dafydd ap Tomas.[204] Ar y llaw arall, deuir o hyd i'r un math o lawenydd sydd yng ngwaith Dafydd Nanmor ag a geir yn rhai o gerddi Dafydd ap Gwilym i Ifor Hael ac ymddengys bellach, felly, fod barn Saunders Lewis ar waith Dafydd Nanmor yn rhy ysgubol, yn rhy bendant ac yn anwybyddu'r gwahanol gyfnodau a'r datblygiadau a fu yng ngwaith Dafydd Nanmor.

Yn olaf, elfen bwysig arall i'w chrybwyll yw'r pwyslais a roddir gan Ddafydd Nanmor ar dir. Soniodd Saunders Lewis am berchentyaeth ond yng ngwaith Dafydd Nanmor ceir llawn cymaint o gyfeiriadau a delweddau sydd yn tarddu o fyd natur fel y crybwyllwyd yn y bennod hon. Gellir gweld adlais o hyn yng nghywydd Dafydd ap Gwilym i'r ceiliog bronfraith ac nid oes raid ond ystyried cywydd Dafydd Nanmor i wallt Llio a'i ddefnydd aml o drosiadau fel yr onnen i sylweddoli amlygrwydd yr arfer hwn yn ei waith. Mae'r tir a byd natur yn rhan greiddiol o'i waith mewn ystyr sydd yn mynd y tu hwnt i'n dealltwriaeth o berchentyaeth ar hyn o bryd ac yn gysylltiedig â'r hyn y mae Francesco Benozzo wedi ei alw'n ddiweddar yn ddadansoddiad ffenomenolegol o'r modd y canfyddir tirlun, ond gwell ymatal rhag dilyn yr ysgyfarnog honno yn awr.[205] Mae'n ddigon am y tro inni ddechrau gwerthfawrogi mai llaw'r bardd Dafydd Nanmor sydd yn un rhan o Beniarth 52, er gwaethaf amheuon golygydd modern blaenorol. Yn sgil hyn, mae pwysigrwydd tystiolaeth Peniarth 52 o ran barddoniaeth Dafydd Nanmor ac o ran dau gywydd Dafydd ap Gwilym yn amlycach nag a fu. Trwy hyn hefyd dadlennir natur agweddau dau olygydd modern, sef Thomas Parry a Gilbert Ruddock, tuag at destunau a thuag at farddoniaeth y bymthegfed ganrif. Mae bodolaeth llaw Dafydd Nanmor yn y llawysgrif hon hefyd yn cynnig prawf testunol o ddylanwad Dafydd ap Gwilym ar fardd o'r bymthegfed ganrif, er bod mesur union raddau'r dylanwad hwnnw yn bwnc astrus sydd heb dderbyn hyd yma y sylw sy'n ddyladwy iddo.

Nodiadau

1. Mae'r bennod hon yn seiliedig yn fras ar bapur a draddodwyd yn 'Cerrig Milltir: Cynhadledd Canolfan Uwchefrydiau Cymreig a Cheltaidd Prifysgol Cymru' yn Aberystwyth, Mehefin 2005. Diolch i'r Dr Jane Cartwright, Prifysgol Cymru, Llanbedr Pont Steffan, i'r Athro Thomas Charles-Edwards, Coleg Iesu, Prifysgol Rhydychen, yr Athro Dafydd Johnston, yr Athro John Rowlands ac i Mr Daniel Huws, Llyfrgell Genedlaethol Cymru, Aberystwyth am eu sylwadau ar y bennod hon.
2. Dafydd Johnston, 'Early Translations of Dafydd ap Gwilym', yn Alyce von Rothkirch a Daniel Williams (goln), *Beyond the Difference: Welsh Literature in Comparative Contexts* (Caerdydd, 2004), 164.
3. Ibid. 170.
4. Harold Bloom, *The Anxiety of Influence* (Efrog Newydd, 1973); *Idem*, *Kabbalah and Criticism* (Efrog Newydd, 1975); *Idem*, *A Map of Misreading* (Efrog Newydd, 1975); *Idem*, *Poetry and Repression: Revisionism from Blake to Stevens* (New Haven, 1976); *Idem*, *Ruin the Sacred Truths: Poetry and Belief from the Bible to the Present* (Llundain, 1989).
5. Gw. 'Llinos yn Ildio'r Goron', *Golwg*, 17, 16 Mehefin 2005, 5.
6. Thomas Roberts ac Ifor Williams (gol.), *The Poetical Works of Dafydd Nanmor* [= PWDN] (Caerdydd, 1923), xii–xiii.
7. Saunders Lewis, 'Dafydd Nanmor', *Meistri'r Canrifoedd*, gol. R. Geraint Gruffydd (Caerdydd, 1973), 83.
8. Ibid., 84.
9. Daniel Huws, *Medieval Welsh Manuscripts* [= MWM] (Caerdydd, 2000), 61 a 97.
10. Helen Fulton, *Selections from the Dafydd ap Gwilym Apocrypha* (Llandysul, 1996).
11. Peniarth 52, 5. 'Sannan', ac nid 'Savnan' fel y nodwyd gan Gwenogvryn Evans, yw'r darlleniad a geir yn y llawysgrif.
12. Gw. <http://maldwyn.llgc.org.uk/chwilio.php?BRN=38456> [gwelwyd 29 Gorffennaf 2005].
13. Peniarth 52, 7.
14. PWDN XXIII. Gw. Gruffydd A. Williams, 'Gwrthrych un o Awdlau Dafydd Nanmor (PWDN, XXIII)', *Llên Cymru*, 25 (2002), 155–7.
15. D. Myrddin Lloyd, 'Dafydd Nanmor' yn A. O. H. Jarman a Gwilym R. Hughes (goln), *A Guide to Welsh Literature* (Caerdydd, 1997), 170–81.
16. Peniarth 52, 14 a gw. Thomas Parry (gol.), *Gwaith Dafydd ap Gwilym* [= GDG] (Caerdydd, 1952), cerdd 9.
17. Peniarth 52, 18.
18. GDG 123.
19. GDG 534 a 470.
20. Peniarth 52, 20.
21. GDG 147.13–14.
22. Nia M. W. Powell, 'Dyfalu Dafydd Nanmor', *Llên Cymru*, 27 (2004), 86–112; Gruffydd Aled Williams, 'The Literary Tradition to *c.*1560', yn J. B. Smith ac Ll. B. Smith (goln), *History of Merioneth II: The Middle Ages* (Caerdydd, 2001), 568–75.

23 Williams, 'The Literary Tradition to *c*.1560', 568–75; W. B. Davies, 'Awdl Dafydd Nanmor i Syr Dafydd ap Tomas', *Llên Cymru*, 8 (1964-5), 70–3.
24 Peniarth 52, 21.
25 Peniarth 52, 23.
26 PWDN X.
27 PWDN X:1–2.
28 PWDN X:7–12.
29 PWDN X:45–6.
30 Saunders Lewis, 'Dafydd Nanmor', 89.
31 PWDN 1:1.
32 Gw., er enghraifft, E. D. Jones (gol.), *Gwaith Lewis Glyn Cothi* (Caerdydd, 1953) am y modd y trefnodd Lewys Glyn Cothi ei ddeunydd ym Mheniarth 109.
33 MWM 90.
34 PWDN I.
35 PWDN I.11–12.
36 Peniarth 52, 27.
37 Peniarth 52, 24; PWDN V.
38 PWDN VI.
39 Peniarth 52, 30–1.
40 Peniarth 52, 31.
41 PWDN VIII.
42 Peniarth 52, 31.
43 PWDN III.11–12.
44 Dafydd Johnston (goln), *Gwaith Lewys Glyn Cothi* [= GLGC] (Caerdydd, 1995), 71.53–4.
45 Peniarth, 52, 34.
46 PWDN II.
47 PWDN II.57–60.
48 PWDN XXII.
49 PWDN XXII.30–2. Myfi biau'r cynnig i droi 'Ba nid' yn 'Banid'.
50 Peniarth 52, 39.
51 Nid cwmpawd a ddefnyddir gan forwyr yw'r 'compod' sydd dan sylw, eithr y gair Ffrangeg 'compot'. Felly'r 'Compod manuel' ydyw'r *Astronomica*, sef llawlyfr o reolau ar sut i glandro neu amcangyfrif dyddiadau digwyddiadau seryddol a'r digwyddiadau symudol yn y calendr, a ddefnyddid gan forwyr ac eraill, gw. Marcus Manilius, *Astronomica* (Llundain, 1977).
52 Ibid.
53 Bleddyn O. Huws, 'Rhai o Swyddogaethau Beirdd yr Uchelwyr', *Y Traethodydd*, cl (1995), 215–31.
54 Morfydd E. Owen, 'Manion? Meddygol', *Dwned*, 7 (2001), 43.
55 Gw., er enghraifft, PWDN XXXVIII a XXXIX.
56 Peniarth 52. Nodir yn J. Gwenogvryn Evans, *Report on Manuscripts in the Welsh Language: Volume 1* (Llundain, 1898), 402, 'possibly in the autograph of Dd: Nanmor'.
57 Daniel Huws, *Cynnull y Farddoniaeth* (Aberystwyth, 2004), 9.
58 Gw. papurau'r diweddar Gilbert Ruddock (heb eu catalogio) yn Llyfrgell Salisbury, Prifysgol Caerdydd.

[59] Gilbert Ruddock, *Dafydd Nanmor* (Caernarfon, 1992); Gilbert Ruddock, 'Sylwadau ar Sefydlu Testun Newydd o Waith Dafydd Nanmor', *Llên Cymru*, 13 (1974–81), 164–83;
[60] Ruddock, 'Sylwadau ar Sefydlu Testun Newydd . . .', 175.
[61] E. D. Jones, 'A Welsh *Pencerdd*'s Manuscripts', *Celtica*, 5 (1960), 27.
[62] Ibid., 175.
[63] Peniarth 52, 33; cf. PWDN III.43.
[64] Peniarth 52, 33. Gw. PWDN III.43. Nodir y gwall hwn gan Gilbert Ruddock yn ei erthygl, 'Sylwadau ar Sefydlu Testun Newydd . . .', 177 ac yn ei astudiaeth o waith y bardd, *Dafydd Nanmor*, 25. Ceir cryn orgyffwrdd rhwng y ddau gyhoeddiad hyn wrth drafod darlleniadau Peniarth 52 ond mae'r erthygl a gyhoeddwyd yn *Llên Cymru* yn drylwyrach trafodaeth destunol.
[65] Peniarth 52, 33.
[66] Ruddock, 'Sylwadau ar Sefydlu Testun Newydd . . .', 168.
[67] PWDN II.46; Peniarth 52, 35.
[68] Ruddock, 'Sylwadau ar Sefydlu Testun Newydd . . .', 166.
[69] PWDN XXIII.
[70] Peniarth 52, 8. Ruddock, 'Sylwadau ar Sefydlu Testun Newydd . . .', 177.
[71] Ruddock, 'Sylwadau ar Sefydlu Testun Newydd . . .', 178.
[72] Ibid.
[73] Ibid.
[74] Ibid., 179.
[75] Gruffydd A. Williams, 'Gwrthrych un o Awdlau Dafydd Nanmor', 155–7. Derbynnir sylwadau'r Athro Gruffydd Aled Williams parthed gwrthrych yr awdl hon yn llawn.
[76] Ruddock, 'Sylwadau ar Sefydlu Testun Newydd . . .', 176.
[77] Peniarth 52, 31.
[78] PWDN III.19–20.
[79] Ruddock, 'Sylwadau ar Sefydlu Testun Newydd . . .', 176.
[80] PWDN III.16–17.
[81] Peniarth 52, 31.
[82] Peniarth 52; PWDN III.
[83] Ruddock, 'Sylwadau ar Sefydlu Testun Newydd . . .', 176.
[84] Ibid.
[85] Peniarth 52, 32.
[86] Peniarth 52, 24.
[87] Ruddock, 'Sylwadau ar Sefydlu Testun Newydd . . .', 176.
[88] Ibid.
[89] Peniarth 52, 37; cf. PWDN II.53–6.
[90] Ruddock, 'Sylwadau ar Sefydlu Testun Newydd . . .', 166.
[91] Ibid., 177 a PWDN XXII.24; Peniarth 52, 37.
[92] D. Simon Evans, *A Grammar of Middle Welsh* [= GMW] (Dulyn, 1989), 11–12.
[93] John Morris-Jones, *Cerdd Dafod* (Caerdydd, 1980), 275, §476; Peredur I. Lynch, 'Cynghanedd Cywyddau Dafydd ap Gwilym: Tystiolaeth y Llawysgrifau Cynnar', *Cyfoeth y Testun: Ysgrifau ar Lenyddiaeth Gymraeg yr Oesoedd Canol*, gol. Iestyn Daniel, Marged Haycock, Dafydd Johnston a Jenny Rowland (Caerdydd, 2003), 134–5.

[94] Peredur I. Lynch, 'Cynghanedd Cywyddau Dafydd ap Gwilym', 135–6.
[95] Ibid., 137.
[96] Ibid., 140–1.
[97] Ruddock, 'Sylwadau ar Sefydlu Testun Newydd ...', 177.
[98] Peniarth 52, 33.
[99] Ibid.
[100] Ruddock, 'Sylwadau ar Sefydlu Testun Newydd ...', 178.
[101] Gw. Thomas Parry, 'Pynciau Cynghanedd', *Bwletin y Bwrdd Gwybodau Celtaidd*, 10 (1939–41), 1–5; D. J. Bowen, 'Cynganeddion Gruffudd Hiraethog', *Llên Cymru*, 6 (1960–1), 5–6; Peredur I. Lynch, 'Cynghanedd Cywyddau Dafydd ap Gwilym', 117.
[102] Ruddock, 'Sylwadau ar Sefydlu Testun Newydd ...', 179.
[103] Peniarth 52, 30 a gw. PWDN VIII.47.
[104] Peniarth 52, 30.
[105] Diolch i Andrew Hawke, *Geiriadur Prifysgol Cymru*, am ei gymorth wrth chwilio trwy ddata *Geiriadur Prifysgol Cymru*, 6 Gorffennaf 2005.
[106] GDG 26.35–6.
[107] Gw. GPC 333.
[108] Ruddock, 'Sylwadau ar Sefydlu Testun Newydd ...', 179.
[109] GPC 333.
[110] Diolch i Andrew Hawke am ei gymorth wrth chwilio data *Geiriadur Prifysgol Cymru*, 6 Gorffennaf 2005. E. D. Jones (gol.), *Gwaith Lewis Glyn Cothi* (Caerdydd, 1953), 59.30; 2.82; 34.43; 49.28; 72.20; 76.19; 89.16; 97.14.
[111] Jones, *Gwaith Lewis Glyn Cothi*, 1.55 (Awdl i Arglwydd Herbart).
[112] Ibid., 67.10.
[113] Ibid., xv.
[114] Ibid., 1.1.
[115] Peniarth 52, 24. Gw. PWDN V.
[116] Ibid.
[117] Ruddock, *Dafydd Nanmor*, 26.
[118] Ruddock, 'Sylwadau ar Sefydlu Testun Newydd ...', 179–83.
[119] Yn ôl beirniadaeth destunol dylid osgoi *divinatio* lle y bo posibiliadau eraill, gw. Paul Maas, *Textual Criticism*, cyf. Barbara Flower (Rhydychen, 1958), 11.
[120] Diolch i E. Wyn James, Ysgol y Gymraeg, Prifysgol Caerdydd am drefnu caniatâd imi gael gweld papurau gwerthfawr y diweddar Gilbert Ruddock a diolch i Peter Keelan, Llyfrgellydd Salisbury, Prifysgol Caerdydd, am ei gymorth.
[121] PWDN VIII.
[122] Mân amrywiadau orgraffyddol a geir yn llau. 13, 14, 18, 23, 26, 54, 56, 65 Peniarth 52.
[123] PWDN XXIII.
[124] Gw. y nodiadau ar ymyl y ddalen yng ngolygiad Gilbert Ruddock o'r awdl hon yn 'Casgliad o Bapurau Gilbert Ruddock' (heb eu catalogio), Llyfrgell Salisbury, Prifysgol Caerdydd.
[125] PWDN XXII. Gw. 'Casgliad o Bapurau Gilbert Ruddock'.
[126] PWDN X.
[127] Gw. 'Casgliad o Bapurau Gilbert Ruddock'.
[128] Ibid.

129 Ibid.
130 PWDN V.
131 Gw. 'Casgliad o Bapurau Gilbert Ruddock'.
132 Ibid.
133 Ibid.
134 Ibid.
135 PWDN VI.
136 Ruddock, 'Sylwadau ar Sefydlu Testun Newydd . . .', 168.
137 PWDN VI.
138 Ruddock, 'Sylwadau ar Sefydlu Testun Newydd . . .', 169.
139 Ibid., 170.
140 Ibid.
141 Mae Daniel Huws yn cytuno â mi mai Dafydd Nanmor biau'r bedwaredd law ac yn ei fersiwn drafft nesaf o'r *Repertory of Welsh Manuscripts and Scribes* (i ymddangos) fe fydd yn nodi yn ei nodiadau ar Beniarth 52, 'D, pp. 21–44, the hand of Dafydd Nanmor, autograph *cywyddau* signed "Nanmor", and, on pp.40–4, *Compod manuel*, much of it damaged. On pp.1–7 are pentrials and *englynion* of s.xvi. On p.20, as a pentrial apparently in the hand of Dafydd Nanmor, is the opening of a letter in English, written at Beddgelert.'
142 Er enghraifft, Ruddock, *Dafydd Nanmor*, 24–6 ac Williams, 'The Literary Tradition to *c*.1560', 574.
143 Robin Flower, 'Richard Davies, William Cecil, and Giraldus Cambrensis', *Cylchgrawn Llyfrgell Genedlaethol Cymru*, iii (1943–44), 11. Cytunir yn gyffredinol mai llaw Dafydd Nanmor sydd yn LlGC 3024.
144 Robin Flower, 'Richard Davies, William Cecil, and Giraldus Cambrensis', 11.
145 Ibid.
146 *Y Bywgraffiadur Cymreig hyd 1940* (Llundain, 1953), 95.
147 Mostyn 117, 181.
148 Cadarnheir hyn gan Daniel Huws mewn nodyn drafft.
149 BL Add. 14912, 16, 61 a 91.
150 Diolch i Daniel Huws, Llyfrgell Genedlaethol Cymru, Aberystwyth am gadarnhau hyn â mi.
151 Ruddock, 'Sylwadau ar Sefydlu Testun Newydd . . .', 175.
152 GDG 9 a 123.
153 Gw. <http://hwww.maldwyn.llgc.org.uk> [gwelwyd 10 Awst 2005].
154 GDG 9.1.
155 GDG clxv.
156 B 48, 238, B 14 938, 127, C 27, 167, llawysgrifau Llywelyn Siôn, N 162, 100, N 675, 25, N 832, 23 (18g. sef copi William Bulkeley o'r Bryndu ym Môn) a P 198, 152 (1693–1701).
157 GDG cxlvii.
158 GDG 442.
159 Ibid.
160 *Cerdd Dafod*, 81–2.
161 Ibid., 275, §476; Peredur I. Lynch, 'Cynghanedd Cywyddau Dafydd ap Gwilym', 134–5.
162 *Cerdd Dafod*, 247.

[163] GDG 9.5–6.
[164] GDG 9.25–6.
[165] GDG 9.33–4.
[166] GDG 9.45–6.
[167] GDG 534.
[168] GDG cxciii.
[169] GDG 534.
[170] Llansteffan 118, 653.
[171] GDG 39.
[172] J. Gwenogvryn Evans, *The Report on Manuscripts in the Welsh Language: Volume 2* (Llundain, 1903), 579. Mae'r llawysgrif yn llaw Humphrey Davies a gellir dyddio'r ail ran 1612 x 35.
[173] Llansteffan 118, 653.
[174] RWM i, 518.
[175] MWM 84–103. Dangosodd Daniel Huws rai o'i nodiadau ar Beniarth 52 imi yn ystod 'Cerrig Milltir': Cynhadledd Canolfan Uwchefrydiau Cymreig a Cheltaidd, Prifysgol Cymru, Aberystwyth, 1 Gorffennaf 2005, a mawr yw fy niolch a'm dyled iddo.
[176] GDG lxxxiii; gw. hefyd sylwadau Gilbert Ruddock ar ddarlleniadau 'llafar eu naws' Peniarth 52 yn *Dafydd Nanmor*, 24–7.
[177] Gw. gwaith yr Athro Peter Wynn Thomas ar dafodieitheg hanesyddol, er enghraifft, yn Peter Wynn Thomas, 'Cydberthynas y Pedair Fersiwn Ganoloesol' yn Sioned Davies a Peter Wynn Thomas (goln), *Canhwyll Marchogyon: Cyd-destunoli Peredur* (Caerdydd, 2000), 10–49.
[178] GDG 123, 13.
[179] GDG lxxxi.
[180] GMW 114.
[181] Wrth 'holl waith' golygir y cerddi a briodolir i Ddafydd Nanmor yn PWDN.
[182] P. C. Bartrum, WG: 1 'Gwynfardd' 1; P. C. Bartrum, WG: 1 'Gwynfardd' 2; P. C. Bartrum, WG: 2 'Gwynfardd' 2 (A1).
[183] Barn Bleddyn Huws yw mai hwn yw'r 'cywydd diolch cynharaf sydd ar glawr, ond odid'. Gw. Bleddyn O. Huws, *Y Canu Gofyn a Diolch* (Caerdydd, 1998), 33.
[184] Ibid.
[185] GLGC 53.3–4. Ystyr 'alwar' yw 'pwts' neu 'pwrs'.
[186] GLGC 53.19–22.
[187] G. E. Else, *Plato and Aristotle on Poetry* (Llundain, 1986).
[188] GLGC 148.19–26.
[189] Diolch i Iestyn Daniel, Canolfan Uwchefrydiau Cymreig a Cheltaidd Prifysgol Cymru, sy'n paratoi golygiad o waith Llawdden, am y cyfeiriad hwn.
[190] Bleddyn O. Huws, *Y Canu Gofyn a Diolch*, 3–12.
[191] GLGC 165.25–8.
[192] GLGC 202.43–4.
[193] Gw. Robin Flower, 'Richard Davies, William Cecil, and Giraldus Cambrensis', 11. Cytunir yn gyffredinol mai llaw Dafydd Nanmor sydd yn LlGC 3024; Saunders Lewis, 'Dafydd Nanmor', 80–92. David Johnston, 'The Serenade and the Image of the House in the Poems of Dafydd ap Gwilym', *Cambridge*

  Medieval Celtic Studies, 5 (1983), 1–19; gw. hefyd D. Myrddin Lloyd, 'Dafydd Nanmor', 170–81.
[194] Er enghraifft, PWDN LI.
[195] PWDN XIX: 37–48.
[196] D. Myrddin Lloyd, 'Dafydd Nanmor', 179–80.
[197] PWDN XXXVII. William Rees, *The Black Death in Wales* (Aberdeen, 1920) a ailgyhoeddwyd yn R. W. Southern (gol.), *Essays in Medieval History* (Llundain, 1968), 179–99; Glanmor Williams, *Recovery, Reorientation and Reformation: Wales c.1415–1642* (Rhydychen, 1987), 15, 18, 90–1 a 118.
[198] PWDN XXXVII.64
[199] D. Myrddin Lloyd, 'Dafydd Nanmor', 180.
[200] Williams, 'The Literary Tradition to *c*.1560', 574.
[201] PWDN XXV; bu Morgan ap Rhys yn ei swydd rhwng 1443 a 1486. Gw. D. H. Williams, 'Fasti Cistercienses Cambrenses: addenda and corrigenda', *Bwletin y Bwrdd Gwybodau Celtaidd*, 25 (1972–4), 156.
[202] PWDN XL:11.
[203] Eurys Rolant, 'Ifor Hael', *Y Traethodydd*, cxxxvi (1981) 113–35 ac A. C. Lake, 'Awduraeth Cerddi'r Oesoedd Canol', *Dwned*, 3 (1997), 66.
[204] D. Myrddin Lloyd, 'Dafydd Nanmor', 176.
[205] Francesco Benozzo, *Landscape Perception in Early Celtic Literature* (Aberystwyth, 2004), vii–xii.

Llafarganiad John Morris-Jones
o 'Cywydd yn Ateb y Bardd Coch o Fôn' gan Goronwy Owen.

4

'Dwyn ei genedl dan ganu': Llafaredd a Pherfformiad ym Meirniadaethau Eisteddfodol John Morris-Jones[1]

LLION PRYDERI ROBERTS

Wrth dalu teyrnged i'w athro, ei gyfaill a'i gydweithiwr John Morris-Jones ar ei farwolaeth yn 1929, mae Ifor Williams yn dwyn i gof y dyddiau difyr hynny a dreuliodd yn hen *Latin Room* Coleg y Gogledd lle y byddai Morris-Jones yn darlithio, cyn mynd ymlaen i sôn amdano'n traddodi'r feirniadaeth ar gystadleuaeth y gadair yn Eisteddfod Genedlaethol Caernarfon, 1906:

> Er mai Saesneg oedd y ddarlith, Cymraeg oedd ei thestun, a chaem glywed ynddi gampwaith detholedig beirdd a llenorion gorau ein hiaith ni ein hunain ... pan fyddai yntau yn adrodd yn y llais clir lleddf hwnnw, a'r oslef undonog effeithiol oedd ganddo ... a'i dafod fel pe'n profi mêl ar ei wefusau wrth i'r cytseiniaid lithro'n araf drostynt. Braint oedd honno. Y tro y clywais i ef ar ei orau yn cyflawni'r un gamp ar y llwyfan, oedd yn Eisteddfod Caernarfon. Eisteddwn yn y llofft ymhen draw'r Pafiliwn, a'r llais yn cludo pob gair a sillaf a chytsain drwy'r adeilad hir; y miloedd i ddechrau yn berffaith ddistaw, yna'n porthi ar ddiwedd pob darn a ddyfynnid o awdl y Lloer, J.J. [Williams], yna ochenaid a chymeradwyaeth hir pan ddaeth yr englyn i fedd y dyn tlawd.
>
> > Bu hiraeth byw wrth ei ben,
> > a thorrodd ddwy lythyren!
>
> Mi gofiaf yr ias y munud yma. Yn wir, dyna oedd dawn arbenicaf Syr John fel beirniad. [2]

A hithau bellach dros 75 mlynedd ers i Morris-Jones draddodi ei feirniadaeth eisteddfodol olaf, mae'n rhaid troi at y beirniadaethau cyhoeddedig yng nghyfrolau *Cofnodion a Chyfansoddiadau* yr Eisteddfod Genedlaethol er mwyn gallu ei werthfawrogi ef fel beirniad. Wrth gwrs, gwaddol ysgrifenedig y beirniadaethau sydd i'w gael yno, a digon teg fyddai maentumio nad oes ynddynt arlliw o'r perfformiad llafar a ddisgrifir gan Ifor Williams. Eto, dim ond hanner y gwir fyddai hynny gan fod i'r beirniadaethau hyn gefndir a chyd-destun llafar amlwg ac arwyddocaol. Ac mae'n rhaid bod nid yn unig yn ymwybodol o'r cyd-destun hwnnw ond yn ogystal roddi ystyriaeth iddo wrth drafod neu 'ddarllen' y beirniadaethau 'ysgrifenedig' hyn. Ond gan nad oes cofnod llafar o Morris-Jones yn traddodi'r beirniadaethau wedi goroesi, mae'n deg gofyn a yw'n amhosibl gwerthfawrogi'n llwyr y beirniadaethau hyn, neu unrhyw destun llafar,[3] pan nad oes tystiolaeth uniongyrchol, pendant o'r 'perfformiad' llafar o'r testun hwnnw ar gael. Pan fo'r perfformiad, neu'r 'gyfrinach hanfodol' chwedl R. Tudur Jones, wedi ei golli am byth.[4] Dyna'r her a wynebwn wrth astudio testunau o'r fath, ac er mwyn ymateb i'r her mae angen defnyddio 'technegau beirniadol arbenigol', ys dywed R. Geraint Gruffydd, ac ystyr hynny yw 'darllen' testun ysgrifenedig am arwyddion o lafaredd a pherfformiad gwreidd-iol y testunau. Yr arwyddion hyn sy'n amlygu a phrofi llafaredd y darn dan sylw. Yn ei gyfrol *How to Read an Oral Poem*, mae John Miles Foley yn cynnig bod modd canfod yr arwyddion hyn mewn testunau drwy astudio, '[the] direct accounts of how they were composed and performed on the one hand, and structural symptoms of oral composition and performance on the other'.[5] Man cychwyn unrhyw astudiaeth, felly, fyddai'r dystiolaeth uniongyrchol ynglŷn â'r perfformiadau eu hunain, gan ddechrau â'r perfformiwr ei hun.

Ganwyd John Morris-Jones yn Nhrefor, Llandrygarn, Ynys Môn ar 18 Hydref 1864, a symudodd y teulu yn 1868 i Lanfair Pwllgwyngyll. Derbyniodd addysg yn ysgol Friars, Bangor a Choleg Crist, Aber-honddu, cyn mynd i Goleg Iesu, Rhydychen, i astudio mathemateg. Tra bu yno ymserchodd mewn astudiaethau Celtaidd, a'r Gymraeg yn arbennig, o dan gyfarwyddyd yr Athro John Rhŷs. Dychwelodd i Fôn yn 1888, a phenodwyd ef yn 1889 yn ddarlithydd yn Adran y Gymraeg, Coleg Prifysgol Gogledd Cymru, Bangor, a'i ddyrchafu'n Athro yn 1894 – swydd a ddaliodd hyd ei farwolaeth ar 16 Ebrill 1929. Fe'i claddwyd ym mynwent eglwys Llanfair Pwllgwyngyll, ac ar ei garreg fedd ceir yn syml y geiriau 'Athro Cymraeg'. Er iddo feirniadu ar fân gystadlaethau o ddechrau'r 1890au, yn 1896 y cychwynnodd ei gysylltiad â chystadleuaeth y gadair pan wahoddwyd Morris-Jones i feirniadu yn Eisteddfod Genedlaethol Llandudno. Ymysg ei gyhoeddiadau pwysicaf y mae *A Welsh Grammar: Historical and Comparative* (1913) a'r gyfrol bwysig *Cerdd Dafod* (1925). Bu'n gyfrannwr cyson a dadleuol i'r wasg yn ystod ei oes, ac ef oedd golygydd y cylchgrawn *Y Beirniad*. Datblygodd yn un o eiconau Cymru chwarter cyntaf yr ugeinfed ganrif ac ymysg anrhydeddau eraill a dderbyniodd fe'i hurddwyd yn farchog yn 1918.

Ystyried y Dystiolaeth

Er i John Morris-Jones feirniadu bedair gwaith ar bymtheg ar gystadleuaeth y gadair rhwng 1900 a 1929,[6] mae'n syndod mor dawedog y bu ynglŷn â chrefft llefaru. Yn wir, hyd y gwyddys ni cheir ganddo unrhyw ymgais i ddisgrifio na dadansoddi ei berfformiadau o lwyfan y Brifwyl. Rhaid troi at eraill felly i lenwi'r bylchau ynglŷn â'i ddawn ar y llwyfan, ac mae gennym dystiolaeth gan gyfeillion a chydweithwyr i ddawn lafar sylweddol, yn enwedig wrth draddodi barddoniaeth. Yn ystod ei gyfnod fel myfyriwr yn Rhydychen rhoddwyd iddo'r teitl 'Archfardd' gan aelodau Cymdeithas Dafydd ap Gwilym, a hynny am ei ddawn i farddoni ac i ddarllen neu adrodd barddoniaeth.[7] Serch hynny, mae'n ddiddorol mai siaradwr 'afrwydd, petrusgar' ydoedd, yn ôl tystiolaeth ei gyfaill a'i gydweithiwr ym Mangor, Ifor Williams. Dywed ymhellach mai cyfrinach dawn lafar Morris-Jones oedd ei fod yn paratoi'n ofalus ymlaen llaw, a darllen pob anerchiad

> drosodd a throsodd, nes eu gwybod bron ar dafod leferydd. Rhagorai yn y math hwnnw o annerch, lle disgwylid brawddegau caboledig urddasol, ac wedi iddo lunio'r cyfryw yn barod at yr amgylchiad, ni wn am neb i gystadlu ag ef yn y gelfyddyd o'u dweud gydag eneiniad.[8]

Mae nifer o ddisgrifiadau gan sylwebyddion o feirniadaethau Morris-Jones yn dadlennu pam y mae Ifor Williams yn defnyddio'r gair 'celfyddyd' wrth ddisgrifio ei berfformiad. Ymhellach, mae astudio tystiolaeth gyson a dibynadwy o ddisgrifiadau llygad-dystion yn gymorth i ddychmygu'r perfformiad a gollwyd, er bod rhaid ystyried effaith elfennau megis eilunaddoliad, sentiment a gormodiaith ar y dweud. Yn ogystal â disgrifiad Ifor Williams uchod, ceir un o'r disgrifiadau difyrraf a llawnaf o Morris-Jones yn beirniadu gan Cynan, sy'n cyfleu'n ddramatig olygfa o'r 'perfformiad' a roddod John Morris-Jones eto yn Eisteddfod Genedlaethol Caernarfon, 1906:

o'r diwedd fe ddaeth y beirniad at yr awdl a oedd wrth fodd ei galon, ac fe ddechreuodd ddangos ei gogoniant hi trwy adrodd o'r cof yn helaeth ohoni, a hynny mewn llais tenor cynnes, a gariai i ben draw'r hen Bafiliwn hir hwnnw, heb gymorth unrhyw ficroffon. Yn sydyn dyma'r gynulleidfa fawr ac astud (a oedd wedi bod yn hongian ar bob gair o'i enau) yn torri allan i'w borthi fel mewn cwrdd diwygiad, ac wedyn yn curo dwylo'n hir fel mewn cyngerdd. Mi alla'i weld-o'r funud yma yn sefyll ar flaen y llwyfan, yn gwenu ei fwynhad o 'liw a blas y gwin' yn y farddoniaeth (ac wedi iddo fanteisio ar y saib honno o gymeradwyaeth i daflu'n ôl y cudyn o wallt gloywddu a oedd wedi disgyn dros ei lygaid), yn llafarganu ymlaen am yr eos yn canu tan y lloer.⁹

O graffu ar y disgrifiad hwn gellir dod i nifer o gasgliadau pur bendant ynglŷn â pherfformiad John Morris-Jones. Ceir sylwadau ynglŷn â llais Morris-Jones, ei ddull o adrodd ei feirniadaeth, ei bryd a'i wedd ar y llwyfan, a pha effaith â gâi'r perfformiad ar ymateb y gynulleidfa. Ond mae Cynan, hefyd, am inni deimlo bod 'crefft' ar waith yn y disgrifiad. Ac mae tystiolaeth sylwebyddion eraill yn cadarnhau ac yn ychwanegu at y nodweddion perfformiadol a welir yma. Mae disgrifiad Thomas Parry ohono'n beirniadu yn Eisteddfod Genedlaethol Caernarfon, 1921, er enghraifft, yn cyflwyno darlun tebyg iawn i eiddo Cynan:

> Y mae'n ddiwrnod cadeirio'r bardd, a'r hen bafilwn enfawr dan ei sang. Dacw John Morris-Jones yn codi i draddodi'r feirniadaeth ar yr awdlau. Y mae'n ddyn tal a lluniaidd ei gorff, wedi ei wisgo, fel bob amser, yn raenus, a choler wen uchel am ei wddw a'i phigau yn agor allan dan ei ên, a honno'n ên hirfain gadarn. Y mae ei wallt yn ddu ac yn hir, wedi ei rannu ar yr ochr chwith, a chudyn ohono yn tueddu i syrthio'n barhaus dros ei lygad de.¹⁰

A cheir disgrifiad dramatig iawn gan Thomas Hughes, lle mae carisma Morris-Jones ar y llwyfan yn gwbl amlwg:

> To listen to Morris-Jones, in sonorous smoothly flowing sentences of faultless Welsh, without a scrap of notes, delivering his adjudication, the vast audience hanging on his words, was to me a liberal education. I see him now; towering in stature (as in intellect) above his fellows; leonine head of raven-black hair (a lock always awry on his massive forehead), features mobile but stern in repose; a veritable 'black Knight'. ¹¹

Gormodiaith efallai, ond mae disgrifiadau o'r fath yn cyflwyno gwybodaeth bwysig am berfformiad Morris-Jones. Ymhellach, rhydd y dystiolaeth oleuni ar rai nodweddion penodol a all, o'u hadnabod, effeithio ar y darlleniad o'r beirniadaethau 'ysgrifenedig' eu hunain. Enghraifft amlwg o'r disgrifiadau hyn fyddai'r ymdeimlad a geir o'r 'awdurdod' a feddai Morris-Jones ar lwyfan y Brifwyl. O'r herwydd gellir adnabod nodweddion sy'n cyfateb i'r wedd hon yn y testunau ysgrifenedig, megis ffraethineb ac uniongyrchedd y dweud. Dyma elfen a oedd yn cyd-fynd yn effeithiol iawn â'i rôl fel beirniad ac â'i bersona beirniadol. Gall tystiolaeth o'r fath, felly, sefydlu dimensiwn ychwanegol at gynnwys llythrennol y beirniadaethau.

Ond, yn ddi-os, nodwedd hynotaf y perfformiad i'r sylwebyddion hyn oedd dull Morris-Jones o lafarganu dyfyniadau o awdlau'r ymgeiswyr wrth feirniadu – dull a ddisgrifir gan Crwys fel '. . . rhyw ddolef hudol iawn yn ei lais e wrth ddyfynnu cwpledau'.[12] O edrych ar y testunau ysgrifenedig o'r beirniadaethau, serch hynny, daw'n amlwg nad oes unrhyw arlliw o'r dull hwn o lafarganu i'w ganfod. Ac er nad oes cofnod ohono'n llafarganu ar lwyfan y Brifwyl wedi goroesi fe wnaethpwyd recordiad o John Morris-Jones yn llafarganu barddoniaeth, a hynny gan Rudolf Trebitsch, ethnograffydd a weithiai yn Archif Sain Gwybodaethau Fienna. Ymwelodd â Chymru, yr Alban, Iwerddon, Llydaw ac Ynys Manaw yn 1907, a thrachefn yn 1909, er mwyn cofnodi ar ffonograff nifer o dafodieithoedd o'r gwledydd hynny.[13] Recordiwyd John Morris-Jones ddwywaith, yn llafarganu darn o gywydd ac yn adrodd straeon gwerin. Yn 1907 adroddodd Morris-Jones y rhan ganlynol o 'Cywydd yn Ateb y Bardd Coch o Fôn' gan Goronwy Owen.[14]

1 Yn lle malais, trais, traha,
2 Byddi'n llawn o bob dawn da,
3 Purffydd a chariad perffaith
4 Fydd, yn lle cant mallchwant maith;
5 Yn lle aflwydd tramgwydd trwch
6 Digon o bob rhyw degwch,
7 Undeb a phob rhyw iawnder,
8 Caru, gogoneddu Nêr;
9 Dy enw a fydd, da iawn fod,
10 Nef fechan y Naf uchod;
11 Rhifir di'n glodfawr hefyd
12 Ar gyhoedd gan bobloedd byd;
13 Ac o ran maint braint a bri
14 Rhyfeddod hir a fyddi.
15 Bellach, f'ysbryd a ballawdd,
16 Mi'th archaf i Naf a'i nawdd,

17 Gwylia rhag ofergoelion
18 Rhagrith, er fy mendith, Môn.
19 Poed yt hedd pan orweddwyf
20 Ym mron llawr estron lle'r wyf.
21 Gwae fi na chawn enwi nod,
22 Ardd wen, i orwedd ynod.
23 Pan ganer trwmp Iôn gwiwnef,
24 Pan gasgler holl nifer nef.
25 Pan fo Môn . . . [15]

Fe gyflwynir trawsgrifiad cerddorol o berfformiad John Morris-Jones ar y recordiad yn y bennod hon (t. 114).[16] Ac fel y gwelir o'r trawsgrifiad cerddorol, yr elfen amlycaf o berfformiad Morris-Jones ar y recordiad hwn yw y llafargenir y darn ganddo ar un dôn gyson ymron. Erys ar yr un traw drwy'r darn ar wahân i adran rhwng llinellau 15 a 23 lle disgynnir tôn, a hynny o bosib i adlewyrchu'r geiriau, 'Bellach f'ysbryd a ballawdd', cyn codi yn ôl i'r traw gwreiddiol ar ddechrau llinell 23, unwaith eto, o bosib, i adlewyrchu'r geiriau, 'Pan ganer trwmp Iôn gwiwnef'. Un lle arall lle newidir traw yn y darn yw pan geir naid cyfwng o bedwar i lawr o'r prif draw ar sillaf, neu ran gyntaf, gair olaf pob cwpled, cyn dychwelyd i'r traw gwreiddiol i ddiweddu'r cwpled sy'n creu effaith diweddeb berffaith.[17] Er bod Morris-Jones yn cadw'n bur gyson at y patrwm yn y perfformiad hwn, diddorol yw sylwi y ceir naid cyfwng o bedwar ar ddiwedd llinellau 9 a 10, a llinellau 13 a 14, ond na cheir naid ar ddiwedd llinellau 12 a 16.

Hyd y gwyddys, y recordiadau hyn gan Rudolf Trebitsch yw'r unig enghreifftiau sydd ar gael o Morris-Jones yn llafarganu barddoniaeth, ond o graffu ar ddisgrifiadau sylwebyddion ohono'n llafarganu, gellir derbyn mai'r un dull a ddefnyddiai ar lwyfan y Brifwyl. Ar y cyfan mae'n llafarganu'n bwyllog gan gadw rhythm rheolaidd iawn, a byddai hynny'n cyd-fynd â phatrwm cwpledol, sefydlog y cywydd ei hun. Ac ar wahân i'r effaith adloniadol amlwg, credaf mai un o fanteision pennaf y dull rhythmig hwn o lafarganu oedd er mwyn amlygu teithi a chyneddfau naturiol yr iaith Gymraeg a'r gynghanedd. Er nad yw'r elfen hon yn gwbl gyson yn y perfformiad hwn, mae geiriau'r gerdd yn hynod o eglur ar y recordiad. Yr hyn sy'n bwysig i'w gofio yw fod y dull hwn o lafarganu yn wahanol iawn i ddull arferol Morris-Jones o siarad wrth draddodi'r feirniadaeth neu ei ddull 'digon anysbrydoledig' o ddarlithio, yn ôl cynfyfyrwyr[18] (er y byddai'n eu gwefreiddio hwythau drwy lafarganu dyfyniadau yn y dosbarth, fel y gwelwyd yn nyfyniad Ifor Williams uchod). Yn aml, dyma fyddai uchafbwynt y feirniadaeth i'r gynulleidfa, ac o'r llafarganu hwn y tarddai llawer o swyn a grym perfformiadol Morris-Jones: 'Dyma i chi ddyn,' meddai Cynan, 'oedd yn gallu dal cynulleidfa o filoedd i hongian ar bob gair . . . drwy lafarganu barddoniaeth.'[19] Yr oedd gan Morris-Jones, felly, afael bendant ar ei gynulleidfa, elfen a gyfleir yn wych gan yr hanesyn a rydd E. Morgan Humphreys amdano un tro yn llafarganu yr englyn i Bont Menai ac i'r gynulleidfa fawr a wrandawai arno ymuno ag ef drwy lafarganu esgyll yr englyn, er mawr foddhad iddo.[20]

Darllen y Testunau

Mae tystiolaeth uniongyrchol, disgrifiadau llygad-dystion a gwybodaeth gefndirol o'r fath yn ein galluogi i 'ddarllen' y beirniadaethau argraffedig yn y *Cyfansoddiadau* mewn cyd-destun gwahanol. Serch hynny, nid yw'r ffaith fod y perfformiad ei hun ar goll yn golygu bod y perfformiad hwnnw wedi ei ddileu'n llwyr o'r dystiolaeth ysgrifenedig. Yn ei glasur, *Orality and Literacy*, dywed Walter J. Ong: 'literacy is infinitely adaptable. It can restore memory . . . Literacy can be used to reconstruct for ourselves the pristine human consciousness which was not literate at all . . . though not perfectly.'[21] Ni all fod yn berffaith gan nad yr un profiad yw clywed, neu brofi, perfformiad, â'r profiad o ddarllen testun. Ar y cyfan, mae darllen yn broses unigolyddol – 'Writing and print isolate,' meddai Ong – tra bo traddodi'n llafar yn broses sy'n gyfrannog o eraill, boed y rheini'n unigolion neu'n grwpiau.[22] Gan mai proses o gyfathrebu rhwng John Morris-Jones a'i gynulleidfa oedd perfformio'r beirniadaethau, mae'n berthnasol a phwysig ystyried a yw'r perfformiad yn bresennol yn y testun – dyma'r 'technegau esthetig arbennig o gyfathrebu ynghyd â gwahanol arwyddion i dynnu sylw at y ffaith mai perfformiad ydyw', ys dywed Sioned Davies.[23] Credaf mai teg, felly, fyddai awgrymu bod astudiaeth o'r fath yn rhwym o gyflwyno dealltwriaeth lawnach o unrhyw destunau llafar.

Yn wir, astudio'r berthynas hon rhwng llafaredd a llythrennedd yn y testun yw hanfod maes theori llafaredd a pherfformio – maes sydd wedi datblygu'n fawr dros y deng mlynedd ar hugain diwethaf. Serch hynny, yn y 1920au y gosodwyd seiliau'r maes gyda gwaith arloesol Milman Parry ar yr elfen fformiwläig mewn barddoniaeth epig Homeraidd. Wedi marwolaeth annhymig Parry yn 1935, datblygwyd a chabolwyd y gwaith maes gyda datganwyr o'r hen Iwgoslafia gan ei ddisgybl, Albert Lord. Cyhoeddwyd ffrwyth yr ymchwil yn y gyfrol bwysig *The Singer of Tales* yn 1960. Er y 1970au mae'r berthynas rhwng llafaredd a llythrennedd wedi dod yn fwyfwy blaenllaw ym maes beirniadaeth lenyddol, diolch i weithiau ysgolheigion megis E. A. Havelock, Jack Goody, Walter J. Ong, R. H. Finnegan, Richard Bauman a John Miles Foley i enwi ond ychydig, ac wrth gwrs yma yng Nghymru cafwyd astudiaeth arloesol ar grefft y cyfarwydd gan Sioned Davies.[24]

Un o'r datblygiadau pennaf yn y maes er cyhoeddi *The Singer of Tales* yw cwestiynu'r berthynas rhwng llafaredd ar y naill law a llythrennedd ar y llall. Roedd rhai am wahaniaethu'n bendant rhwng y llafar a'r ysgrifenedig, y 'Great Divide theory' fel y'i gelwir.[25] Y duedd erbyn hyn yw gwrthod y ddamcaniaeth hon sy'n pennu bod testun naill ai yn destun llafar neu'n destun ysgrifenedig. Pwysleisiodd ysgolheigion ac anthropolegwyr megis Finnegan, Clanchy, Bauman ac eraill fod y ffin rhwng llafaredd a llythrennedd mewn 'testun llafar' nid yn unig yn amwys, ond bod y naill gyfrwng a'r llall yn gallu rhyngweithio â'i gilydd.

Wrth gwrs, rhyw label digon amwys yw 'testun llafar' yn ei hanfod. Beth yn union a olygir? Ai testun a oedd yn wreiddiol yn llafar ond a gofnodwyd ar bapur yn ddiweddarach ydyw, neu a luniwyd y testun yn ysgrifenedig yn gyntaf yn un swydd er mwyn ei ddatgan yn llafar neu ei berfformio? Gan na ellir, yn aml iawn, holi'r awdur neu'r perfformiwr ei hun, nid oes modd bod yn gwbl sicr ym mhob achos. Gan mai ar ffurf ysgrifenedig y mae beirniadaethau John Morris-Jones, mae modd cymryd yn ganiataol fod confensiynau arferol llythrennedd wedi eu gosod arnynt. Eto, mae'r sefyllfa'n fwy cymhleth na hynny, fel yr eglura Helen Fulton:

> Orality and literacy cannot be separated into two contiguous movements . . . spoken text becomes, in effect, a written text whose tenor and mode realize markers of orality. By the same token, a text created in writing to be delivered orally . . . uses the conventions of literacy to construct a simulacrum of orality . . . A written text will still have the effect of a piece of written language even if it is presented orally . . .[26]

Gwaith anodd, os nad amhosibl weithiau, felly, yw diffinio'n bendant fod testun yn 'destun llafar'. Yr hyn sy'n bwysig, o ran darllen beirniadaethau ysgrifenedig John Morris-Jones yng ngoleuni eu cyd-destun llafar, perfformiadol, yw adnabod y 'markers of orality' y sonia Fulton amdanynt; y nodau hynny o lafaredd a elwir gan Walter J. Ong yn 'oral residue'.[27]

Serch hynny mae rhai ysgolheigion wedi ceisio ystyried pa mor llafar yw 'testun llafar'. Wrth drafod 'barddoniaeth lafar', er enghraifft, mae John Miles Foley yn cynnig pedwar math neu ddosbarth gwahanol o gyfrwng.[28] Y dosbarth cyntaf a nodir ganddo, 'Perfformiad llafar' (*Oral performance*), yw'r agosaf at lafaredd. Diffinnir ef fel digwyddiad byw, a chwbl fyrfyfyr yn aml iawn. Mae'r ail ddosbarth, 'Testunau wedi eu lleisio' (*Voiced texts*) wedi eu hysgrifennu yn wreiddiol ar gyfer eu perfformio. Dônt yn fyw drwy berfformiad ac felly maent yn annigonol fel testunau ysgrifenedig yn unig. Yr enghraifft amlycaf a rydd Foley yw barddoniaeth slam yr Unol Daleithiau, ffurf y mae'r gystadleuaeth farddol y 'Stomp' yma yng Nghymru yn ymdebygu iddi. Mae'r perfformiad o destunau'r trydydd dosbarth, 'Lleisiau o'r gorffennol' (*Voices from the past*), wedi ei golli am byth, ond y mae modd adnabod technegau a nodweddion yn y testunau hynny sy'n amlygu'r perfformiad hwnnw. Y pedwerydd dosbarth, 'Cerddi llafar ysgrifenedig' (*Written oral poems*), yw'r dosbarth agosaf at lythrennedd. Geilw Foley y dull yn 'translating between media', lle caiff un cyfrwng ei fynegi o fewn terfynau rheolau arddulliol cyfrwng arall.

Eto, prin fod John Miles Foley yn awgrymu bod pob enghraifft o 'farddoniaeth lafar' yn disgyn yn daclus i un o'r pedwar dosbarth hyn. Yn wir, o gymhwyso dosbarthiadau Foley at feirniadaethau John Morris-Jones gellir adnabod elfennau ynddynt sy'n bresennol mewn dau neu dri o'r pedwar dosbarth. Er na ellir eu cyfrif fel 'perfformiad llafar', credaf mai testunau ysgrifenedig a baratowyd yn arbennig ar gyfer eu perfformio ar lafar oedd beirniadaethau eisteddfodol John Morris-Jones. Mae'r perfformiad ei hun wedi ei golli, ac felly mae'n rhaid darllen y beirniadaethau 'llafar' hyn mewn cyfrwng ysgrifenedig. Eto, ni ellir eu llwyr werthfawrogi, nac ychwaith fesur eu dylanwad a'u diben, heb eu hystyried yn eu cyd-destun llafar, perfformiadol.

Yr hyn sy'n gwneud y cyd-destun perfformiadol o'r beirniadaethau hyn mor bwysig, yw fod gan berfformiad y gallu i drawsnewid adroddiad llafar o'r feirniadaeth – hynny yw, proses o gyfathrebu – yn 'ddigwyddiad artistig', chwedl Richard Bauman.[29] Ac o'r herwydd, y mae'r digwyddiad yn llawer mwy arwyddocaol na modd o gyfathrebu yn unig, ac yn derbyn arno rymoedd diwylliannol a chymdeithasol. Yn ôl Bauman, digwydd hyn pan geir

> a transformation of the basic referential . . . uses of language. In other words, in artistic performance . . . there is something going on in the communicative interchange which says to the auditor, 'interpret what I say in some special sense; do not take it to mean what the words alone, taken literally, would convey'.[30]

Â rhagddo i egluro bod hyn yn galluogi perfformiad i greu neu gynnal ffrâm ddeongliadol a all apelio at ymwybod neu isymwybod y gwrandäwr.³¹ O fewn ffrâm o'r fath mae'r gynulleidfa yn dehongli'r genadwri a gyfathrebir gan y perfformiwr.

Yr hyn sy'n awgrymu neu'n cyflawni'r symudiad hwn o gyfathrebu yn unig i ddigwyddiad artistig yw nifer o godau neu allweddau i berfformiad, a thrwy astudio'r moddau hyn o gyfathrebu mae modd adnabod neu ddatgodio arwyddion llafaredd yn y beirniadaethau ysgrifenedig.

Yn ei gyfrol *Verbal Art as Performance*, ceir y rhestr ganlynol o allweddau gan Bauman.³²

- codau arbennig;
- iaith ffigurol;
- cyfochredd;
- ffurfiau para-ieithyddol arbennig;
- fformiwlâu arbennig;
- apelio at draddodiad;
- gwadu perfformiad.

Dyma restr sy'n addas ar gyfer dadansoddi nifer o destunau gwahanol, er bod Bauman yn pwysleisio bod modd i'r allweddau hyn amrywio yn ôl y gwahanol gymunedau ieithyddol a'r diwylliannau a astudir, a bod angen arfer hyblygrwydd wrth ddehongli'r allweddau unigol. O gymryd y rhestr uchod fel canllaw, felly, a oes codau neu allweddau o'r fath yn bresennol ym meirniadaethau John Morris-Jones?

Allweddau / codau i berfformiad

Codau arbennig
Yn sicr, gellir dadlau bod codau arbennig yn bresennol yn y beirniadaethau. Dyma nodwedd gyson ar berfformiad llafar sy'n dynodi bod rhyw arwyddocâd arbennig yn perthyn i berfformiad o safbwynt y gynulleidfa. Gall y codau amrywio o ddefnydd penodol o iaith i'r wisg a ddefnyddir gan y perfformiwr. Ym meirniadaethau Morris-Jones, credaf fod modd adnabod codau sy'n tueddu i amlygu presenoldeb a rôl y gynulleidfa yn y perfformiad. Un côd posibl fyddai arfer John Morris-Jones ambell waith o gyfarch neu o apelio yn uniongyrchol at y gynulleidfa. Byddai côd o'r fath yn creu cysylltiad neu berthynas rhyngddo ef a'i gynulleidfa. Er enghraifft, mewn un feirniadaeth dywed Morris-Jones: 'Ysgrifenna

[yr ymgeisydd] yn wael. Pob llinell, pa faint bynnag fo'i hyd, yn dechrau yr un fath ar ymyl y ddalen, yn debycach i restr o bleidleiswyr nag i farddoniaeth. Onid oes rhyw ddylni rhyfedd ar bobl?'[33] Drachefn, try at y gynulleidfa mewn rhwystredigaeth wrth drafod cynnwys awdl a gofyn, 'A oes rywun a all ei ddeall?'[34] Dro arall, mae fel petai'n gofyn barn y gynulleidfa ar y llinell wallus 'I deg gail diogelwch – dy nefoedd'; dywed: 'Oni fuasai *clyd* yn well na *theg* am *gail*? ac onid llawer gwell fuasai'r llinell fel hyn: "I gled gail diogelwch – dy nefoedd."'[35] Mewn man arall, wedi dyfynnu pennill, dywed: 'Oni theimlir bod y gelfyddyd ar wall yma?' Yr un effaith a gynhyrchir gan ei ddefnydd o ffurfiau'r ail berson lluosog – 'oni wyddech', 'cymerwch', 'meddyliwch' – a ddefnyddir o dro i dro yn lle ffurfiau'r amhersonol. Er nad yw'n disgwyl ymateb i'r apeliadau hyn, o gyfeirio at y gynulleidfa a gofyn cwestiwn iddynt, mae Morris-Jones yn eu clymu wrth y perfformiad ac yn hawlio eu sylw.

Gellir ystyried defnydd Morris-Jones o ieithwedd lafar a sathredig yn gôd arbennig hefyd, geiriau megis 'cogio', 'vandaliaeth', 'stwff', 'rigmarôl' a 'hymbygiaeth', a cheir ganddo rai enghreifftiau o iaith idiomatig, megis 'allan o hydion', methu â 'gwneud na rhych na chefn' o awdl, neu 'lusgo cynghanedd gerfydd ei chlust'. Gallai clywed y ffurfiau hyn yng nghanol iaith safonol Morris-Jones nid yn unig hoelio sylw at bwynt, ond hefyd bwysleisio i'r gynulleidfa fod y beirniadaethau hyn yn ymwneud â hwy ac yn berthnasol iddynt.

Côd arall fyddai cyfieithu gwaith yr ymgeiswyr i'r Saesneg er mwyn dangos gwendidau'r llinell Gymraeg. Mae Morris-Jones hefyd yn cyfieithu ambell waith er mwyn cywiro gwallau gramadegol. Er enghraifft, dywed fod defnyddio'r ffurfiau *safa* yn lle *saif*, *torra* yn lle *tyr*, a *gosoda* yn lle *gesyd*, '. . . yn gymaint trosedd yn erbyn yr iaith ag a fuasai dywedyd *comed* a *goed* yn lle *came* a *went*'.[36] Mewn man arall dywed fod gan ymgeisydd '. . . ambell ymadrodd fel . . . *a'i gawr*, "his giant" yn lle *a'i awr*, "his cry"'. Mae i gyfieithu, yn ogystal, effaith adloniadol cryf. Meddai am un ymgeisydd:

> Fel hyn y cais ddywedyd mai rheswm ac nid teimlad sydd i reoli: 'Gresyn i ddyn gorysol – afradu'i / Ferwedydd teimladol.' Berwedydd! Dyna air barddonol. Meddyliwch am fardd Saesneg yn dywedyd 'It is a pity for too ardent a man to waste his emotional boiler'![37]

Dro arall cyfieithir darnau penodol, megis yr englyn cymhleth canlynol:

> Cwblhai dysg ohebol dân, – derch foddion
>   Drychfeddwl i hedfan

> I'w bwynt pell, yn llinell lân
> Athroniaeth awyr anian.

'Pwy a ddeongl yr englyn hwn,' meddai. Yna, daw'r cyfieithiad: '"Knowledge completed the fire of correspondence, the sublime means of an idea to fly to its far point in the fair line of the philosophy of the air of nature"', cyn ychwanegu, 'O'r groes o gyswllt!'[38] Gan mai Saesneg oedd iaith swyddogol addysg a gwybodaeth, roedd cyfieithu i'r iaith honno i ddangos gwall yn fodd i bwysleisio'r gwall hwnnw i'r gynulleidfa hyd yn oed os nad oedd rhai ohonynt yn deall yr iaith.

Iaith ffigurol

Dyma nodwedd arall sydd i'w chanfod yn gyson mewn perfformiad llafar, ac yn enwedig mewn barddoniaeth lafar. Ym meirniadaethau John Morris-Jones, dichon mai'r defnydd o drosiadau a chyffelybiaethau o fywyd pob dydd sy'n dod agosaf at y nodwedd hon. Er enghraifft, disgrifir ymgeisydd sy'n gymhleth ei arddull a'i syniadaeth fel bardd 'niwlog', neu un sydd 'eto heb ddyfod o'r niwl'.[39] Defnyddir cyffelybiaeth effeithiol wrth gystwyo ymgeisydd sydd wedi canu'n rhy faith yn ei awdl: 'Y mae'r bardd wedi cymryd maes rhy eang i'w ddiwyllio a'i chwynnu'n briodol, fel amaethwr a gormod o dir ar ei law.'[40] Ceir trosiad diddorol wrth drafod arddull ac iaith awdl ymgeisydd arall: 'Digon carpiog yw gwisg hon hefyd.'[41] A disgrifir ymdriniaeth y rhan fwyaf o'r ymgeiswyr ar y testun 'Y Gaeaf' 'fel siarad anghysylltiol am y tywydd'.[42] Defnyddir y côd hwn yn effeithiol iawn pan fo Morris-Jones am wneud pwynt penodol, megis pan ddywed: 'Nid oes gan ddyn hawl i arfer gair oni bydd ef ei hun yn gynefin âg ef mewn llenyddiaeth; nid yw hynny ond y peth a eilw'r Sais yn *false pretences*. Neu gellir cyffelybu dyn yn arfer geiriau ffuantus o eiriaduron â dyn yn ceisio pasio arian drwg.'[43]

Cyfochredd

Nodwedd gyson arall ar farddoniaeth lafar yw cyfochredd (*parallelism*). O edrych ar y testunau eu hunain, ni ellir dweud bod defnydd fformiwläig o gyfochredd yn bresennol fel ag a ddefnyddir mewn barddoniaeth epig, dyweder. Mae'r feirniadaeth yn rhwym o amrywio yn ei chynnwys gan fod ymdriniaeth pob ymgeisydd â'r testun yn wahanol. Eto, un enghraifft lle mae Morris-Jones yn defnyddio patrwm pur bendant yw pan fo'n rhestru gwallau iaith. Yn aml iawn ceir ganddo strwythur o enwi'r gwall ac yna enwi'r ffurf gywir, ac ailadroddir hyn ddwywaith, deirgwaith, bedair gwaith, neu'n amlach ambell waith. Ceir un o'r enghreifftiau amlycaf o'r patrwm ym meirniadaeth gyntaf John Morris-Jones yn Eisteddfod Genedlaethol Lerpwl, 1900, pan fo'n cystwyo ffurfiau berfol gwallus yr ymgeiswyr:

> dywedir *canfyddodd* am *canfu* – y cam nesaf fydd dywedyd *byddodd* yn lle *bu*; ceir *dalia* yn lle *deil*, *agora* yn lle *egyr*, *gosoda* yn lle *gesyd*, *rhodda* yn lle *rhydd*, *todda* yn lle *tawdd*, *troa* yn lle *try*, glasdwr yn lle hufen, i lanw llinell ac i achub odl.[44]

Gellir dadlau bod y rhythm cyson ailadroddus hwn, gyda'r geiriau 'yn lle' neu 'am' yn gyswllt rhwng gwall a ffurf gywir, yn cyflwyno patrwm i'r gynulleidfa o ran adnabod ffurfiau gwallus a chywir yr iaith.

Ffurfiau para-ieithyddol arbennig
Dyma nodwedd sy'n anodd os nad yn amhosibl i'w chanfod mewn testunau ysgrifenedig, gan mai ffurfiau a gyfleir ar lafar ydynt. Yn wir, mae'n nodwedd gref ar lafaredd testun. Nodir yr enghraifft ganlynol gan Richard Bauman: '"the Mohaves have a traditional staccato, strongly accented and rather rapid manner of delivering traditional memorized texts".'[45] Mae'r ffurfiau hyn yn amlygu dulliau o gyfathrebu sy'n wahanol iawn i ddulliau naturiol, arferol, o siarad. Does dim dwywaith, felly, y gellir ystyried llafarganu unsain Morris-Jones wrth ddyfynnu barddoniaeth yn ffurf bara-ieithyddol.

Fformiwlâu arbennig
Yn debyg i godau arbennig, mae fformiwlâu arbennig yn tueddu i ddilyn confensiynau y byddai'r gynulleidfa'n medru uniaethu â hwy, ac maent yn ogystal yn ategu at y perffformiad ei hun. Fel gyda chyfochredd nid yw natur naratifol, amrywiol y feirniadaethau yn caniatáu strwythur fformiwläig tyn. Eto, pwysleisir yng ngwaith rhai ysgolheigion ac anthropolegwyr nad oes raid cael fformiwlâu sy'n gwbl sefydlog. Mae Walter J. Ong yn cyfeirio at waith Joel Sherzer, er enghraifft, sy'n awgrymu bod modd cael 'a continuum between the "fixed" and the "flexible" use of formulaic elements'.[46] Pwysleisia fod perfformiad sy'n amrywio yn ei gynnwys llythrennol ond sy'n cadw patrwm o gynnwys, arddull a strwythur yn berfformiad fformiwläig. Un fformiwla bosibl yn y beirniadaethau, felly, fyddai defnydd Morris-Jones o frawddegau stoc rhagfynegiadol cyn dyfynnu o awdlau'r ymgeiswyr. Brawddegau yw'r rhain sy'n arwain y gynulleidfa at ddehongli'r dyfyniadau o'r awdlau

mewn ffordd arbennig; brawddegau megis, 'Lled ddiymadferth ydyw . . . [a dyfynnu wedyn o awdl ymgeisydd]'. Brawddegau eraill tebyg fyddai: 'Dyma enghraifft fanylach o'i goll . . .'; 'Ni all dim fod yn fwy annymunol na rhyw drot parhaus: . . .'; 'Y mae yma weithiau y cyfuniad rhyfeddaf o eiriau: "tân ei thrannoeth", "gwau ei thlodi". A'r canlyniad ydyw fod yma lawer o ymadroddion annealladwy, megis . . .'.[47] Cânt eu defnyddio hefyd i ganmol yr ymgeiswyr: 'fel hyn y cân [yr ymgeisydd] ar ei oreu: . . .'; 'Diwedda â chadwyn brydferth o englynion: . . .'; 'Un o'r darnau goreu, os nad y goreu, yn yr awdl ydyw a ganlyn: . . .'.[48] Wrth gwrs, mae brawddegau o'r fath i'w canfod mewn arddull ysgrifenedig yn ogystal, ac unwaith eto mae'n bwysig cofio nad ydynt yn perthyn yn unig i feirniadaethau John Morris-Jones, gan fod dyfynnu yn rhan naturiol o feirniadaeth eisteddfodol yn gyffredinol. Eto, mae'r ffaith ei fod yn dyfynnu'n bur aml a chyson yn awgrymu'r elfen fformiwläig hon.

Apelio at draddodiad
Gellir canfod y nodwedd o apelio at draddodiad yng nghyd-destun hanesyddol a diwylliannol y feirniadaeth ei hun i raddau helaeth. Ac fel 'beirniad' eisteddfodol amlwg iawn, mae Morris-Jones yn amlygu'r nodwedd hon ymhellach. Atgyfnerthu'r syniad o 'draddodiad' a wna'r ffaith mai beirniadu barddoniaeth gynganeddol y mae. Wrth gwrs, mae'n naturiol fod dylanwadau ieithyddol, mydryddol a barddol Morris-Jones yn rhwym o ddylanwadu ar ei feirniadaethau. Wrth feirniadu'r ymgeiswyr, felly, gall John Morris-Jones hawlio awdurdod ei safonau – y traddodiad barddol Cymraeg, y Beibl, gramadegwyr y Gymraeg ac Aristoteles a'r traddodiad clasurol, a cheir cyfeiriadau atynt a dyfyniadau ohonynt yn y beirniadaethau o dro i dro. Fel y dywed Bauman, roedd apelio at draddodiad yn fodd i arwyddo 'the assumption of responsibility for the proper doing of a communicative act'.[49]

Gwadu perfformiad
Hyd y gwelaf, nid yw'r nodwedd olaf yn rhestr Bauman, sef gwadu perfformiad, yn bresennol o gwbl ym meirniadaethau John Morris-Jones. Yn wir, byddai gwadu mai perfformiad sy'n digwydd ar lwyfan y Brifwyl yn gweithio'n groes i bersona beirniadol awdurdodol John Morris-Jones, neu unrhyw feirniad yn wir.

Gwelir, felly, fod ystyriaeth o'r allweddau neu'r codau hyn yn fodd i amlygu'r elfennau llafar – y 'markers of orality' – yn y testun ysgrifenedig. Eto, y mae'n bwysig nodi dwy elfen arwyddocaol arall mae'n rhaid eu hystyried wrth ddadansoddi cyd-destun llafar testun ysgrifenedig.

Nifer o fframiau

Yn gyntaf, mae rhai astudiaethau diweddar gan anthropolegwyr wedi awgrymu y gall perfformiad gynnal mwy nag un ffrâm ddeongliadol. Digwydd hyn wrth i'r perfformiwr ymgymryd â gwahanol fathau o lafaredd. Yn astudiaeth Gary Gossen o gymuned y Chamula, yn ne Mexico, er enghraifft, nodir bod ganddynt yn gyffredinol dri dull o siarad.[50] Amrywia'r tri dull hyn o sgwrs naturiol i ieithwedd sy'n strwythurol gaeth o ran cynnwys, arddull a chyd-destun – mae i'r tri dull ei ffrâm ddeongliadol ei hun, felly. Ac o edrych ar feirniadaethau Morris-Jones, gwelir bod modd rhannu'r perfformiad o'r beirniadaethau yn adrannau neu fframweithiau – fframwaith 'naratif' lle y trafodir awdlau'r ymgeiswyr, a fframwaith 'ddyfyniadol' lle y llafargenir dyfyniadau o'r awdlau hynny. Byddai gofynion perfformiadol uwch llafarganu yn y ffrâm ddyfyniadol yn arwyddo i'r gynulleidfa fod angen dehongli ar lefel uwch, boed y gynulleidfa yn gwbl ymwybodol o hynny ar y pryd ai peidio.

Perfformiad 'diwylliannol'

Yn ail, mae'n bwysig ystyried nid yn unig gyd-destun llafar y beirniadaethau ysgrifenedig, sef y perfformiad, ond hefyd gyd-destun y perfformiad hwnnw. Nid yw beirniadaethau Morris-Jones yn digwydd mewn gwagle. Mae iddynt gyd-destun pendant – yn ddiwylliannol a chymdeithasol – sef defod cadeirio yr Eisteddfod Genedlaethol. O'r herwydd, gellir ystyried y feirniadaeth eisteddfodol yn ôl yr hyn a elwir gan Milton Singer yn 'berfformiad diwylliannol' (*cultural performance*).[51] Cwyd y perfformiad 'diwylliannol' hwn statws perfformiad John Morris-Jones o'r feirniadaeth uwchlaw modd o gyfathrebu â chynulleidfa yn unig. Mae'r perfformiad yn annatod glwm â'i gyd-destun diwylliannol, 'anchored and inseparable from its context of use', ys dywed Bauman a Briggs.[52] Felly, roedd y perfformiad ynddo'i hun yn hanfodol er mwyn trosglwyddo cenadwri John Morris-Jones i'w gynulleidfa ac ar yr un pryd yn fodd i ddehongli'r genadwri honno iddynt.

Diben y perfformiad

Wrth ystyried diben y perfformiad i John Morris-Jones, mae'n bwysig cofio bod perfformiad 'diwylliannol' o'r fath yn rhoi cyfle i berfformiwr ei sefydlu ei hun mewn rôl gymdeithasol, lle y caiff ei gysylltu'n uniongyrchol gan ei gynulleidfa â'r perfformiad, ac â chenadwri'r perfformiad hwnnw. Dyma'r grym perfformiadol a elwir gan Bauman yn 'general rhetorical power of performance and its . . . potential for transformation of the social structure'.[53] Byddai grym o'r fath yn cryfhau statws ac awdurdod cymdeithasol y perfformiwr ynghyd â'i feistrolaeth ar ei berfformiad a'i genadwri fel ei gilydd. Daeth y feirniadaeth eisteddfodol yn llwyfan pwerus i Morris-Jones greu a chynnal persona'r beirniad awdurdodol a'r athro barddol.[54] O'r llwyfan hwn gallai ddylanwadu yn effeithiol iawn ar werin y cyfnod – pob 'Cymro, deallus, dirodres'[55] – er mwyn newid a chwyldroi'r drefn ieithyddol, ddiwylliannol a oedd ohoni. Drwy osod fframweithiau deongliadol a'i galluogai i ymgyrraedd at ymwybod neu isymwybod ei gynulleidfa, ac a fyddai'n codi cenadwri'r feirniadaeth uwchlaw'r neges benodol neu neilltuol ynglŷn ag awdlau'r ymgeiswyr, gallai'r perfformiad hyrwyddo ei genadwri i'r genedl. Y perfformiad a fyddai'n llywio (ac yn lliwio) dehongliad y gynulleidfa o eiriau Morris-Jones,[56] a'r gynulleidfa, wrth gwrs, a fyddai'n trosglwyddo dylanwad y perfformiad hwnnw y tu hwnt i'r pafiliwn eisteddfodol. Fel y dywed Bauman a Briggs: 'Their role becomes active when they serve as speakers in subsequent entextualizations of the topic at hand.'[57] Er ei bod yn bwysig cofio nad y perfformiad yn unig a'i galluogodd i wneud hyn, yn sicr roedd yn elfen ddylanwadol iawn yn ei grwsâd dros safonau. Mae arwyddocâd pwysig iawn i berfformiad y beirniad-aethau felly, yn enwedig o ystyried tra-arglwyddiaeth Morris-Jones ar y llwyfan eisteddfodol am ddeng mlynedd ar hugain ymron, a gall egluro pam mai 'sych iawn' yr ystyriwyd cystal beirniad â T. Gwynn Jones.[58] Nid 'beirniadaeth' yn unig a ddisgwylid gan y gynulleidfa. Yr hyn a gyflawnai Morris-Jones yn feirniad, yn llygaid y gynulleidfa, oedd y perfformiad o'i feirniadaeth.

'Athro cenedl', chwedl J. E. Caerwyn Williams,[59] oedd John Morris-Jones ar lwyfan yr Eisteddfod Genedlaethol, a chredaf na ellir yn llwyr werthfawrogi Morris-Jones fel beirniad, felly, heb astudio beirniad-aethau ysgrifenedig y *Cyfansoddiadau* yn eu cyd-destun llafar. Efallai'n wir nad oedd Morris-Jones yn ymwybodol o gysyniad o'r fath â 'theori perfformio', ond mae'n amlwg fod ganddo gred gadarn fod perfformio'r beirniadaethau yn gyfrwng dylanwadol ac yn 'gelfyddyd' lafar. Yn ogystal â thystiolaeth disgrifiadau sylwebyddion, credaf mai geiriau Morris-Jones ei hun, o'u darllen yng nghyd-destun technegau theori llafaredd a pherfformio, sy'n ein galluogi ninnau i sylweddoli hynny heddiw.

Nodiadau

1. Am ymdriniaethau cynharach ar y pwnc gennyf, gw. 'Yr Athro yn ei Elfen: Beirniadaeth Eisteddfodol John Morris-Jones', *Taliesin*, 105–6 (1999), 117–44; 'Agenda Ddeallusol a Pherfformiad ym Meirniadaethau John Morris-Jones' (Traethawd M.Phil. Cymru [Caerdydd], 2002).
2. Ifor Williams, 'Syr John Morris-Jones', *Y Traethodydd*, 17 (1929), 143.
3. Hynny yw, testun ysgrifenedig sydd â chyd-destun llafar pendant.
4. R. Tudur Jones, 'Dawn Môn', yn *Ynys Môn* (Bro'r Eisteddfod 3), gol. Bedwyr Lewis Jones a Derec Llwyd Morgan (Llandybïe, 1983), 114–23 [119]. Gw. hefyd Sioned Davies, 'Cynnydd *Peredur vab Efrawc*', yn Sioned Davies a Peter Wynn Thomas (goln), *Canhwyll Marchogyon: Cyd-destunoli Peredur* (Caerdydd, 2000), 65.
5. John Miles Foley, *How to Read an Oral Poem* (Urbana a Chicago, 2002), 47.
6. Eisteddfod Genedlaethol Llandudno, 1896, oedd y tro cyntaf i John Morris-Jones feirniadu ar gystadleuaeth y gadair. Er bod pum beirniad, un feirniadaeth yn unig a ddaeth i law a Dyfed a'i draddododd y flwyddyn honno. Ond mae'n amheus faint o ddylanwad a gafodd Morris-Jones ar y feirniadaeth gan i'r beirniaid gadeirio pryddest gan y Bardd Newydd Ben Davies, pryddest nad oedd yn adlewyrchu o gwbl ddaliadau beirniadol na barddol John Morris-Jones. Yn Eisteddfod Genedlaethol Lerpwl, 1900, y traddododd ei feirniadaeth gyntaf ar gystadleuaeth y gadair.
7. Mae rhai o gofnodion y cyfarfodydd yn sôn fel y byddai'n gwefreiddio ei gyd-aelodau drwy ddarllen iddynt gywyddau gan Dafydd ap Gwilym a Goronwy Owen, ac iddo mewn un cyfarfod '[r]oi gwers i'r gymdeithas "ar ganu cywyddau fel y clywsai yn Eisteddfod fawreddog y Talwrn"' (J. E. Caerwyn Williams, 'Cymdeithas Dafydd ap Gwilym, Mai 1886– Mehefin 1888', yn Thomas Jones (gol.), *Astudiaethau Amrywiol* (Caerdydd, 1968), 160).
8. Ifor Williams, 'Syr John Morris-Jones', 146.
9. Cynan, 'Drylliwr Rheolau Redi-mêd oedd y Beirniad Eisteddfodol', yn *Môn: Canmlwyddiant Geni Syr John Morris-Jones 1864–1964*, rhifyn 2, 9 (Gwanwyn 1965), 11.
10. Thomas Parry, *John Morris-Jones 1864–1929* (Caerdydd, 1958), 4.
11. Thomas Hughes, 'Sir John Morris-Jones. Giant Intellect and Great Heart: Wales's "National Schoolmaster"', yn *Great Welshmen of Modern Days* (Caerdydd, 1931), 86.

12 Ceir y dyfyniad mewn rhaglen radio o'r enw 'Cofiwn John Morris-Jones'. Darlledwyd y rhaglen ar 17 Ionawr 1967. Cynhyrchydd y rhaglen oedd W. D. Williams. Diolch i Adran Archif Sain, BBC Radio Cymru.
13 Diolch i Dr Wyn James a Dr Angharad Price, Prifysgol Caerdydd, yr Athro David Thorne, Prifysgol Cymru, Llanbedr Pont Steffan, a Dr Beth Thomas a Meinwen Ruddock, Amgueddfa Werin Cymru, Sain Ffagan, am eu cymorth wrth ymchwilio i recordiadau Rudolf Trebitsch. Gw. hefyd fy nodyn 'Recordiadau Rudolf Trebitsch o John Morris-Jones', *Llên Cymru*, 26 (2003), 158–9. Erbyn hyn mae'r recordiadau ar gael ar ffurf cryno-ddisg gan y Phonogrammarchiv, Archif Sain Ymchwil Awstria: *The Collections of Rudolf Trebitsch: Celtic Recordings – Ireland, Wales, Brittany, Isle of Man, and Scotland (1907–09)* (Cyfres 5/2). Rwy'n bwriadu trafod hanes yr ymweliadau hyn yng nghyd-destun perfformiadau John Morris-Jones yn fanylach mewn man arall.
14 Ceir fersiwn cyhoeddedig o'r cywydd hwn – ymysg lleoedd eraill – yn Thomas Parry (gol.), *The Oxford Book of Welsh Verse* (Rhydychen, 1962), 307–14 [313–14].
15 Daw'r fersiwn hwn o'r trawsgrifiad ysgrifenedig o gynnwys y recordiadau (o bosibl yn llaw John Morris-Jones) a wnaethpwyd ar y pryd, ac a gedwir ymysg papurau Rudolf Trebitsch yn y Phonogrammarchiv. Cedwir copïau yn Amgueddfa Werin Cymru, Sain Ffagan. Daw'r recordiad hwn i ben yn ddisymwth ar ganol llinell 25.
16 Trawsgrifiad cerddorol o berfformiad John Morris-Jones o'r darn hwn o gywydd yn y bennod hon, lle gwelir nid yn unig rhythm a phwyslais John Morris-Jones wrth lafarganu ond hefyd y traw a ddefnyddir. Gweler yn arbennig y naid cyfwng o bedwar i lawr o'r prif draw ar ddiwedd cwpledi. Rwyf yn ddiolchgar iawn i Owen Saer am ei wybodaeth gerddorol a thechnolegol ac am baratoi'r trawsgrifiad hwn ar fy rhan.
17 Am ymdriniaeth fanylach â'r recordiad ei hun gw. 'Agenda Ddeallusol a Pherfformiad ym Meirniadaethau John Morris-Jones', 122–32.
18 Gwyn Thomas, *Syr John Morris-Jones* (Caerdydd, 1994), 3. Dyma sut y rhoddwyd y ffeithiau moel, '. . . yn fân ac yn aml', ys dywed Crwys ('Cofiwn John Morris-Jones').
19 'Cofiwn John Morris-Jones'. Nid dyma'r lle i drafod pam yr oedd yn llafarganu, nac ychwaith o ble y tarddodd y dull arbennig hwn o lafarganu. Eto, mae'n werth sylwi'n fanwl ar eiriau Rudolf Trebitsch, pan ddywed yn ei adroddiad ar deithiau 1909 fod John Morris-Jones, wrth lafarganu, yn ceisio 'atgynhyrchu y gelfyddyd annerch unigryw Gymraeg sydd yn ôl pob tebyg eisoes yn y broses o farw allan' (Rudolf Trebitsch, *Phonographische Aufnahmen der welshen Sprache in Wales, der Manxschen Sprache auf der Insel Man, der gaelischen Sprache in Schottland und eines Musikinstrumentes in Schottland, ausgeführt im Sommer 1909* (Wien, 1909), 15. Diolch i Dr Angharad Price am y cyfieithiad). Yn ei gyfrol *Elfennau Barddoniaeth* dywed T. H. Parry-Williams: '[w]rth ddarllen . . . yr ieithwedd farddonol, fel y'i gelwir, rhaid wrth oslef arbennig neu fath o siant neu "hwyl" i fwyn-hau'r holl odidowgrwydd' (T. H. Parry-Williams, *Elfennau Barddoniaeth* (Caerdydd, 1935, arg.1965), 6). Diddorol, yn y cyswllt hwn felly, yw sylw Cynan pan ddywed: '. . . chlywais i neb erioed a fedrai gyflwyno miwsig darn cynganeddol

fel Syr John Morris-Jones, ac eithrio, efallai, Syr Thomas Parry-Williams' (Cynan, 'Drylliwr Rheolau Redi-mêd oedd y Beirniad Eisteddfodol', 11).

[20] E. Morgan Humphreys, 'Syr John Morris-Jones', yn *Gwŷr Enwog Gynt* (Aberystwyth, 1953), 55–6.

[21] Walter J. Ong, *Orality and Literacy: The Technologizing of the Word* (Llundain, 1982), 15.

[22] Ibid., 68 a 73.

[23] Sioned Davies, 'Cynnydd *Peredur vab Efrawc*', 66.

[24] Datblygiad o'i diddordeb yn y maes yw ei phrosiect ymchwil diweddaraf, 'Perfformio o'r Pulpud', sef astudiaeth o bregethu dramatig yng Nghymru'r bedwaredd ganrif ar bymtheg a'r ugeinfed ganrif. Am lyfryddiaeth fanwl o'r maes gw. John Miles Foley, *Oral-Formulaic Theory and Research: An Introduction and Annotated Bibliography* (Efrog Newydd, 1985, gw. yr atodiadau yn *Oral Tradition*, 1988 a 1992, yn ogystal â fersiwn wedi ei ddiweddaru ar y we: <http://www.oraltradition.org> [gwelwyd 10 Medi 2005]). Ond gw. yn arbennig Albert Lord, *The Singer of Tales* (Cambridge, Massachusetts, 1960); E. A. Havelock, *Preface to Plato* (Cambridge, Massachusetts, 1963); Jack Goody, *Literacy in Traditional Societies* (Caergrawnt, 1968); idem, *The Domestication of the Savage Mind* (Caergrawnt, 1977); idem, *The Interface Between the Written and the Oral* (Cambridge, Massachusetts, 1987); R. H. Finnegan, *Oral Poetry: Its Nature, Significance and Social Context* (Caergrawnt, 1977); idem, *Literacy and Orality: Studies in the Technology of Communication* (Rhydychen, 1988); idem, *Oral Traditions and the Verbal Arts* (Llundain, 1992); Richard Schechner, *Essays on Performance Theory* (Ralph Pine, 1977; Efrog Newydd, 1987; cyhoeddwyd argraffiad newydd dan y teitl *Performance Theory* yn 1988 a 2003); Walter J. Ong, *Orality and Literacy: The Technologizing of the Word*; B. F. Roberts, 'Oral tradition and Welsh literature: a description and survey', *Oral Tradition*, 3 (1988), 61–87; Sioned Davies, *Crefft y Cyfarwydd: Astudiaeth o Dechnegau Naratif y Mabinogion* (Caerdydd, 1995); idem, 'Perfformio o'r Pulpud: Rhagarweiniad i'r Maes', *Y Traethodydd* (Hydref 2000), 256–80; Richard Bauman a Joel Sherzer, *Explorations in the Ethnography of Speaking* (Efrog Newydd, 1974); Richard Bauman, *Verbal Art as Performance* (Illinois, 1977); idem, *Story, Performance and Event: Contextual Studies of Oral Narrative* (Caergrawnt, 1986); idem, *Folklore, Cultural Performances, and Popular Entertainments* (Efrog Newydd, 1992); John Miles Foley, *Oral Tradition in Literature. Interpretation in Context* (Columbia, 1986); idem, *The Singer of Tales in Performance* (Bloomington, 1995); idem, *How to Read an Oral Poem* (Urbana a Chicago, 2002); Henry Bial, *The Performance Studies Reader* (Llundain ac Efrog Newydd, 2004).

[25] Gw. R. H. Finnegan, *Literacy and Orality: Studies in the Technology of Communication*.

[26] Helen Fulton, 'Orality and Literacy in Early Welsh Literature', yn Angharad Price (gol.), *Chwileniwm* (Caerdydd, 2002), 32–3.

[27] Walter J. Ong, *Orality and Literacy*, 38.

[28] John Miles Foley, *How to Read an Oral Poem*, 39.

[29] 'Artistic event' yw term Bauman. Gw. Richard Bauman, *Verbal Art as Performance*, 4.

[30] Ibid., 9.

31 'Interpretive frame' yw term Bauman. Gw. ibid.
32 Ibid., 16. Fe'u rhestrir hefyd gan John Miles Foley yn *How To Read an Oral Poem*, 85.
33 John Morris-Jones, 'Cystadleuaeth y Gadair: Beirniadaeth Yr Athro John Morris Jones' yn E. Vincent Evans (gol.), *Cofnodion a Chyfansoddiadau Eisteddfod Genedlaethol 1906 (Caernarfon)* (d. ll., d. d.), 6. (Sylwer nad yw'r beirniadaethau cyn 1918 yn arfer y cysylltnod yn enw John Morris-Jones. O 1918 ymlaen, y flwyddyn y'i hurddwyd yn farchog, y defnyddiodd y cysylltnod.)
34 John Morris-Jones, 'Cystadleuaeth y Gadair: Beirniadaeth Yr Athro Syr John Morris-Jones' yn E. Vincent Evans (gol.), *Cofnodion a Chyfansoddiadau Eisteddfod Genedlaethol 1927 (Caergybi)* (d. ll., d. d.), 7.
35 John Morris-Jones, 'Cystadleuaeth y Gadair: Beirniadaeth Yr Athro John Morris Jones' yn E. Vincent Evans (gol.), *Cofnodion a Chyfansoddiadau Buddugol Eisteddfod Genedlaethol Lerpwl 1900* (Lerpwl, 1901), 5.
36 John Morris-Jones, 'Cystadleuaeth y Gadair: Beirniadaeth Yr Athro John Morris Jones' yn E. Vincent Evans (gol.), *Cofnodion a Chyfansoddiadau Eisteddfod Genedlaethol 1905* (Aberpennar), (d. ll., d. d.) 1.
37 Ibid., 6.
38 Ibid., 7.
39 John Morris-Jones, 'Cystadleuaeth y Gadair: Beirniadaeth Yr Athro Syr John Morris-Jones' yn E. Vincent Evans (gol.), *Cofnodion a Chyfansoddiadau Eisteddfod Genedlaethol 1921* (Caernarfon) (d. ll., d. d.), 5.
40 John Morris-Jones, 'Cystadleuaeth y Gadair: Beirniadaeth Yr Athro John Morris Jones' yn E. Vincent Evans (gol.), *Cofnodion a Chyfansoddiadau Buddugol Eisteddfod Genedlaethol Lerpwl 1900*, 7.
41 John Morris-Jones, 'Cystadleuaeth y Gadair: Beirniadaeth Yr Athro John Morris Jones' yn E. Vincent Evans (gol.), *Cofnodion a Chyfansoddiadau Eisteddfod Genedlaethol 1909 (Llundain)* (d. ll., d. d.), 5. Diddorol yw'r hanesyn a rydd Cynan am un o'r ymgeiswyr a gystwywyd gan Morris-Jones yn ysgrifennu i'r wasg 'i geisio dadlau mai *meddyliau*'r bardd a oedd yn hollbwysig, ac nid sut yr oeddynt wedi eu gwisgo'. Mae'n bur debyg mai'r sylw uchod a ysgogodd yr ymgeisydd hwn i ddatgan: '"Gwell angel mewn carpiau na bwgan-brain mewn sidan." Atebodd Morris-Jones ef yr wythnos ganlynol yn yr un papur gan ddweud "nad oes gan fardd ddim busnes i wisgo angylion mewn rags"' ('Drylliwr Rheolau Redi-Mêd oedd y Beirniad Eisteddfodol', 12).
42 John Morris-Jones, 'Cystadleuaeth y Gadair: Beirniadaeth Yr Athro Syr John Morris-Jones' yn E. Vincent Evans (gol.), *Cofnodion a Chyfansoddiadau Eisteddfod Genedlaethol 1922 (Rhydaman)* (d. ll., d. d.), 2.
43 Ibid., 7.
44 John Morris-Jones, 'Cystadleuaeth y Gadair: Beirniadaeth Yr Athro John Morris Jones' yn E. Vincent Evans (gol.), *Cofnodion a Chyfansoddiadau Buddugol Eisteddfod Genedlaethol Lerpwl 1900*, 2.
45 Richard Bauman, *Verbal Art as Performance*, 20. Gw. hefyd, John McDowell, 'Some Aspects of Verbal Art in Bolivian Quechua', *Folklore Annual of the University Folklore Association*, 6 (1974).

46 Walter J. Ong, *Orality and Literacy*, 64. Gw. hefyd Joel Sherzer, 'The interplay of structure and function in Kuna narrative, or, how to grab a snake in the Darien', yn Deborah Tannen (gol.), *Grangetown University Round Table on Languages and Linguistics* (Washington, 1982), 306–22.
47 John Morris-Jones, 'Cystadleuaeth y Gadair: Beirniadaeth Yr Athro John Morris Jones' yn E. Vincent Evans (gol.), *Cofnodion a Chyfansoddiadau Buddugol Eisteddfod Genedlaethol Lerpwl 1900*, 3; John Morris-Jones, 'Cystadleuaeth y Gadair: Beirniadaeth Yr Athro John Morris Jones' yn E. Vincent Evans (gol.), *Cofnodion a Chyfansoddiadau Eisteddfod Genedlaethol 1909 (Llundain)*, 7; John Morris-Jones, 'Cystadleuaeth y Gadair: Beirniadaeth Yr Athro Syr John Morris-Jones' yn E. Vincent Evans (gol.), *Cofnodion a Chyfansoddiadau Eisteddfod Genedlaethol 1925 (Pwllheli)* (d. ll., d. d.), 7; John Morris-Jones, 'Cystadleuaeth y Gadair: Beirniadaeth Yr Athro Syr John Morris-Jones' yn E. Vincent Evans (gol.), *Cofnodion a Chyfansoddiadau Eisteddfod Genedlaethol 1921 (Caernarfon)*, 4–5.
48 John Morris-Jones, 'Cystadleuaeth y Gadair: Beirniadaeth Yr Athro John Morris Jones' yn E. Vincent Evans (gol.), *Cofnodion a Chyfansoddiadau Eisteddfod Genedlaethol 1909 (Llundain)*, 5; John Morris-Jones, 'Cystadleuaeth y Gadair: Beirniadaeth Yr Athro Syr John Morris-Jones' yn E. Vincent Evans (gol.), *Cofnodion a Chyfansoddiadau Eisteddfod Genedlaethol 1922 (Rhydaman)*, 16; John Morris-Jones, 'Cystadleuaeth y Gadair: Beirniadaeth Yr Athro John Morris Jones' yn E. Vincent Evans (gol.), *Cofnodion a Chyfansoddiadau Buddugol Eisteddfod Lerpwl 1900*, 6.
49 Richard Bauman, *Verbal Art as Performance*, 21.
50 Gw. astudiaeth Gary Gossen yn ibid., 81–115.
51 Milton Singer, *When a Great Tradition Modernizes* (Efrog Newydd, 1972), 71. Am drafodaeth ar gyd-destunoliad (*contextualization*) y perffomiad, yn ogystal â sylwadau ar ddad-gyd-destunoliad (*decontextualization*) y perfformiad, gw. Richard Bauman a Charles L. Briggs, 'Poetics and performance as critical perspectives on language and social life', *Annual Review of Anthropology*, 19 (1990), 59–88 (gw. yn arbennig 66–78).
52 Richard Bauman a Charles L. Briggs, 'Poetics and performance as critical perspectives on language and social life', 73.
53 Richard Bauman, *Verbal Art as Performance*, 44.
54 Am eglurhad o'm dadl fod gan Morris-Jones 'agenda' ddeallusol, gymdeithasol, a dadansoddiad o gyfraniad ei statws fel beirniad eisteddfodol (drwy ei berfformiad o'r beirniadaethau) i'r agenda honno, gw. 'Agenda Ddeallusol a Pherfformiad ym Meirniadaethau John Morris-Jones'.
55 Gw. Dafydd Glyn Jones, *Syr John Morris-Jones a'r Cymro Dirodres* (Undeb y Gymraeg, 1997). Gw. hefyd John Morris-Jones, 'Yr Iaith Gymraeg', yn Thomas Gee a John Parry (goln), *Y Gwyddoniadur Cymreig* (Dinbych, ail arg. 1891), 48–79.
56 Dywed Sioned Davies fod 'gwaith ysgrifenedig yn arwain at berthynas wahanol rhwng yr awdur a'i gynulleidfa. Mewn llenyddiaeth lafar, mae llawer yn dibynnu ar y perfformiad personol, ar ymateb y gynulleidfa ac ar y berthynas uniongyrchol rhwng yr awdur a'i gyhoedd. Mae llenyddiaeth ysgrifenedig, ar y llaw arall, yn rhoddi mwy o gyfle i awdur annibynnol, ac i gyfathrach haniaethol rhyngddo a'i gynulleidfa oherwydd mae'n rhydd o

bwysau perfformio'r foment' (Sioned Davies, *Crefft y Cyfarwydd*, 21). Gw. ymhellach Walter J. Ong, *Orality and Literacy*.
[57] Richard Bauman a Charles L. Briggs, 'Poetics and performance as critical perspectives on language and social life', 70.
[58] Gwneir y sylw gan T. D. Roberts wrth adrodd ei hanes yn gwrando ar Morris-Jones yn beirniadu yn Eisteddfod Genedlaethol Caergybi, 1927 (sgwrs a recordiwyd gennyf yn Awst 1998).
[59] 'Cofiwn John Morris-Jones'.

5

Borshiloff

ANGHARAD PRICE

'Rhyw feddwl' yr oedd T. H. Parry-Williams yn 1946 y buasai ef 'yn hoffi mynd am drip ar y trên dwyreiniog hwnnw', wedi iddo ddarllen nodyn yn y papur-newydd 'yn hysbysu fod ailgychwyn i fod ar redeg yr Orient Express o Baris i Istanbwl.'[1] Roedd yr Ail Ryfel Byd wedi rhoi stop ar y trên hwn, wrth i deithio dros ffiniau fynd yn anodd os nad yn amhosibl, a theithiau llongau gael eu stopio'n llwyr. Wedi'r rhyfel, taniwyd dychymyg Parry-Williams gan hanes ei ailgychwyn.

Yn hynny o beth, cydiai mewn traddodiad anrhydeddus. Er ei sefydlu yn 1883 mae'r *Orient Express* wedi tanio dychymyg y Gorllewin, yn fwyaf adnabyddus, efallai, yn llyfr Agatha Christie, *Murder on the Orient Express*, a droswyd yn ffilm (gydag Albert Finney yn chwarae rhan Hercule Poirot). Yn wir, mae'r trên hwn wedi chwarae rhan ganolog mewn chwe ffilm, pedwar llyfr ar bymtheg, a hyd yn oed un darn o gerddoriaeth (yr *Orient Express Variations*). Ac ar sgriniau ein diwylliant Gorllewinol, fe'i gwelwyd yn fwyaf diweddar yn y ffilm *102 Dalmatians* gan Disney, lle y defnyddir yr *Orient Express* yn gyfrwng dihangfa Cruella de Vill. Yn wir, mae bellach yn destun ei gofiant ei hun, sef *The World's Most Celebrated Train* gan Dr Shirley Sherwood.

Arferai'r *Orient Express* deithio ar draws cyfandir Ewrop trwy ddinasoedd megis Fienna, Bwdapest, Bwcharest a Belgrâd, yr holl ffordd i Istanbwl ar un adeg. Hawdd gweld y byddai'r trên enwog a rhamantus hwn wedi apelio at Parry-Williams a ymgymerodd â theithiau rhamantus eraill ddegawdau ynghynt (i Dde America yn 1925 ac i'r Unol Daleithiau yn 1935). Diau y byddai enwau'r dinasoedd Dwyreiniol wedi apelio ato hefyd: wedi'r cyfan, dyma fardd yr oedd ynddo 'ddagrau i enwau'r byd' (fel y mynegodd yn y gerdd 'Sante Fe').

Ond enw dyn sydd ar flaen ei feddwl wrth ystyried mynd ar daith ar yr *Orient Express,* sef Borshiloff, a'r enw hwnnw sy'n deitl yr ysgrif gyntaf yng nghyfrol olaf ond un T. H. Parry-Williams, *Myfyrdodau*, a gyhoeddwyd yn 1957.

Bwlgariad oedd Borshiloff a gydletyodd am gyfnod yn yr un tŷ â Parry-Williams pan oedd yn fyfyriwr ym Mhrifysgol Freiburg rhwng 1911 a 1913. Treulir yr ysgrif hynod hon yn portreadu Borshiloff ac yn trafod ei berthynas ddwys ac amwys gyda Parry-Williams, 'pan nad oedd ond pared rhwng y ddeulanc ohonom'. Bron i bymtheng mlynedd ar hugain yn ddiweddarach, yn 1946, pan ddarllena am ailgychwyn rhedeg yr *Orient Express* wedi'r Ail Ryfel Byd, awch Parry-Williams yw dal y 'trên dwyreiniog hwnnw a galw yn Sofia ar y ffordd, i holi hynt Borshiloff'.

Parodd enw'r trên i mi feddwl am gyfrol enwog yr ysgolhaig Edward Said, sef *Orientalism.*[2] Ac yntau'n Balestiniad a ymsefydlodd yn yr Unol Daleithiau, roedd Said, a fu farw yn 2003, yn ysgolhaig athrylithgar ac yn un o ladmeryddion amlycaf achos y Palestiniaid. Yn ei weithiau theoretig pwysleisiodd drwodd a thro berthynas annatod gwleidyddiaeth â holl weithgarwch dyn, a'r gweithgarwch hwnnw'n cynnwys llenyddiaeth ac ysgolheictod.

Cyhoeddwyd *Orientalism* yn 1978, ac mae lle i ddadlau ei fod yn fwy perthnasol heddiw nag erioed. Haerodd Said yn y llyfr hwn mai syniad a grëwyd gan y Gorllewin yw'r Dwyrain. Mae'n greadigaeth sydd yn deillio o berthynas imperialaidd anghytbwys. Dadleuodd Said fod holl sefydliadau'r Gorllewin yn rhwym yn y broses o hyrwyddo rhagfarnau hiliol yr Orientaliaeth hon. Fel hyn y crynhodd Said brif nodweddion yr *Orientalism* sy'n hydreiddio holl ddiwylliant gwleidyddol a deallusol y Gorllewin:

> It is [...] a distribution of geopolitical awareness into aesthetic, scholarly, economic, sociological, historical and philological texts; it is an elaboration not only of a basic geographical distinction (the world is made up of two unequal halves, Orient and Occident) but also of a whole series of 'interests' which, by such means as scholarly discovery, philological reconstruction, psychological analysis, landscape and sociological description, it not only creates but also maintains [. . .]. Indeed, my real argument is that Orientalism is – and does not simply represent – a considerable dimension of modern political-intellectual culture, and as such has less to do with the Orient than it does with 'our' world.[3]

Yn y weithred o ddehongli'r Dwyrain at ddibenion y Gorllewin, fe'i camgynrychiolir, wrth i'r testun Orientalaidd lurgunio'r Dwyrain. Yng ngeiriau Said:

> Orientalism is premised upon exteriority, that is, on the fact that the Orientalist, poet or scholar, makes the Orient speak, describes the Orient, renders its mysteries plain for and to the West. He is never concerned with the Orient except as the first cause of what he says.[4]

Defnyddiodd Said y syniad hwn i ailddarllen y modd y cynrychiolir y Dwyrain yn nhestunau'r Gorllewin, boed y rheini'n destunau 'ffeithiol' neu 'ddychmygol'. Disgrifiodd ei ddull o ailddarllen testunau, gan bwysleisio eu natur *gynrychioliadol*, fel a ganlyn:

> My analysis of the Orientalist text therefore places emphasis on the evidence, which is by no means invisible, for such representations as representations, not as 'natural' depictions of the Orient. This evidence is found just as prominently in the so-called truthful text (histories, philological analyses, political treatises) as in the avowedly (i.e. openly imaginative) text. The things to look at are style, figures of speech, setting, narrative devices, historical and social circumstances, not the correctness of the representation nor its fidelity to some great original.[5]

Yn ôl Said, mae pob camgynrychioliad yn atgyfnerthu'r berthynas anghyfartal sy'n bodoli rhwng y Gorllewin a'r Dwyrain, wrth i'r naill siarad 'ar draws' neu 'dros' y llall:

> The exteriority of the representation is always governed by some version of the truism that if the Orient could represent itself, it would; since it cannot, the representation does the job, for the West, and *faute de mieux*, for the poor Orient.[6]

Dangosodd Said dro ar ôl tro sut y camgynrychiolir y Dwyrain (y Dwyrain Islamaidd yw prif faes ei archwiliad ef), yn y fath fodd ag i'w ddadrymuso, ac yn sgil hynny i'w reoli. Yn ei ddarlleniadau o destunau Orientalaidd dros y canrifoedd, dangosodd sut y cysylltir y Dwyrain â nodweddion megis rhamant, yr ecsotig, yr afresymegol, y creulon, a sut y cysylltir y Dwyreinwyr fel hil â diogi, synwyrusrwydd, anghyfrifoldeb, cnawdolrwydd, plentyneiddiwch a dirgelwch.

A dyna'r union nodweddion a welir yng nghymeriad Borshiloff yn ysgrif T. H. Parry-Williams. Yn wir, mae'r modd y portreedir y Bwlgariad gan y Cymro yn cyd-fynd yn agos â sylwadau Said am 'Orientalism'. Mae Borshiloff yn ŵr diog, synhwyrus, anghyfrifol, cnawdol, plentynnaidd, a dirgel.

Cyn inni gael ein cyflwyno i Borshiloff 'yn y cnawd', fel petai, mae Parry-Williams yn tynnu sylw at ddieithrwch ei enw. Gwna hynny trwy gynnig, ac yna wadu, amryfal ragdybiaethau'r darllenydd ynghylch y fath enw ecsotig: nid diwinydd o 'gyfandirwr a gafodd dermau newydd ar hen athrawiaethau' sydd yma; nid 'athronydd estron'; nid 'rhyw gomed o fardd tramor', nac ychwaith 'gadfridog aliwn ac anghyfraith'. Noder cynifer o eiriau sy'n pwysleisio dieithrwch yma: 'cyfandirwr'; 'estron'; 'tramor'; 'aliwn'. Y dieithrwch pwysleisiol hwn yw'r cyd-destun y mae Borshiloff, unwaith y'n cyflwynir ni iddo, yn camu ohono.

Ar ôl tynnu sylw at ddieithrwch ei enw, troir wedyn at ddieithrwch ei gorff. Wrth gyfarfod Borshiloff am y tro cyntaf nodir ei ymddangosiad corfforol trawiadol: 'gŵr ifanc barfog a mwstasiog ydoedd, gyda gwallt a llygaid duon'. Yn wir, pwysleisir dieithrwch ei ymddangosiad gyda gair benthyg o'r Ffrangeg: 'tipyn o *élégant*' ydyw, yn nhyb y Cymro.

Yna down at ei bersonoliaeth, ac nid yw T. H. Parry-Williams yn petruso cyn datgelu inni natur ddiog ac anghyfrifol Borshiloff. Clywn ei fod yn siarad Almaeneg 'yn slanglyd ar dro'. Clywn ei fod yn 'gwneud sbort am ben ei gwrs addysg'. Yn wir, dywedir wrthym ei fod 'ymhell ar ôl' gyda'i astudiaethau ym maes y Gyfraith, ar ôl crwydro o brifysgol i brifysgol a dod i Freiburg, yn y diwedd, i geisio 'magu digon o ddiwydrwydd' i gwblhau ei astudiaethau, ennill ei '*Diplom*', a dychwelyd i swydd yn Sofia.

Buan y down i wybod mai'r hyn sy'n gyfrifol am arafwch Borshiloff gyda'i astudiaethau yw ei natur synhwyrus. Mynegiant o'r synwyrusrwydd hwnnw (sy'n mynd law yn llaw â'i ddiogi), yw ei fandolin:

> Ambell dro, rhwng un ar ddeg o'r gloch a hanner nos, os digwyddai fod i mewn yr adeg honno, fe ddeuai nodau hiraethus a lleddf o'i ystafell pan thrymiai diwn ar ei fandolin cyn mynd i'r gwely. Yn f'ystafell fy hun, mi fyddwn innau'n gwrando arno yn synfreuddwydiol.

Yn y paragraff a ddaw yn union wedi'r sylw hwn dywed Parry-Williams wrthym fod Borshiloff yn 'bechadur mawr', a thrwy hynny cysylltir synwyrusrwydd y Bwlgariad â phechod. Mynegir ei rinweddau'n ormodieithol â thri ansoddair yn y radd eithaf: ef yw'r 'clenia'n fyw a'r mwyaf llednais a llariaidd dan haul'. Ond pechadur ydyw, er hynny. Ategir hyn pan ddywedir wrthym mai 'hen bechadur, oedd y Borshiloff ifanc hwnnw'. Hynny yw, mae'r pechod yn rhan o'i natur gynhenid, yn rhan o natur y Dwyreiniwr. Nid oes dim unigolyddol yn ei bechod. Nid 'rhyferthwy cythreuldeb' oedd ynddo, ond 'pechadurusrwydd mwyn' y synhwyrau. Dywedir wrthym fod Borshiloff yn un sy'n 'gwario'i ieuenctid i ofera'n foethus, i afradloni'n hapus ac i ymostwng i holl ddeniadau cnawd a byd'. Yn wir, ymhelaethir ar yr un ystrydeb, pan ddywedir bod Borshiloff fel plentyn yn ei synwyrusrwydd pechadurus: nid yw'n ymesgusodi, ac nid yw'n 'crugo dim na byddai wedi bod yn fwy ystig ac ymroddgar' gyda'i astudiaethau cyn hynny. Crynhoir yr anghyfrifoldeb hwn mewn arwyddair cyfleus: 'Cymryd ei siawns a dawnsio, Cymryd y byd fel y bo.'

Pan ddeuai'r ddau wyneb yn wyneb am eiliad wrth gydgerdded i'r ystafell fwyta yn eu llety, byddai'r synwyrusrwydd digywilydd ar wyneb y Dwyreiniwr yn serio'i hun ar ddychymyg Parry-Williams wrth i Borshiloff 'ysgafn-anwylo'i fwstas, ei ddannedd yn fflachio'n wyn, y llygaid yn fwy na llydan-agored a'i air cyfarch yn foneddigaidd felys ar ei fin'. Mae yma swyn a pherygl, a daw'r Cymro yn ymwybodol o 'amrywioldeb profiad oedd yn llechu'n gronfa helaeth yn ei fod'. Cyffesa Parry-Williams, er 'sirioldeb ysgafala' y Bwlgariad, fod arno 'hanner ofn yr wyneb hwnnw'.

Dilynir hyn gan grynodeb o holl nodweddion Borshiloff sydd yn ymgorfforiad o *Orientalism* Said:

> Sut bynnag, yr oedd ei wyneb dengar ef, yn yr holl arweddau arno, yn ystod y cyfarfyddiadau sydyn ac ysbeidiol hynny yn amlygiadau clir o hen ddireidi ac afradlonedd, o hen ofera a ffolineb, yn ddiedifar a dibenyd – a'r holl weithgareddau masweddol hyn wedi eu cywasgu'n gryno-gynhyrfus o fewn cwmpas ychydig flynyddoedd ifainc mewn gwlad estron.

Gŵr ifanc yw Borshiloff, ond mae ei ddireidi a'i afradlonedd yn 'hen', gan ei fod yn perthyn i hil y Dwyreiniwr.

Ar ddiwedd yr ysgrif y daw'r foeswers. Hynny yw, ni all y Cymro osgoi trafod ymddygiad synhwyrus, afradlon ac anghyfrifol y Dwyreiniwr mewn termau moesol, pan awgrymir bod olion 'blino a syrffedu ar "eilunod gwael y llawr", o edifeirwch ac ymostyngiad' i'w gweld yn Borshiloff. Wrth gwrs, mae Parry-Williams yn ysgrifwr rhy grefftus ac yn gymeriad rhy ochelgar i gael ei ddal yn moesoli yn y fath fodd. Mynegir yr awgrym dan gochl geiriau 'moesolwr craff'. Yn union wedi mynegi hyn, fe'i tynnir yn ôl gan Parry-Williams mewn gwrthdroad nodweddiadol. Amodir y foeswers: 'Ond na, nid hynny'n hollol nac yn union.' Yn ffug-ostyngedig – tinc nodweddiadol yn ei lais ysgrifol – mynega Parry-Williams ei anallu ef ei hun i ddarllen yr olion a wêl ar wegil Borshiloff, y man hwnnw sy'n datgelu'r gwirioneddau dyfnaf am ddyn: 'Ni wyddwn i fy hun yn iawn beth i'w wneud o'i gefn a'i wegil . . .' Eto, atega y gwêl awydd yn y Bwlgariad i 'gefnu ar rywbeth', ymadrodd sydd yn cynnil atgyfnerthu'r darlleniad moesol a awgrymwyd ynghynt. Dyma reswm a moes y Gorllewinwr yn dehongli corff y Dwyreiniwr, gan wneud hynny yn ôl ei werthoedd a'i ragfarnau ei hun. Yn wir, nid yw Parry-Williams yn celu'r ffaith mai cynrychioli'r Dwyrain y mae Borshiloff. 'Trên dwyreiniog' yr *Orient Express*, wedi'r cyfan, sy'n peri iddo feddwl amdano eto. Disgrifia Parry-Williams y pared sydd rhwng ystafell wely'r naill a'r llall 'fel rhyw ffin sylweddol rhwng gorllewin a dwyrain'. Ef ei hun, y Cymro, sydd ar un ochr yn cynrychioli'r Gorllewin, 'y llanc o'r mynyddoedd a oedd yng ngolwg Môr Iwerydd'. A Borshiloff sydd ar yr ochr arall, 'o ororau'r dwyrain agos'. Ymhelaethir ar hyn, wrth bortreadu'r 'Gorllewinwr' fel a ganlyn:

> Llanc digon ofnus ei ysbryd ymysg estroniaid, a'i ymarweddiad yn ddigon difeius ar y cyfan, ond "pechadur" er hynny yn wyneb y Ddeddf; gŵr ifanc encilgar a myfyriol, a'i isfeddyliau ddydd a nos yn ymgrynhoi o gylch ei fro fach yn y gorllewin.

Mae'r Gorllewinwr, felly, yn gaeedig i'r byd, yn tafoli'i ymarweddiad ei hun yn foesol, yn fod ymenyddol ac yn dal ei hun yn dynn.

I'r gwrthwyneb, disgrifir Borshiloff, y 'Dwyreiniwr', fel 'gŵr hollol hunan-hyderus, hyddysg yn nulliau ac arferion y byd hwn, ond heb fod yn ymffrostio yn hynny ychwaith'. Hynny yw, mae'n wrthgyferbyniad llwyr i'r Gorllewinwr: yn agored, yn fydol ac yn gnawdol, a heb dafoli ei ymarweddiad yn foesol. A rhag ofn nad oeddem wedi gweld y gwrthgyferbyniad, mynegir hynny'n glir ac yn groyw gan Parry-Williams: 'Dau fyfyriwr oeddem, fel petai, mewn mwy nag un ystyr; a'n myfyrdodau oedd prif "ganolfur y gwahaniaeth" rhyngom. [. . .] Er mor gyfagos oeddem, yr oeddem ar wahân ac yn wahanol.' Nid yw hanner-eiddigedd y Cymro tuag at y Bwlgariad yn gwneud dim ond cadarnhau'r portread ystrydebol o'r Dwyreiniwr. Sonia Parry-Williams amdano'i hun yn ceisio dychmygu'r Bwlgariad yn ofera ym Merlin, a Borshiloff yn ymdrybaeddu yn ei gnawdolrwydd paganaidd: 'Mi fyddwn weithiau yn ceisio dychmygu amdano pan oedd ym Merlin cyn iddo ddyfod i Freiburg, gan gofio fel y byddai ef yn honni mai trindod ei addoliad ef oedd *Wein, Weib, und Gesang*, sef Gwin, Geneth a Chân.' Mae hen bechod y Dwyreiniwr yn ffantasi, yn ddihangfa, i'r Gorllewinwr yn ei ieuenctid difeius. Borshiloff sy'n ymgorffori'r hyn na all Parry-Williams ganiatáu iddo'i hun fod.

Diweddir yr ysgrif yn sŵn cainc 'hiraethus' ar linynnau mandolin Borshiloff ar draws y nos: 'Wedi inni fynd i'n priod ystafelloedd ac, ymhen hir ysbaid, i ddistawrwydd ddisgyn ar y tŷ a'r dref ac ar bawb a phopeth, fe ddeuai ambell dro ar draws y nos o'i ystafell ef trwy'r pared ataf i nodau lleddf y gainc fach hiraethus honno o'i wlad ei hun, oddi ar linynnau ei fandolin.' Yn sŵn y mandolin, gall T. H. Parry-Williams ddychmygu ei fod yn dianc rhag ei natur Orllewinol. Mae'n ymroi i fiwsig hudolus y Dwyrain – hynny yw, nes gwawria'r dydd eto. Dihangfa yw'r Dwyrain. Lle i ymgolli ynddo dros dro. Yr un ddihangfa, yr un ymgolli, ag a gynigir i Cruella de Vill ac eraill gan yr *Orient Express*. Creadigaeth y Gorllewin yw'r Dwyrain hwn, wrth gwrs, ac fe'i diffinnir ar groes-gongl i'r Gorllewin. Fe'i diffinnir dim ond yn ei berthynas â'r Gorllewin. Yn hyn o beth, mae ysgrif T. H. Parry-Williams yn gynnyrch Orientaliaeth ronc.

Hynod ddiddorol, yng nghyd-destun T. H. Parry-Williams, yw nodi bod Said yn trafod ffiloleg, gwyddor tarddiad ieithoedd, yn faes canolog i ddatblygiad *Orientalism*: 'Almost without exception, every Orientalist began his career as a philologist.'[7] Sicrhaodd gwyddor ffiloleg fod y Dwyrain yn faes pwysig i hunaniaeth (ieithyddol) y Gorllewin. Wrth i ieithyddiaeth ddatblygu yn wyddor ysgolheigaidd dra pharchus, daeth y Dwyrain (a ymgorfforid gan yr iaith Sanskrit) yn fater i'w ddosrannu yn gategorïau digyfnewid. Yng ngeiriau Said:

> From the outset, then, Orientalism carried forward two traits: (1) a newly found scientific self-consciousness based on the linguistic importance of the Orient to Europe, and (2) a proclivity to divide, subdivide, and redivide its subject matter without ever changing its mind about the Orient as being always the same, unchanging, uniform and radically peculiar subject.

Cofiwn mai astudio ffiloleg wrth draed yr Athro Rudolf Thurneysen, y ffilolegydd Celtaidd enwog, yr oedd T. H. Parry-Williams pan oedd yn fyfyriwr yn Freiburg. Hynny yw, câi ei drwytho mewn maes a oedd â chysylltiad ffurfiannol â datblygiad Orientaliaeth, a hynny o ddydd i ddydd.[8]

***

Felly, dyna ddefnyddio syniadau Edward Said i lofruddio Parry-Williams cyn iddo hyd yn oed gamu ar fwrdd yr *Orient Express*, a hynny i ddial am ei droseddau meddyliol yn erbyn y 'Dwyreiniwr', Borshiloff, a'i hil.

Dyma enghraifft o sut y gall theori lenyddol andwyo llenyddiaeth. Y gwir amdani yw y byddai Edward Said ei hun wedi arswydo rhag y fath lofruddiaeth. Amcan ei waith oedd datgelu yr ideoleg sydd ymhlyg mewn llenyddiaeth, gan godi ein hymwybyddiaeth ynghylch grym ideolegau o'r fath. Ac roedd taer angen gwneud hynny. Ond ni honnai am eiliad mai hyn oedd 'y gair olaf' am destunau llenyddol. Yn wir, arswydai rhag y modd y defnyddiwyd syniadau ysgolion theori lenyddol yn fath o dystiolaeth i gyhuddo awduron y canrifoedd o droseddau meddwl, gan roi bod i'r hyn a alwodd ef yn ddiwylliant beio. Yn sicr, Said oedd un o'r cyntaf i hybu technegau darllen ôl-strwythurol a dadadeiladol yn America, technegau a wnaeth gyfraniad amhrisiadwy wrth dynnu sylw at ddyfeisgarwch rhethregol testunau llenyddol, ac a barodd inni ddysgu cwestiynu 'mawredd' honedig testunau canonaidd, a gwerthfawrogi bod mwy nag un ffordd i ddarllen testunau. Ond daeth Said i frawychu wrth weld sut y daethpwyd i orddefnyddio technegau o'r fath i 'ddihysbyddu' testunau llenyddol, eu 'datrys' gan arfau miniog y dadadeiladwr.

Mewn ysgrif yn dwyn y teitl 'Secular Criticism', a ddefnyddiodd yn gyflwyniad i'w gyfrol, *The World, the Text and the Critic*,⁹ tynnodd Said sylw at beryglon gorbwysleisio'r testun llenyddol fel gwrthrych annibynnol, y tu hwnt i effeithiau'r byd a roes fod iddo:

> 'Textuality' is the somewhat mystical and disinfected subject matter of literary theory. / Textuality has therefore become the exact antithesis and displacement of what might be called history. Textuality is considered to take place, yes, but by the same token it does not take place anywhere or anytime in particular. It is produced, but by no one and at no time. [...] As it is practised in the American academy today, literary theory has for the most part isolated textuality from the circumstances, the events, the physical senses that made it possible and render it intelligible as the result of human work.¹⁰

Mynnai Said fod pob testun yn rhywbeth *bydol* ('worldly'), hynny yw, yn rhywbeth wedi ei leoli yn y byd:

> My position is that texts are worldly, to some degree they are events, and, even when they appear to deny it, they are nevertheless a part of the social world, human life, and of course the historical moments in which they are located and interpreted.¹¹

I Said, nid problem i'w datrys, neu gymhlethdod i'w anwybyddu, yw'r tyndra yn y berthynas gymhleth rhwng testunoldeb a bydolrwydd, rhwng y gair a'r hyn a gynrychiola. Yn hytrach, mae'r tyndra hwn yn nodwedd arbennig llenyddiaeth ei hun. Mae'n dyndra i ymhyfrydu ynddo. Ei bydolrwydd sydd yn gwneud llenyddiaeth yn ideolegol, a'r un bydolrwydd sy'n gwneud pob testun llenyddol gwerth chweil yn unigryw, wrth i awdur effro ymateb i'r byd.

Mynnai Said mai grymoedd allanol bydol a gymhellai unrhyw awdur i ysgrifennu yn y lle cyntaf, a bod cyfyngu darlleniad i ddadansoddi testunol yn unig yn gwneud cam â llenyddiaeth. Gwelai berthynas annatod rhwng llenyddiaeth a gwleidyddiaeth, ac arswydai wrth weld mor amharod oedd llawer o arddelwyr theori lenyddol i ymhél o ddifrif â gwleidyddiaeth go-iawn. Ni hidiai lawer am derminoleg a phriodddull astrus llawer o astudiaethau theoretig ychwaith, gan fynnu bod ieithwedd o'r fath yn creu hollt rhwng beirniaid 'proffesiynol' y prifysgolion, a gweddill y gymdeithas a fodolai y tu hwnt i furiau'r academi: 'This can be considered, I think, the triumph of the ethic of professionalism.'[12] Arweiniai hyn, yn ôl Said, at sefyllfa lle yr ysgrifennai'r beirniaid ar eu cyfer nhw eu hunain, gan lesteirio unrhyw gysylltiad gyda chymdeithas yn ei chyfanrwydd.

Yn lle uniongrededd llawer o astudiaethau theoretig, anelai Said yn hytrach at yr hyn a alwai yn feirniadaeth lenyddol *seciwlar*, sef beirniadaeth a fyddai'n barod nid yn unig i archwilio gwneuthuriad (testunoldeb) testunau llenyddol (o ran ideoleg a rhagfarn a thechnegau rhethregol ac ati), ond hefyd i gofleidio amwysedd a pharadocsau a chymhlethdodau testunau llenyddol, yr elfennau a ddeilliai o'u bydolrwydd. Dyma elfennau na ellir mo'u datrys trwy ddod i gasgliadau taclus:

> The realities of power and authority – as well as the resistances offered by men, women, and social movements to institutions, authorities, and orthodoxies – are the realities that make texts possible, that deliver them to their readers, that solicit the attention of critics. I propose that these realities are what should be taken account of by criticism and the critical consciousness.[13]

Mae pob testun llenyddol gwerth chweil yn blethwaith cyfoethog o ymateb awdur i'r byd, yn llawn ideoleg a thraddodiad a rhagfarnau y mae'n hollbwysig ein bod yn ymwybodol ohonynt ac yn mynd i'r afael â nhw. Ond maent hefyd yn llawn paradocsau a blerwch a gogoniannau eraill: tystion i fydolrwydd llenyddiaeth a'r union bethau sy'n ei gwneud yn llenyddiaeth, yn hytrach na dim arall. Dyma'r 'singularity' y cyfeiriodd Derek Attridge ato mewn cyfrol ddiweddar, wrth iddo fynd i gryn fanylder wrth geisio amgyffred gwneuthuriad celfyddyd (mae Attridge yn trafod llenyddiaeth yn benodol). Yn *The Singularity of*

Literature,[14] cais drafod yr elfennau arloesol ac unigryw sydd mewn testun llenyddol, a'r rheini'n cydfodoli â'i angoriaeth yn nhorfoldeb iaith, diwylliant, ideoleg, y byd.

Nid cyfrwng i fynegi gwirioneddau eraill yw llenyddiaeth yn unig. Mae iddi ei gwirionedd arbennig ei hun. Dyna y mae llawer o theori lenyddol yn tueddu i'w anghofio, wrth geisio cymhwyso llenyddiaeth at ei gofynion ei hun. Geilw Attridge y dull hwn o drin llenyddiaeth yn 'literary instrumentalism':

> What I have in mind could be crudely summarized as the treating of a text (or other cultural artifact) as a means to a predetermined end: coming to the object with the hope or the assumption that it can be instrumental in furthering an existing project, and responding to it in such a way as to text, or even produce, that usefulness. The project in question may be political, moral, historical, biographical, psychological, cognitive, or linguistic.[15]

Atgyfnerthwyd y tueddiad hwn, ym marn Attridge, gan hinsawdd bresennol ein prifysgolion:

> [I]t is evident that instrumentalism has become unusually dominant in the academy in recent years, as it has in all spheres of education, and it is now something of a rarity to encounter a response to a literary or philosophical work which attempts to postpone the moment of purposive co-option, or a theory which argues for the importance of such an attempt.[16]

Fe'i hategir hefyd, yn ôl Attridge, gan bragmatiaeth gynyddol ein byd cyfalafol, lle y dyrchefir defnyddioldeb uwchlaw popeth:

> This shift to an increasingly instrumental approach to literature is, of course, part of a more general, globally experienced increase in the weight given to the values of the market-place, to the success ethic, to productivity as a measure of worth.[17]

A chadw'r fath ystyriaethau mewn cof, ynghyd ag amheuon Said ei hun ynghylch dihysbyddu testunau llenyddol trwy orddefnyddio theori a gorbwysleisio testunoldeb, dychwelwn at ysgrif Parry-Williams, a gweld a oes modd ei arbed rhag cael ei lofruddio ar yr *Orient Express*.

Yn gyntaf, pwysleisiwn unwaith eto nad oes dim dwywaith nad yw'r ysgrif 'Borshiloff'yn drwm dan ddylanwad ideoleg *Orientalism*, a heb theori Said byddai'n dealltwriaeth o gynhysgaeth yr ysgrif yn llawer tlotach. Ond mae mwy iddi na hynny. Yn wir, o'i darllen eto, gwelir bod modd cynnig dehongliadau tra amrywiol o'r ysgrif. Gogoniant llenyddiaeth yw y gall deongliadau o'r fath gydfodoli. Mae'r paradocsau a'r croestynnu sydd i'w canfod yma, sydd yn gwneud y gwaith yn ysgrif lenyddol gan T. H. Parry-Williams yn hytrach nag yn bennod o lawlyfr imperialaidd gan Brydeiniwr o gyfnod y Raj, yn caniatáu'r fath amrywiaeth.

Yn y dehongliad Orientalaidd a gynigiwyd uchod, pwysleisiwyd y gwahaniaethau rhwng Parry-Williams a Borshiloff, y gwahaniaethau a danlinellir gan yr awdur ei hun drwy gydol yr ysgrif. Ond nodwn hefyd gymaint o debygrwydd sydd rhwng y ddau. Mae'r naill a'r llall yn alltudion o'u mamwlad. Mae'r naill a'r llall yn fyfyrwyr. Maent yn ddynion. Maent yn ifanc. Maent wedi bod mewn nifer o brifysgolion eraill ac ar fin cwblhau eu hastudiaethau. Ymhellach: er y pwysleisir natur bechadurus y naill (Borshiloff), nodir bod y llall hefyd (Parry-Williams) yn 'bechadur yn ôl y Ddeddf'. Maent hefyd heb fod yn perthyn i 'gorfforaethau' myfyrwyr yn y brifysgol Almaenaidd, rhai ohonynt yn ymhél ag ymladd cleddyfau (cyfeiriad, o bosibl, at dueddiad heddychol). Yn olaf, awgrymir bod y naill a'r llall yn hiraethu am eu mamwlad. Mae'r hiraeth hwn yn eu tynnu ynghyd ar ddiwedd yr ysgrif, pan ydynt yn eu priod ystafelloedd gyda'r nos. Meddai Parry-Williams am Borshiloff:

> Yr wyf yn bur sicr ei fod yntau yr adeg honno yn deisyfu cael 'adenydd colomen', fel y byddwn innau; y naill ohonom am ehedeg yn ôl tua'r dwyrain, a'r llall yn ôl tua'r gorllewin, at ei briod bobl a'i bethau. Er ein bod am y pared â'n gilydd, mewn mwy nag un ystyr, ni byddai mur na phared rhyngom y pryd hynny.

Mae awydd y ddau ohonynt i adael yr Almaen a dychwelyd i'w priod wledydd yn eu huno. Yn wir, roedd peth tebygrwydd rhwng sefyllfa mamwlad y naill a'r llall yn y flwyddyn hon, 1912. Pan gyfarfu Parry-Williams â Borshiloff yn Freiburg yn 1912 roedd Bwlgaria ar drothwy Rhyfel Cyntaf y Balcanau a dorrodd allan ym mis Hydref y flwyddyn honno ac a alluogodd iddynt ymryddhau o reolaeth Twrci am y tro cyntaf ers canrifoedd. Roedd Cymru ar drothwy'r Rhyfel Byd Cyntaf, lle y lladdwyd miloedd o'i dynion mewn byddin dra imperialaidd. Er hynny, roedd gan Gymru hithau egin mudiad cenedlaethol erbyn degawdau cyntaf yr ugeinfed ganrif. Felly, dau alltud o wledydd bychain sydd yma, a'r gwledydd hynny wedi bod yn rhan o ymerodraethau grymus ers canrifoedd. A'r awydd i ddychwelyd i'w mamwlad yn uno Borshiloff a Parry-Williams, diweddir yr ysgrif gyda'r datganiad unol, 'Yr un lle yr â pawb wrth fynd yn ôl.'

Felly, yn ogystal â gweld y Cymro a'r Bwlgariad mewn termau gwrthgyferbyniol, mae'r ysgrif hefyd yn caniatáu darlleniad a wêl gynghrair amlhaenog rhyngddynt.

Atgyfnerthir hyn gan is-thema amlwg yn yr ysgrif, sef agweddau ar gyfanrwydd. Fe'i ceir mewn dau o sangiadau estynedig nodweddiadol Parry-Williams. Yn gyntaf, trwy hanesyn doniol ac ymddangosiadol ddibwys, sonia am bedwar tu pob 'tŷ', sef 'tu ôl a thu blaen a thu mewn a thu allan', gan ddweud bod 'tynnu llinell derfyn rhwng y pedwar tu hyn yn bur anodd'. Pwrpas celfyddydol neu bwrpas diwylliannol sydd i'r fath raniadau, yn ôl Parry-Williams:

> Ac anghofio'r tipyn mwysedd yma, a hefyd anghofio fod tynnu llinell derfyn rhwng y pedwar tu hyn yn bur anodd, y mae'n rhaid, o safbwynt arluniol ac o safbwynt ymwneud dynion â'i gilydd, i ni gyfaddef fod i'r tu ôl a'r tu blaen, neu, a chulhau ychydig ar y canfas, y cefn a'r wyneb, nodweddion sydd yn fawr eu rhin ac yn rymus eu harwyddocâd.

Yn dilyn hyn, ceir darn estynedig sydd yn trafod deuoliaeth y cefn a'r wyneb, neu yn fwy penodol y gwegil a'r wyneb. Nodir bod y gwegil a'r wyneb yn mynegi gwahanol wirioneddau, a thystir i hyn gan y dyfyniad a rydd Parry-Williams o gywydd Dafydd ap Gwilym i Ferched Llanbadarn, lle y cyferbynia'r bardd y ddwy ran o'r corff 'yn ddeuig o simbolig'. (Soniodd Dafydd fod ei wyneb at 'fun goeth' a'i 'wegil at Dduw gwiwgoeth'.) Ond cynrychioli agweddau gwahanol ar yr un cyfanrwydd y mae'r gwegil a'r wyneb ill dau.

Er mor ystrydebol yw'r portread o'r Dwyreiniwr gan Parry-Williams, daw'n amlwg mai ymgais sydd yma i ddefnyddio Dwyreiniaeth a Gorllewiniaeth i gyfleu agweddau ar gyfanrwydd, sef cyfanrwydd dynoliaeth. Trwy bwysleisio'r gwahaniaethau, gall ddangos y sylfaen gyffredin: sef eu dynolrwydd. Eu dynolrwydd sy'n eu cynnal ynghyd. (Mae'r ysfa gyfannol hon yn un a fyddai wedi taro tant ag Edward Said ei hun, ac yntau wedi treulio'i fywyd yn ceisio canfod ffyrdd i gyfannu dynoliaeth rwygedig ei famwlad ei hun, Palesteina, a dileu'r 'pared' rhyngddi ac Israel.)

Yn 1946 yr ysgrifennwyd yr ysgrif hon, yn syth ar ôl diwedd yr Ail Ryfel Byd. Ond mae'n trafod 1912, sef y cyfnod cyn y Rhyfel Byd Cyntaf, adeg a ddisgrifir gan Parry-Williams fel 'yr hen adeg solet a sefydlog cyn i dynged wneud stremp a slachdar o bethau'. A'r heddychwr hwn bellach wedi byw drwy ddau Ryfel Byd, datgan cyfanrwydd y mae'r ysgrif 'Borshiloff' yn wyneb y ddau rwyg a welodd Ewrop yn hanner cyntaf yr ugeinfed ganrif. Trwy uno Bwlgariad a Chymro (dau a fyddai wedi bod yn elynion yn y Rhyfel Byd Cyntaf ac yn elynion drwy fwyafrif yr Ail Ryfel Byd), cais T. H. Parry-Williams lunio cyfanrwydd o ddynoliaeth rwygedig Ewrop. A lleoliad neu 'lety' y cyfanrwydd hwnnw yw yr Almaen, y wlad orchfygedig a oedd newydd gael ei rhannu'n bedair rhwng Gorllewin a Dwyrain flwyddyn cyn cyfansoddi'r ysgrif hon gan Parry-Williams.

A dyna thema dychwelyd yn dod i'r fei eto. Am 'fynd yn ôl' i'r cyfnod cyn y ddau Ryfel Byd, cyn eu llanastr, y mae Parry-Williams wrth gamu ar yr *Orient Express* yn 1946. Wrth ystyried y blynyddoedd rhwng 1912 a 1946, noda Parry-Williams ei fod wedi dal i gofio a meddwl am Borshiloff trwy'r blynyddoedd:

> Yn ystod y y blynyddoedd maith ar ôl i mi ddychwelyd oddi yno, byddai Borshiloff yn dyfod i'm cof yn syth bob tro y clywn sôn am Sofia neu weled enw'r dref, er na chlywais ddim yn ei gylch, yn fyw na marw, byth er pan nad oedd ond pared rhwng y ddeulanc ohonom.

Cofia na fyddai Borshiloff, mwy nag yntau, 'yn awchus am greithiau ymladd-cleddyfau' ymladdfeydd y *Korporationen*. Fel y nodwyd eisoes, mae yma awgrym o heddychiaeth y ddau ohonynt (a noder bod yr ymladd-feydd hyn yn destun ysgrif arall gan Parry-Williams yn yr un gyfrol, sef yr ysgrif apocalyptaidd ei naws, 'Ar Fôr ac ar Dir', lle y daw braw'r heddych-wr yn wyneb 'ffatri greithiau' a 'gwir waed yn cael ei dywallt' i'r amlwg.) Trwy ddychmygu teithio ar draws y cyfandir, cais ddiriaethu'r atgof cyfannol am ei berthynas â Borshiloff. A thrwy ddychmygu galw yn Sofia i holi hynt y Bwlgariad, cais Parry-Williams gysylltu Gorllewin a Dwyrain Ewrop unwaith eto, fel pe na bai na mur na phared degawdau o hanes gwaedlyd Ewrop yn yr ugeinfed ganrif yn bodoli rhyngddynt.

***

'Esgusion' yw pynciau ysgrifau Parry-Williams, yn ôl John Gwilym Jones, 'er mwyn sicrhau praffach a dwysach a chymesurach adnabydd-iaeth ohono'i hun'.[18] Prysura i ychwanegu nad myfiaeth sydd yma, ond ymgais i amgyffred yr hyn yw bod yn ddynol: 'Ac wrth ei adnabod ei hun yn dod i adnabod eraill, yn ehangu'r adnabyddiaeth arbennig yn adnabyddiaeth gyffredinol. Daw'r unigolyn o Ryd-ddu yn feicrocosm o'r ddynoliaeth.'[19]

Yn yr ysgrif a drafodir yn yr erthygl hon, 'Borshiloff', gwelwn Parry-Williams yn cydnabod aralledd y Bwlgariad dwyreiniol (mae'n aralledd a fynegir yn unol ag ideoleg Orientaliaeth, fel y gwelsom). Ond yr un pryd, yn cydfodoli â'r pwyslais ar aralledd, mae yma ymgais amlwg gan Parry-Williams i deimlo ei ffordd yn ddychmygus i brofiad Borshiloff, ac i gyrraedd dealltwriaeth o'r tir cyffredin sydd rhyngddo a'r Bwlgariad. Mae'n parchu'r gwahaniaeth rhwng y ddau ohonynt (yr hyn a gyfleir gan ddelwedd y pared). Mae'n parchu eu hunigrywedd ill dau, ac yn parchu *bydolrwydd* y naill a'r llall: hynny yw, eu bod yn hanu o gefndiroedd diwylliannol gwahanol, bod gan y naill a'r llall natur wahanol, ac yn y blaen. Ond yr un pryd, fel y gwelwyd, pwysleisir y tebygrwydd rhyngddynt hefyd. Agweddau ar gyfanrwydd dynoliaeth sydd yma. Wrth roi corff y naill a'r llall am y pared â'i gilydd mynegir y gwahaniaeth rhwng y Bwlgariad a'r Cymro, yn ogystal â'u dynoliaeth gyffredin.

Disgrifiodd John Gwilym Jones yr ysgrif, yn llaw T. H. Parry-Williams, 'fel dogfen o ddiwylliant eang, o ddeallusrwydd dwys ac o bersonoliaeth gytbwys, wâr, hynaws, llawn hiwmor sy'n adnabod dyn am ei fod yn ei adnabod ei hun a chydymddwyn a chydymdeimlo â'r naill fel y llall'.[20]

Yn sicr, mae'r broses o adnabod yr hunan yn gofyn cyfuno'r gwrthrychol (gwerthoedd allanol, ac adnabyddiaeth o'r 'arall') a'r goddrychol (deall unigrywedd ac adnabod yr 'hunan'). Mae'r broses hon o adnabod yr hunan dynol yn gofyn am ddeallusrwydd, gwybodaeth, dychymyg, cydymdeimlad a disgyblaeth. Yn hynny o beth, mae ysgrifau Parry-Williams yn adlewyrchiad o'r feirniadaeth lenyddol effro a dychmygus a argymhellwyd gan Said, beirniadaeth sy'n parchu gwahaniaeth yr un pryd â dirnad tebygrwydd.

Wrth gwrs, ni fu cysyniadau fel 'dynoliaeth' a 'chyfannu' mewn bri yn y rhan fwyaf o theori lenyddol y degawdau diwethaf a fu yn dra amheus o gysyniadau hollgyffredinol ('universal'). Does dim dwywaith nad oedd angen cwestiynu cysyniadau o'r fath, gan eu bod yn aml wedi eu sylfaenu ar rym a braint ac yn cael eu defnyddio i ddilysu grym a braint un garfan ar draul carfan arall. Ond yn ddiweddar daethpwyd i deimlo bod taer angen am rai cysyniadau cyffredinol er mwyn gallu trafod ein cyflwr globaleiddiedig. Er enghraifft, mae Terry Eagleton yn ei gyfrol, *After Theory*,[21] yn nodi nad yw perthynolaeth llawer o theori lenyddol y blynyddoedd diwethaf yn ddigon pwerus i herio grymoedd hollgyffredinol a chynhwysol cyfalafiaeth fydeang, grymoedd sy'n effeithio ar ddynoliaeth yn ei chyfanrwydd. Rhaid canfod tir cyffredin rhwng profiad y ddynoliaeth yn fydeang, haera Eagleton. Ond yr un pryd mae'n ofynnol inni barchu'r gwahaniaethau rhwng diwylliannau a'i gilydd (mae'r arwyddair 'think global, act local' yn enghraifft o hyn).

I faterolydd fel Eagleton, yr unig sylfaen i ddiffiniad hollgyffredinol a chynhwysol o 'ddynoliaeth' yw'r corff. Ein cyrff, yn anad dim, sydd gennym yn gyffredin â'n cyd-ddyn. Yng ngeiriau Eagleton, 'to encounter another human body is [. . .] to encounter, indissolubly, both sameness and difference'.²² Ein cyrff sy'n ein gwneud yn unigryw, ond yr un pryd, ein cyrff sy'n ein gwneud yn debyg i'n gilydd.

A dyna ddychwelyd at Parry-Williams a Borshiloff yn gorwedd am y pared a'i gilydd yn eu llety yn Freiburg, a'r pared rhyngddynt yn diflannu yn sŵn y mandolin.

Nodiadau

1. T. H. Parry-Williams, 'Borshiloff', *Myfyrdodau* (Llandysul, 1957).
2. Edward W. Said, *Orientalism: Western Conceptions of the Orient* (Llundain ac Efrog Newydd, arg. 1995).
3. Ibid., 12.
4. Ibid., 20–1.
5. Ibid., 21.
6. Ibid.
7. Ibid., 98.
8. Dadlennol, yn y cyd-destun hwn, yw fod Simon Brooks, yn y gyfrol *O Dan Lygaid y Gestapo* (Caerdydd, 2004), yn pwysleisio rhan mor bwysig a chwaraeodd ffiloleg (Geltaidd) yn ffurfiant yr 'Oleuedigaeth Gymraeg'. Dyma fudiad gwladychol er ei waethaf, gan ei fod yn ceisio arddel gwerthoedd imperialaidd a'u cymhwyso at ddiwylliannau llai, fel y Gymraeg. Ymhellach: yn y gynhadledd yn Llanbedr Pont Steffan lle y traddodwyd ffurf ar yr erthygl hon, nododd Simon Brooks y byddai nodweddion 'Orientaliaeth' Said yr un mor berthnasol wrth drafod 'Celtigiaeth'. O dderbyn hynny, byddai gwaith Parry-Williams, yr ieithegydd Celtaidd o Gymro Cymraeg, yn hawlio darlleniad gofalus, ac yntau yr un pryd yn wrthrych ac yn oddrych 'Celtigiaeth'.
9. Edward W. Said, *The World, the Text and the Critic* (Llundain, 1991).
10. Ibid., 3 yml.
11. Ibid., 4.
12. Ibid.
13. Ibid., 5.
14. Derek Attridge, *The Singularity of Literature* (Llundain, 2004).
15. Ibid., 7.
16. Ibid., 9.
17. Ibid.
18. John Gwilym Jones, 'Yr Ysgrifau', yn Idris Foster (gol.), *Cyfrol Deyrnged Syr Thomas Parry-Williams* (Llandysul, 1967), 42.
19. Ibid., 42 yml.
20. 'Yr Ysgrifau', 48.
21. Terry Eagleton, *After Theory* (Llundain, 2004).
22. Ibid., 161.

6

'Cwmwl Haf' Waldo Williams a Theori'r 'Switches'

TUDUR HALLAM

O gofio teitl y gyfrol hon, Llenyddiaeth mewn Theori, a'm bod innau yma'n canolbwyntio ar gymeriad y darllenydd, priodol, fe ymddengys, yw cychwyn gyda dyfyniad o ysgrif Stanley Fish, 'Literature in the Reader', a gyhoeddwyd dros ddegawd ar ôl cyhoeddi Dail Pren.[1] Meddai:

> No one would argue that the act of reading can take place in the absence of someone who reads ... but curiously enough when it comes time to make analytical statements about the end product of reading (meaning or understanding), the reader is usually forgotten or ignored.[2]

Yn hytrach, gan anghofio am y darllenydd, lleolir ystyr y gerdd naill ai yn y gerdd ei hun, neu os felly, yn ei ffynhonnell eithaf, sef yr awdur. Oherwydd, fel y mae Ifan I yn ei ddweud wrth y Prifathro yn nrama John Gwilym Jones, Yr Adduned,

> Pan yw athro'n dysgu pwnc, yn enwedig Llenyddiaeth unrhyw iaith, Mr. Lloyd, mae'n amhosib' osgoi cefndir awduron. [. . .] Pan ofynnodd David Oliver imi esbonio cân Waldo i'r Heniaith sy'n gorffen gyda
>
>> Pwy yw'r rhain trwy'r cwmwl a'r haul yn hedfan,
>> Yn dyfod fel colomennod i'w ffenestri?
>
> sut athro fyddwn i heb fedru ateb mai i Waldo – iawn neu beidio – Plaid Cymru a Phlaid Cymru'n unig yw gobaith a gwaredigaeth yr iaith Gymraeg?[3]

Yn fras, gellir nodi fod y rhelyw o feirniaid fynychaf yn holi'r math hwn o gwestiwn rhethregol. Dyna wedi'r cyfan yw arfer gyson y traddodiad beirniadol Cymraeg, lle mae'r beirniad yn gadael 'i'r bardd egluro ei feddwl ei hun',[4] fel pe na bai ymdriniaethau eglurhaol o'r fath yn dweud dim am 'syniadau cymdeithasol' y beirniad ei hun.[5] Fel y nododd Simon Brooks yn ddiweddar, fe'n dysgwyd gan feirniaid hanner cyntaf yr ugeinfed ganrif fod y 'darllenydd yn darllen geiriau y mae gan eu hawdur reolaeth drostynt', a 'bod y traddodiad yn gyflawn cyn iddo gael ei draddodi'.[6] O'r herwydd, braidd fod angen darllenydd o gwbl ar y cyfryw destunau, gan eu bod eisoes yn gyflawn ystyrlon cyn iddynt gael eu darllen hyd yn oed.

Yn achos 'Cwmwl Haf', er enghraifft, gwelir yn glir yn y gyfrol deyrnged a olygodd James Nicholas, *Waldo*, mai ffynhonnell eithaf ystyr y gerdd yw bywyd a sylwadau'r awdur ei hun amdani. Er enghraifft, 'Cerdd hunllefus yw hi ar lawer cyfrif', meddai John Rowlands, gan ychwanegu, 'a chofiaf y bardd ei hun, wrth sôn am y gerdd hon, yn dweud fel yr arferai gael hunllef lle byddai pobman yn ymddangos yn eang a dychrynllyd'.[7] At hyn, trawiadol yw hynawsedd J. E. Caerwyn Williams a awgryma y dylai fod wedi 'newid peth' ar yr hyn a ysgrifennodd ef am y gerdd yng ngoleuni dehongliad chwaer Waldo, Dilys Williams, nad oedd yn cytuno â'i 'ddarlleniad' ef o'r gerdd. A hithau gymaint â hynny yn nes at fywyd yr awdur ac wedi'i dal ei hun 'gan y niwl ar y mynydd', yr awgrym yn sylw J. E. Caerwyn Williams yw fod mwy o awdurdod ganddi hi i ddehongli'r gerdd yn gywir, un a oedd wedi swmpo'r un 'post iet' â'r un hwnnw yn y gerdd a chlywed yr un clocs, clocs eu mam, ar lawr y gegin.[8] Hynny yw, cydnabyddir yn awgrym J. E. Caerwyn Williams un o egwyddorion mwyaf sylfaenol beirniadaeth lenyddol Gymraeg, sef mai ffynhonnell ystyr y gerdd yw bywyd y bardd.[9] Dyna pam yn rhannol fod Bobi Jones wrth drafod gwaith Waldo yn ddiweddar yn awgrymu mai 'Hen fusnes annifyr efallai yw anghytuno ynghylch dehongliad cerdd . . .'[10] Oherwydd o gredu mai un Waldo sydd, a bod ganddo ef reolaeth bendant dros y modd y mae'n defnyddio geiriau yn ei gerddi, gellir credu yn ddigon rhesymegol wedyn mai un ystyr sy'n bosibl, sef yr ystyr a fwriadodd yr awdur. Dim ond y sawl a wêl fod yr awdur, pan fydd yn ysgrifennu, yn pellhau oddi wrtho ef ei hun, a bod Waldo'r Bardd yn gymeriad gwahanol i Waldo'r Beirniad sy'n debygol o fod yn barod i 'anghytuno ynghylch dehongliad cerdd'.[11] Dim ond y sawl sy'n gweld bod yr awdur 'i mewn a ma's yr un pryd', ac mai tasg amhosibl, felly, yw lleoli ystyr y testun yng nghymeriad yr awdur symudol.[12] Dyna'r safbwynt a arddelir yma – safbwynt a welir hefyd yn sylwadau Ned Thomas a Bobi Jones ar waith Waldo.

Ond nid dyna'r arfer gyffredin mewn beirniadaeth lenyddol Gymraeg. Yn hytrach, y dasg fel arfer fydd '[ein] hatgoffa ein hunain i ddechrau am brifannau buchedd Waldo', ys dywed R. Geraint Gruffydd, gyda'r 'yrfa allanol . . . yn awgrymu llawer ynglŷn â'i fywyd mewnol yn ogystal'.[13] O'r fan honno, gellir ceisio ail-lunio amgylchiadau creu'r gwahanol gerddi unigol – y 'stori ddiddorol y tu ôl' i'r gerdd, chwedl T. Llew Jones[14] – gan gredu y llwyddir i ddod o hyd i ystyr y cerddi o glosio'n ddigonol at y bardd a'u cyfansoddodd yn y fan a'r lle dan sylw. Dyna pam mae'r beirniaid yn dyfalu ym mha le yn union y mae'r tai a enwir ar ddechrau'r gerdd 'Cwmwl Haf'. Nododd Dilys Williams 'fod *Allendale* yn enw ar dŷ yn Nhŷ Ddewi'.[15] Nododd Hugh Bevan, y lleiaf bywgraffyddol o'r darllenwyr, fod 'Devonia' yn enw ar dŷ yng ngogledd Sir Benfro.[16] Ond 'yn Lyneham, Wiltshire' y mae'r bardd, meddai Bobi Jones, gan awgrymu bod y bardd yn hiraethu 'am ei gartref ei hun'.[17] Ac i'r perwyl hwn y nododd John Rowlands iddo glywed Waldo ei hun yn dweud 'iddo lunio'r gân y noson ar ôl iddo gael dadl boeth â phrifathrawes yr ysgol y gweithiai ynddi', ac iddo sylwi '[a]r ei ffordd adref ar ei feic . . . ar enwau'r tai wrth fynd heibio, a dechrau myfyrio ar y ffaith fod pobl yn ceisio cadw cysylltiad â'u gwreiddiau'.[18] Yr oedd hynny, ychwanegodd Dafydd Elis Thomas, yn 1947 yn Lyneham, Wiltshire, gan felly gadarnhau sylw Bobi Jones. A chan fod dau gopi o'r gerdd yng nghasgliad D. J. Williams gyda nodyn ar frig un ohonynt, 'Mis Gorff. 1947 mewn llythyr o Lyneham', holodd Alan Llwyd, 'Yn hytrach na chwilota am dai o'r enw "Durham", "Devonia" ac "Allendale" ar wasgar yng Nghymru, onid yw'n haws derbyn mai yn Lloegr y gwelodd y tai hyn'?[19] Mewn gair, wrth ddarllen y gerdd, pa le bynnag y lleolir y bardd, boed yn Sir Benfro neu yn Wiltshire, 'darllen Waldo' a wneir.[20] Darllen y testun yng ngoleuni'r awdur, megis y gwahaniaethodd Thomas Parry rhwng gwaith Waldo a Gwenallt drwy gyfeirio at 'gymeriad' y naill fardd a'r llall, gan esbonio fod 'synnwyr digrifwch' Waldo '(peth a oedd yn brin yng nghymeriad Gwenallt) yn ei gadw rhag ymhyllio a glafoerio, ond heb wanhau dim ar rym ei argyhoeddiad'.[21] Symudir o'r bywyd at y gwaith ar lun hafaliad achos ac effaith. 'Ni ellir deall Waldo'n iawn . . . heb ystyried ei fywyd, ei gefndir a'i yrfa', meddai J. E. Caerwyn Williams yntau.[22] Ac o gofio i Waldo roi'r gorau i'w ganu i bob pwrpas ar ddechrau'r pumdegau mewn ymateb i sylw Ghandi i'r bardd Rabindranath Tagore, a dechrau'n hytrach weithredu'n ymarferol yn erbyn y rhyfel yng Nghorea drwy wrthod talu'r dreth incwm – gweithred a olygodd ei fod yn derbyn dedfryd carchar yn 1960 ac eto yn 1961 – nid syn i Robert Rhys awgrymu bod '[p]igo beiau yn ei syniadaeth [yn] ymddangos yn bitw a chrintachlyd'.[23] '[Yr] oedd yr egwyddorion yn dod o flaen y farddoniaeth', meddai R. Geraint Gruffydd yntau.[24] '[C]anu a gweithredu'n un', fel y nododd Dafydd Elis Thomas.[25] Cymaint felly fel yr ymddengys ar adegau mai ffordd o werthfawrogi'r hyn a gyflawnodd y bardd yn ystod ei fywyd yw trafod ei gerddi wedi ei farwolaeth: modd o werthfawrogi ei gyfraniad personol ef i'n bywyd ni. 'Os nad ymdeimlwn â dwyster tyngedfennol y disgrifio . . . nid darllen Waldo a wnawn', meddai John Rowlands, er enghraifft, gan eto awgrymu mai gwneud cam â'r bardd fyddai darllen ei waith fel arall.[26] A phriodol hynny mewn cyfrol deyrnged, bid siŵr, pan fo'r 'awydd i ddathlu, i goffáu, i dalu teyrnged hael yn un amlwg', chwedl Robert Rhys.[27] A mwy felly, efallai, yn achos Waldo na'r beirdd hynny sy'n 'ymhyllio a glafoerio', chwedl Thomas Parry.[28] Fel y nododd Ned Thomas: '[N]i fedr neb ddarllen atgofion ei gyfeillion a'i gydnabod heb deimlo grym ac anwyldeb cymeriad arbennig iawn . . .'[29] Nid heb reswm da y darllenai'r beirniaid yn y saithdegau waith y bardd yng ngoleuni ei fywyd. Hawdd credu ei fod yn ddyn arbennig iawn.

Dyma hefyd brif lif cyfeiriad rhan gyntaf astudiaeth gynhwysfawr Robert Rhys o yrfa lenyddol gynnar Waldo Williams, sef penodau 'Y Teulu' a 'Braslun a Dylanwadau', wrth i'r beirniad edrych ar yr hyn a 'fowldiodd feddwl Waldo Williams yn ystod ei flynyddoedd cynnar'.[30] Yn 1992, sef blwyddyn cyhoeddi *Sglefrio ar Eiriau* – sef cyfrol o ysgrifau yn awgrymu cyfeiriadau newydd i feirniadaeth lenyddol Gymraeg – a chyda bod y beirniad cymaint â hynny ymhellach i ffwrdd yn amseryddol oddi wrth farwolaeth y bardd, ymglywir ag arddull fwy beirniadol o lawer yn astudiaeth Robert Rhys, *Chwilio am Nodau'r Gân*, wrth iddo ymwrthod â'r 'ganmoliaeth ddibrin ac eilunaddolgar' ac ymddiddori fwyfwy yn y testun.[31] Yn ôl ei addefiad ei hun, roedd modd yn awr i feirniad '[g]lyfuno gwerthfawrogi edmygus o gynnyrch Waldo ac ymagweddu mwy beirniadol tuag at agweddau ar ei syniadaeth'.[32] Yn hyn o beth, roedd Robert Rhys yn ymateb i'r her a gyflwynodd ef ei hun yn 1981 pan olygodd yr ail gyfrol deyrnged i Waldo. Yn ei ragymadrodd i'r gyfrol honno, awgrymodd y gallai 'damcaniaethau beirniadol estron' adfywio beirniadaeth lenyddol yng Nghymru (er mai diddorol sylwi mor ofalus yr oedd yn rhaid iddo ddewis ei eiriau a'u cromfachu wrth awgrymu hynny ar ddechrau'r wythdegau).[33] Yn hyn o beth, priodol yw edrych ar y gerdd 'Cwmwl Haf' yng nghyswllt thema'r gyfrol hon oherwydd ar un olwg bu'r gerdd hon yn fodd i wahanol feirniaid ymateb i her Robert Rhys a chyflwyno nid yn unig eu darlleniadau o'r gerdd ei hun, eithr hefyd ddamcaniaethau ynghylch llenyddiaeth, gan gynnwys y cwestiwn allweddol hwnnw ynghylch hawl y darllenydd i gyflwyno ei ddarlleniad ei hun o'r gerdd. Oherwydd wedi'r cyfrolau teyrnged sydd gan mwyaf yn priodoli ystyr y gerdd i'r awdur – safbwynt a fynegwyd yn groyw gan Alan Llwyd yn ei ysgrif '"Cwmwl Haf" Waldo Williams (o safbwynt barddoniaeth a beirniadaeth lenyddol)' yn 1982 – gwelwyd o ganol yr wythdegau ymlaen ddeongliadau a oedd yn tueddu i leoli'r awdur ei hun mewn cefndir sosioieithyddol arbennig, ac a oedd yn hawlio mwy o ryddid i'r darllenydd. Yn achos 'Cwmwl Haf', er enghraifft, darllenodd Ned Thomas y gerdd yng 'nghyd-destun ymgyrch y Preseli a cherddi eraill o'r un flwyddyn', sef 1947, ynghyd â 'dadrithiad ehangach yng Nghymru gyda Llywodraeth y cyfnod',[34] gan gyflwyno dehongliad o'r gerdd nad oes modd ei 'brofi'.[35] Ond, heb os, uchafbwynt yr ymryddhau hwn oddi wrth yr awdur ydoedd yr ysgrif, 'Beirniadaeth Lenyddol Ffeminist' yn 1986, pan nodwyd yng nghyswllt 'Cwmwl Haf' '[nad] oes dim byd mwy hesb na diflas na beirniadaeth nad yw ond yn ceisio dod o hyd i "fwriad" bondigrybwyll y bardd'.[36]

Edrychir ar agweddau ar yr erthygl bwysig honno yn y man. Ond yn achos Waldo, ac yntau wedi cyhoeddi un gyfrol o farddoniaeth yn unig (i oedolion), nodir bod y demtasiwn i ddarllen y gyfrol hon mewn perthynas â'i fywyd, neu i'r gwrthwyneb, i ddiffinio 'cymeriad' y bardd mewn perthynas â chynnyrch y gyfrol gymaint â hynny'n fwy nag yn achos beirdd amlgyfrolog eraill, pan ymddengys fod cyswllt clir a diamwys rhwng bywyd y bardd a'i waith, arwyddwr ac arwyddedig. Nid yn annhebyg i lun ffotograff ohono ef ei hun, cymeriad unllyfr yw, wedi ei rewi am byth yn ffigwr llonydd (er na fynnai Waldo osod llun ohono'i hun ar ei waith).[37] Oherwydd hynny, er gwaethaf datblygiadau beirniadol yr wythdegau, ac awgrym Ned Thomas '[nad] un cyfangorff solet yw gweithiau Waldo ddim mwy nag yr oedd y dyn ei hun yn berson digyfnewid',[38] nid yw'n syndod na ddilynodd Robert Rhys yr un llwybr â'r beirniaid ffeminyddol, eithr yn hytrach lunio portread o gymeriad Waldo, gan ddefnyddio cerddi *Dail Pren* yn ffon fesur ar gyfer diffinio gwir lais, os nad gwir gymeriad y bardd ei hun. Mewn un man, nodir mai '[d]ilema ganolog y bardd' yn ifanc ydoedd 'ei anallu i lefaru'n argyhoeddiadol fel Waldo Williams yn hytrach nag fel adlais o feirdd enwocach'.³⁹ Awgrymir, felly, mai un Waldo yn unig sydd, sef Waldo'r cerddi aeddfed, ac y darllenir ei fywyd a'i waith cynnar yng ngoleuni'r cerddi hynny. Tebyg yw sylw R. Geraint Gruffydd hefyd ynghylch y modd y daeth Waldo o hyd '[i'w] briod lais ei hun'.⁴⁰ Nid anghytunir â'r deongliadau hyn, cyhyd ag y cofiwn mai dyna ydynt, sef darlleniadau creadigol sy'n cau allan agweddau eraill ar ganu a chymeriad Waldo drwy ddyrchafu diffiniad cyfyng iawn ohono. (Yr arfer fynychaf yw ei gyfyngu i chwech neu saith cerdd.) Eithr y perygl yw ein bod yn anghofio hynny, er gwaetha'r ffaith – ac mae hyn megis ar wahân i unrhyw theori wrthawdurol – i'r 'awdur' ei hun ddewis cynnwys yn *Dail Pren* '[f]wy o amrywiaeth' fel y byddai'r llyfr 'yn fynegiant ohono mewn rhai cyfeiriadau eraill'.⁴¹

Dadleuir yn aml mai un o nodweddion amlycaf theori yn chwarter olaf yr ugeinfed ganrif ydoedd yr ymgais i ddileu goddrych y gwaith. A dyfynnu, er enghraifft, awduron *Re-thinking Theory*, Richard Freadman a Seumas Millar: 'the denial of the referential power of literature and of its images of the individual; the adoption of "decentred" models of the self; the denial of the "originary" authority of the author . . .'.⁴² I raddau, gwelir elfen o hyn ym mhwyslais Hugh Bevan ar ddarllen y testun hefyd. '[N]id William Thomas yw Islwyn ac nid William Williams yw Pantycelyn ymhob dim', meddai yn 'Beirniadaeth Lenyddol'.⁴³ Dyma fater a drafodwyd yn benodol gan Bobi Jones mewn perthynas â Waldo. Wrth wahaniaethu rhwng Waldo'r Bardd a Waldo'r Beirniad, meddai: 'Bûm yn hawlio na ddylid caniatáu i'r Bardd a droes yn Feirniad honni, "Hyn a'r llall oedd yn fy meddwl i" [. . .] [Y] gerdd sy'n siarad bellach. Ei chyd-destun hi a lefara erbyn hyn . . . nid yr ôl-sylwedydd [o fardd].'⁴⁴ Am y rheswm hwnnw, gall y beirniad ddewis peidio â derbyn tystiolaeth yr awdur am ystyr ei waith ei hun, fel y gwnaeth Mihangel Morgan yn ei astudiaeth o waith Caradog Prichard.⁴⁵

Eithr, er cydnabod bod dileu'r goddrych yn elfen amlwg yng ngwaith ambell theorïwr, megis Paul de Man, symleiddiad yw'r feirniadaeth uchod ar theori: darlleniad pellach o air amlystyrol. Oherwydd fel y nodwyd mewn ysgrif arall, 'Yr Awdur yn Destun: Trafodaeth', yn aml, lleoli'r awdur y mae'r beirniaid a gysylltir â theori, nid ei anwybyddu.⁴⁶ Y gwahaniaeth, fodd bynnag, yw fod nifer o feirniaid heddiw – o bob lliw a llun beirniadol – yn sylweddoli na fydd geiriau'r awdur byth yn dychwelyd ato yn union yn yr un modd ag y'u hynganwyd ganddo. Un rheswm am hynny yw nad yw'r awdur ei hun yn gymeriad digyfnewid, unllais, ac nad hawdd iddo ef ei hun hyd yn oed wybod dirgelion ei galon ei hun. Dyna'r awgrym yn nidoliad Bobi Jones, gyda Waldo'r Bardd yn gymeriad gwahanol i Waldo'r Beirniad. Ond rheswm arall, fel y nododd Simon Brooks, yw am fod 'pob darllenydd yn heintio ac yn newid testunau ei dreftadaeth ddiwylliannol wrth eu darllen'.[47] Dyna pam, fe gredir, '[Nad] Niwl yn Chwarae' yw Waldo i Bobi Jones, pan fo John Rowlands yn gweld mai 'Bardd y Gobaith Pryderus' yw, gyda'r naill feirniad a'r llall yn dewis canolbwyntio ar wahanol agweddau ar ganu a chymeriad Waldo.

Wrth drafod gwaith Waldo, nododd Bobi Jones

> mai gwireb eithaf cyffredin bellach ymhlith beirniaid yw 'annibyniaeth' y gerdd, ac er y gall y gerdd fynd i gyfeiriad gwahanol ac yn groes i feirniad neu ddymuniad y bardd, eto ar ambell nos galan gaeaf yn unigeddau mwyaf diarffordd Pumlumon, ym mryd ambell hen ŵr uwch ei bibell, nid yw'r cysyniad hwnnw'n gyfan gwbl dderbyniol.[48]

A gwiw hynny, ar un olwg. Rhaid parchu henwr Pumlumon hefyd. Ac nid ef yn unig, eithr y rhelyw o ddarllenwyr Cymraeg. Oherwydd fel y nododd Jenny Rowland am ein harferion darllen ni heddiw: 'Yn ddelfrydol mae ystyried yr awdur yn bwysig, ac ymddengys bron yn annaturiol edrych ar gân mewn gwagle.'[49] Nid dyna sy'n gyffredin heddiw mewn diwylliant o hawlfraint personol, pan enillir cyflog am waith ac y cyhoeddir dan enw personol, a'r awdur yng ngolau'r gyfraith yn gyfrifol am ei eiriau cyhoeddedig. Ac eto, mae'n werth nodi tri pheth, fe gredir. Yn gyntaf, nid felly y bu hi bob amser. Fel y nododd Jenny Rowland, 'oes y bardd anhysbys yw oes yr hengerdd'.[50] Ond mor llywodraethol yw'r cysyniad o'r unigolyn o awdur yn y math hwnnw o feirniadaeth geidwadol Gymraeg a ddatblygodd yn yr ugeinfed ganrif fel y tueddir heddiw 'i ddiystyru ac i fychanu gwerth gweithiau anhysbys o bob math'.[51] Estyniad o'r egwyddor honno ar waith yw'r modd y bydd beirniaid heddiw yn mawrygu testunau Cymraeg sy'n waith i awduron y mae modd cysylltu eu gwaith â naratif bywyd diddorol. Po fwyaf arbennig y stori fywyd honno, gorau oll, megis yn achos bywyd Waldo Williams.

Yn ail, er cytuno â Damian Walford Davies mai yr hyn a oedd o ddiddordeb i 'Waldo'r beirniad llenyddol' ydoedd 'y berthynas rhwng creadigolrwydd, personoliaeth a magwraeth yr awdur', a'i fod, felly, yn ddamcaniaethol, yn rhoi'r flaenoriaeth i'r awdur, mae llawer o'i sylwadau am ei waith ef ei hun, ynghyd ag eraill, yn awgrymu fod 'dymuniad y bardd', yn ymarferol, yn bwnc dyrys iawn.[52] Mewn ymateb, er enghraifft, i gwestiynu manwl Bobi Jones ynghylch gwead sawl llinell – a'r 'rhain i gyd yn fwriadol' – mae'n drawiadol mai ymateb syml Waldo ynghylch y proestio yn 'Geneth Ifanc' yw nodi mai 'dod fel yna a wnaeth y pennill, a bodlonais arno . . .'[53] Mae'n sylw sy'n awgrymu nad yw'r bardd yn gwbl ymwybodol paham mae'n dewis pob un gair. Fel y nodödd Waldo, mae modd '"chwilio am air a chael mwy"', gyda'r 'gwrid creadigol, yn goresgyn y meddwl'.[54] Dyna pam mae modd i amwysedd fod 'yn fwriadol, yn anfwriadol ac yn ddamweiniol'.[55] Y canlyniad anorfod yw bod yr awdur, wyneb yn wyneb â dehongliad y darllenydd o'r amwysedd amlweddog hwnnw, yn teimlo, ys dywed Waldo yn 'Democracy and War', 'I think that I am a little misunderstood',[56] ac yn awyddus i egluro ei waith, fel y gwnâi Waldo'n fynych, ynghyd ag ail-lunio ambell gân wedi iddo weld ymateb dryslyd ei wrandawyr.[57] Oherwydd er gwaethaf pob ymdrech ar ran y bardd i'w fynegi ei hun yn groyw, 'i gael rhyw addasrwydd ac arbenigrwydd ar [y] mynegiant, am fod y peth sydd i'w fynegi yn ei gymell . . . ni wêl pobl mo'r peth hwnnw oherwydd y llall'.[58] Mewn ambell fan, ymddengys fod anallu ei gynulleidfa i weld yr hyn a roes ef yn y gerdd yn ei flino. Er enghraifft, 'Dyna'r holl drafod yna a fu ar "Wedi'r Canrifoedd Mudan",' meddai. 'Wel, ni thâl fynd ymlaen fel hyn!'[59] Ac eto, nodödd ef ei hun mewn man arall y gall y darllenydd ganfod 'teimlad amgen na hwnnw a gyfleir gan ystyr fanwl y geiriau'.[60] Peth cymunedol yw ystyr, felly, nid mewn-destunol. Cyfeirio'n benodol at y gynghanedd yr oedd Waldo pan ddywedodd hynny, ond cymhwysir yma'r egwyddor at farddoniaeth yn gyffredinol. A hynny oherwydd, fel y nodödd Waldo yn ei ysgrif 'Geiriau', gallwn 'deimlo naws ac "awyrgylch" geiriau ar wahân i'w hystyr'.[61] P'un ai ein bod yn cyd-deimlo'r cyfryw 'awyrgylch' sydd fater arall, ac sy'n dibynnu'n fawr iawn ar natur ein perthynas â'n gilydd, a'r modd y trafodir llen-yddiaeth gennym. Eithr, a derbyn yr egwyddor hon a nodödd Waldo yn yr ysgrif 'Geiriau', awgrymir yma mai camgymeriad yw lleoli ystyr y gerdd yn y gerdd ei hun, neu ym meddwl yr awdur a'i cyfansoddodd, oherwydd, fel y nodödd Waldo ei hun, y perygl yw ein bod 'yn chwilio am ryw haenau o ystyr ddofn . . . na sydd i'w cael [sic] ym meddwl yr awdur'.[62]

Y trydydd peth a nodir, fel y gŵyr Bobi Jones cystal â neb, yw nad yw'r henwr o Bumlumon yn cynrychioli'r diwylliant Cymraeg ar ei ben ei hun. Oherwydd fel y nodödd Robert Rhys yn ei ysgrif 'Dysgu Darllen', ymhlith darllenwyr Waldo heddiw mae hefyd y 'ferch o

Hirwaun ...' a'r 'llanc o Gaerffili ...'.⁶³ Ac yn achos y cyfryw ddarllenwyr, gall theori – sef, yn syml, ceisio bod 'yn ymwybodol o'r confensiynau sy'n cyflyru ei ffordd ef o ddarllen' – fod o gymorth mawr iddynt fwynhau llenyddiaeth Gymraeg.⁶⁴

Gyda hynny mewn cof, mae'n werth nodi bod y gwahanol ddarlleniadau o'r gerdd 'Cwmwl Haf' rhwng 1982 a 1992 yn dweud llawer am berthynas yr awdur â beirniadaeth lenyddol Gymraeg yn ystod y degawd. Digon yn wir inni lunio ohonynt stori fer gynrychioliadol. Ei dechreuad, efallai, yw ysgrif Alan Llwyd a honno'n dadlau 'mai un esboniad yn unig a ddylai fod ar gerdd, sef meddylfryd ac amcan y bardd ei hun' – gosodiad yr oedd ei angen yn fawr o safbwynt hawl yr awdur ar ystyr ei waith yn sgil dylanwad 'beirniadaeth newydd' Hugh Bevan ac agweddau ar ddehongli creadigol yng ngwaith Bobi Jones, dau o'r beirniaid a 'ymgollodd ... yn labyrinth eu beirniadaeth gymhleth' wrth iddynt ddarllen y gerdd.⁶⁵ Y cymal nesaf wedyn yw'r camu graddol oddi wrth y bardd yng ngwaith Ned Thomas pan bwysleisir 'y Waldo "agored"', gan edrych ar 'iaith a delweddau'r cerddi yn annibynnol ar union safbwynt athrawiaethol o eiddo'r awdur'.⁶⁶ O'r fan honno wedyn, gwelir y peth nesaf at 'farwolaeth yr awdur' yn yr ysgrif 'Beirniadaeth Lenyddol Ffeminist', ynghyd â 'genedigaeth y darllenydd', chwedl Roland Barthes;⁶⁷ dim ond i'r awdur ddychwelyd unwaith yn rhagor yn astudiaeth Robert Rhys, sydd, fodd bynnag, yn nodi, er gwaetha'r parch at awdur-dod, 'fod canu gorau Waldo o natur mor agored a dihysbydd yn y modd y mae darllenwyr yn ymateb iddo'.⁶⁸ Drwy hyn, llwyddodd Robert Rhys yn 1992, sef blwyddyn cyhoeddi *Sglefrio ar Eiriau*, i gydnabod yr egwyddor a nododd y beirniaid ffeminyddol, sef 'fod sawl darlleniad yn bosibl ac yn ddilys', ond gan awgrymu mai natur agored y gwaith sy'n hyrwyddo'r cyfryw amrywiaeth o ddarlleniadau, nid yr amrywiaeth o ddarllenwyr ei hun.⁶⁹ Yn hyn o beth, mae'r pedair astudiaeth hyn ar ryw olwg yn enghreifftio'r llinyn syniadol a'r datblygiadau hanesyddol ym maes theori a drafodwyd gan Seán Burke yn 1995 yn ei astudiaeth, *The Death and Return of the Author*: datblygiad lle y mae'r awdur hollbresennol yn marw, ond yn dychwelyd ar delerau newydd, wedi ei weddnewid gan theori.⁷⁰

Yn ei astudiaeth *Waldo* nododd Ned Thomas, ac yntau'n trafod 'haenau is-ymwybodol yn brigo yn y cerddi tu hwnt i fwriad yr awdur',⁷¹ fod 'Waldo [ei hun] yn fodlon dehongli delwedd yn groes i fwriad yr awdur'.⁷² Trwy hynny, cyfiawnhaodd Ned Thomas ei safbwynt beirniadol ei hun, safbwynt o blaid deongliadau nad oes modd eu 'profi', mewn ffordd a fyddai'n dderbyniol i'r rhai hynny sy'n rhoi pwys ar dystiolaeth yr awdur.[73] Hynny yw, drwy fabwysiadu'r arferiad beirniadol hwnnw o ddyfynnu geiriau'r bardd yn fodd i awdurdodi sylwadau'r beirniad ar ei waith, llwyddodd Ned Thomas i gyflwyno dadl o blaid dehongliad y darllenydd mewn modd a fyddai'n dderbyniol i'r gynulleidfa geidwadol Gymreig honno sy'n dilysu deongliadau mewn perthynas â sylwadau'r awdur ei hun ar ei waith. Dyna'r gêm gyfathrebu y mae'n rhaid i bleidwyr Theori ei chwarae yng Nghymru, os ydynt am ennill gwrandawiad teg gerbron henwr Pumlumon a chynulleidfa sy'n ddrwgdybus iawn o '[dd]amcaniaethau beirniadol estron', chwedl Robert Rhys. Dyfynner yr awdur. Yn hytrach nag anwybyddu'r awdur, gwneler yn fawr ohono, a gadael iddo ef ei hun amlygu mor amlweddog ydyw.

I'r perwyl hwn hefyd y'm temtir innau i ddilysu'r sylw a roir yma i'r darllenydd drwy ddyfynnu Waldo ei hun, gan geisio profi nad mater i theorïwyr estron yw hyn yn unig. Mewn ymgais i ennill i'r darllenydd rôl weithredol wrth drafod gwaith Waldo, a llenyddiaeth yn gyffredinol, credir y bydd yr hyn a ddywedodd Waldo yn ei adolygiad 'Canu Bobi Jones' yn llwyddo i ddarbwyllo sawl Cymro a Chymraes lengar o ddilysrwydd y ddadl a gyflwynir yma i raddau mwy na phe bawn yn dyfynnu'n unig ryw semiotegydd o ddadadeiladwr o Ffrancwr.

Wrth drafod cyfrol farddoniaeth gyntaf ei gyfaill, Bobi, meddai Waldo:

> Dyma farddoniaeth i orfoleddu amdani fel y mae hithau'n gorfoleddu am fywyd. Adnewyddu bywyd y mae, trwy rinweddau plentyndod, gwreiddioldeb a diffuantrwydd a brwdfrydedd, yn doreth o ddelweddau, yn tarddu o'r teimlad, yn ymsaethu i olau'r dychymyg, yn syrthio i'w lle ar wyneb y deall. [. . .] Bron na theimla'r darllenydd ei fod ef ei hun â rhan ynddi. [. . .] Yr ydych yn teimlo fel pe baech yn ysgrifennu *Broséliâwnd* eich hun wrth ei darllen, ac onid yw hynny'n deimlad ardderchog?[74]

Fodd bynnag, yr hyn sy'n rhyfedd am y sylw hwn o eiddo Waldo'r Darllenydd, os nad Waldo'r Bardd sy'n llefaru yma hefyd, yw nad effeithiodd y profiad rhyddfreiniol hwn o ddarllen barddoniaeth Bobi Jones (a T. Gwynn Jones) ar y syniadau a arddelai ef fel 'beirniad' am berthynas awdur, testun a darllenydd. Oherwydd flwyddyn ar ôl iddo ddarllen cyfrol gyntaf Bobi Jones o farddoniaeth, ac yn gwbl groes i'r awgrym yn y dyfyniad uchod, nid ystyriai ef fod gan y darllenydd hawl i'w ddehongliad ei hun o gerdd, na 'rhan ynddi'.

Yn 1958, ysgrifennodd ysgrif fer yn 'egluro tipyn ar fy nghân "Mewn Dau Gae"', a hynny, meddai, 'er tegwch i'r darllenydd'. Yn yr ysgrif honno, wedi iddo aralleirio'r gerdd a'i hesbonio, meddai:

> Mae damcaniaeth ar gael heddiw fod sawl dehongliad o gân yn bosibl a bod y rhai na feddyliodd yr awdur amdanynt gystal, os nad gwell weithiau, na'r un oedd ganddo. Ni chawn i flas o gwbl ar ganu yn yr ysbryd hwn. Yr anhawster yw hyn gyda thema fel hon, sy'n cynnwys darnau mawr o brofiad: gwanhau a llurgunio'r profiad hwnnw fyddai traethu'r syniadau'n drefnus, a cholli'r cyffro. Nid fel yna y daethant i mi. Ceisiais wneud un peth: rhoi digon o 'switches' yma a thraw ar y parwydydd gan gredu y deuai'r ystafell i gyd yn olau ond i'r ymbalfalwr gyffwrdd ag un ohonynt.[75]

Am y sylwadau hyn, nodir yn gyntaf eu bod yn ymateb i'r Feirniadaeth Newydd a gysylltir ag enw I. A. Richards, ymhlith eraill yn Lloegr, a Hugh Bevan, ymhlith eraill yng Nghymru, ac yn cadarnhau'r hyn a ddywedodd Waldo mewn darlith yn 1952:

> I. A. Richards says that all possible meanings, whether intended by the author or not, are authentic. I feel that we must somehow escape from this dilemma by denying the ultimateness of the duality, and that by maintaining that the author in 'communing with himself,' as Herder put it, is also reaching out to others in the most effective if also the most hazardous way.[76]

Yn ail, gellir nodi eu bod ar yr olwg gyntaf yn gwadu unrhyw rôl weithredol i'r darllenydd. Fel y pwysleisiodd James Nicholas yn y gyfrol fywgraffyddol *Waldo: Bro a Bywyd*, ac yn groes i awgrym Ned Thomas: 'Yr oedd gan Waldo farn bendant iawn ar "ddehongli" barddoniaeth a gobeithiai ei fod ef ei hun wedi rhoi digon o arweiniad i'r darllenydd wrth iddo geisio deall cerdd.'[77] Yn ôl yr awgrym hwn, felly, diben y 'switches' ydyw sicrhau bod yr awdur yn llwyddo i gyfeirio'r darllenydd at ei 'ystyr' awdurol-gywir ef ei hun, nid mewn modd annhebyg i dechnegau golygu parhad mewn ffilmiau clasurol, lle y defnyddir technegau golygu arbennig er mwyn sicrhau bod gan y cyfarwyddwr, a dyfynnu Warren Buckland, 'almost complete control over the events and actors', gan sicrhau drwy hynny ddarlleniad unffurf ymysg y gwylwyr.[78] Oherwydd fel y nododd Alfred Hitchcock, heb y cyfryw dechnegau golygu, ni all y cyfarwyddwr reoli ystyr y delweddau. '[I]f I have to shoot a long scene continuously I always feel I am losing grip on it, from a cinematic point of view.'[79] Dyna hefyd ddiben y 'switches' i Waldo, fe gredir, sef modd i gyfarwyddo darlleniad y darllenydd.

Ac eto, go brin fod gan y bardd yr un adnoddau cyfeirio â'r cyfarwyddwr ffilm, gan y gall y darllenydd, er enghraifft, benderfynu oedi'n hir uwchben rhyw air neu ddelwedd nad ystyriai'r awdur ei hun yn bwysig. Rhaid cofio hefyd y bydd darllenydd 'Cwmwl Haf' yn gweld y gerdd gyfan ar y tudalen o'i flaen yn gyfamserol, ac yn synhwyro'i diwedd cyn iddo ddechrau ei darllen.

Am y rheswm hwn, awgrymir yma fod trosiad y 'switches' yn un sy'n llwyddo i gyfleu cymhlethdod y berthynas rhwng awdur, testun a darllenydd, ac sydd, fel yr awgrymir gan yr ansoddair 'hazardous' uchod – ansoddair sy'n awgrymu y gall y darllenydd losgi ei fysedd wrth iddo gyffwrdd â'r 'switch' – yn codi mwy o gwestiynau nag y mae'n ei ateb, yn enwedig yng ngoleuni gwaith bardd a ystyrir gan rai 'yn gymharol dywyll' – ymadrodd sy'n awgrymu na lwyddodd pawb i ddod o hyd i'r 'switches'.[80] Dyna ydoedd yr awgrym hefyd yng nghwyn Derec Llwyd Morgan yn 1970 wrth iddo resynu bod 'cynifer o lên-garwyr Cymraeg . . . yn ddall i ddisgleirdeb' barddoniaeth Waldo.[81] Y disgleirdeb hwnnw sy'n ddibynnol ar ddod o hyd i'r 'switches'.

Yn ei drafodaeth fanwl o'r gerdd 'O Bridd', nododd Alan Llwyd fod 'yna awgrym nad oedd Waldo ei hun, nac eraill, yn cytuno â dehongliad Bobi yn y llythyr a anfonodd Waldo at Anna Wyn Jones'.[82] Dyfynnir y darn perthnasol o'r llythyr, sy'n nodi bod Dilys, James Nicholas ac Emrys Evans, Gweinidog yr Annibynwyr, Tyddewi yn credu 'bod Bobi Jones wedi colli'r ystyr yn llwyr'. Ond ni fynnai Waldo 'sgrifennu'n ôl i *Barn*': 'Gadael iddo fod sy orau. Y peth pwysig yw mai fel yna rown i'n teimlo. Nid dewis y pridd fel symbol a wneuthum. Fel yna rown i'n teimlo ynglŷn â'r pridd ei hun am bum mis, neu chwech, ar ôl i'r rhyfel dorri allan'.[83] Ar un olwg, felly, gwelir bod y bardd yma'n glynu at y syniad mai ef ei hun piau ystyr y gerdd: ei ffynhonnell yw ei deimladau adeg cyfansoddi'r gerdd, fel y mae gweddill y llythyr yn ei awgrymu. Ac eto, nid ymatebir fawr chwaith i ddehongliad Bobi Jones, eithr 'gadael iddo'. Mae'n debyg mai prysurdeb bywyd neu ryw reswm ymarferol arall a oedd yn gyfrifol am hynny – sylweddoli bod yna bethau pwysicach yn ei fywyd – onid oes, efallai, yma hefyd adlais egwan o'r agwedd feddwl honno a awgrymodd yn 'Canu Bobi Jones' fod gan y darllenydd ran yn y gerdd. Beth bynnag fo'r rheswm, awgrym y llythyr yw i Bobi Jones ddod o hyd i 'switch' nad oedd y bardd yn ymwybodol ohoni, a bod yn well gan Waldo ddehongliad disymbol 'Dil', 'James' 'ac Emrys' o linell olaf y gerdd.

Yr hyn sy'n drawiadol am yr hanes, fodd bynnag, yw ei fod fel pe bai'n cadarnhau'r awgrym a grybwyllir yma, sef na all yr awdur bob amser reoli'r modd y defnyddir y 'switches', na pha air sy'n 'switch' hyd yn oed, wrth i ambell ddarllenydd oleuo'r gerdd mewn modd annisgwyl. Mewn gair, mae trosiad y 'switches' yn un y gall yr awdur a'r darllenydd ill dau eu llawio iddynt hwy eu hunain, wrth i'r ddamcaniaeth – a dyfynnu'r hyn a ddywedodd y beirniad ffeminist, Patrocinio P. Schweickart am theori ddarllen Wolfgang Iser – ymdroi 'either into a monism of the text or a monism of the reader'.[84]

Yn hyn o beth, fel yr awgryma'r cyfeiriad at Wolfgang Iser, mae trosiad, os nad damcaniaeth y 'switches', yn perthyn yn agos i'r garfan honno o theori a elwir yn theori ymateb y darllenydd, sef y theori honno a gysylltir yn bennaf, o leiaf ar ei ffurf geidwadol, â gweithiau Wolfgang Iser yn y saithdegau, ynghyd â gweithiau eraill, megis ysgrif gynnar Stanley Fish 'Literature in the Reader' y dyfynnwyd ohoni ar ddechrau'r bennod hon. Fel modd o amlygu'r tebygrwydd rhwng theori Iser a 'switches' Waldo, ystyrier cynnwys y dyfyniad isod, gan sylwi'n benodol ar y defnydd o'r gair 'switching'.

Yn 'Interaction between Text and Reader', meddai Iser:

> Once a theme has been grasped, conditioned by the marginal position of the preceding segment, a feedback is bound to occur, thus retroactively modifying the shaping influence of the reader's viewpoint. This reciprocal transformation is hermeneutic by nature, even though we may not be aware of the processes of interpretation resulting from the switching and reciprocal conditioning of our viewpoints.[85]

Dyma'r broses ddarllen, er enghraifft, a welir ar waith yn narlleniad J. E. Caerwyn Williams o ail bennill 'Cwmwl Haf' sy'n cychwyn gyda'r tair llinell:

> Bwrw llond dwrn o hedyddion yma a thraw
> I alw cymdeithion y dydd,
> Yn eu plith yr oedd anrhydedd llawer llinach.

Wrth ddarllen ei sylwadau, ceir yr argraff fod y beirniad yn symud gyda'r bardd o'r naill linell i'r llall. Meddai'r Athro Williams:

> Symbol yw'r 'hedyddion' am lenorion ac yn fwyaf arbennig am feirdd, ac y maent hwy, fel Waldo ei hun, yn galw 'cymdeithion y dydd', pawb sydd o blaid y goleuni a'i egni creu, ac 'yn eu plith' . . . yr oedd anrhydedd . . . sef anrhydeddusion llawer llinach . . . [86]

Ond fel yr awgrymodd Iser, fel arall y mae mewn gwirionedd ym mhrofiad y darllenydd wrth i ystyr y llinell flaenorol ddod yn amlwg yn narlleniad adweithiol yr un ddilynol. Gwelir mai beirdd yw'r hedyddion, yn sgil y gwaith a briodolir iddynt yn y llinell ddilynol, sef 'galw cymdeithion y dydd', ynghyd â phriodoli i'w cymeriad 'anrhydedd llawer llinach' yn y llinell wedyn. Cadarnhau'r dehongliad barddaidd hwn ymhellach y mae dehongli'r gair 'march' yn y bedwaredd linell yn symbol o fonedd ysbryd, mewn adwaith yn erbyn y gair 'cywydd' yn y llinell ddilynol, ynghyd â'r ymadrodd 'arglwyddi geiriau' yn y pennill dilynol. Hynny yw, drwy ddarllen ymlaen, darllenir yn ôl, gydag ambell air fel 'cywydd' neu'r ymadrodd 'rhaffau cerdd' yn y pedwerydd pennill yn gweithredu fel 'switch' adweithiol: gair a ddarllenir mewn modd mwy llythrennol na'r lleill, a'i gynodiadau arferol yn fodd i'r darllenydd ddehongli gwerth symbolaidd ymadroddion eraill, megis 'hedyddion' a 'march'.

Ar y lefel symlaf bosibl, gwelir techneg y 'switch' ar waith yn agoriad y trydydd pennill:

> Ac wele i fyny o'r afon
> Urddas wâr, urddas flith, fel y nos,
> Yn plygu'r brwyn â'i chadair
> Ac yn cario'r awyr ar ei chyrn.

Amwys yw 'Urddas wâr', ond diriaethir yr ymadrodd wrth ddarllen ymlaen i ddelwedd y ddwy linell ddilynol, a gwelwn gyda J. E. Caerwyn Williams mai buwch yw hi. Ond hefyd, gan y defnyddiwyd trosiad o ymadrodd haniaethol yma yn lle y gair 'buwch', pan sylweddolir mai 'buwch' yw hi sylweddolir nad 'buwch' lythrennol yw hi chwaith, eithr symbol. A thrwy hyn, try'r ymadrodd 'Urddas wâr' – sydd ei hun newydd ei oleuo gan y llinellau dilynol – yn fath o 'switch' ar gyfer gweld nad ystyr lythrennol sydd i'r 'march' na'r 'hedyddion' yn y pennill blaenorol chwaith. Drwy hyn, darllenir yn ôl drwy ddarllen ymlaen. Yn hynny o beth, diddorol yw sylwi i Waldo ei hun ofyn ar ddechrau'r nodyn 'Eglurhad ar "Mewn Dau Gae"', 'A gaf fi ddechrau yn y diwedd?' gan ddyfynnu'r cwpled clo yn gyntaf oll.[87] Oherwydd, a dyfynnu Iser eto, 'A feedback is bound to occur.' Nid yn unig y mae'r naill air neu ymadrodd yn goleuo'r llall, ond hefyd felly benillion cyfain, megis y mae delwedd 'clocs mam' y pennill olaf yn cerdded ar draws y cyfan dieithr oll a ddarllenwyd eisoes, wedi inni ei chyrraedd.[88] Trwy'r dechneg ddarllen adweithiol, ôl-olygol hon, maes o law, nid yn annhebyg i neuadd fawr ac ar ei nenfwd resi o oleuadau stribed, a'r naill un yn goleuo ar ôl y llall, os na oleua ambell un gyda'i gilydd, goleuir y gerdd gyfan, nes y gall y beirniad sy'n barod i ddilyn trywydd y 'switches' nodi, fel y gwnaeth Alan Llwyd, '[nad] oes dim byd yn dywyll ynddi'.[89]

Dyna theori'r 'switches', felly. Theori resymegol, gall a fyddai'n gartrefol iawn yn yr adain honno o theori ymateb y darllenydd a oedd yn pwysleisio yn y saithdegau a'r wythdegau mai ymateb yr oedd y darllenydd, megis y nododd Stanley Fish yn 'Literature in the Reader', 'The word and its effect . . . direct the reader.'[90] A thrwy hynny, trwy ddyfais y 'switch', a dyfynnu Bobi Jones yn *Tafod y Llenor*: 'mae'r awdur yn medru trefnu adeileddau'r brawddegau a'r paragraffau, a datgelu gwybodaeth i ni yn ôl y cyflymder y mae ef ei hun yn ei ddewis.'[91] Heb os, yn ôl y darlleniad hwn o theori'r 'switches', llaw yr awdur ei hun sydd ar y 'switch'.

Fodd bynnag, gan gytuno â John Rowlands mai rhan fawr o lwyddiant Waldo Williams yw iddo ddefnyddio termau haniaethol fel 'brawdoliaeth', 'adnabod', 'cyfeillach', 'awen', 'mewn modd digon llydan i'r Cristion a'r anffyddiwr fel ei gilydd allu ymateb iddynt',[92] – hynny yw, 'switches' sydd o fewn cyrraedd amrywiaeth o ddarllenwyr – gwelir o ddarllen y trafodaethau niferus ar 'Cwmwl Haf' nad oes sicrwydd y bydd pob un darllenydd yn goleuo'r gerdd yn union yn yr un ffordd. Nid pawb, er enghraifft, sy'n gweld mai symbol o'r traddodiad barddol a'r traddodiad rhyddiaith yw'r 'hedyddion' a'r 'march' a'r fuwch. Anifeiliaid go iawn ydynt i Hugh Bevan a Dilys Williams, gyda Bobi Jones yn nodi am yr hedyddion: 'Yn yr ail bennill, yr wyf fi'n synied mai golwg ar yr wybren a geir, golwg bendefigaidd ac urddasol [. . .] [T]ybio wnes i erioed mai'r haul a oedd gan Waldo.'[93] Mewn ymateb i'r 'tybio' hwn, ac mewn ysgrif gynhwysfawr sy'n codi nifer o gwestiynau ynghylch y berthynas rhwng awdur, testun a darllenydd, awgrymodd Alan Llwyd fod y fath ddehongliad yn 'ffansïol'. Ar un olwg, ef yw'r beirniad a chanddo'r safbwynt beirniadol tebycaf i Waldo – y tebycaf i 'Waldo' James Nicholas, hynny yw, nid 'Waldo' Ned Thomas – o ran ei fod yntau'n credu 'mai un esboniad yn unig a ddylai fod ar gerdd, sef meddylfryd ac amcan y bardd ei hun'.[94] Am hynny, meddai am ddehongliad Bobi Jones: 'Dehongli ffansïol, di-sail yw peth fel yna, yn enwedig gan fod Waldo yn dweud wrthym, mwy neu lai, beth yn union a gynrychiolir gan y march.'[95] Amlyced y 'switch', fel na ellir ond gresynu at y sawl na ddaeth o hyd iddi.

Ac eto, mae'n werth nodi, fe gredir, nad oes yna'r un llinell o'r cywyddau hel achau na'r cywyddau gofyn march yn y testun 'Cwmwl Haf' ei hun, na chwaith sôn 'am y '"Ceffyl Gwyn" yn Uffington'.[96] O arddel theori'r 'switches', disgwylir i unrhyw feirniad sy'n credu bod ystyr y gerdd *yn* y gerdd ei hun, ymaros gyda'r gerdd ei hun. Eithr mae hynny'n dasg amhosibl, cyhyd ag y bo unrhyw destun wedi ei lunio o ddeunyddiau iaith gymunedol, ac mewn perthynas â thraddodiad o lenyddiaeth gymunedol. Yr hyn a ddigwydd yn hytrach yw fod 'switch' yn y testun (nad yw yn y testun yn unig) yn cyfeirio'r darllenydd at destunau eraill y *tu allan* i'r gerdd ei hun, megis y mae ambell un o'r beirniaid wrth drafod y 'march' yn ein cyfeirio at gwpledi o waith Tudur Aled a Guto'r Glyn. A chyfoethogi'r testunau newydd o drafodaeth *ar* y gerdd y mae'r cyfeiriadau hynny.[97]

Fodd bynnag, o ystyried nad yw pob un o ddarllenwyr 'Cwmwl Haf' yn dehongli ystyr y gair 'march' a delwedd y fuwch yn yr un ffordd, awgrymir yma nad yw'r 'switch' honno sy'n cyfeirio J. E. Caerwyn Williams, John Rowlands, John Gwilym Jones ac Alan Llwyd at y traddodiad barddol *yn* y testun ei hun, eithr yn y ffordd gyffredin y darllenir y testun. Wrth inni ddal y testun yn ein llaw (ac nid ni ein hunain na'n cymuned na'n ffordd o ddarllen), nid yw hyn bob amser yn amlwg i ni, megis nad oedd i Stanley Fish yn 'Literature in the Reader'. Eithr gwelir yn ei waith diweddarach bwyslais newydd sy'n lleoli'r 'switches' yn y ffordd y'u darllenir gan gymuned ddehongli gyffredin. Bydd aelodau'r gymuned honno drwy hanes sosioieithyddol cyffredin wedi dysgu darllen testunau llenyddol mewn ffordd arbennig. Ac yntau'n cyfeirio at 'fylchau' Wolfgang Iser yn y dyfyniad isod, cymhwysir ei sylw at 'switches' Waldo yma. Meddai: 'Gaps are not built into the text but appear (or do not appear) as a consequence of particular interpretive strategies [. . .] the stars in a literary text are not fixed; they are just as variable as the lines that join them.'[98]

Fel y nodwyd, nid yw hyn bob amser yn amlwg i'r unigolyn o feirniad sy'n ysgrifennu ei ysgrif yn nhawelwch ei stydi bersonol. Eithr nodir yma nad amherthnasol y ffaith fod pob un o'r rhai a wêl fod y march yn symbol o fardd yn ysgolheigion a oedd, neu sydd, â diddordeb byw yn nhraddodiad barddol yr Oesoedd Canol. 'Mae'n amlwg mai symbol o'r traddodiad barddol yw'r march', meddai Alan Llwyd. 'Fe ddywedir hynny wrthym.'[99] Mae hynny'n wir. Cytunir yn llwyr â'r gosodiad. Eithr nid y gerdd sy'n dweud hynny wrthym; o leiaf nid hi yn unig, ddim mwy nag y mae 'switch' yn goleuo ystafell ar ei phen ei hun, eithr yn rhan o gylched.

Yn rhifyn arbennig 'Merched a Llenyddiaeth' *Y Traethodydd* yn 1986, awgrymodd cyd-feirniaid yr ysgrif, 'Beirniadaeth Lenyddol Ffeminist', y lleolir y 'switch' – a ystyrir yn 'allwedd' ganddynt – ym mherthynas y darllenydd â'r testun. Gan feddwl yn benodol am ddehongliad y traddodiad barddol, meddai'r beirniaid: '*Os* yw'r darllenydd yn gyfarwydd â'r Cywyddwyr a Chymraeg Canol, bydd y geiriau *llinach, anrhydedd, henffych, teithiol, balchder* a *bonedd* yn ffurfio clwstwr sy'n allwedd botensial i'r symbol.'[100] Eithr, mater o 'os' yn unig yw hyn, oherwydd 'mae'r dehongliad yn dibynnu ar brofiad yr unigolyn o'r byd a'i brofiad llenyddol. Mae'n anochel bod rhai yn mynd i bwysleisio pethau sydd yn llai pwysig neu'n llai arwyddocaol yng ngolwg pobl eraill . . .'[101] Gan gofio hynny – ynghyd â bod yr ysgolheigion hwythau yn gweld 'mam' lythrennol ar ddiwedd y gerdd – nodir mai meddwl am 'weld y march yn mynd o gwmpas y wlad (a dyn ar bwt o boni yn ei arwain)', a wnaeth Dilys Williams, chwaer y bardd, wrth iddi ddarllen delwedd y 'march'; ac wrth ddarllen 'Urddas wâr', meddwl am '([w]artheg Castell Martin)'.[102]

Yr hyn sy'n ddiddorol, fodd bynnag, wrth ddarllen trafodaeth Dilys Williams yw fod yr atgofion hyn – 'a dyn ar bwt o boni'; 'gwartheg Castell Martin' – a oedd yn rhan o'i phrofiad darllen hi wedi eu rhoi mewn cromfachau, fel pe na baent yn gyfan gwbl ddilys, er mai atgofion Dilys ŷnt.[103]

Y rheswm dros hynny yw am ei bod hi, neu efallai olygydd y gyfrol, yn deall yn iawn fod seilio darlleniad ar sail profiad, ac ar sail profiad y darllen, yn tynnu'n groes i ddull arferol cymuned ddehongli'r ysgolheigion o drafod cerddi mewn perthynas â cherddi eraill. Dyma'n wir yw effaith y 'switches' o'u lleoli yn athrylith y bardd neu yn y testun, sef dileu darlleniad Dilys, er gwaetha'r ffaith mai hi yw chwaer y bardd. Techneg ydyw sy'n rhoi rhwydd hynt i'r beirniad proffesiynol neu'r meistr-feirniad amlygu ei wybodaeth lenyddol eang, nid yn unig o waith y bardd unigol, eithr o'r traddodiad llenyddol cyfan. Yn hyn o beth, mae trosiad y 'switches', wedi ei dynnu o fyd proffesiynol y trydanwr, yn gwbl addas ar gyfer cyfleu'r neges mai pennaf angen unrhyw draddodiad llenyddol yw beirniaid proffesiynol ar gyfer ei ddehongli. Er enghraifft, ers Ionawr 2005, mae'n anghyfreithlon i'r un ohonom ymhél â gwaith trydanol o bwys yn ein tai. Gwaith ar gyfer trydanwyr proffesiynol yw. Felly hefyd lenyddiaeth. A dyfynnu sylw gan Gordon Graham ar waith yr athronydd Alasdair MacIntyre: 'it requires masters of the tradition to know its story and to see for themselves a place in it.'[104] Dyna sylw sy'n werth ei ystyried o gofio cynifer o feistri-feirniaid Cymru sydd hefyd yn feirdd ac yn llenorion.

Effaith y dull rhyngdestunol, proffesiynol hwn o ddarllen yw fod nifer o ddarlleniadau Dilys yn cael eu cromfachu, a'r perygl yw y cânt eu diystyru. Holwn, felly, gyda Michel De Certeau: 'Is this "reading" activity reserved for the literary critic (always privileged in studies of reading), that is, once again, for a category of professional intellectuals (*clercs*), or can it be extended to all cultural consumers?'[105] Oherwydd os llwyddir i roi'r argraff mai gwaith ar gyfer gwyrda proffesiynol yw dehongli 'switches', mae perygl y bydd hyn yn cyfyngu apêl gyffredinol llenyddiaeth, wrth i'r profiad o ddarllen gael ei iselhau a'i neilltuo ar gyfer lleiafrif academaidd. Mae hyn yn rhan o'r 'berthynas gymhleth rhwng awdur, darllenydd a chymdeithas yng nghyd-destun diwylliant llenyddol cyfoes y Gymraeg' y cyfeiriodd Angharad Price ati, 'lle mae'r berthynas rhwng y darllenydd a'r testun yn un ac iddi oblygiadau tyngedfennol'.[106] Ar y naill law, angen testunau 'amwys' yw meistr-feirniad llenyddol i bontio'r gagendor rhwng y gwaith a'r gynulleidfa ddarllen ehangach. Hynny yw, clerigwyr, 'those who have received from God more light than others to assist the simple in this matter, and, as it were, lend them [a] hand to guide and assist them in finding the sum of what God has been pleased to teach us in his word'.[107] Fodd bynnag, gall fod i'r esbonio hwn effaith negyddol hefyd, drwy ei fod yn cadarnhau dieithrwch y gwaith a'r angen am esbonwyr proffesiynol, sy'n llwyddo i gau allan ddeongliadau Dilys nad ydynt yn ddibynnol ar y cyfryw esboniadau. Prif effaith yr esbonio, felly, yw cyfiawnhau'r angen am esbonwyr, a'r dull esboniadol o ddarllen. Oherwydd, fel y nododd Wai-Chee Dimock, mae awdurdod unrhyw broffesiwn, megis y proffesiwn meddygol neu'r proffesiwn cyfreithiol, ynghyd â maes mor ddiarffordd â theori lenyddol – fy nhipyn hawl i i gyfrannu i'r gyfrol hon, er enghraifft – wedi'i sefydlu ar 'a set of reading conventions, on the authority of expert readers, and conversely, on the dependency of the illiterate'.[108]

Er y credir mai diben y 'switches' i Waldo ydoedd annog amrywiaeth o ddarllenwyr i ddeall ei gerdd, fel y mae ei ysgrif 'Eglurhad ar "Mewn Dau Gae"' yn ei awgrymu – 'Ni byddwn wedi ei chyhoeddi pe gwyddwn ei bod yn dywyll', meddai[109] – yn nwylo'r beirniad proffesiynol, gall y 'switches' ymdroi'n fodd iddo ef sefydlu ei awdurdod ei hun, ynghyd â dull arbennig, os nad proffesiynol o ddarllen llenyddiaeth, sy'n gosod darlleniadau Dilys eraill mewn cromfachau. Ac ofnir mai dileu darllen y mae beirniadaeth lenyddol o'r fath. Dyrchefir llenyddiaeth y tu hwnt i afael 'y darllenydd cyffredin', chwedl Waldo, nes y bo'n rhaid iddo droi at y beirniad proffesiynol am gymorth: y meistr-feirniad na all lwyr faddau i Waldo am gynnwys cynifer o gerddi llafar a phoblogaidd yn *Dail Pren*, gan nad oes, wrth gwrs, alw arno i amlygu ystyr y cerddi hynny. Ond gwiw i'r meistr-feirniad gofio hefyd na fynnai'r bardd ei hun, megis yn achos ystyr y geiriau 'acw' ac 'yma' yn 'Cwmwl Haf' 'wneud y peth yn rhy amlwg'.[110] Hynny yw, hyd yn oed i Waldo'r Bardd-Feirniad, rhan o ddiben 'switch' yw'r 'ymbalfalu' amdani.

Beth, os felly, o gofio i Waldo egluro mai 'Dau gae ar dir cyfaill a hen gymydog i mi, John Beynon, Y Cross, Clunderwen, yw Weun Parc y Blawd a Parc y Blawd', a bod 'Mewn Dau Gae' yn sôn am brofiad a gafodd Waldo'n llanc – sydd gan theori'r 'switches' i'w ddweud wrth ddyn canol oed a gred mai cerdd am Gyprus yw? Ni all theori'r 'switches' ond awgrymu bod y beirniad, fel y nododd Alan Llwyd, yn 'chwilio am esboniad sy'n gyson â'i ddehongliad ef ei hun', ac yn anwybyddu 'ystyr gysefin y gerdd'.[111] Ac eto, dyma'n union a wna Waldo ei hun ar ddiwedd ei eglurhad ar 'Mewn Dau Gae'. Meddai, ddau baragraff yn is na'r sôn am y 'switches':

> I mi, prif neges y gân hon, 'Mewn Dau Gae', yn nhermau'r funud hon, yw bod y Welch Regiment yng Nghyprus o hyd, a chyhyd ag y goddefwn orfodaeth filwrol, ein caethion ni ydynt. Pa beth a wnawn? Dyna paham yr oeddwn am egluro'r gân.[112]

Fel yr awgrymwyd eisoes, eang iawn yw apêl Waldo at wahanol ddarllenwyr. 'Mae'n debyg na ellid cyfrif Waldo yn Gristion cwbl uniongred', meddai Alun Llywelyn-Williams.[113] Ac eto, yn *Mawl a Gelynion ei Elynion*, 'gwiw cofio o hyd ei barch at yr ysgrythur, ei ymdrwythiad ynddi, a difrifoldeb dwys ei brofiad unplyg ohoni', meddai Bobi Jones.[114] Ar y naill law a'r llall, i'r Cristion a'r anffyddiwr, ymddengys fod Waldo yn fardd sy'n caniatáu i'r darllenydd ymateb i'w waith yn ei ffordd ei hun, onid yw hefyd yn 'gadael iddo' roi ei law ei hun ar y 'switch'. Ys dywed David Robey: 'The text presents the reader with a "field" of possibilities and leaves it in large part to him or her to decide what approach to take.'[115] Efallai y byddai Waldo yn dadlau fel y gwnaeth E. D. Hirsch, ddegawd wedi cyhoeddi *Dail Pren*, mai dau beth gwahanol yw ystyr y gerdd 'Mewn Dau Gae', a'i harwyddocâd iddo ef fel darllenydd sy'n poeni am sefyllfa wleidyddol y dydd.[116] Ond heb fynd ar ôl yr ysgyfarnog honno yn awr, nodir gyda Bobi Jones – ac yntau ar y pryd yn trafod amwysedd y gerdd 'O Bridd' – y gall fod 'gan gerdd rywbeth i'w ddweud sydd efallai'n trechu'r hyn yr hoffai'r awdur ei ddweud'.[117] Rhan o'r rheswm am hynny, ar wahân i'r symboliaeth a'r ddelweddaeth anghyfarwydd, yw natur agored-gyfarwydd yr iaith a ddefnyddir, megis yr enwau haniaethol yn 'Cwmwl Haf': 'amser', 'anrhydedd', 'urddas', 'diogelwch', 'caredigrwydd', 'distawrwydd', 'diogelwch', 'gwaelod', sy'n annog y darllenydd i'w diriaethu gan ei brofiadau ei hun ohonynt. Rheswm arall yw cyffredinedd y delweddau, megis 'tŷ', 'tywydd' a 'mam'. Am ddelweddau o'r fath, cynddelweddau ein hymwybod, meddai R. M. Jones: 'Y mae'r rhain mor ddyfal gyson dros y cenedlaethau ac mor anochel nes dod yn etifeddiaeth syniadol isymwybodol yn ein hatgof am bobl: delweddau sy'n cyfateb yn y cof a'r syniadaeth mor ddwfn ag y bydd greddfau yn y teimladau'.[118] Ac eto, fel y nododd R. M. Jones mewn man arall, 'Os dywedaf finnau y gair "Mam" . . . fe fydd yn wahanol o ryw ychydig yn fy mhrofiad i ac ym mhrofiad y sawl sy'n darllen y [gair] am ein bod yn byw bywydau gwahanol mewn cyd-destun neu amgylchfyd gwahanol.'[119] Hynny yw, mae delweddau 'Cwmwl Haf' mor gyffredin i'r rhelyw helaeth o ddarllenwyr fel y gallant oll eu cyflenwi â'u cyd-destun unigol eu hunain. A cheir hyn oll, wrth gwrs, mewn cerdd *vers libre*, pan fo'r diffyg mydr ac odl yn annog y darllenydd ymhellach i ymbalfalu yn ôl ei drywydd ei hun.

Ond ar wahân i'r ystyriaethau testunol hyn, rheswm arall dros y 'trechu' hwn ar '[yr] hyn yr hoffai'r awdur ei ddweud', fel y mae'r dyfyniad uchod yn ei awgrymu, yw nad llechen wag yw'r darllenydd yn aros i'r awdur ysgrifennu ei destun ar ei draws ac ar ei hyd, eithr person y mae eisoes rwydwaith o 'destunau' aneirif o awduriaeth gymysg yn rhedeg drwy'i wythiennau. Fel y nododd Bobi Jones yn *Beirniadaeth Gyfansawdd*: 'Y man cychwyn anochel wrth gwrs yw nid y gerdd ei hun. Bydd y darllenydd yn dod at honno ar sail ei ddoniau etifeddol yn ogystal ag ar sail dylanwadau magwraeth ac amgylchfyd parod.'[120] Nid yw hynny'n golygu, wrth gwrs, y bydd y darllenydd o reidrwydd yn dod o hyd i 'switches' gwahanol i eiddo'r awdur, nac yn eu goleuo mewn ffordd gyfan gwbl wahanol. Oherwydd fel y mae'r awdur yn etifeddu gan ei gymdeithas ffyrdd arbennig o ysgrifennu barddoniaeth, felly hefyd y dysgir i'r darllenydd ffyrdd arbennig o'i darllen gan ei gymdeithas. Mae'r naill a'r llall yn cael eu geni, a dyfynnu Ned Thomas, '. . . into the life of a group that already exists; when we begin to speak, we enter into a language or languages; if we write, we enter into traditions of writing [a thraddodiadau o ddarllen hefyd]'.[121]

Y cwestiwn allweddol, wrth gwrs, yw pa mor debyg neu wahanol yw cymdeithas y bardd hwn a anwyd ganrif yn ôl a chymdeithas darllenydd ei waith heddiw. Pa mor gymharus yw amgylchiadau cyfansoddi'r gerdd ac amgylchiadau ei darllen? Wrth esbonio 'Y Tŵr a'r Graig' yn 1938 i'w gyfaill mawr, D. J. Williams, meddai Waldo: 'dwy ddim yn gwybod pam rwy'n egluro hyn, gan fy mod yn sicr eich bod wedi deall cymaint eisoes'.[122] Dyna'r sefyllfa gyfansoddi ddelfrydol ar un olwg, sef pan fo'r awdur yn creu gan ragdybio'n gyfamserol ymateb y darllenydd. Ffrwyth cymdeithas ac iddi rwydweithiau clòs ydyw, pan fo'r bardd sy'n 'siarad o'i galon' yn sicr o 'gyrraedd y calonnau eraill'. Oherwydd, ys dywed Waldo, 'mae digon o ddylanwad ein cynulleidfaoedd arnom eisoes yn ddiarwybod'.[123]

Eithr fel y nododd Christine James wrth gyflwyno'i golygiad o waith Gwenallt: 'Cynulleidfa ddarllen dra gwahanol sydd yng Nghymru heddiw.'[124] Oherwydd hynny, fel yr awgrymodd Ioan Williams yr un modd wrth olygu dramâu Saunders Lewis, 'colli sawl cyfeiriad', methu â chanfod y 'switches' a wna'r gynulleidfa ddarllen newydd hon.[125] Ymbalfalu, ac ystyr y gerdd y tu hwnt iddi, onid e?

Ystyrier y llinell 'Sŵn adeiladu daear newydd a nefoedd newydd' yn 'Cwmwl Haf', er enghraifft. Cyn gynhared â 1954, awgrymodd Saunders Lewis na allai'r gynulleidfa ddarllen a aned rhwng y ddau ryfel byd 'gymaint ag adnabod y cyfeiriadau Beiblaidd sy'n ystrydebau' yng ngwaith yr awduron a aned cyn 1918.[126] Dyna pam y mae gofyn i olygyddion heddiw ddarparu nodiadau esboniadol ar weithiau'r awduron hynny, gan gynorthwyo darllenwyr heddiw i ddeall y 'switches'.

A'r 'bwlch' rhwng y bardd a'r gynulleidfa newydd hon yw'r rheswm hefyd paham y mae i'r don newydd o ddiddordeb yng ngwaith Waldo ganrif wedi ei eni swyddogaeth ddeublyg. Yn gyntaf, mae'n fodd i ennyn diddordeb llenyddol newydd yng ngwaith a bywyd Waldo.[127] Ond mae i'r diddordeb ym Mynegiant ei waith nod amgenach hefyd, fe gredir. A honno yw hyrwyddo math arbennig o Dafod, chwedl R. M. Jones; sef math arbennig o fyd-olwg cyffredin sy'n rhan o hanes yr iaith Gymraeg a'i phobl. Hynny yw, y gobaith yw y bydd gwaith Waldo ei hun yn gweithredu fel math o 'switch' i fyd-olwg sydd dan fygythiad. Deellid hynny wrth gwrs pan oedd aelodau Cymdeithas yr Iaith yn dyfynnu ei gerddi mewn protest yn chwedegau'r ganrif ddiwethaf – '[d]yfyniadau sy'n gallu gyrru ias o gryndod drwy gynulleidfa sydd yn y cywair iawn', ys dywed John Rowlands.[128] Felly'r un modd pan ddyfynnwyd ei waith gan Archesgob Caergaint mewn anerchiad rhyngwladol yn Efrog Newydd yn 2003. Ond nid yw'r agenda wleidyddol neu grefyddol mor amlwg pan fo'r meistr-feirniad yn amlygu'r gyfeiriadaeth Feiblaidd neu lenyddol yn 'Cwmwl Haf'.[129] Ac eto, mae'n drawiadol – pan fo'r wlad hon ar adeg ysgrifennu'r bennod hon yn 2005 newydd weld etholiad cyffredinol lle'r oedd rhyfel Irác yn ddylanwad sicr ar y pleidleisio, yn wahanol felly i'r agenda genedlaethol Gymreig, a'r llywodraeth Lafur yn araith ddilynol y Frenhines yn dwyn ffocws newydd ar gyfraith a threfn, gan geisio hyrwyddo diwylliant o 'barch' at gyd-ddyn wrth gyflwyno cynllun gorfodol o gardiau adnabod – mai Waldo yw'r bardd y mae beirniaid llenyddol Cymru yn dewis trafod ei waith, gan sicrhau o'r newydd ei le yn y canon llenyddol Cymraeg a fydd maes o law yn ddylanwad ar gyrsiau addysg ysgolion cynradd, uwchradd a phrifysgolion ein gwlad. Fel y nododd Damian Walford Davies yn ddiweddar, mae o hyd angen inni '[dd]ehongli'r "rhwydwaith dirgel" sy'n ein cydio ynghyd'.[130] Ac at Waldo yr awn am wersi.

Dyna pam yn rhannol mae cymeriad yr awdur mor bwysig yn y Gymru Gymraeg, fe gredir, sef am mai Tafod dan fygythiad yw Tafod y Gymraeg o hyd, a'r angen i fod yn geidwadol amddiffynnol mor amlwg. Oherwydd hynny, gall theorïau sy'n hyrwyddo rôl weithredol y darllenydd, bid siŵr, ymddangos yn beryglus mewn hinsawdd amlddiwylliannol, lle na ellir bod yn sicr a fydd 'y darllenydd cyffredin' – pwy bynnag yw ef neu hi – yn rhannu'r un gwerthoedd cymdeithasol â Waldo ei hun.[131] Gwell gan lawer mewn sefyllfa o'r fath yw aros gyda'r awdur ei hun, a'r un nesaf ato, y meistr-feirniad, a pheidio â gofyn i'r 'darllenydd cyffredin' beth yw ystyr 'adeiladu daear newydd a nefoedd newydd', rhag ofn iddo gynnig ateb, ac amlygu bod yr ymadrodd yn parhau i fod yn ystyrlon heb y gyfeiriadaeth Feiblaidd, benodol.

Heb os, yn wyneb yr her y mae'r Gymraeg yn ei hwynebu'n barhaus, gellir cydymdeimlo â'r agwedd feddwl geidwadol hon. Fel y nododd Fredric Jameson mae'r duedd i anwybyddu'r awdur yn gysylltiedig hefyd â 'a consequent weakening of historicity . . . whose "schizophrenic" structure (following Lacan) will determine new types of syntax . . .'.[132] Ymgais i ddiogelu'r iaith ei hun yw'r awydd i leoli ystyr y gerdd ym meddwl yr awdur.

Ac eto, gan gredu mai'r ffordd orau o gynnal Tafod hanesyddol y Gymraeg yw drwy hyrwyddo amrywiaeth o Fynegiant ac nid cyfyngu ar nifer ei lleisiau, credir i'r trafodaethau niferus ar 'Cwmwl Haf' fod ar eu hennill yn sgil diffyg esboniad cynhwysfawr gan y bardd ei hun ar y gerdd hon. Wrth adolygu'r gyfrol *Chwileniwm: Technoleg a Llenyddiaeth*, nododd Rheinallt Llwyd fod

> natur y dystiolaeth lenyddol a adewir gan awduron ar ffurf casgliadau preifat yn prysur newid. Lle gynt y ceid 'papurau', yn llythyrau, dyddiaduron ac amrywiol fersiynau llawysgrifol o farddoniaeth neu

ryddiaith, mae deunydd o'r fath yn prinhau a does dim angen llawer o ddychymyg i synhwyro beth yw'r oblygiadau i archifwyr a beirniaid llenyddol fel ei gilydd.[133]

Hwyrach mai achos gofid yw hyn i lawer. Fel y nododd R. Arwel Jones, 'Nid pawb sy'n ystyried gwerth hanesyddol eu gohebiaeth electronig . . .'[134] Ond i'r sawl sydd eisoes yn credu ei bod yn bosibl '[p]ylu min dychymyg y darllenydd weithiau trwy roi gormod o wybodaeth iddo', chwedl Robert Rhys, ni ellir ond teimlo bod y trafodaethau niferus ar 'Cwmwl Haf' yn llwyddo i ddangos mai hyrwyddo darlleniadau creadigol o'r gerdd y mae diffyg tystiolaeth awdurol.[135] Nid ystyr hynny yw anarchiaeth luosog ar ran y darllenwyr na gwadu ystyr, eithr hyrwyddo amrywiaeth o ddarlleniadau ystyrlon y mae gan eraill, wrth gwrs, gyfle i ymateb iddynt. Oherwydd, fel y nododd Bobi Jones, 'wedi pwysleisio amlder ffrwythlon deongliadau', mae'r darllenydd o hyd yn gorfod defnyddio adnoddau ieithyddol ei gymdeithas, os yw am gyfrannu at drafodaeth gymunedol ar y gerdd.[136]

Wrth iddo holi'r cwestiwn, 'What . . . achievements has cultural theory to its credit?' meddai Terry Eagleton yn ddiweddar yn ei lyfr, *After Theory*:

> It [Theory] has persuaded us that there are many things involved in the making of a work of art besides the author. Works of art have a kind of 'unconscious', which is not under the control of their producers. We have come to understand that one of those producers is the reader, viewer or listener – that the recipient of a work of art is a co-creator of it, without whom it would not exist.[137]

Cadarnhau'r sylw hwn mewn modd ymarferol y mae'r darlleniadau niferus a gyflwynwyd o 'Cwmwl Haf', pan fo'r un 'switch' yn goleuo adrannau o'r gerdd mewn sawl ffordd. Ni fydd henwr Pumlumon am gydnabod hynny, efallai. Eithr bu newid. Peth bach ydyw ar un olwg, ond diddorol oedd sylwi yn ysgrif ddiweddar Robert Rhys, '"Cadarnach y tŷ": Waldo Williams 1904–71', fod nifer o'r cyfeiriadau llenyddol hynny yr oedd yn arferiad i'r meistr-feirniaid wneud yn fawr ohonynt mwyach wedi eu gosod mewn cromfachau, a bod y beirniad at ei gilydd yn sôn am ymateb llenyddol '[y] darllenydd hwn'. Serch hynny, ceir sôn hefyd yn yr un ysgrif am 'athrylith' Waldo.[138] Dyna'r cyfaddawd rhwng yr awdur a'r darllenydd a ddaeth i'r amlwg yn sgil cerddi 'agored' megis 'Cwmwl Haf'. Mae'n deg nodi mai cyfaddawd o blaid yr awdur yw o hyd, ar un olwg. Ar y naill law, o safbwynt theori, gellir nodi gyda Bobi Jones y ceir '[g]wahaniaeth o fath rhwng dehongliad y bardd a dehongliad y darllenydd bob amser' (ar lefel Mynegiant),[139] ac eto, yn ymarferol, mae'n ddiddorol sylwi bod Bobi Jones yn cyfeirio'n aml at ei gyfeillgarwch personol â'r bardd fel modd anuniongyrchol i ddilysu ei ddeongliadau, ac yn y pen draw yn cyfiawnhau ei ddehongliad trawsffurfiol ef o gerddi Waldo drwy nodi 'i Waldo'i hun gael ei drawsffurfio'.[140] Yr awdur sydd ben, felly. Ac eto, cadarnhau y mae'r trawsffurfiad hwnnw, wrth gwrs, na ellir edrych ar y bardd amlffurf fel ffynhonnell sicr i ystyr absoliwt y gerdd, gan mai cymeriad sy'n graddol drawsnewid o hyd ydyw'r awdur.

Am yr union reswm hwnnw, ni fynnwn innau fod heb yr awdur amlweddog chwaith. Fel y nododd Robert Rhys flwyddyn dathlu geni'r bardd, 'Fe gofiwyd mwy nag un Waldo eleni' – sylw sy'n wahanol iawn i'r dyfyniad a godwyd o *Chwilio am Nodau'r Gân* ar ddechrau'r bennod hon, ac sy'n tystio i'r amrywiaeth o ddarlleniadau yn ein plith.[141] Heb os, byddai'r darllenydd ar ei golled heb gwmni'r fath gymeriad gweddnewidiol-Daliesinaidd. Na, ni ellir ond caru'r fath awdur. Yn wir, wrth ddarllen y gerdd 'Cwmwl Haf', a ninnau'n rhagdybio yr ysgrifennwyd y geiriau hyn gan rywun sy'n ceisio cyfathrebu â ni, ni ellir ond cytuno â Roland Barthes: 'in the text, in a way, I desire the author: *I* need his figure . . .'.[142]

Nid gosod y darllenydd yn lle'r awdur yw bwriad y bennod hon, felly. Yr argymhelliad yn hytrach yw newid y ffordd yr ydym yn tueddu i synied am ystyr cerdd fel peth sydd wedi ei gloi yn y testun, os nad *ym* meddwl yr awdur – fel pe bai modd diffinio ystyr y gerdd ar wahân i'w darllenwyr a'r gwaith darllen. Eithr, yn groes i'r arfer feirniadol hon, ac i theori'r 'switches' ei hun, efallai, awgrymir yma fod y gerdd 'Cwmwl Haf', cyhyd ag y bo yn cael ei darllen o hyd, yn parhau i greu ystyr, i ystyru, megis ar ffurf trafodaeth nad yw byth yn tewi, a thraddodiad nad yw'n bodoli ar wahân i'r modd y'i traddodir.

Wrth geisio ateb y cwestiwn, 'Do Readers Make Meaning?', nododd Robert Crosman:

> If we cannot immediately answer it, the problem lies chiefly, I think, in the word *meaning*, which has several conflicting senses. [. . .] The word can, in short, stand for a speaker's intention, the common understanding, or an individual's subjective valuing of something.[143]

O blith yr ystyron hyn, gwelir mai'r ail a hyrwyddir yma, er nad yw'r 'ddealltwriaeth gyffredin' honno yn beth digyfnewid chwaith (na chwaith ystyr y gair 'ystyr'). Mae'n wir na ellir gwadu nad yw ystyr cerdd yn aml yn ymddangos yn sefydlog, ac mai yn araf iawn y bydd darlleniadau newydd ohoni'n dod i'r golwg, eithr, fel y nododd Stanley Fish, natur sefydlog cymdeithas ddehongli'r darllenwyr sy'n gyfrifol am hynny, megis y mae'r rhelyw o feistri-feirniaid yn cael eu haddysgu gan feistri-feirniaid eraill.[144]

Gyda'r newid hwn yn y modd yr ydym yn synied am 'ystyr' cerdd, nodir na wahanaethir yma rhwng testun a pherfformiad. Cysylltir yn hytrach y ddeubeth ynghyd, megis yr oedd Waldo ei hun yn cysylltu cerdd T. E. Nicholas, 'Gweriniaeth a Rhyfel', â chof penodol o'i dad yn ei darllen i'w fam allan o'r *Geninen*.[145] Felly hefyd yn achos y straeon niferus gan gyfeillion Waldo amdano'n llunio englynion byrfyfyr, gyda'r englyn a'r bardd yn rhan o'r un atgof, a llenyddiaeth yn rhywbeth llafar iawn, heb ffin rhwng testun a pherfformiad.

Ond yr ystyriaeth fwyaf perthnasol yng nghyswllt yr awgrym uchod yw sylwadau Waldo yn yr ysgrif 'Paham yr wyf yn Grynwr' ynghylch perthynas y darllenydd â'r ysgrythur. Oherwydd yn hytrach na phwysleisio anffaeledigrwydd canon y Beibl ar dir dadleuon diwinyddol, rhesymegol, gan bwysleisio natur ddwyfol a gwrthrychol yr ysgrifennu ysbrydoledig, gwelir bod Waldo yn yr ysgrif yn cysylltu testun yr ysgrythur a'r darllenydd o Gristion ynghyd, a bod y profiad ysbrydol a ddaw i ran y darllenydd o Gristion wrth iddo ddarllen yr ysgrythur yn un o'r meini prawf ar gyfer gwybod a yw yn ysbrydoledig ai peidio. Am yr hen Grynwyr, meddai: 'Yr oeddynt yn dehongli'r ysgrythur yng ngoleuni'r profiad. Nid oes un ffordd o *wybod* a yw llyfr yn ysbrydoledig gan Dduw ond trwy fod Ysbryd Duw ynom ni yn *adnabod* ei waith yn y llyfr.'[146] Yn hyn o beth, roedd y modd yr oedd Waldo yn synied am ddwyfoldeb y Beibl yn agos at agwedd feddwl y Cristnogion cynharaf oll, fe gredir, wrth iddo roi pwys ar berthynas y testun â'r darllenydd mewn addoliad ysbrydol.[147] Gwelwyd nad yw ystyr y testun wedi ei gloi ynddo ei hun, eithr yn cael ei amlygu, dan arweiniad yr Ysbryd, yn y darlleniad ohono. Yn hyn o beth mae ymateb Waldo i'r Gair yn f'atgoffa am yr hyn a ddywedodd am sut y byddai yn dod i adnabod gair newydd drwy sylwi ar y defnydd ymarferol a wnaed ohono yn y gymdeithas. 'Pan af i ardal newydd a chlywed gair newydd', meddai, 'ni ofynnaf ei ystyr nemor byth. Gwell gennyf sylwi arno, fel y mae'n ymddwyn, yn gyntaf yn y cyswllt hwn ac wedyn y cyswllt yna, nes dod i fedru proffwydo o'r diwedd fel yr ymddwg yn y cyswllt nesaf.'[148] Gwelir drwy hynny nad oedd ystyr y gair a'r defnydd a wnaed ohono ar lafar yn ddau beth gwahanol i Waldo – nid mewn geiriadur y deuai o hyd i ystyr y gair – ac nad cyfan gwbl 'estron', fe hyderir, felly, yw'r drafodaeth bresennol ar berthynas testun â'i berfformiad yng nghyswllt

'Cwmwl Haf'.

'The reading of a poem is the poem itself', meddai Maurice Blanchot,[149] ac oherwydd hynny, ar un olwg, un a gyrhaeddodd yn rhy hwyr i'r wledd yw pob beirniad sy'n ceisio esbonio'r gerdd mewn ysgrif, gan nad darllen mo'r esboniad, dim mwy felly nag unrhyw theori ddarllen chwaith, 'always trying to catch up with what it was that the practice, or the reading, was really doing', chwedl Shoshana Felman.[150] Rhyw gydnabod hynny, fe gredir, yr oedd Waldo yn ei adolygiad o ganu Bobi Jones wrth iddo ofyn yn ofer iddo ef ei hun, 'i beth yr aralleiriaf?', ac yntau'n sylweddoli na all y beirniad lwyddo mewn adolygiad beirniadol i gyfleu'r wefr a brofodd wrth ddarllen y gwaith, er iddo wneud hynny droeon ar ôl 1957. Dyma pam hefyd y nododd Saunders Lewis yn ei ysgrif gynnar 'Safonau Beirniadaeth Lenyddol', mai 'gwaith beirniad llenyddol yw cyfansoddi llenyddiaeth'.[151] Oherwydd creu testun newydd y mae'r sawl sy'n ysgrifennu am y gerdd 'Cwmwl Haf', er enghraifft, gyda phob brawddeg yn fodd iddo bellhau oddi wrth y testun a ddarllenwyd. Wrth ddarllen testun beirniadol-greadigol o'r fath, 'the commentary [itself] then becomes ... a text, a fiction, a fissured envelope'.[152] Diflannodd y gerdd ei hun, fel nad yw'r testun hwn ond yn medru cynnig profiad ail law o'r gerdd i'r darllenydd.

Yn achos 'Cwmwl Haf' Waldo, a ddisgrifir gan Bobi Jones fel un 'ddi-gymdeithas' 'a cherdd sy'n gofyn gan bob darllenydd fwy nag arfer o feddwl deongliadol uwch ei phen',[153] mae sylw Blanchot uchod ynghylch arbenigrwydd, os nad unigrwydd y profiad o ddarllen yn ymddangos yn od o berthnasol, wrth i'r gerdd ar ffurf alegori, nid yn unig ddisgrifio profiad y bardd o fod ar goll yn yr hyn nad oedd yn niwl, eithr hefyd brofiad yr unigolyn o ddarllenydd o fod ar goll yn y testun.

> Nid oes acw. Dim ond fi yw yma
> Fi
> Heb dad na mam na chwiorydd na brawd,
> A'r dechrau a'r diwedd yn cau amdanaf.

'[F]i yw yma', sef fi yn darllen 'fi yw yma'. A chymaint mwy ergyd y gymhariaeth hon rhwng profiad y bardd yn y gerdd a phrofiad y darllenydd o'r gerdd, o gofio mai gyda Dad a Mam y mae'r rhelyw ohonom yn dysgu darllen. Fodd bynnag, erbyn inni gyrraedd safon ddarllen 'Cwmwl Haf', nid oes olwg ohonynt. Dim ond 'rhediad oer' y testun, a gair fesul gair yn llifo ar draws ein llygaid, a ninnau'n bracsan i'r gerdd am ateb; mewn distawrwydd, yn darllen y gair

'Distawrwydd', ac yn holi, 'Pwy yw hwn?'
Mae cymaint i anesmwytho a dieithrio'r darllenydd yn y gerdd *vers libre* hon. Tynnodd Bobi Jones sylw, er enghraifft, at y 'Fi', 'wedi'i unigolyddu, heb hyd yn oed atalnod i'w gynnal . . .'[154] Cyfeiriodd Alan Llwyd at y 'symud oddi wrth . . . un pwynt daearyddol cyfyngedig . . . nes cyrraedd yr ehangder eithaf, [. . .] o bwynt mor fanwl ac mor benodol-gartrefol â "drws y cefn" nes cyrraedd "daear newydd a nefoedd newydd"'.[155] Ac, yn rhan o'r symud hwnnw, nodwedd ddieithrio arall ar y gerdd yw'r newid yn amser y ferf, gyda'r newid o'r gorffennol i'r presennol yn ymdebygu i brofiad sgitsoffrenig.

> Tyfodd y brwyn yn goed a darfod amdanynt
> Mewn byd sy'n rhy fawr i fod.
> Nid oes acw. Dim ond fi yw yma

Awgrymodd Jacques Lacan fod sgitsoffrenia yn ganlyniad i anallu'r plentyn i feistroli adnoddau'r iaith yn llawn.[156] Fel y nododd Fredric Jameson: 'If we are unable to unify the past, present and future of the sentence, then we are similarly unable to unify the past, present and future of our own biographical experience or psychic life.'[157] Y canlyniad, felly, yw 'an experience of isolated, disconnected material signifiers which fail to link up into a coherent sequence'.[158] Ymdeimlir ag elfen o hynny yma, yn y newid annisgwyl o'r gorffennol i'r presennol mewn dwy frawddeg ramadegol ryfedd eu gwead sy'n taflu'r darllenydd oddi ar ei echel, ac yn hoelio'i sylw ar y geiriau o'i flaen. Am y llinell hon – 'Nid oes acw. Dim ond fi yw yma,' – nododd Bobi Jones ei bod '[yn] ymddangos bron yn amhersain i glust ramadegol'. Yn ei ymateb i'r sylw, nododd Waldo 'fod rheolau wedi eu gwneuthur er mwyn iaith ac iaith er mwyn profiad – nid profiad er mwyn iaith ac iaith er mwyn rheolau'.[159] Yn hyn o beth, ar un olwg, mae'n arddel safbwynt sy'n ysgaru iaith a phrofiad, drwy weld nad yw ein profiad ni o'r byd yn dibynnu'n gyntaf ar ein meistrolaeth ni o iaith. Ac eto, ar y llaw arall, heb afael sicr ar ramadeg iaith pobl eraill, ni ellir ond profi'r byd mewn ffordd a fydd yn ymddangos i eraill fel pe bai'n ddigyswllt. Yn y llinell hon, torrodd Waldo'r rheolau gramadegol arferol 'er mwyn profiad' anarferol o unig. Ac ymdeimlo â hynny a wneuthum i hefyd wrth ei darllen, wrth i'r iaith ddieithr ddod yn rhan o brofiad darllen dieithr, gydag adferf yn oddrych. Oherwydd, wrth ddarllen, fe'm taflwyd oddi ar f'echel. Dyma linell i beri i ddarllenydd chwysu uwch ei phen, a theimlo ar goll, wrth i ddieithrwch yr iaith anesmwytho'r darllen, fel pe bai yma fath o 'switch' nad yw'n gweithio'n iawn, ac eithrio i gyfeirio ati hi ei hun, a darlleniad y darllenydd ohoni.

Ymdeimlo â phrofiad tebyg o fod ar goll yn y testun a wneir wrth ddarllen darlleniad Dilys Williams, chwaer Waldo, o'r gerdd – y darlleniad lleiaf ysgolheigaidd a mwyaf gonest o bosibl, o ran ei fod yn cyfleu unigrwydd y profiad o ddarllen. ''D wyf i ddim yn hyderus fy mod yn siŵr beth yw'r ymadrodd', meddai, gan ailadrodd yr ymadrodd 'Fel y deallaf i'r gerdd' dro ar ôl tro. 'Wn i ddim yn iawn beth a olygai Waldo wrth y llinellau nesaf', meddai wedyn. 'Ymbalfalu 'r wyf i yma.'¹⁶⁰ Ond hwyrach fod yr ymbalfalu hwn sy'n rhan o brofiad darllen y gerdd yn nes o lawer at 'ei hystyr' na'r un dehongliad terfynol ohoni, sydd, hyd yn oed o safbwynt beirniadaeth draddodiadol, fesul pob un esboniad ar bob un gair, yn pellhau oddi wrth brofiad gwreiddiol y gerdd, sef o fod ar goll mewn 'Distawrwydd llaith a llwyd'. Fel y noda Tony Bianchi wrth drafod gwaith Dewi Stephen Jones yn *Y Patrwm Amryliw, cyfrol 2*:

> Er bod adnabod y cyfeiriadau yn cyfoethogi'r profiad o ddarllen y cerddi hyn, mae ymagor i ergyd yr anghyfarwydd yn bwysicach na datrys y pôs. Trwy beidio â chael ei 'fewnsgrifio' yn dwt yn y testun, y mae'r darllenydd yn rhannu peth o'r syfrdandod a'r dryswch a'r gwrthdaro mewnol a brofir gan y bardd ei hun ar ffin ei ymwybod.¹⁶¹

Ond cyn inni fodloni ar ein hanymwybod pleserus, gan gredu'n gyfeiliornus fod yr ystyr o hyd *yn* y testun, ond ein bod yn methu â dod o hyd iddo, rhaid yw nodi cyn ffarwelio â 'Cwmwl Haf' fod yna hefyd bennill clo, pan glyw'r bardd glocs ei fam ar lawr y gegin. Wedi bod 'Heb dad na mam na chwiorydd na brawd', bydd eto fam. Un nad yw'r bardd na'r darllenydd yn ei gweld yn y gerdd ei hun, eithr yn ymwybodol ohoni. Un yr ydym yn ei disgwyl, ac sy'n aros amdanom, wedi inni roi'r llyfr i lawr. Un y gallwn, maes o law, rannu â hi'r profiad o fod ar goll yn '[n]istawrwydd' y darllen. Ati hi y gallwn droi i ddweud ein dweud, a gofyn iddi a yw popeth yn iawn yn awr. Hi sy'n ystyru. Ac i mi, darllenwyr a darpar-ddarllenwyr eraill 'Cwmwl Haf' ydyw'r fam honno; y drafodaeth cyn ac wedi'r darllen; y gymuned ddehongli Ddilys amdanaf, a honno ar lun cwrdd gweddi yn Nhŷ'r Crynwyr neu seiat gartref, yn hytrach na rhesi o seddi'n syllu'n gegrwth i gyfeiriad y meistr-feirniad proffesiynol ac yntau'n byseddu'r testun yn y pulpud dyrchafedig. Oherwydd, ys dywed Waldo, '[h]i yw sylfaen ein rhyddid, canys ganed ni yn ddibynnol ar ein gilydd ac yn y berthynas honno y canfyddwn ein hawliau'.[162] Yn y berthynas honno, os nad trwyddi hefyd, y canfyddwn ystyr y gerdd.

Dyna pam mae cylchoedd darllen a fforymau trafod llenyddiaeth o bob math, mewn cartrefi, ysgolion, cymdeithasau llenyddol, ac yn gynyddol felly ar y we, mor bwysig os ydym am ddeall – a fentraf ei ddweud e? – Waldo.[163] Os ydym am weld llun ohono yn ein meddwl, nid ffôl o beth yw ei ddychmygu ynghanol y 'Seiat Farddoniaeth' a gynhaliwyd yng Ngholeg y Drindod, Caerfyrddin, yn 1965, gan gredu mai seiat brofiad yw lle y mae rhyddid i bawb ddweud gair. Fel y nododd Waldo yn 'The Function of Literature': 'For man's indomitable search for purpose in an often arbitrary world finds an inkling of it in a greater pattern.'[164] Patrwm y trafod ag eraill yw hwnnw. Patrwm yr ystyru, nad yw ar un olwg byth yn batrwm taclus na gorffenedig. 'Nid oes dim a'n rhyddha ond yr ymateb rhwng personau', meddai Waldo yn 'Pam y Gwrthodais Dalu Treth yr Incwm'.[165] O gymhwyso'r egwyddor hon at y dasg o drafod llenyddiaeth, perthnasol hefyd, fe gredir, yw sylw Waldo mewn man arall ynghylch 'nod y gymdeithas wâr', sef 'parch at bersonoliaeth ni waeth pa ffurf anghyffredin a gymer'.[166] A dyna lle'r ydym yn Gymraeg yn wynebu'r her fwyaf oll, wrth gwrs, sef gorfod diffinio'r 'gymdeithas ddehongli', chwedl Stanley Fish, yn y modd lletaf posibl, sef 'ar draws gwahaniaethau dosbarth, rhyw, lliw a chredoau' fel y nododd R. M Jones.[167]

Fel y fam yn y gerdd, roedd y gymdeithas ddehongli eang ac amrywiol hon yno cyn imi ddechrau darllen y gerdd 'Cwmwl Haf', a bydd yma eto ymhen yr awr i'm cysuro a'm cywiro, fy ngwrando a'm cyfeirio drachefn, a thrwy hynny mae ystyr y gerdd yn parhau'n drafodaeth agored, yn enwedig gan mai cymeriad sy'n graddol ddatblygu ei hun yw'r fam hithau, yn rhy araf i rai, yn rhy gyflym i eraill. Nid ystyr hynny yw '[b]od raid i ddyn gael ei fowldio gan ei gymdeithas er mwyn ffitio'n llyfn ynddi' – er mor amlwg y perygl hwnnw pan fo'n rhaid i theori yng Nghymru gyfaddawdu cymaint er mwyn ennill cynulleidfa – eithr credu bod modd i'r gymdeithas honno ddatblygu drwy drafodaeth agored.[168] Y dasg bwysicaf un, felly, yw chwilio am amryfal ffyrdd o annog trafodaeth o'r fath rhwng pobl a chanddynt safbwyntiau gwahanol iawn i'w gilydd. Dyna a fydd yn sefydlogi ein diwylliant.

'Môr goleuni' i mi, er enghraifft, 'rwy'n cofio, ydoedd darllen yn rhifyn merched *Y Traethodydd* y sylw hwn: 'A yw cynodiadau'r gair *tŷ* yr un i rywun sy'n gaeth iddo trwy'r dydd ag ydyw i ddyn, dyweder, sy'n dychwelyd yno am fwyd a chysur ar ôl bod allan.'[169] (Neu beth am

feddwl wedyn, mewn cromfachau, am gynodiadau'r gair i un na all
fforddio tŷ o gwbl, o'i gymharu ag un sydd 'wedi prynu tŷ a gwneud
gwelliannau arno'.)[170] Edrychai'r beirniaid yn benodol ar y gerdd o
safbwynt beirniadaeth lenyddol ffeminyddol, fel yr edrychodd Alan
Llwyd arni 'o safbwynt barddoniaeth a beirniadaeth fodern', gyda'r
naill a'r llall yn cynnig, nid yn unig ddeongliadau gwahanol o'r gerdd,
ond hefyd o werth theori. Ac yn hynny o beth, mae nifer o'r trafod-
aethau ar 'Cwmwl Haf' yn tystio i rym 'Llenyddiaeth mewn Theori' fel
modd i chwarae â'r 'switches' ac annog eraill i ddarllen y gerdd o'r
newydd, gan gredu na ellir ei goleuo unwaith ac am byth, eithr parhau i
ymbalfalu ar hyd ei pharwydydd o du cyfeiriadau gwahanol a thebyg.

Nodiadau

[1] Gw. Waldo Williams, 'Cwmwl Haf', *Dail Pren* (Aberystwyth, 1957), 48–9.
[2] Stanley Fish, 'Literature in the Reader: Affective Stylistics', yn Jane P. Tompkins (gol.), *Reader-Response Criticism* (Baltimore, Maryland a Llundain, 1980), 70.
[3] John Gwilym Jones, *Yr Adduned* (Llandysul, 1979), 47, 50.
[4] Saunders Lewis, 'Dafydd Nanmor', yn R. Geraint Gruffydd (gol.), *Meistri'r Canrifoedd* (Caerdydd, 1973), 90.
[5] Gw. D. Tecwyn Lloyd, *John Saunders Lewis: Y Gyfrol Gyntaf* (Dinbych, 1988), 266.
[6] Simon Brooks, *O Dan Lygaid y Gestapo: Yr Oleuedigaeth Gymraeg a Theori Lenyddol yng Nghymru* (Caerdydd, 2004), 71.
[7] John Rowlands, 'Waldo Williams – Bardd y Gobaith Pryderus', yn James Nicholas (gol.), *Waldo* (Llandysul, 1977), 207.
[8] Dilys Williams, 'Atodiad', yn *James Nicholas* (gol.), *Waldo* (Llandysul, 1977), 180.
[9] Cf. R. Geraint Gruffydd, 'Waldo Williams (1904–1971)', yn Robert Rhys (gol.), *Y Patrwm Amryliw Cyf. 1* (Llandybïe, 1997), 198: '. . . gallai llu o bobl fod wedi gwneud y gwaith yn llawer gwell na mi: pobl a oedd yn adnabod Waldo yn well . . .'. Hefyd, cf. Thomas Parry, 'Megis Seren Wib', *Taliesin*, 23 (Rhagfyr 1971), 52, lle y dyfynnir barn Waldo ar theori'r darllenydd er mwyn cadarnhau safbwynt beirniadol '[y] sawl a oedd yn adnabod y bardd'.
[10] Bobi Jones, 'Adolygiadau Hwyr [12]', *Barddas*, 282 (Ebrill/Mai 2005), 12.
[11] Ibid., 12–15.
[12] Bobi Jones, *O'r Bedd i'r Crud: Hunangofiant Tafod gan Bobi Jones* (Llandysul, 2000), 246.
[13] R. Geraint Gruffydd, 'Waldo Williams (1904–1971)', 199–200.
[14] T. Llew Jones, 'Sgwrs â T. Llew Jones', yn Damian Walford Davies (gol.), *Waldo Williams: Rhyddiaith* (Caerdydd, 2001), 101.
[15] Dilys Williams, 'Atodiad', 177.
[16] Hugh Bevan, 'Cwmwl Haf', yn Robert Rhys (gol.), *Waldo Williams: Cyfres y*

Meistri 2 (Abertawe, 1981), 137–143.
[17] Bobi Jones, 'Nid Niwl yn Chwarae', yn James Nicholas (gol.), *Waldo* (Llandysul, 1977), 91–2.
[18] John Rowlands, 'Waldo Williams – Bardd y Gobaith Pryderus', 207.
[19] Alan Llwyd, '"Cwmwl Haf" Waldo Williams (*o safbwynt barddoniaeth a beirniadaeth fodern*)', *Y Grefft o Greu* (Llandybïe, 1997), 11.
[20] John Rowlands, 'Waldo Williams – Bardd y Gobaith Pryderus', 211.
[21] Thomas Parry, 'Barddoniaeth Waldo Williams', yn Robert Rhys (gol.), *Waldo Williams: Cyfres y Meistri 2* (Abertawe, 1981), 276.
[22] J. E. Caerwyn Williams, 'Yng Nghysgod *Dail Pren*', yn James Nicholas (gol.), *Waldo* (Llandysul, 1977), 146.
[23] Robert Rhys, 'Rhagymadrodd', yn Robert Rhys (gol.), *Waldo Williams: Cyfres y Meistri 2* (Abertawe, 1981), 11.
[24] R. Geraint Gruffydd, 'Waldo Williams (1904–1971)', 201.
[25] Dafydd Elis Thomas, 'Waldo', yn Robert Rhys (gol.), *Waldo Williams: Cyfres y Meistri 2* (Abertawe, 1981), 285.
[26] John Rowlands, 'Waldo Williams – Bardd y Gobaith Pryderus', 211.
[27] Robert Rhys, 'Rhagymadrodd', yn Robert Rhys (gol.), *Waldo Williams: Cyfres y Meistri 2*, 9.
[28] Cf. Christine James (gol.), *Cerddi Gwenallt: Y Casgliad Cyflawn* (Llandysul, 2001), xl. 'Dywedir iddo [Gwenallt] dueddu i fod yn swil yng nghwmni dieithriaid, ond mae cyfeillion yn cofio amdano'n gwmnïwr difyr, yn ddireidus ei bersonoliaeth ac yn llawn asbri.'
[29] Ned Thomas, *Waldo* (Caernarfon, 1985), 5.
[30] Robert Rhys, *Chwilio am Nodau'r Gân: Astudiaeth o Yrfa Lenyddol Waldo Williams hyd at 1939* (Llandysul, 1992), 31.
[31] Robert Rhys, 'Rhagymadrodd', yn Robert Rhys (gol.), *Waldo Williams: Cyfres y Meistri 2* (Abertawe, 1981), 9.
[32] Robert Rhys, 'Rhagymadrodd', *Chwilio am Nodau'r Gân*, viii.
[33] Robert Rhys, 'Rhagymadrodd', yn Robert Rhys (gol.), *Waldo Williams: Cyfres y Meistri 2* (Abertawe, 1981), 12.
[34] Ned Thomas, *Waldo*, 63–4.
[35] Ibid., 65–7.
[36] 'Beirniadaeth Lenyddol Ffeminist', *Y Traethodydd: Rhifyn Arbennig: Merched a Llenyddiaeth*, cxli (1986), 57.
[37] Gw. 'Llythyr at J. Gwyn Griffiths a Kate Bosse-Griffiths ynghylch cyhoeddi *Dail Pren*', yn Damian Walford Davies (gol.) *Waldo Williams: Rhyddiaith* (Caerdydd, 2001), 84.
[38] Ned Thomas, *Waldo*, 6. Cf. 62.
[39] Robert Rhys, *Chwilio am Nodau'r Gân*, 78.
[40] Cf. R. Geraint Gruffydd, 'Waldo Williams (1904–1971)', 207.
[41] 'Llythyr at J. Gwyn Griffiths ynghylch cyhoeddi *Dail Pren*', 84–5.
[42] Richard Freadman a Seumas Millar, *Re-thinking Theory: A Critique of Contemporary Literary Theory and an Alternative Account* (Caergrawnt, 1992), 10–11.
[43] Hugh Bevan, 'Beirniadaeth Lenyddol', *Beirniadaeth Lenyddol: Erthyglau gan Hugh Bevan wedi'u dethol a'u golygu gan Brynley F. Roberts* (Caernarfon, 1982), 5.
[44] Bobi Jones, 'Adolygiadau Hwyr [12]', 14–15.

⁴⁵ Gw. Mihangel Morgan, *Caradog Prichard* (Caernarfon, 2000), 44. 'Er bod Caradog Prichard yn ei lythyr at Huw Griffith . . . yn dweud yn ddigon clir ei fod yn meddwl am yr adroddwr fel dyn a dreuliodd hanner can mlynedd yn seilam Broadmoor am ladd Jini Bach Pen Cae, nid oes raid inni dderbyn hynny.'
⁴⁶ Tudur Hallam, 'Yr Awdur yn Destun: Trafodaeth', *Y Traethodydd*, clx (Ebrill 2005), 77–94.
⁴⁷ Simon Brooks, *O Dan Lygaid y Gestapo*. 71.
⁴⁸ Bobi Jones, 'Adolygiadau Hwyr [12]', 12.
⁴⁹ Jenny Rowland, 'Y Beirdd Enwog: Anhysbys a'i Cant', yn Iestyn Daniel, Marged Haycock, Dafydd Johnston, Jenny Rowland (goln), *Cyfoeth y Testun: Ysgrifau ar Lenyddiaeth Gymraeg yr Oesoedd Canol* (Caerdydd, 2003), 45.
⁵⁰ Ibid.
⁵¹ Ibid.
⁵² Damian Walford Davies, *Waldo Williams: Rhyddiaith*, xiv. Cf. 'Ysgrifadolygiad ar D. J. Williams, *Yn Chwech ar Hugain Oed*', 212: 'Y tu draw i bob trafodaeth ar ddilysrwydd llenyddol fe erys yr argyhoeddiad dirfodol fod yr hyn sy'n mynd i galon y darllenydd wedi dod o galon yr awdur.'
⁵³ Bobi Jones, 'Sgwrs â Bobi Jones', *Waldo Williams: Rhyddiaith*, 95.
⁵⁴ Ibid., 96.
⁵⁵ 'Adolygiad ar *An Introduction to Welsh Poetry*', *Waldo Williams: Rhyddiaith*, 162.
⁵⁶ 'Democracy and War', *Waldo Williams: Rhyddiaith*, 288.
⁵⁷ 'Esboniad ar gefndir "Daw'r Wennol yn ôl i'w Nyth"', *Waldo Williams: Rhyddiaith*, 82–3.
⁵⁸ 'Llythyr at J. Gwyn Griffiths a Kate Bosse-Griffiths ynghylch cyhoeddi *Dail Pren*', 84.
⁵⁹ Ibid.
⁶⁰ 'Beth yw Cynghanedd?', *Waldo Williams: Rhyddiaith*, 131.
⁶¹ 'Geiriau', *Waldo Williams: Rhyddiaith*, 47.
⁶² 'Llythyr at D. J. Williams ynghylch "Y Tŵr a'r Graig"', *Waldo Williams: Rhyddiaith*, 81. Cf. Bobi Jones, 'Sgwrs â Bobi Jones', 91. Mae'r 'feirniadaeth fodern yn methu am ei bod yn dod i wybod mwy am y bardd neu'r llenor nag a ŵyr ef amdano ei hun'.
⁶³ Robert Rhys, 'Dysgu Darllen', yn John Rowlands (gol.), *Sglefrio ar Eiriau* (Llandysul, 1992), 151.
⁶⁴ Ibid., 169.
⁶⁵ Alan Llwyd, '"Cwmwl Haf" Waldo Williams', 9, 18.
⁶⁶ Ned Thomas, *Waldo*, 48–9.
⁶⁷ Gw. Roland Barthes, 'The Death of the Author', yn Stephen Heath (cyf.), *Image-Music-Text* (Glasgow, 1977).
⁶⁸ Robert Rhys, *Chwilio am Nodau'r Gân*, viii.
⁶⁹ 'Beirniadaeth Lenyddol Ffeminist', 58.
⁷⁰ Seán Burke, *The Death and Return of the Author* (Caeredin, 1992).
⁷¹ Ned Thomas, *Waldo*, 51.
⁷² Ibid.
⁷³ Gw., e.e., Gwyn Thomas, 'Mewn Dau Gae', *Dadansoddi 14* (Llandysul, 1984), 54: 'Y bardd ei hun a esboniodd beth yw arwyddocâd y *saethwr* hwn, sef,

mai efô yw'r un sy'n saethu esboniadau i'r meddwl. Oni bai iddo wneud hynny byddai'r ddelwedd yn un hynod anodd ei hesbonio.' Hefyd, gw. Alan Llwyd, 'Waldo Williams: "O Bridd" gyda Golwg ar Rai Cerddi Eraill', *Rhyfel a Gwrthryfel: Brwydr Moderniaeth a Beirdd Modern* (Llandybïe, 2003), 363: '[M]ae'n sicr mai darlunio creulondeb dyn a natur oedd bwriad Waldo, oherwydd mae'r bardd ei hun yn sôn am y profiad a esgorodd ar "O Bridd" . . .'

[74] 'Canu Bobi Jones' (1957), *Waldo Williams: Rhyddiaith*, 165.
[75] 'Eglurhad ar "Mewn Dau Gae"', *Waldo Williams: Rhyddiaith*, 89.
[76] 'The Function of Literature', *Waldo Williams: Rhyddiaith*, 153.
[77] James Nicholas (gol.), *Waldo Williams: Bro a Bywyd* (Llandybïe, 1996), 91.
[78] Warren Buckland, *Teach Yourself Film Studies* (Llundain, 1998), 16.
[79] Ibid.
[80] Ned Thomas, *Waldo*, 51.
[81] Derec Llwyd Morgan, 'Drwg-effeithiau'r Delyneg', *Y Genhinen*, xx (Gwanwyn 1970), 62; Alan Llwyd, *Barddoniaeth y Chwedegau* (Llandybïe, 1986), 169.
[82] Alan Llwyd, 'Waldo Williams: "O Bridd" gyda Golwg ar Rai Cerddi Eraill', 362.
[83] 'Llythyr at Anna Wyn Jones ynghylch "O Bridd"', *Waldo Williams: Rhyddiaith*, 102.
[84] Patrocinio P. Schweickart, 'Reading Ourselves: Toward a Feminist Theory of Reading', yn Andrew Bennett (gol.), *Readers and Reading* (Llundain ac Efrog Newydd, 1995), 69.
[85] Wolfgang Iser, 'Interaction between Text and Reader', yn Andrew Bennett (gol.), *Readers and Reading* (Llundain ac Efrog Newydd, 1995), 28.
[86] J. E. Caerwyn Williams, 'Yng Nghysgod *Dail Pren*', 170.
[87] 'Eglurhad ar "Mewn Dau Gae"', *Waldo Williams: Rhyddiaith*, 87.
[88] Gan ymestyn yr egwyddor hon, bydd cerddi cyfain yn gweithredu fel 'switches' i gerddi eraill. Gwaith beirdd wedyn yw goleuo gwaith beirdd eraill, wrth i'r naill agwedd ar y traddodiad llenyddol oleuo'r llall. Dyna dechneg ddarllen drefnus y meistr-feirniad.
[89] Alan Llwyd, '"Cwmwl Haf" Waldo Williams', 22.
[90] Stanley Fish, 'Literature in the Reader: Affective Stylistics', 76.
[91] R. M. Jones, *Tafod y Llenor* (Caerdydd, 1974), 210. Cf. Wolfgang Iser, *The Act of Reading: A Theory of the Aesthetic Response* (Baltimore, Llundain, 1978), 96. 'The author . . . prestructures the shape of the aesthetic object to be produced by the reader.'
[92] John Rowlands, 'Waldo Williams – Bardd y Gobaith Pryderus', 206.
[93] Bobi Jones, 'Nid Niwl yn Chwarae', 92.
[94] Alan Llwyd, '"Cwmwl Haf" Waldo Williams', 9.
[95] Ibid., 15.
[96] J. E. Caerwyn Williams, 'Yng Nghysgod *Dail Pren*', 170.
[97] Alan Llwyd, '"Cwmwl Haf" Waldo Williams', 16.
[98] Stanley Fish, 'Why No One is Afraid of Wolfgang Iser', *Diacritics*, 11:1 (1981), 7.
[99] Alan Llwyd, '"Cwmwl Haf" Waldo Williams', 15.
[100] 'Beirniadaeth Lenyddol Ffeminist', 57.

101 Ibid.
102 Dilys Williams, 'Atodiad', 178.
103 Cf. James Nicholas, *Waldo Williams: Bro a Bywyd*, 92: 'Wrth ymweld ag ef ychydig ddyddiau cyn ei farwolaeth yr oedd wrth fwrdd ei wely goeden fechan mewn potyn (a roddwyd iddo gan ei chwaer Dilys) a nyth aderyn . . .' Diolchir i Miss Dilys Williams yn ddigromfachau ar y tudalen 'Diolchiadau'.
104 Gordon Graham, 'MacIntyre's Fusion of History and Philosophy', yn John Horton a Susan Mendus (goln), *After MacIntyre: Critical Perspectives on the Work of Alasdair MacIntyre* (Rhydychen, arg. 1996), 170.
105 Michel De Certeau, 'Reading as Poaching', yn Andrew Bennett (gol.), *Readers and Reading* (Llundain ac Efrog Newydd, 1995), 155.
106 Angharad Price, *Robin Llywelyn* (Caernarfon, 2000), 7, 9.
107 John Calvin, *Institutes of the Christian Religion by John Calvin*, cyf. Henry Beveridge (Llundain, arg. 1962), 22.
108 Wai-Chee Dimock, 'Feminism, New Historicism and Reader', yn Andrew Bennett (gol.), *Readers and Reading* (Llundain ac Efrog Newydd, 1995), 115.
109 'Eglurhad ar "Mewn Dau Gae"', 87.
110 Bobi Jones, 'Sgwrs â Bobi Jones', 94–5.
111 Alan Llwyd, '"Cwmwl Haf" Waldo Williams', 12, 9.
112 'Eglurhad ar "Mewn Dau Gae"', 89.
113 Alun Llywelyn-Williams, 'Waldo Williams,' yn James Nicholas (gol.), *Waldo* (Llandysul, 1977), 101.
114 R. M. Jones, *Mawl a Gelynion ei Elynion* (Llandybïe, 2002), 231.
115 David Robey, 'Introduction', Umberto Eco, *The Open Work*, cyf. Anna Cancogni (Cambridge, Massachusetts, 1989), x.
116 E. D. Hirsch, *Validity in Interpretation* (New Haven a Llundain, 1967), 8: 'It is not the meaning of the text that changes, but its significances to the author. [. . .] [W]hat changes . . . is not the meaning of the work, but rather [his] relationship to that meaning.' Cf. Damian Walford Davies, *Waldo Williams: Rhyddiaith*, 272: 'pwysleisiodd Waldo . . . arwyddocâd gwleidyddol '"Mewn Dau Gae".'
117 R. M. Jones, *Mawl a Gelynion ei Elynion*, 232.
118 Idem, *Tair Rhamant Arthuraidd* (Caernarfon, 1998), 31.
119 Idem, *Tafod y Llenor* (Caerdydd, 1974), 282.
120 Idem, *Beirniadaeth Gyfansawdd* (Llandybïe, 2003), 232.
121 Ned Thomas, 'From Raymond Williams to Post-Modernism', *Planet*, 81 (Mehefin/Gorffennaf 1990), 22.
122 'Llythyr at D. J. Williams ynghylch "Y Tŵr a'r Graig"', 82.
123 'Awen Euros ac Awen Pennar', *Waldo Williams: Rhyddiaith*, 190.
124 Christine James (gol.), *Cerddi Gwenallt: Y Casgliad Cyflawn* (Llandysul, 2001), xlix.
125 Ioan M. Williams (gol.), *Dramâu Saunders Lewis: Y Casgliad Cyflawn, Cyfrol 1* (Caerdydd, 1996), x.
126 Saunders Lewis, 'Y Beibl', *Ati, Wŷr Ifainc* (Caerdydd, 1986), 26.
127 Meddylir yn arbennig am gyfrol Jason Walford Davies a Damian Walford Davies (gol.), *Araith y Cof* sydd ar ymddangos adeg ysgrifennu'r bennod hon, ynghyd â chyfres ddiweddar Bobi Jones 'Adolygiadau Hwyr' yn *Barddas*.

128 John Rowlands, 'Waldo Williams – Bardd y Gobaith Pryderus', 205.
129 Gw. e.e. Derec Llwyd Morgan, 'Anghytuno â Meils', *Tafod y Ddraig*, 14 (II) (Tachwedd 1968) 8–9: 'Canys nid â syniadau yn gymaint ag â geiriau y gwneir llenyddiaeth. Dylid derbyn neu wrthod bardd . . . yn ôl ei fedr i drin geiriau. [. . .] Hynny sy'n bwysig o safbwynt llenyddol.'
130 Damian Walford Davies (gol.), *Môr Goleuni, Tir Tywyll: Waldo Williams; delweddau Aled Rhys Hughes* (Llandysul, 2004), 15.
131 Ymddiried yn 'y darllenydd diwyd' neu'r 'darllenydd profiadol' y bydd beirniaid heddiw, nid yn 'y darllenydd cyffredin'. Gw. R. M. Jones, *Beirniadaeth Gyfansawdd*, 156, 245.
132 Fredric Jameson, 'Postmodernism, or the Cultural Logic of Capital', *New Left Review*, 146 (Gorffennaf/Awst 1984), 58.
133 Rheinallt Llwyd, 'Rhoi Bys ar Byls Technoleg', *Taliesin*, 119 (Haf 2003), 148. Gw. Angharad Price (gol.), *Chwileniwn: Technoleg a Llenyddiaeth* (Caerdydd, 2002).
134 R. Arwel Jones, 'A Chadw i'r Oesoedd a Ddêl . . . Y Trydan a Fu?' yn Angharad Price (gol.), *Chwileniwm: Technoleg a Llenyddiaeth* (Caerdydd, 2002), 206.
135 Robert Rhys, 'Dysgu Darllen', 165.
136 Bobi Jones, 'Adolygiadau Hwyr [12]', 12.
137 Terry Eagleton, *After Theory* (Llundain, 2004), 96.
138 Robert Rhys, '"Cadarnach y tŷ"', 40. '(Mewn cerddi eraill mae pridd a sêr a gwaun a mynydd yn ffynonellau nerth ac yn wrthrychau deisyfiad a gweddi hyd yn oed.)'
139 Bobi Jones, 'Adolygiadau Hwyr [8]', *Barddas*, 278 (Gorffennaf/Awst 2004), 16.
140 Gw. 'Adolygiadau Hwyr [11]', *Barddas*, 281 (Chwefror/Mawrth 2005), 27.
141 Robert Rhys, '"Cadarnach y tŷ"', 41.
142 Roland Barthes, *Le Plaisir du texte*, yn Richard Miller (cyf.), *The Pleasure of the Text* (Efrog Newydd a Llundain, 1976), 27.
143 Robert Crosman, 'Do Readers Make Meaning?' Susan R. Suleiman ac Inge Crosman (goln), *The Reader in the Text: Essays on Audience and Interpretation* (Princeton, 1980), 149–50.
144 Stanley Fish, *Is There a Text in This Class? The Authority of Interpretive Communities* (Cambridge, Massachusetts a Llundain, 1980), 15.
145 'Barddoniaeth T. E. Nicholas', *Waldo Williams: Rhyddiaith*, 226.
146 'Paham yr wyf yn Grynwr', *Waldo Williams: Rhyddiaith*, 320.
147 Isaac Thomas, *Arweiniad Byr i'r Testament Newydd* (Caerdydd, 1963), 52: 'Tyfu a wnaeth y canon o brofiad cyffredin yr amrywiol eglwysi fod yn narlleniad y llyfrau arbennig hyn gysylltiad bywiol ag ysgogiad cyntaf y grefydd Gristionogol.'
148 'Geiriau', *Waldo Williams: Rhyddiaith*, 48.
149 Maurice Blanchot, *The Space of Literature* (Lincoln, 1982), 198.
150 Shoshana Felman, 'Renewing the Practice of Reading, or Freud's Unprecedented Lesson', yn Andrew Bennett (gol.), *Readers and Reading* (Llundain ac Efrog Newydd, 1995), 186.
151 Saunders Lewis, 'Safonau Beirniadaeth Lenyddol', *Y Llenor*, i (1922), 246.

[152] Roland Barthes, *The Pleasure of the Text*, 17.
[153] Bobi Jones, 'Nid Niwl yn Chwarae', 91.
[154] Ibid., 93.
[155] Alan Llwyd, 'Waldo Williams: "O Bridd" gyda Golwg ar Rai Cerddi Eraill', 377–8.
[156] Gw. Alphonse De Waelhens a Wilfred Ver Eecke, *Phenomenology and Lacan on Schizophrenia* (Leuven, 2001). Cf. Fredric Jameson, 'Postmodernism, or the Cultural Logic of Capital', sy'n cymhwyso syniadau Lacan am sgitsoffrenia at gelfyddyd ôl-fodernaidd.
[157] Fredric Jameson, 'Postmodernism, or the Cultural Logic of Capital', 72.
[158] Madan Sarup, *An Introductory Guide to Post-Structuralism and Postmodernism* (Efrog Newydd a Llundain, arg. 1993), 147.
[159] Bobi Jones, 'Sgwrs â Bobi Jones', 94–5.
[160] Dilys Williams, 'Atodiad', 177–81.
[161] Dyf. Tony Bianchi, *Y Patrwm Amryliw*, cyf. 2, gol. Robert Rhys (Cyhoeddiadau Barddas, ar ymddangos); gw. hysbyseb yn *Barddas*, 281 (Chwefror/Mawrth 2005), 33.
[162] 'Brenhiniaeth a Brawdoliaeth', *Waldo Williams: Rhyddiaith*, 306.
[163] Gw. <http://www.100welshheroes.com/cy/bywgraffiad/waldowilliams>.
[164] 'The Function of Literature', *Waldo Williams: Rhyddiaith*, 154.
[165] 'Pam y Gwrthodais Dalu Treth yr Incwm', *Waldo Williams: Rhyddiaith*, 318.
[166] 'Adolygiad ar E. Llwyd Williams, *Hen Ddwylo*', *Waldo Williams: Rhyddiaith*, 139.
[167] R. M. Jones, Ysbryd y Cwlwm (Caerdydd, 1998), 431).
[168] John Rowlands, 'T. Rowland Hughes', *Y Traethodydd*, cxl (Ebrill, 1985), 66.
[169] 'Beirniadaeth Lenyddol Ffeminist', 57.
[170] 'Llythyr at J. E. Caerwyn Williams', *Waldo Williams: Rhyddiaith*, 105.

7

Darllen Bobi Jones

ELERI HEDD JAMES

Ers rhyw ddeng mlynedd ar hugain bellach bu Bobi Jones – neu R. M. Jones, a defnyddio'r enw a arddelodd wrth gyhoeddi ei waith beirniadol – yn gweithio ar fenter arloesol mewn beirniadaeth lenyddol a ddisgrifiwyd yn ddiweddar gan Robert Rhys fel y fenter fwyaf o'i bath yn hanes beirniadaeth Gymraeg.[1] Cyhoeddodd gyfres o gyfrolau, pob un ohonynt yn rhan o'i ymgais i ddatblygu beirniadaeth lenyddol o safbwynt theoretig penodol a'i diffinio fel disgyblaeth. Ymgais i fapio ac i ddisgrifio llorweddau cudd llenyddiaeth oedd y prosiect hwn ar ei hyd, gan obeithio y byddai gweld y tirlun yn gliriach yn gymorth i'r beirniad llenyddol wneud ei briod waith yn well. Daeth y prosiect oes hwn i fath o gwlwm gyda chyhoeddi *Beirniadaeth Gyfansawdd* yn 2003. Erbyn hyn, os derbyniwn honiadau is-deitl y gyfrol, roedd R. M. Jones wedi darganfod 'Fframwaith Cyflawn Beirniadaeth Lenyddol'. Math o epistol olaf yn ei genhadaeth feirniadol fawr oedd y gyfrol hon, felly nid ydym i ddisgwyl dim newydd ganddo yn y maes. Nid oes ganddo, yn ôl ei gyfaddefiad ei hun, 'ddim i'w ychwanegu at y disgrifiad o'r llenddull hwn'.[2]

Yn ofer y bydd y darllenydd yn cribo *Beirniadaeth Gyfansawdd* am unrhyw sylwadau newydd gan yr Athro ar feirniadaeth lenyddol. Ailweithio hen ddadleuon y mae. Nid beirniadaeth ar y gyfrol mo hyn fel y cyfryw, oherwydd dyma yw nod y llyfr – fe'i bwriadwyd yn gyfrol grynodol, atodol sy'n arolygu gyrfa feirniadol R. M. Jones ar ei hyd. Yn wir, mae'n debyg y bydd y darllenydd sy'n gyfarwydd â gweithiau eraill Bobi Jones yn profi ychydig o *déjà-vu* wrth droi'r tudalennau, oherwydd bod y deunydd bron i gyd yn gyfarwydd. Ymgais olaf sydd yma i esbonio ac i adolygu ei theori dairochrog ac i bwysleisio *cydlyniad* hanfodol y rhannau hynny cyn 'cloi'r drws fel petai'.[3]

Ym meddwl Bobi Jones ceir tair haenen i feirniadaeth lenyddol, sef Tafod y Llenor, Mynegiant y Llenor a Chymhelliad y Llenor. Crynhoir y trafodaethau hyn unwaith yn rhagor o dan dri phennawd twt, yn *Beirniadaeth Gyfansawdd*, gan roi sylw penodol i '[g]lydlyniad cyfansawdd'[4] yr elfennau hyn. Am y rheswm hwn, dewisais ganolbwyntio ar y gyfrol olaf hon at ddibenion y bennod bresennol, gan hyderu bod 'gair olaf' Bobi Jones ar y mater wedi ei gynnwys o fewn ei chloriau.

Y wedd gyntaf ar lenyddiaeth i Bobi Jones yw 'Tafod'. Gwelir gwreiddiau'r syniad hwn ym myd ieithyddiaeth ac yng ngwaith Saussure a'r ieithydd cymharol astrus y daeth Bobi Jones o dan ei ddylanwad, Gustave Guillaume. Yn 1964, tra oedd Bobi Jones yn ddarlithydd ymchwil yng Nghyfadran Addysg Jac L. Williams yn Aberystwyth cafodd gyfle i dreulio blwyddyn ym Mhrifysgol Laval, Québec er mwyn derbyn hyfforddiant gan arbenigwyr ym myd ieitheg a dysgu ail iaith. 'Profodd Quebec yn drysorlys i'r deall',[5] oherwydd yno cafodd eistedd wrth draed ei Gamaliel ym myd didacteg iaith, W. F. Mackey. Yno hefyd y cyfarfu â'r Athrawon Walter Hirtle a Roch Valin a'i cyflwynodd ef i gysyniad y 'Tafod' ac i waith Gustave Guillaume (1883–1960) am y tro cyntaf.

Roedd Gustave Guillaume yn ieithegydd o Baris ac yn ddisgybl i Antoine Meillet a oedd yn ddisgybl i Saussure. Yn 1927, dan ddylanwad gwaith Saussure, daeth Guillaume i'r casgliad a fyddai'n gonglfaen i bob damcaniaeth o'i eiddo wedi hynny, sef bod yn rhaid i rywbeth fod yn botensial cyn iddo fod yn ddiriaethol. Sylweddolodd Saussure a Guillaume yn eu tro fod dwy wedd gyfredol ar iaith; hynny yw, nid yr un peth yw iaith yn y pen cyn ei dweud, a'r hyn a glywir ar lafar neu a ysgrifennir *wedyn*. Gwelsant fod cyfundrefn ieithyddol yn yr ymennydd – *langue* – a oedd yn caniatáu creu a ffurfio'r iaith a welir yn yr amlwg – *parole* (*discours* ydyw term Guillaume am yr ail wedd hon am iddo synio bod *parole* (*speech*) yn derm rhy gul ei gymhwysiad). Amlinellwyd y ddeuoliaeth *langue/parole* eisoes yn *Cours de linguistique générale* (1913) Saussure ond esboniodd Guillaume y syniad fel a ganlyn:

> Mae'r weithred ieithyddol yn cael ei ffynhonnell yn y Tafod a ragadeiladwyd ynof i, ac y mae'n dod i ben mewn Mynegiant, cystrawen achlysurol y meddwl . . . Traws-symudiad yw'r weithred ieithyddol o Dafod i Fynegiant . . . o'r adeiledd dwfn a pharhaol i greadigaeth dros dro ar y pryd.[6]

Parodd hyn iddo fyfyrio ar swyddogaeth amser tu mewn i'r system hon a diau mai dyma gyfraniad mwyaf Guillaume i faes seico-mecaneg iaith. Y peth gwreiddiol a wnaeth Guillaume oedd astudio'r modd yr oedd y ddeuoliaeth hon yn gweithio'n ddeinamig: 'Guillaume, in fact, in an interestingly original way makes a process model out of what in Saussure is a purely static dichotomy: he links the two with the act of language, which has its own underlying time . . .'[7] Dangosodd sut yr oedd y cyferbyniadau hyn yn perthyn i'w gilydd, nid drwy sefyll gyferbyn â'i gilydd yn statig, ond mewn modd deinamig, gan fod symudiad o'r naill safle meddyliol i'r llall. Sylweddolodd fod y symudiad hwn yn y weithred o greu iaith yn cymryd amser, yr hyn a alwodd yn *Temps Opératif* neu'n 'Amser Gweithredol'. Fel y dywed Guillaume ei hun:

> One factor which the Saussurean formula fails to consider, but which should be very carefully taken into account in any linguistic question is the factor of time. *Langage*, as an integral whole, includes a successivity, the passage from *langue* – permanently present in the speaker (and consequently in no way momentary) – to *parole*, present in the speaker momentarily, for periods of time that may be close together or far apart.[8]

Mabwysiadodd Bobi Jones y ddysgeidiaeth hon ynghylch potensial y mecanwaith cydlynol sydd yn y meddwl dynol ar gyfer creu holl amlder iaith, neu Dafod, gan ei wneud yn ganolog i'w astudiaeth academaidd ar ei hyd. Disgrifir Tafod mewn amryw ffyrdd ganddo. Fe'i gelwir yn '[f]ecanwaith potensial'[9] ac mae ôl meddwl Guillaume â'i sôn am y *potentiel* a'r *actuel* i'w weld yn glir arno yn y fan hon. Yr hyn a olyga yw fod Tafod yn offeryn llonydd yn y meddwl sydd â'r potensial i greu iaith yn yr amlwg, yn ôl y galw.

Pwyslais cyson Guillaume, a phwyslais Bobi Jones yntau, yw fod Tafod yn bodoli ar ffurf system o systemau neu '[b]atrwm o batrymau'[10] y tu mewn i'r meddwl dynol. Hynny yw, mae math o beiriant yn yr ymennydd sy'n cynnwys llu o gyfundrefnau sy'n perthyn i'w gilydd ac sy'n gallu trefnu'r rhain yn ôl y galw. Syml ac elfennol yw natur pob un o'r systemau unigol hyn, fodd bynnag. Credai Guillaume, yng ngeiriau Bobi Jones, fod *'egwyddor isymwybodol elfennaidd anieithyddol'*[11] yn sylfaen i bob cyfundrefn ieithyddol. Hynny yw, patrymir iaith yn ei hanfod ar ffurf sythwelediadau neu ganfyddiadau a chyferbyniadau cynieithyddol syml megis presenoldeb ac absenoldeb/unigol a lluosog ac yn y blaen. Hawlia fod gan ddyn gyfarpar yn y meddwl i ganfod gwahaniaethau ac i weld tebygrwydd cyn iddo ddysgu iaith hyd yn oed. 'Cyn-Dafod' yw'r enw a rydd Bobi Jones ar y cyflwr hwn. Casglodd Guillaume fod yn rhaid i'r sythwelediadau sy'n ffurfio'r systemau fod yn 'few in number, basically little varied, and, in the last analysis, suprisingly uniform',[12] er mwyn i bob dyn allu defnyddio Tafod, ni waeth beth fo'i allu cynhenid. Hawliodd Bobi Jones rywbeth tebyg pan ddywedodd fod y systemau neu'r '[g]yfundrefn o gyfundrefnau cyferbyniol ac ailadroddol'[13] hyn mor syml ac elfennol nes bod yn chwarae plant: 'Ond nid pwyntiau ysgolheigaidd yw'r rhain byth. Ffurfiau yw'r cyfundrefnau iaith hyn y gall plentyn eu storio o'r golwg yn y meddwl, a'u defnyddio'n ddisymwth heb bendroni amdanynt.'[14] Daeth Guillaume a Bobi Jones i'r casgliad fod systemau Tafod wedi eu seilio ar gyfuniad o ddau neu dri ffactor. Hynny yw, mae'r meddwl yn trefnu Tafod drwy gyfuniad o gyferbyniadau deuol megis y gwahaniaeth rhwng absenoldeb a phresenoldeb a bod hynny yn ei dro yn arwain at systemau triol fel yr un a adlewyrchir yn nhri pherson y rhagenw. Esbonia Bobi Jones y ffenomen hon fel a ganlyn: 'Contrast or binarity is the fruitful process that brings about even this final opening into a threefold pattern, and usually an internal duality contrasts itself with an external duality to form three – all fundamental possibilities then being complete.'[15] Grym o'r golwg ydyw Tafod, fodd bynnag. Ni welodd llygaid dyn Dafod erioed. Tafod yw'r grym anweledig sy'n creu ac yn amodi'r Mynegiant, sef yr iaith honno a welwn yn yr amlwg: 'Mae'n fath o oruchwyliwr o'r golwg.'[16]

Trosglwyddodd Bobi Jones syniadau Guillaume o faes ieithyddiaeth i faes llenyddiaeth gan ddadlau fod gan y llenor yntau fecanwaith cyffelyb yn ei ben; 'Tafod y Llenor' yw'r enw a roddodd ar y ffenomen hon. Fel Ffurfiolwyr Rwsia, rhesymodd mai ffenomen tu mewn i iaith yw llenyddiaeth ac mai'r hyn yw llenyddiaeth mewn gwirionedd yw trawsffurfiad o iaith bob dydd. Felly, yn union fel y gellid trefnu cyfundrefnau iaith mewn gramadeg, gellid hefyd lunio math o ramadeg i lenyddiaeth hithau. Daeth i'r casgliad, fel y strwythurwyr hwythau, fod egwyddorion sylfaenol a pharhaol y gellid eu trefnu y tu ôl i bob gwaith llenyddol, yn union fel y ceir trefn benodol y mae'n rhaid plygu iddi y tu ôl i bob brawddeg. Mae'n cydnabod nad yw'r llenor bob tro yn ymwybodol o'r rheolau hyn wrth iddo gyfansoddi, yn yr un modd ag y mae'r siaradwr rhugl yn anymwybodol o systemau gramadeg wrth lunio ymgom. Ni olyga hyn, fodd bynnag, nad ydynt yn bodoli. Dysgodd fod y meddwl dynol yn llunio ffurfiau a phatrymau llenyddol yn anymwybodol, cyn eu storio yn yr ymennydd fel y gallant fod yn gynhysgaeth i lenorion eraill yn y traddodiad. Hawliodd mai'r ffordd symlaf i ddeall hyn yw drwy archwilio mydr, odl a chynghanedd gan ei bod hi'n amlwg fod egwyddor yr odl neu'r gynghanedd yn bodoli yn y meddwl y tu hwnt i unrhyw enghreifftiau penodol ohonynt. Hynny yw, nid yw pob egin fardd yn llunio cyfundrefn yr odl o'r newydd iddo'i hun; mae'n rhan o'r gynhysgaeth a adawyd iddo yn storfa lenyddol y traddodiad.

Ond mae Tafod hefyd yn cynnwys Deunydd y llenor yn ogystal â'r ffurfiau llenyddol hyn. Dadleua Bobi Jones fod patrymau cynnil o feddwl mewn Tafod sydd yn isymwybodol yn rhoi trefn sefydlog ar holl Ddeunydd iaith gan ei ddosbarthu'n bedwar maes neu gategori, sef:

i) Fi (Seicolegol),
ii) Cyd-ddyn (Cymdeithasegol),
iii) Yr Amgylchfyd (Ecolegol),
iv) Duw (Goruwchnaturiol).

Mewn math o gyfosodiad â chyflwr Tafod y mae 'Mynegiant' yn bodoli. Dyma lenyddiaeth ddiriaethol, o dan ein trwynau, yn yr amlwg; llenyddiaeth orffenedig, boed ar lafar neu mewn print. Cynnyrch terfynol y broses lenyddol ydyw; yr hyn a welir ac a ddarllenir gennym. Dyma'r creedig yn hytrach na'r broses o greu.

Ym maes Mynegiant y bwriodd Bobi Jones, fel pob beirniad neu ddarllenydd arall o'i genhedlaeth, ei brentisiaeth. Hon yw'r wedd amlwg a chyfarwydd ar lenyddiaeth a chartref cyfarwydd beirniadaeth lenyddol. O'r herwydd, hon yw'r wedd ar lenyddiaeth y trafododd leiaf arni. Neilltuodd Bobi Jones y rhan helaethaf o'i yrfa feirniadol i amddiffyn ac i amlygu ffactorau Tafod a Chymhelliad. Nid am ei fod yn ystyried y rhain yn bwysicach na Mynegiant, nac ychwaith am ei fod yn gweld Mynegiant yn ddiflas. I'r gwrthwyneb, hon ydoedd y wedd fwyaf diddorol a byw ar lenyddiaeth iddo. Dyma'r fan lle y corfforir egni creadigol a holl ddychymyg dyn, lle yr arbrofir â holl bosibiliadau statig Tafod.

Mae Mynegiant yn gwbl dderfyn ei bosibiliadau. Dyma'r wedd 'rydd, arbrofol, ansicr ar lên',[17] chwedl Bobi Jones. 'Ceir cant a mil o destunau, cant a mil o deimladau a ffurfiau gwahanol i Fynegiant.'[18] O ganlyniad i'r amrywiaeth di-ben-draw hwn mae'n gwbl amhosibl olrhain system neu gysondeb digyfnewid fel y gellid ei wneud mewn perthynas â Thafod. Pentyrru enghreifftiau o Fynegiant yn unig a ellir. Mae canlyniadau Mynegiant yn gymhleth ac yn ddi-ben-draw o'u cymharu â system gyfyng Tafod sy'n eu caniatáu.

Mae Mynegiant mewn cyferbyniad llwyr â phriodoleddau Tafod er ei fod yn cael ei amodi a'i gyflyru ganddo. Nid yw Mynegiant yn cydfodoli â Thafod. Yn lle hynny mae'n gyflawniad achlysurol o botensial creadigol Tafod. Yn y cyflwr hwn daw popeth a oedd yn gweithio yn ddirgel mewn Tafod i gwlwm terfynol. Yn y cyflawniad terfynol a gorffenedig hwn mae popeth yn uno; mae'r Ffurf, y Deunydd a'r Cymhelliad yn toddi i'w gilydd yn annatod glwm.

Y bont neu'r cyswllt asiol a deinamig rhwng cyflyrau Tafod a Mynegiant, a'r drydedd wedd ar theori lenyddol Bobi Jones, yw 'Cymhelliad', sef y reddf waelodol sydd gan y bod dynol i ddarganfod neu i osod trefn ar iaith ac ar y byd yn gyffredinol. Dyma sy'n gyrru'r llenor i ffurfio Mynegiant llenyddol allan o adnoddau parod a photensial Tafod. Mae gwreiddiau'r cysyniad hwn i'w weld ym myfyrdodau Bobi Jones mewn dau faes, sef Ieithyddiaeth a Diwinyddiaeth. Ysgogwyd ei ddiddordeb cyntaf yng Nghymhelliad y llenor drwy ieithyddiaeth. Nodwyd eisoes fod Gustave Guillaume wedi gwneud cyfraniad gwreiddiol i fyd ieithyddiaeth drwy astudio'r modd y mae'r ddeuoliaeth Tafod a Mynegiant yn rhyngweithio'n ddeinamig. Pwysleisiodd mewn modd arloesol y symudiad sydd rhwng y naill gyflwr a'r llall, a'r ffaith fod y symudiad hwn yn cymryd amser. Dyma'r hyn a alwodd ef, fel y nodwyd eisoes, yn *Temps Opératif*:

> The act of language takes place between *tongue* – which is a construct in the mind, an inheritance received after birth from those with whom one lives – and *discourse* – which can be derived at will from the means permanently placed at one's disposal by tongue.[19]

Hynny yw, mae'r weithred ddeinamig o greu iaith yn digwydd rywle rhwng Tafod a Mynegiant. Sylweddoli'r drydedd wedd hon ar y weithred ieithyddol a gweld yr angen am y weithred ddeinamig a chydlynol a'i gwnaeth hi'n angenrheidiol, ac yn bosibl, i Bobi Jones gynnwys Cymhelliad fel trydedd elfen ei theori gyfansawdd.

Dysgodd Bobi Jones ym myd ieitheg am y safle canolog a chwbl angenrheidiol sydd gan Gymhelliad yn y broses o greu iaith. Ond ni fanylodd Guillaume odid ddim ar natur neu nodweddion y Cymhelliad hwn; nodi ei fodolaeth yn unig a wnaeth. Bu'n rhaid i Bobi Jones droi at ddiwinyddiaeth er mwyn rhoi cig am esgyrn y cysyniad hwn. Daeth o dan ddylanwad meddylwyr Prifysgol Rydd Amsterdam; diwinyddion megis Kuyper, Dooyweerd, Van Til a Rookmaaker a bwysleisiai sofraniaeth a phenarglwyddiaeth Duw, neu arwyddocâd Cristnogaeth ymhob agwedd ar fywyd. Drwy ymgydnabod â gwaith y diwinyddion hyn, dechreuodd Bobi Jones synio mewn ffordd hollol newydd am iaith, llenyddiaeth a diwylliant, yn wir, am fywyd yn gyffredinol. Dechreuodd feddwl am y pethau hyn yng nghyd-destun tragwyddol-deb a chynllun ehangach Duw.

Rhaid i'r llenor gael ysgogiad er mwyn ei yrru i ymgymryd â'r gwaith rhyfedd o lenydda yn y lle cyntaf, ac ym meddwl Bobi Jones mae'r esboniad dros yr ysgogiad creiddiol i ymgymryd ag unrhyw dasg i'w weld mewn dau orchymyn Beiblaidd. Mae'r cyntaf o'r rhain i'w weld yn llyfr Genesis. Dyma'r hyn a elwir yn 'orchymyn diwylliannol' ac mae'n orchymyn ar gyfer pob dyn fel ei gilydd. Fe'i rhoddwyd i ddyn adeg y creu ac mae'n crynhoi yn syml iawn un agwedd ar bwrpas bywyd dyn ar y ddaear: 'Bendithiodd Duw hwy a dweud, "Byddwch ffrwythlon ac amlhewch, llanwch y ddaear a darostyngwch hi; llywod-raethwch ar bysgod y môr, ar adar yr awyr, ac ar bopeth byw sy'n ymlusgo ar y ddaear"' (Genesis 1:28). Dyma Dduw yn gorchymyn i bob dyn ddarostwng, neu ddiwyllio, y ddaear. Yn ôl Bobi Jones, dyma a gyfrannodd yr ymwybyddiaeth o Gymhelliad neu'r ymwybod â thrindod Gwerth, Trefn a Diben i'r ddynoliaeth. Dadleua fod y gwerthoedd hyn yn rhan greiddiol o wead y byd a'r ddynoliaeth byth er i Dduw greu'r byd a chreu dyn ar ei lun a'i ddelw Ei hun.

Yr ail orchymyn, sef yr un i foli Duw, yw'r gorchymyn sy'n cael ei ailadrodd fwyaf yn yr ysgrythurau (gw., e.e., Salm 99:8). Yn nhyb Bobi Jones mae'r credadun – a'r anghredadun, er ei waethaf ei hun – yn reddfol dan orfodaeth i ufuddhau i'r gorchymyn hwn. Efallai na fyddwn byth yn ymwybodol ein bod yn moli yn uniongyrchol. Nid 'moli' yn yr ystyr o glodfori, canmol neu ddweud pethau neis sydd gan Bobi Jones yn y fan hon, ond yn hytrach, y moli a'r gogoneddu ar Dduw sydd yn digwydd yn anorfod pan fyddwn yn greadigol ffrwythlon ac yn ufuddhau i drefn Duw ar gyfer y ddaear. Y ddau orchymyn hyn sy'n gyrru'r greadigaeth, yn esbonio bodolaeth ac yn rhoi pwrpas i fywyd yn nhyb Bobi Jones.

Wedi amlinellu'r theori yn fras fel hyn, teg yw holi beth sydd a wnelo hyn oll â'r dasg o feirniadu llenyddiaeth? Beth yw goblygiadau hyn oll wrth feirniadu darnau penodol o lenyddiaeth? Fel y sylwodd Bobi Jones ei hun: 'Rhaid i bob theori sefyll yn ôl ei gallu i ateb y gwrthrych, sef llenyddiaeth.'[20] Sut, felly, y mae cymhwyso'r theori driphlyg hon wrth wynebu darn o lenyddiaeth? Dyma, mewn gwirionedd, oedd cwestiwn Angharad Price wrth iddi adolygu *Beirniadaeth Gyfansawdd* yn y cylchgrawn *Barddas* yn Rhagfyr 2003. Tynnodd sylw at honiad a wna Bobi Jones tua diwedd y gyfrol pan ddywed:

Maes beirniadaeth yn benodol a fu gennyf dan sylw, a'i thiriogaeth nid ei thechnegau. Ei 'beth?' a 'pham?' yn hytrach na'i 'sut?'. Ni cheisiwyd meddwl yn drefnus am y ffyrdd gwahanol yr oedd y beirniad llenyddol ei hunan yn gweithio tuag at y nod yna. A rhaid cyfaddef bod hynny'n fwlch yn yr ymdriniaeth, yn arbennig wrth ystyried Mynegiant Beirniadaeth. Gwedd ar Ffurf Mynegiant yw'r Sut, neu'r 'technega'.[21]

Ymateb digon dilys Angharad Price i'r honiad hwn oedd mai *'cop-out'* ydoedd, a bod Bobi Jones mewn ffordd yn osgoi'r cyfrifoldeb o roi ei theorïau ar waith yn ymarferol ac o ganlyniad yn osgoi wynebu eu goddrychedd anorfod. Meddai Angharad Price:

> Un peth yw diffinio a dyrchafu Beirniadaeth Lenyddol hollgynhwysol, peth arall yw gweld a yw'n dal dŵr wrth ei harfer. Tybed ai'r rheswm dros beidio â datgelu ei methodoleg a'i rhoi ar waith oedd y byddai Bobi Jones yn canfod bod rhaid i'r Beirniad Cyfansawdd – fel y Marcsydd a'r Ffeminydd a'r Dadadeiladydd (a phob beirniad llenyddol arall petai'n dod i hynny) – dynnu ffiniau a gwneud dewisiadau goddrychol wrth fynd i'r afael â'r dasg? A bod y 'cyfanrwydd' o ganlyniad yn mynd yn endid digon di-ddal?[22]

Mentraf awgrymu bod Angharad Price a Bobi Jones ill dau wedi cymryd cam gwag yn y fan hon! Drwy ganolbwyntio ar gyfaddefiad Bobi Jones a ddyfynnwyd uchod, anwybyddodd Angharad Price baragraff arwyddocaol sy'n ymddangos bron yn union o'i flaen lle y cais Bobi Jones grynhoi'r hyn y mae'n rhaid i'r Beirniad Cyfansawdd ei ystyried wrth ddadansoddi, disgrifio a gwerthuso llenyddiaeth. Ei ateb, os ateb ychydig yn aneglur a thrwsgl, oedd:

> Cais [y Beirniad Cyfansawdd] ystyried Tafod, yn ôl ffurf a deunydd. Cais gyflwyno Cymhelliad, yn ôl ffrwytho a moli (a'r mawl yn cynnwys gwerth, trefn a diben). A chais gyflwyno'i brofiad diriaethol ei hun o'r Mynegiant, yn ôl cydberthynas unigolyddol â Thafod a Chymhelliad, ac o dan eu cyflyriad hwy.[23]

Dichon fy mod i'n gwneud cam ag Angharad Price yn y fan hon, ac nad anwybyddu'r gosodiad hwn a wnaeth, ond yn hytrach ei wrthod am ei fod braidd yn annelwig.

Serch hynny, gwnaeth Bobi Jones gam ag ef ei hun drwy ymddiheuro'n ddianghenraid am 'fwlch' yn ei ymdriniaeth nad oedd yn bodoli mewn gwirionedd. Gresyna nad yw wedi rhoi rhagor o sylw i dechneg neu i 'sut' Mynegiant Beirniadaeth. Ond dyma anwybyddu'r 'Patrwm myfyrio gwerthfawrogiad' eglur a hollgynhwysol a gynigiodd i'w fyfyrwyr ar dudalennau 230–5 *Beirniadaeth Gyfansawdd*.[24]

Ymgais i archwilio'r cyhuddiad a'r hunan-gyhuddiad hwn ac i roi sylw manylach i fethodoleg Beirniadaeth Gyfansawdd fydd gweddill cynnwys y bennod hon. Byddaf yn ceisio gwneud hyn mewn dwy ffordd; yn gyntaf drwy ymhelaethu ar y crynodeb moel a wnaeth Bobi Jones ar sut y dylai'r Beirniad Cyfansawdd fwrw ati i ddarllen darn o lenyddiaeth ac yn ail drwy roi sylw manwl i'r 'Patrwm myfyrio gwerthfawrogiad' a gynigiwyd ganddo.

Ond cyn cychwyn ar y gorchwyl hwn, rhaid pwysleisio nad Ysgol Feirniadol neu ddull o ddarllen yw Beirniadaeth Gyfansawdd fel y cyfryw. Nid dyna'i bwriad hi. Nid ceisio tanseilio dulliau nac ysgolion eraill mo'i nod, ond yn hytrach amlinellu cylchoedd gorchwyl yr ysgolion hynny a disgrifio'r gydberthynas sydd rhyngddynt. Yng ngeiriau Bobi Jones: 'Amlinelliad cynhwysfawr ydyw o gyflwr beirniadaeth fel ffenomen.'[25] Camddeall y pwynt hwn sydd yn arwain y darllenydd at deimlo'n rhwystredig pan nad yw Bobi Jones yn cynnig methodoleg glir a chyfarwyddyd manwl ar sut i feirniadu darn o lenyddiaeth. Os ydys am werthfawrogi ei waith yn ei gyd-destun cywir, rhaid cadw mewn golwg yr hyn a bwysleisiodd ef ei hun yn y dyfyniad a nodwyd uchod, sef mai 'tiriogaeth' beirniadaeth lenyddol sydd yn mynd â'i fryd yn hytrach na'i 'thechnegau'. Serch hynny, fe rydd *Beirniadaeth Gyfansawdd* oleuni ar y mater o feirniadu'n ymarferol, hyd yn oed os oes raid i'r darllenydd chwilota ychydig rhwng y llinellau er mwyn ei ganfod.

Edrychwn felly fesul brawddeg ar grynodeb R. M. Jones o'r hyn y mae'n rhaid i'r Beirniad Cyfansawdd ei ystyried: 'Cais ystyried Tafod, yn ôl ffurf a deunydd.'[26] Wyneba'r beirniad, wrth reswm, yn y lle cyntaf Fynegiant, h.y. yr enghraifft ddiriaethol o lenyddiaeth sydd o'i flaen, ond ei dasg yw mynd y tu hwnt i hynny gan chwilio am yr 'egwyddorion anamlwg' neu'r 'patrymau anweledig'[27] sydd y tu ôl iddo. Hynny yw, rhaid adnabod y ffurfiau llenyddol cynddelwaidd a'i ffurfiodd. Un arall o 'dasgau priodol y Beirniad Cyfansawdd'[28] yw sylwi ar y modd y bydd y llenor yn trefnu ei ddeunydd, pa fythau sy'n cael eu defnyddio ganddo a sut y mae'n defnyddio'r rhain er mwyn cyflawni ei ddibenion.

Wedyn, fe gais y Beirniad Cyfansawdd 'gyflwyno Cymhelliad, yn ôl ffrwytho a moli (a'r mawl yn cynnwys gwerth, trefn a diben)'.[29] Cyfarwyddyd sydd ychydig yn dywyll yw hwn. Rhagdybiau diwinyddol yw'r syniadau am 'ffrwytho' a 'moli', fel y trafodwyd eisoes. Amlygiad ymarferol y rhagdybiau hyn yw ymwybyddiaeth o werth, trefn a diben; dyma'r nodweddion y dylai'r Beirniad Cyfansawdd geisio eu hamlinellu a'u holrhain mewn unrhyw waith llenyddol. Mae'r syniad hwn am 'werth' darn o lenyddiaeth yn codi drosodd a thro yn *Beirniadaeth Gyfansawdd*. Deil Bobi Jones, er gwaetha'r bri ffasiynol a roir ar berthynolaeth, fod modd i un darn o lenyddiaeth ragori ar ddarn arall, bod eithafion y gwych a'r gwachul yn bodoli yn y ffurfafen lenyddol. Yn y wedd hon ar feirniadaeth mesurir gwerthoedd cymharol amhenodol, megis 'medr ieithyddol', 'aeddfedrwydd', 'deallusrwydd' a 'dychymyg'.[30] Dadleua fod modd i'r beirniad profiadol adnabod y rhagoriaethau hyn, er ei fod yn cydnabod bod y 'gwerthoedd a nodir a'r rhinweddau a fawrygir mewn llenyddiaeth yn swnio'n amhosibl o haniaethol'.[31] Cred ei bod hi'n bosibl – yn wir, ei bod hi'n angenrheidiol – didoli gweithiau llenyddol yn ôl eu safon: 'peth sydd – er gwaethaf pob theoreiddio nihilaidd ac ôl-fodernaidd – yn anochel i bobl brin eu hamser (sef pawb), a phawb y mae eu hymennydd yn galw am faeth.'[32]

Ochr yn ochr â hyn dylai'r Beirniad Cyfansawdd sylwi ar drefn y gwaith a mawrygu'r arfer o osod trefn. Rhan o briod waith y Beirniad Cyfansawdd yw mynnu trefn yn y byd llenyddol.[33] At hynny, dylai'r Beirniad Cyfansawdd sylwi ar ddiben a bwriadau'r darn dan sylw ac yn ehangach na hynny, ar ddibenion eithaf llenyddiaeth.

Ymddengys fod Bobi Jones yn rhoi mwy o bwys ar Gymhelliad wrth feirniadu llenyddiaeth nag ar unrhyw wedd arall. Dywed mewn un man: 'Yn y diwedd eithaf, beth a fernir? Yn bennaf, y Cymhelliad fel y'i mynegir yn ffrwyth Mynegiant: y safon a geir gan y Gwerth a gyfleir mewn brawddegau.'[34]

Ond mae'r syniad hwn o bwyso 'gwerth' llenyddol yn broblematig am ei fod yn oddrychol ac yn chwiwus yn ei hanfod. Mae'n dibynnu ar gefndir ac argyhoeddiadau'r beirniad a'i ddiffiniad personol ef o'r rhinweddau a restrwyd. Cydnabu Bobi Jones y gwendid hwn gan ddweud ei fod yn 'dipyn o dir gwyryfol o hyd' iddo ac na lwyddodd hyd yma i 'wneud yn well na dilyn y traddodiad beirniadol "rhamantaidd" esthetaidd a'r traddodiad beirniadol "ymrwymedig" i weithio'n ymarferol yn hyn o faes'.[35] Er gwaethaf yr holl ymroi i theoreiddio, mae'n rhaid dibynnu o hyd ar rywbeth mor wlanog a chyfnewidiol â chwaeth a chrebwyll beirniad yn ogystal â'i rag-dybiaethau a'i argyhoeddiadau.

Yn olaf, meddai Bobi Jones, fe gais y Beirniad Cyfansawdd 'gyflwyno'i brofiad diriaethol ei hun o'r Mynegiant, yn ôl cydberthynas unigolyddol â Thafod a Chymhelliad, ac o dan eu cyflyriad hwy'.[36] Ymateb personol i'r Mynegiant yw'r delfryd felly. Mawryga Bobi Jones y '[f]eirniadaeth lenyddol werthfawrogol' a'r 'disgrifio ac ymateb dadansoddol' i destun a alwai'r Ffrancwyr yn *explication des textes*, 'sef y myfyrdod effro uwchben Mynegiant'.[37] Y mae fel petai'n ei uniaethu ei hun yn llwyr â'r Beirniaid Newydd: 'Ni lwyddwyd i ymwared â'r darllen cynnes argraffaidd. I mi, deil hynny'n gwlwm i bob beirniadaeth.'[38] Ymddengys ei fod yn ei hybu fel man da i gychwyn beirniadu, ond rhybuddia: 'nid dyna le da i orffen.'[39] Rhaid cael darllen clòs sydd yn effro i ddimensiynau Tafod a Chymhelliad gan fod Mynegiant yn cael ei gyflyru gan y ddwy wedd hyn yn eu tro.

Wedi'r holl ymbalfalu ym maes theori lenyddol ar hyd yr ugeinfed ganrif, ceir gweddau eraill ar feirniadaeth lenyddol sydd yn agored i'r beirniad llenyddol ar ddechrau'r unfed ganrif ar hugain os myn fod yn gatholig ac yn gynhwysol. Hawliodd Bobi Jones ei bod hi'n 'briodol i feirniad catholig gwmpasu ychydig mwy ar ôl i Ffurfiolwyr Rwsia ac Adeileddwyr Ffrainc fod wrthi'n palu'r tir'.[40] Hynny yw, mae modd i ddarganfyddiadau'r ysgolion hynny oleuo darllen clòs ac ychwanegu gwedd arall ar y drafodaeth. Yn hyn o beth mae Beirniadaeth Gyfansawdd fel petai'n uno'r hollt rhwng theori a beirniadaeth ymarferol. Mae'n ymddiddori yn y cyffredinolion theoretig yn ogystal â'r ymateb i'r testun arbennig, gan dynnu technegau o sawl ysgol feirniadol. Dyma gymodi Wellek a Leavis o dan un faner.

Cydnabu Bobi Jones y gallai'r modd y mae'n ymagweddu at feirniadaeth pan yw'n ymdrin â maes Mynegiant beri i'w ddehongliad o lenyddiaeth ymddangos yn 'gydymffurfiol ac yn gonfensiynol tost'.[41] Ond rhaid cadw'r darlun ehangach mewn golwg oherwydd bod y *cyddestunoli* a wneir ar Fynegiant a'r lleoliad dibennol a roddir iddo yn y broses lenyddol yn gyfraniad gwreiddiol ganddo. Fel yr hawliodd Bobi Jones ei hun: 'Bid siŵr, y mae'r *lleoliad* sydd i Fynegiant (a'i Feirniaid) o fewn y triawd cyfansawdd a'i leoli yn y cydlyniad esgorol yn ystyriaeth newydd'.[42] Hyd yn oed os ymgyfyngu i drafod y Mynegiant yn bennaf y bydd y beirniad yn y pen draw, diau ei bod hi'n fantais iddo '[f]eddu ar fap mor gyflawn ag sy'n bosibl o gydberthynas yr holl weddau dosbarthol ar lenyddiaeth'.[43] Dadleua Bobi Jones ei bod hi'n hanfodol deall ac amgyffred lled y Deunydd, y Ffurf a'r Cymhelliad er mwyn cyrraedd uchafbwynt eithaf deall. Wedi'r cyfan, 'Cam cyntaf barnu yw adnabod'.[44] Canlyniad hyn oll yw y dylai'r Beirniad Cyfansawdd ystyried Mynegiant mewn modd gwahanol i feirniaid eraill sydd wedi eu 'cyfyngu' i Fynegiant 'heb ymwybod yn glir â'r gydberthynas lawnach,'[45] chwedl Bobi Jones. Ac eto, mae'n rhaid bod y gwahaniaeth hwn yn anodd ei ddiffinio oherwydd ei fod yn y frawddeg nesaf yn cydnabod: 'Eto, yn y bôn, bydd y Beirniad Cyfansawdd yn ymateb o hyd i Fynegiant mewn modd digon tebyg i'r Beirniad diymwybod rhamantaidd.'[46]

Er gwaethaf ei holl addysg a'i ymwybyddiaeth drwyadl o leoliad Mynegiant a pharamedrau beirniadaeth lenyddol a dimensiynau Tafod a Chymhelliad does dim llawer i osod y Beirniad Cyfansawdd ar wahân, felly. Mae'r gwahaniaeth rhyngddo a'r beirniad 'traddodiadol' yn fychan ac yn anodd ei ddiffinio. Ai dyma'r rheswm pam nad yw Bobi Jones yn pwysleisio methodoleg Beirniadaeth Gyfansawdd, oherwydd nad yw'n wahanol i fethodoleg darllen clòs mewn gwirionedd? Mae'n ddigon parod i frolio ac i ymhelaethu am y map a'r paramedrau ac am Dafod a Chymhelliad am mai'r rhain yw'r pethau gwreiddiol neu'r pethau a esgeuluswyd gan y mwyafrif o feirniaid. Ond pan drown at Feirniadaeth Mynegiant, yr hyn sydd ganddo yw darllen clòs gydag amryw o wahaniaethau prin gwerth sylwi arnynt.

Amlinellir y patrwm darllen clòs hwn ganddo yn *Beirniadaeth Gyfansawdd* o dan y teitl 'Patrwm myfyrio gwerthfawrogiad'. Sylwer nad 'Patrwm llunio gwerthfawrogiad' sydd ganddo; caniatâ ryddid i'w ddisgyblion lunio siâp eu hysgrifau eu hunain ond mae'n ddogmatig ynghylch y pethau hynny y dylid eu *hystyried* wrth werthfawrogi llenyddiaeth.

Ond cyn iddo drafod ymateb y darllenydd i'r darn ei hun mae'n oedi er mwyn trafod rhagdybiau: 'Y man cychwyn anochel wrth gwrs yw nid y gerdd ei hun. Bydd y darllenydd yn dod at honno ar sail ei ddoniau etifeddol yn ogystal ag ar sail dylanwadau magwraeth ac amgylchfyd parod.'[47] Pwysleisia ei bod hi'n bwysig cydnabod y rhagdybiau hyn er mwyn cael golwg deg ar lenyddwaith. Ni cheisiodd Bobi Jones guddio ei ragdybiau diwinyddol-lenyddol ei hun erioed, fel y gwelwn yn glir mewn cyfrol megis *Llên Cymru a Chrefydd*, er enghraifft.

Y cam nesaf i'r beirniad yw darllen a cheisio mwynhau'r gerdd, neu unrhyw ddarn o lenyddiaeth o ran hynny, yn ei chyfanrwydd. Ceisio'i deall hi o ran geirfa a chystrawen gan 'ymateb iddi â'r holl synhwyrau a deallusrwydd a dychymyg sy'n bosibl'.[48] Mae'r pwyslais hwn ar fwynhad llenyddiaeth yn gwbl nodweddiadol o Bobi Jones.

Wedyn dechreuir ar y patrwm ffurfiol. Patrwm tri phen ydyw sy'n dwyn y penawdau Cynnwys, Ffurf a Gwerth/Diben. Dyma'r agweddau hanfodol y mae'n rhaid i'r beirniad eu hystyried yn nhyb Bobi Jones: 'Dyma dair agwedd sy'n cydymwau ym mynegiant pob gwaith llenyddol bendramwnwgl ddiwahân, ac nid oes a'u hosgoa.'[49] Dylai'r beirniad ddechrau drwy geisio didoli'r Cynnwys: 'Beth mae'n ei ddweud? Gadewch inni ddeall y geiriau.'[50] Nid oes dim byd chwyldroadol yn y fan hon felly! Nid yw Bobi Jones yn mynnu bod rhaid dechrau *ysgrifennu* gwerthfawrogiad drwy fanylu ar y cynnwys, ond mae hwn yn lle da wrth ddechrau *myfyrio* uwchben darn o lenyddiaeth. Dysg nad yw'n beth drwg nodi mewn gwerthfawrogiad beth yw cynnwys y testun dan sylw, ond dylid gwneud hynny mor gryno ac mor wrthrychol â phosibl. Yr hyn sydd yma yn y bôn yw cyfres o gwestiynau digon elfennol a rhagweladwy er mwyn procio meddwl y myfyriwr a'i annog i ystyried y testun o'r newydd. Cwestiynau megis: 'A oes digwyddiad, stori neu ddrama yma ynteu sefyllfa gymharol lonydd?'[51]

Trafodir Ffurf wedyn a phwysleisia Bobi Jones, er ei fod yn fwriadol yn trafod Ffurf a Chynnwys ar wahân yn y fan hon, y dylid ystyried eu hundod mewn gwerthfawrogiad o gerdd a sylwi ar 'sut y mae'r naill a'r llall yn cydweddu'.[52] Peth artiffisial yw gwahanu Ffurf a Chynnwys wrth drafod Mynegiant er ei bod hi'n gwbl bosibl gwneud hynny yng nghyswllt Tafod. Serch hynny, mentra awgrymu y gellid ystyried pedair gwedd ar Ffurf mewn Mynegiant, sef:

1. Ieithwedd: geirfa a chystrawen,
2. Patrymau seiniol,
3. Ffigurau a throadau ymadrodd, sef delweddu yn ei ystyr ehangaf,
4. Adeiladwaith y cyfanwaith.[53]

Ond, ar yr un pryd, mae'n cydnabod y cyfyd peryglon o roi sylw i faterion o'r math hwn ac y gall beirniadaeth ddadfeilio i fod yn rhywbeth 'gordechnegol neu orbeiriannol'.[54] Sylweddola mai: 'Perygl termau technegol yw llygatynnu oddi wrth y gerdd tuag at fecanwaith y gerdd, oddi wrth Fynegiant at Dafod, oddi wrth lenyddwaith unigol at lenyddwaith cyffredinol.'[55] Mae'n bwysig, felly, fod y beirniad yn trafod swyddogaeth y nodweddion hyn ac nid yn eu nodi yn unig. Dylid sylwi ar y modd y mae'r llenor yn eu defnyddio i greu effaith arbennig: 'Marw yw pob "dyfais" lenyddol heb gymhwysiad emosiwn dynol a'i weithgaredd deallol.'[56]

Yn drydydd, fe dry i ystyried Gwerth a Diben. Dyma, yn ddiau, adran fwyaf diddorol y patrwm hwn ac yn y fan hon gwelir y gwahaniaethu o ran pwyslais i'r math o ddarllen clòs a arddelir gan y Beirniad Newydd, er enghraifft. Myn Bobi Jones nad yw'n gwadu 'yr ymateb personol, a chwaeth yr unigolyn. Nid wyf chwaith', meddai, 'yn gwadu na all dau feirniad gwahanol a digon galluog ddod i gasgliadau gwahanol ynghylch gwaith llenyddol.'[57] Yn wir, tynnodd sylw penodol at hyn pan bwysleisiodd ragdybiau'r unigolyn. Ond, cred fod modd gweld rhagoriaeth mewn gweithiau arbennig a rhoi rhesymau cadarn dros y rhagoriaeth honno. Rhydd gyfres o gwestiynau i'w ddarllenydd er mwyn ei ysgogi i ystyried gwerth: 'A yw'r ddelwedd o fywyd yn ffres ac yn newydd? A yw'n ieithyddol gelfydd? A yw'r deallusrwydd, y synhwyrau a'r dychymyg yn cael mynegiant gloyw?'[58] Dadleua fod safon gwaith llenor yn ddibynnol ar: '(a) Lled a dyfnder ei weledigaeth a'i ddelwedd o'r byd, nerth yr hyn sydd ganddo i'w ddweud; (b) Bywyd ei iaith, ei fedr i beri i'r iaith oleuo meddwl a theimlad drwy'r dychymyg; (c) Perthynas y rhannau yn yr undodau a datblygiad y cyfanwaith o ran celfyddyd "ffurfiol".'[59] Mae gosodiad o'r fath yn broblematig tu hwnt oherwydd er ei fod yn ceisio darparu *criteria* 'gwyddonol' i ddarganfod safon, mae'r hyn y mae'n ei drafod yn y bôn yn dibynnu ar farn neu argraff oddrychol beirniad. Dywed Bobi Jones ymhellach am Feirniadaeth Mynegiant: 'Teimlad byw ynghyd â deall effro yw rhai o feini prawf beirniadaeth gerbron Mynegiant: teimlo a deall gwaith yn ei gymhlethrwydd a'i rym.'[60]

Sut y gellir cyrraedd beirniadaeth gyfansawdd foddhaol os yw'n ddibynnol ar bethau mor chwiwus a chyfnewidiol â 'theimlad byw' a 'deall effro'? Efallai bod yn rhaid edrych y tu hwnt i'r fethodoleg at y beirniad ei hun. Mentraf awgrymu bod gan Bobi Jones batrwm o feirniad delfrydol yn ei ben yn hytrach na phatrwm o fethodoleg feirniadol. Mae ganddo ddelfryd penodol iawn o'r math o feirniad y byddai'n fodlon ymddiried y dasg o feirniadu iddo. Rhaid i'r beirniad gyrraedd safonau arbennig cyn i'w deimladau a'i ddeall fod yn ddigon byw ac effro ar gyfer y dasg. Disgrifia Bobi Jones feirniad o'r fath fel a ganlyn: 'Person yw'r beirniad cyflawn sy'n addysgedig yn emosiynol, yn fedrus yn ddeallol, ac yn onest effro yn foesol gan fod llenyddiaeth yn feirniadaeth ar fywyd.'[61] Un beirniad a gyflawnodd y *criteria* hyn yn ddiweddar yn ei olwg ef oedd Jason Walford Davies. Mewn adolygiad ar *Gororau'r Iaith: R. S. Thomas a'r Traddodiad Llenyddol Cymraeg* (2003) yn *Y Traethodydd* yn Ionawr 2005, pwysleisiodd Bobi Jones addasrwydd Jason Walford Davies fel beirniad. Canmolwyd ef am ei fod yn 'un o'r cnewyllyn bach o Gymry diwylliedig sy'n medru meddwl am lenyddiaeth ar sail gwybodaeth doreithiog ynghylch y traddodiad Cymraeg ar ei hyd, yn ogystal â meddu ar wreiddiau yn llenyddiaeth Saesneg ac Ewropeaidd'.[62] Aderyn prin yw beirniad o'r fath yng ngolwg Bobi Jones.

Efallai y bydd o gymorth i ni edrych y tu hwnt i gloriau *Beirniadaeth Gyfansawdd* er mwyn cael rhagor o oleuni ar y mater hwn. Yn 1998, cyhoeddodd Bobi Jones gyfrol fechan yng nghyfres 'Llên y Llenor' sy'n dwyn y teitl *Tair Rhamant Arthuraidd*. Mae'n astudiaeth allweddol oherwydd ynddi dadansoddir testun y Tair Rhamant o safbwynt Tafod, Cymhelliad a Mynegiant. Ynddi ceisiodd Bobi Jones ystyried sut y mae pob un o'r gweddau hyn 'yn ei thro yn gydberthnasol, ac yn wir yn orfodol adeileddol, felly, mewn beirniadaeth'.[63] Dyma enghraifft ddiriaethol o Bobi Jones yn rhoi ei ddamcaniaethau ar waith ac mae'n gymwys ein bod yn bwrw golwg ar y gyfrol er mwyn gweld sut y mae Bobi Jones yn defnyddio'r rhain yn ymarferol wrth drin darn o lenyddiaeth. Yn wir, efallai y gallwn ystyried y gyfrol fechan hon yn bartneres i *Beirniadaeth Gyfansawdd*; y naill yn amlinellu'r theori a'r llall yn arddangos ei hoblygiadau ymarferol.

Ond mae'r gyfrol yn broblematig, oherwydd teimlir yn gyson fod testun y Tair Rhamant yn cael ei anwybyddu ar draul ymdrech Bobi Jones i amlinellu paramedrau ei Feirniadaeth Gyfansawdd. Un cyfeiriad yn unig at y rhamantau a geir yn yr adran ar 'Ffurf Tafod', er enghraifft. Neillituir gweddill yr adran i ailadrodd y math o ddadleuon ynghylch cyfanweithiau llenyddol a gyhoeddwyd eisoes yng nghyfrolau *Seiliau Beirniadaeth* ac mewn amryw o lefydd eraill. Mae Bobi Jones yn cydnabod y diffyg hwn yng nghwt y gyfrol pan noda: 'Er na chafwyd yn y gyfrol feirniadaeth ei hun fel y'i cyfrifwn yn rym bywydol ac yn ymateb celfyddydol deinamig, cafwyd o leiaf *astudiaeth* o feirniadaeth.'[64] Rhaid cwestiynu pa mor berthnasol ac adeiladol yw astudiaeth o'r fath i ddarllenydd sydd am gael dadlennu dirgelion y Tair Rhamant gan un a enillodd radd ymchwil yn eu hastudio. Pa mor 'gyfansawdd' yw beirniadaeth sy'n anwybyddu'r testun dan sylw er mwyn cyflwyno damcaniaethau ynghylch natur beirniadaeth ei hun?

Brysia Bobi Jones i sicrhau'r darllenydd, fodd bynnag, nad 'model o feirniadaeth lenyddol' sydd ganddo yn y fan hon o gwbl. Dywed ymhellach: 'Ac yn sicr, nid wyf yn dadlau fod angen i bob beirniadaeth ddilyn y patrwm hwn o gwbl na chynnwys bob tro yr holl arweddau a grybwyllir yn y llyfryn hwn.'[65] Ailbwysleisia hyn yn *Beirniadaeth Gyfansawdd* pan ddywed mai mapio paramedrau posibl beirniadaeth oedd ei fwriad: 'Nid wyf, wrth gwrs, yn disgwyl i bob beirniad gynnwys pob rhan o'r maes a amlinellir bob tro arbennig. Gall gymryd rhan fechan yn unig.'[66] Dywed ymhellach:

> Dwi ddim yn awgrymu wrth gwrs fod Beirniadaeth Gyfansawdd yn ddigyfnewid unffurf, er mai un yw ei ffrâm. Fe ddyry pob cyfnod ei bwyslais ei hun mewn Mynegiant achlysurol ar wedd wahanol o chwaeth. I bob unigolyn y mae rhai gweddau'n gallu bod yn bwysicach na'i gilydd am resymau personol. Ond bydd pob cyfnod yn gorfod rhoi sylw, yn anymwybodol neu'n ymwybodol, i'r un ffactorau cyffredin, sylfaenol ac anochel ac i bob un ohonynt.[67]

Mae'n cydnabod bod rhaid i bob beirniad wneud penderfyniadau gwrthrychol wrth feirniadu darn o lenyddiaeth ac y bydd pwyslais y feirniadaeth yn newid yn ôl diddordeb, cymeriad a sefyllfa'r beirniad: 'Gall llyfr ac erthygl feirniadol arbenigo, wrth gwrs, yn ôl y diddordeb priodol ar y pryd.'[68] Mae hwn yn debyg i'r math o sylw sydd ganddo yn *Beirniadaeth Gyfansawdd* pan sonia am yr hyn a fydd yn digwydd yn ddelfrydol i'r beirniad llenyddol wrth iddo fynd ati i lunio gwerthfawrogiad: 'Efallai, os bydd yn ffodus, y bydd rhyw bwynt penodol yn cydio yn ei war; a dyna ni, hynny a fydd yn llywio siâp ei ymateb. Bydd ganddo rywbeth i'w ddweud; ac i'r gwellt â phob "patrwm".'[69] Ni allaf lai na theimlo mai dyna'r math o feirniadaeth a geir gan Bobi Jones ei hun ar ei orau. Wrth fwrw golwg dros gyfrol megis *Llenyddiaeth Gymraeg 1936–1972* (1975), er enghraifft, gwelwn mai hynny sydd ganddo yn amlach na pheidio, sef bod un elfen o waith llenor arbennig yn cydio yn ei ddychymyg ac yntau'n ymateb yn synhwyrus iddi. Ond hyd yn oed pan fo'r Beirniad Cyfansawdd yn ei gyfyngu ei hun i drafod un o aml weddau llenyddiaeth, dysg Bobi Jones fod yn rhaid iddo '[g]adw llawnder y patrwm hwn yn y cefndir'.[70] Hynny yw, dylai ysgrifennu ag ymwybyddiaeth o'r darlun cyfan hyd yn oed os nad yw'n rhoi sylw i bob cornel ohono.

Yr hyn sydd yn y gyfrol *Tair Rhamant Arthuraidd*, felly, yw nid patrwm dogmatig, ond yn hytrach arolwg o holl feysydd honedig beirniadaeth lenyddol ac enghraifft o sut y *gellir* ymdrin â hwy. Myn Bobi Jones fod yn rhaid i'r beirniad fod yn ymwybodol o holl baramedrau beirniadaeth lenyddol, er cydnabod nad oes raid iddo ymdrin â hwy oll ar yr un pryd. Yn wir, prin y byddai lle i gwmpasu pob un o'r meysydd hyn ym mhob darn o feirniadaeth. Mae'r agwedd hon fel petai'n gwrth-ddweud honiadau eraill a wneir gan Bobi Jones, er enghraifft pan hawlia: 'Ni all beirniadaeth lenyddol gyflawn hepgor yr un o'r meysydd hyn; ac nid oes maes arall ar gael.'[71] Ond efallai nad gwrthddywediad yw hwn fel y cyfryw, ond yn hytrach amlinellu delfryd gan gydnabod ar yr un pryd nad oes modd cyflawni'r delfryd hwnnw bob tro. Ar ddiwedd *Tair Rhamant Arthuraidd* hawlia Bobi Jones ei fod wedi ceisio cyflwyno 'fframwaith dihysbyddol' ar gyfer beirniad-aeth lenyddol ond mae'n gwawdio'r posibilrwydd y gallai fod wedi cyflwyno 'beirniadaeth ddihysbyddol'. Yn wir, dywed y byddai hynny'n '[b]eth sy'n ddi-bendraw wrth reswm ac felly y tu hwnt i reswm'.[72] Math o gyfaddefiad yw hwn fod yn rhaid i'r beirniad ffaeledig 'dynnu ffiniau a gwneud dewisiadau goddrychol', fel yr awgrymodd Angharad Price yn ei hadolygiad. Ond er ei fod yn cydnabod y cyfyngiadau ymarferol sydd ar ddyn meidrol, nid yw hyn yn golygu nad oes math o 'dir uwch' beirniadol y gellir anelu ato a'i ddyrchafu er cydnabod nad oes modd fyth ei gyrraedd yn llawn oherwydd cyfyngiadau amser a lle a natur ffaeledig dyn – damcaniaeth sy'n gweddu'n daclus i fydolwg Calfinaidd Bobi Jones.

O dderbyn felly nad yw beirniadaeth ddihysbyddol yn nod y gall y beirniad meidrol fyth ei gyrraedd, teg yw holi pam y mae Bobi Jones wedi neilltuo cymaint o'i egni a'i amser i bregethu efengyl Beirniadaeth Gyfansawdd? Ai am ei fod yn teimlo na roddwyd digon o sylw i'w syniadau hyd yma? Ai am ei fod yn gofidio ynghylch calibr beirniaid Cymraeg cyfoes? Ai am fod mwy i drindod Tafod, Mynegiant a Chymhelliad nag a ddeallwyd gennym hyd yn hyn? Ynteu, o bosibl, am fod Bobi Jones yn cael pleser esthetig o draethu am y pethau hyn? Efallai y gallwn ni ystyried llawer o gynnyrch beirniadol Bobi Jones fel gwaith llenor creadigol a feddwodd ar sŵn a swyn geiriau, a chasglu mai'r ysgogiad dyfnaf dros ei ymroddiad diwyro i'r maes hwn, yn syml iawn, yw'r mwynhad a gaiff o gyfrannu iddo.

Nodiadau

1. Robert Rhys, 'Menter feirniadol o bwys' [adolygiad ar *Mawl a Gelynion ei Elynion*], *Barddas*, 271 (Chwefror/Mawrth 2003), 46.
2. R. M. Jones, *Mawl a'i Gyfeillion* (Llandybïe, 2000), 13.
3. *Idem, Beirniadaeth Gyfansawdd: Fframwaith Cyflawn Beirniadaeth Lenyddol* (Abertawe, 2003), 10.
4. Ibid., 13.
5. Bobi Jones, *O'r Bedd i'r Crud: Hunangofiant Tafod* (Llandysul, 2000), 213.
6. *Idem, Seiliau Beirniadaeth, Cyfrol 1: Rhagarweiniad* (Aberystwyth, 1984), 13.
7. Walter Hirtle a John Hewson (gol. a chyf.), *Gustave Guillaume: Foundations for a Science of Language* (Amsterdam/Philadelphia, 1984), xxi.
8. Ibid., 35.
9. *Beirniadaeth Gyfansawdd*, 60.
10. Ibid.
11. Ibid., 21.
12. *Gustave Guillaume: Foundations for a Science of Language*, 49.
13. *Beirniadaeth Gyfansawdd*, 60.
14. Ibid., 66.
15. R. M. Jones *System in Child Language* (Caerdydd, 1970), 197.
16. *Beirniadaeth Gyfansawdd*, 87.
17. Ibid., 202.
18. Ibid., 203.
19. *Gustave Guillaume: Foundations for a Science of Language*, 91.
20. *Beirniadaeth Gyfansawdd*, 190.
21. Ibid., 262.

22 Angharad Price, 'Tyst i Gyfraniad Rhyfeddol . . .', *Barddas*, 275 (Rhagfyr/ Ionawr 2003), 57.
23 *Beirniadaeth Gyfansawdd*, 262.
24 Cyhoeddwyd yr ysgrif yn gyntaf yng nghyfres 'Wrth Angor' Bobi Jones yn *Barddas*, 181 (Mai 1992), 13–18.
25 *Beirniadaeth Gyfansawdd*, 49.
26 Ibid., 262.
27 Ibid., 26.
28 Ibid., 94.
29 Ibid., 262.
30 Ibid., 213.
31 Ibid., 144.
32 Ibid., 156.
33 Ibid., 167.
34 Ibid., 206.
35 Ibid., 213.
36 Ibid., 262.
37 Ibid., 28.
38 Ibid., 231.
39 Ibid., 28.
40 Ibid., 28–9.
41 Ibid., 213.
42 Ibid., 214.
43 Ibid., 210.
44 Ibid., 206.
45 Ibid., 214.
46 Ibid.
47 Ibid., 232.
48 Ibid., 233.
49 Ibid.
50 Ibid., 234.
51 Ibid.
52 Ibid., 235.
53 Ibid., 236.
54 Ibid.
55 Ibid., 237.
56 Ibid., 238.
57 Ibid., 239.
58 Ibid., 241.
59 Ibid.
60 Ibid., 244.
61 Ibid.
62 R. M. Jones, 'Gororau'r Iaith', *Y Traethodydd*, Rhifyn Arbennig R. S. Thomas (Ionawr, 2005), 40.
63 *Beirniadaeth Gyfansawdd*, 12.
64 R. M. Jones, *Tair Rhamant Arthuraidd* (Caernarfon, 1998), 81.
65 Ibid., 9.
66 *Beirniadaeth Gyfansawdd*, 206.

67 Ibid.
68 *Tair Rhamant Arthuraidd*, 9.
69 *Beirniadaeth Gyfansawdd*, 243.
70 *Tair Rhamant Arthuraidd*, 11.
71 *Beirniadaeth Gyfansawdd*, 12.
72 *Tair Rhamant Arthuraidd*, 80.

Mynegai

Aaron, Jane 6, 17, 42
Aaron, R. I. 2, 3
Abertawe 75
Aberteifi 81
Aberystwyth 15, 62
Adeileddwyr Ffrainc 198
Adfer (Mudiad) 11, 13, 14, 16, 20, 30
Affrica 43
Aifft, Yr 11
Ail Ryfel Byd, Yr 137, 138, 149
Alban, Yr 119
Albaniaid 25
Algeria 43
Almaen, Yr x, 13, 147, 149
Almaeneg 140
America 28, 144, gw. hefyd Unol Daleithiau
Annes Owbre 101
Annwfn 56
Archesgob Caergaint 172
Archif Sain Gwybodaethau Fienna 119
Archifdy Gwladol 58
Ardudwy 77
Arglwydd Herbart 89
Aristoteles 128
Armes Brydyn 102
Asia 79
Attridge, Derek 145, 146

Bannau Duon 18
Bardd Newydd 13, 14
Barddas 1, 3, 6, 13, 15, 23, 30, 194, gw. hefyd Cymdeithas Gerdd Dafod
Barn 163
Barthes, Roland 160, 175
Basaleg 102
Bauman, Richard 122, 123, 124, 127, 128, 129, 130
Bedo Aeddrem 98
Bedo Phylip Bychan 98
Beddgelert 77, 82, 92, 104
Beibl, Y 176
Beirniad, Y 117
Beirniad Newydd 198, 200
Beirniadaeth Gyfansawdd 195, 196, 198, 199
Beirniadaeth Mynegiant 201
Beirniadaeth Ôl-drefedigaethol 47
Belffast 18
Belgrâd 137
Benozzo, Francesco 95
Berlin 137, 138, 139, 140, 141, 142, 146, 147, 149, 150, 151
Bethel x
Bevan, Hugh 154, 157, 160, 162, 166
Beynon, John 170
Bhabha, Homi viii, 44, 48, 50, 51, 52, 57, 58, 60, 61, 62, 64, 65

Bianchi, Tony 179
Blanchet, Maurice 176
Bloom, Harold 74
Bohata, Kirsti 46
Borshiloff 137 *et seq.*
Bowen, Ben 13
Bowen, D. J. 59
Brad y Llyfrau Gleision (1847) 15
Branwen 47
Briggs, Charles L. 129, 130
Brooks, Simon 47, 153, 158
Brycheiniog 81, 82
Brynddu 95
Brythoniaid 25
Buckland, Warren 162
Bulkeley, William 95
Burke, Seán 160
Bwdapest 137
Bwrdd Gwybodau Celtaidd vii

Caer 54, 56, 58, 59, 60
Caerfyrddin 59
Caerffili 160
Caer-ludd 83, 88
Caint 80
Calfiniaeth 204
Canaan 11
Canada 47
'Carpiog Aber Llyfeni' 97
Castell Martin 168
Cemais 54
Cenedlaetholdeb 1, 6, 7, 9
Cenedlaetholdeb Cymreig 30, 31, gw. hefyd Plaid Cymru

Mynegai 207

Cenhedloedd Unedig 7
Cenia 44
Cerdd Dafod (1925) 2, 95, 117
Ceredigion 12, 82
Certeau, Michel De 169
Chamula 129
Chapman, T. Robin 13
Chaucer, Geoffrey 63
Christie, Agatha 137
Churchill, Winston 30
Cilmeri 12
Clanchy 122
Clarke, Charles ix
Clawdd Offa 54, 55
Clunderwen 170
Coedymynydd 54
Cohen, Jeffrey 51
Coleg Crist, Aberhonddu 116
Coleg Iesu, Rhydychen 116
Coleg Prigysgol Gogledd Cymru, Bangor 116
Coleg y Drindod, Caerfyrddin 180
Collège de France 23
Comisiwn Cydraddoldeb Hiliol 15, 22
Coolie 49
Corea 155
Cosofo 25
Cristnogaeth xi, 193, gw. hefyd Iesu Grist
Crockett, Kate 7
Crosman, Robert 175
Cruella de Vill 137, 143
Crwys, gw. Williams, William (1875–1968)
Crynwyr 176, 179
Cuhelyn Fardd 100
Culhwch ac Olwen 56
'Cŵl Cymru' 16
Cydweli 54
Cyfraith Hywel 75
Cyfraith Loegr 21
Cyngor Sir Gwynedd 15
Cymanwlad 18
Cymdeithas Dafydd ap Gwilym 117
Cymdeithas Gerdd Dafod 1, 10, gw. hefyd *Barddas*

Cymdeithas yr Iaith Gymraeg 7, 172
Cymreictod 6
Cymro, Y 4
Cymru'r Byd 4
Cymuned 7
Cynan, *gw.* Evans-Jones, Albert
Cynfeirdd 87, 105
Cynwrig ab yr Arglwydd Rhys 58
Cyprus 170
Cywyddwyr 10, 53, 56, 74, 99, 168

'Chwe Sir, Y' 27, gw. hefyd Gogledd Iwerddon
Chwith Brydeinig 19
Chwyldro Ffrengig (1789) 13, 19

Dadadeiladaeth 6, 17
Dadeni 10
Dafydd ab Ieuan ab Einion 84
Dafydd ab Ifan ab Einion 76, 90
Dafydd ap Gwilym viii, ix, 39, 40, 41, 47, 52, 53, 54, 57, 58, 59, 61, 62, 63, 65, 73, 74, 75, 77, 79, 87, 88, 92, 93, 94, 97, 98, 100, 101, 103, 104, 105, 148
Dafydd ap Tomas, Syr 78, 105
Dafydd ap Tomas ap Dafydd 81
Dafydd Epynt 75, 82
Dafydd Llwyd ap Dafydd 102
Dafydd Nanmor ix, 2, 73, 74, 75, 77, 78, 81, 82, 84, 85, 86, 89, 92, 93, 94, 102, 103, 104, 105
Daniel, Iestyn 5, 8
Davies, Damian Walford 158, 173
Davies, Grahame 26
Davies, Jason Walford 201

Davies, John (*c.*1567–1644) 10
Davies, Margaret 95
Davies, Rees viii, 41, 42, 43, 57, 58
Davies, Sioned 121, 122
De America 137
Deddf Cysylltiadau Hiliol (1976) 15, 18
Deddfau Uno 21, 43
Deheubarth 102
Derrida, Jacques 17, 19, 20, 21, 31, 47, 48
Deyrnas Gyfunol 18
Dimock, Wai-Chee 169
Disney, Walt 137
Diwiniaeth 193
Dooyweerd 193
Drake, Ashley vii
Dwyrain Canol 43, 44
Dwyreiniaeth 148, gw. hefyd Gorllewiniaeth ac Orientaliaeth
Dyddgu 61
Dyffryn Clwyd 54
Dyneiddiaeth 29

Eagleton, Terry 150, 151, 174
Edmwnd Tudur 76
Edward I 41
Edwards, D. Miall 2
Edwards, Elwyn 29
Edwards, Huw M. 54
Edwards, Hywel Teifi 47
Edwards, Islwyn 6
Efrog Newydd 19, 172
Eifionydd 77
Eingl-Sacsoniaid 25
Eisteddfod Genedlaethol ix, 116, 119, 120, 128, 129, 130
Eisteddfod Genedlaethol Caernarfon 1906 115, 117
Eisteddfod Genedlaethol Dyffryn Clwyd 1973 27
Eisteddfod Genedlaethol Eryri 2005 16
Eisteddfod Genedlaethol Lerpwl 1900 127

Eisteddfod Genedlaethol Llandudno 1896 117
Eisteddfod Genedlaethol Wrecsam 1977 15
Eisteddfod yr Urdd 74
Elen Nordd 61, 62, 63
Elfael 101
Eliot, T. S. 30
Elis, Islwyn Ffowc 7, 8
Elliott, Tony 12
Ethnoganolrwydd 21
Evans, Donald 8, 12, 13, 18, 29
Evans, Emrys (Y Parch.) 163
Evans, Glyn 4, 7, 8
Evans, J. Gwenogvryn 75, 81, 82, 98
Evans-Jones, Albert (Cynan) 117, 118, 121

Faenawr, Y 103
Fanon, Frantz viii, 30, 43, 47, 48
Felman, Shoshana 176
Fichte, Johann Gottlieb 11, 13
Fienna 119, 137
Finnegan, R. H. 122
Finney, Albert 137
Fish, Stanley 152, 164, 166, 167, 176, 180
Fishman, Joshua 18
Flower, Robin 92, 93
Foley, John Miles 110, 122, 123
Fornival, Richard de 40, 41
Foster Evans, Dylan viii, 7
Foucault, Michel viii, 17, 21, 22, 23, 25, 26, 47, 48
Freadman, Richard 157
Freiburg 140, 143, 147, gw. hefyd Prifysgol Freiburg
Fro Gymraeg, Y 13, 15, 49
Fulton, Helen 62, 75, 122

Ffasgaeth 11
Ffeminyddiaeth 7

Ffrainc 2, 13, 17, 26, 43, 63,
Ffurfiolwyr Rwsia 191, 198

Gealy, Walford 4
Geiriadur Prifysgol Cymru 89
Genesis 194
Geninen, Y 176
Gerald de Barri 51, 58, 59, 60, 92, 93
Gerallt Gymro, *gw.* Gerald de Barri
Ghandi 155
Giraldus Cambrensis, *gw.* Gerald de Barri
Glyn, Seimon 15
Gogledd Iwerddon 29, gw. hefyd 'Chwe Sir, Y'
Gogynfeirdd 10, 87
Goleudigaeth 3, 14, 19
Golwg 8, 16
Goody, Jack 122
Gorllewiniaeth 148, gw. hefyd Dwyreiniaeth ac Orientaliaeth
Gossen, Gary 129
Graham, Gordon 168
'Great Divide Theory' 122
Gruffudd Gryg 77
Gruffudd Llwyd 59
Gruffydd, R. Geraint 116, 154, 155, 157
Guillaume, Gustave 189, 190, 191, 193
Guto'r Glyn 167
Gwasg Prifysgol Cymru vii
Gwen o'r Ddôl 77, 93
Gwenallt, *gw.* Jones, D. Gwenallt
Gweriniaethwyr Gwyddelig 27
Gwilym ab Einion Fawr o'r Tywyn 100
Gwilym Tew 75
Gwion 51
Gwlad y Basg 25, 28
Gwledydd y Baltig 25
Gwrthddeallusrwydd Cymraeg 3 *et seq.*

Gwrthryfel Glyndŵr 16, gw. hefyd Owain Glyndŵr
Gwrth-Semitiaeth 26
Gwydion 55
Gwyddelod 48, gw. hefyd Iwerddon
Gwyn ap Nudd 56, 57
Gwynedd 41, 55, 76
Gwynfardd Dyfed 100
Gymanwlad, Y 45

Hallam, Tudur x, 5
Hanfodaeth 1, 2, 4, 7, 11, 32
Harlech 76
Harri II 51
Harri Tudur 76
Harry, Joseph 2
Havelock, E. A. 122
Hechter, Michael 42
Heledd 16
Hendy-gwyn ar Daf 54, 77
Hercule Poirot 137
Herder, J. G. von 11, 162
Higden, Ranulf de 58, 59
Hiliaeth 1 *et seq.*
Hirsch, E. D. 170
Hirtle, Walter 189
Hirwaun 160
Hitchcock, Alfred 162
Hitler, Adolf 26
Holocost 26
Holt, J. C. 63
Homer 121
Hors 25
Hughes, Mathonwy 29
Hughes, Thomas 118
Humphreys, E. Morgan 121
Hunter, Jerry 6, 7
Huw Cae Llwyd 75
Huws, Bleddyn 100
Huws, Daniel 79, 82, 93, 98
Hywel ap Goronwy 62
Hywel ap Rhydderch 101
Hywel Dafi 75
Hywel Rheinallt 104
Hywel Swrdwal 75

Iasber Tudur 76
Iddewon 26

Mynegai 209

Ieithyddiaeth xi, 193
Iesu Grist 76, 104, gw.
  hefyd Cristnogaeth
Ieuan ap Einion 76
Ieuan ap Hywel 76
Ieuan fab Llywelyn
  Fychan 101
Ifor Hael 76, 96, 100, 101,
  102, 104
Indiaid Cochion 28
Iocyn Ddu ab Ithel Grach
  54
Iolo Caernarfon 13
Iolo Goch 54
Iolo Morganwg 73
Iser, Wolfgang 164, 165,
  167
Islwyn, gw. Thomas,
  William
Israel 11
Istanbwl 137
Iwcrain 25
Iwerddon 27, 28, 29, 42,
  119, gw. hefyd
  Gwyddelod
Iwgoslafia 121

James, Christine 172
James, Eleri xi
Jameson, Fredric 173, 178
Jenkins, David 62
Jenkins, R. T. 2
Johnes, Arthur James 73
Johnston, Dafydd 73
Jones, Alun 7, 8, 9
Jones, Anna Wyn 163
Jones, Bobi, gw. Jones,
  R. M.
Jones, Dewi Stephen 179
Jones, D. Gwenallt 154,
  172
Jones, E. D. 83, 89
Jones, Heather Rose 60
Jones, Huw (canwr) 61
Jones, John Gwilym
  (dramodydd) 149,
  150, 152, 167
Jones, J. R. (athronydd)
  11, 13, 45
Jones, R. Arwel 174
Jones, R. Gerallt 7, 8
Jones, Richard Wyn 6, 7,
  42

Jones, R. M. (Bobi Jones)
  xi, 5, 47, 64, 153,
  154, 157, 158, 159,
  160, 161, 166, 170,
  171, 172, 174, 175,
  176, 178, 180, 199 et
  seq.
Jones, R. Tudur 11, 116
Jones, T. Gwynn 130, 161
Jones, T. Llew 154

Kamal Abu Deeb 64
Kersey 61
Kipling, Rudyard 30
Knight, Stephen 46, 51,
  62, 64, 65
Kuyper 193

Lacan, Jacques 48, 173,
  178
Lawrence, Stephen 16
Leavis, F. R. 30
Lenin, V. I. 13
Lewis, Emyr 6
Lewis, Saunders 2, 12, 14,
  30, 74, 78, 105, 172,
  176
Lewys Glyn Cothi
  (Lewys y Glyn) 10,
  73, 79, 80, 83, 89,
  100, 101, 102, 104
Lewys y Glyn, gw. Lewys
  Glyn Cothi
Lloyd, John Edward 14
Lloyd, Myrddin 75, 76,
  78, 103, 104
Lol 31
Lord, Albert 122
Lynch, Peredur 16, 87
Lyneham 154

Lladin 93
Llafur 27, 173, gw. hefyd
  Plaid Lafur
Llanbedr Pont Steffan vii
Llandrygarn 116
Llanfair Pwllgwyngyll
  116
Llanferrais 54
Llawdden 101
Llawysgrifau Peniarth 78
  et seq.
Llên Cymru 83, 84, 89

Llên y Llenor 4
Llenor, Y 2
Llio 105
Llundain 16
Llwyd, Alan 7, 8, 10, 11,
  12, 16, 20, 27, 28, 29,
  154, 156, 160, 163,
  166, 167, 170, 178,
  181
Llwyd, Rheinallt 173
Llydaw 119
Llyfr Coch Hergest 54
Llyfr Du Caerfyrddin 56
Llyfr Gwyn Hergest 75
Llyfr Gwyn Rhydderch
  75
Llyfr Taliesin 10
Llyfrgell Genedlaethol
  Cymru 75
Llŷn 29
Llŷr 76
Llywelyn ap Gwilym 41,
  100, 101
Llywelyn Siôn 95, 96
Llywelyn, Emyr 7, 11, 13,
  30
Llywelyn-Williams, Alun
  170

Mabinogi, Y 55, 60
Macedonia 25
Mackey, W. F. 189
MacIntyre, Alasdair 168
McLeod, John 48, 50
Maelienydd 55
Maenyrch ap Tryffin 81
Maldwyn 75, 76
Man, Paul de 47, 157
Manordeifi 78
Map, Walter 58, 60
Marcsiaid 26
Marcus Manilius 81
Marchwiail 54
Martinique 43
Marx, Karl 13
Meillet, Antoine 189
Meirionnydd 77, gw.
  hefyd Sir
  Feirionnydd
Memmi, Albert 43, 47
Merched Llanbadarn 148
Mexico 129
Millar, Seamus 157

Mohaves 127
Môn 95, 120, gw. hefyd Ynys Môn
Môr Iwerydd 142
Morfudd 61
Morgan ap Rhys (Abad) 104
Morgan, Derec Llwyd 163
Morgan, Mihangel 157
Morris, Lewis (hynafiaethydd) 94, 96
Morris-Jones, John x, 2, 6, 87, 95, 115, 116, 117, 118, 119, 120, 121, 122 *et seq.*, 124, 125, 126, 128, 129, 130, 131
Morys, Twm 16
Mwmbai 48

Nanhwynain 77
Natsïaeth 8, 10, 26
Negro 49
Nest (gwraig Ifor Hael) 101
Ngugi wa Thiogo 44, 46
Nicholas, James 29, 153, 162, 163, 166
Nicholas, T. E. 176
Normaniaid 41

Oesoedd Canol ix, xii, 39, 42, 47, 57, 60, 63, 167
Olding, Frank 10
Ôl-drefedigaetholiaeth viii, 42 *et seq.*
Oleudigaeth 26
ôl-strwythurwyr 26
Ong, Walter J. 121, 122, 127
Orient Express 137, 138, 142, 143, 146, 149
Orientaliaeth 48, 138, 143, 149 gw. hefyd Dwyreiniaeth a Gorllewiniaeth
Owain Glyndŵr 41, 42, 59. gw. hefyd Gwrthryfel Glyndŵr
Owen, Gerallt Lloyd 15, 22, 26, 29

Owen, Goronwy 119
Owen, Morfydd 81

Palesteina 148
Palesteiniaid 138
Pantycelyn, *gw*. Williams, William
Paris 137, 189
Parry, Milman 121
Parry, Thomas 76, 94, 95, 96, 97, 98, 99, 105, 118, 154, 155
Parry-Williams, T. H. 137, 138, 139, 140, 141, 142, 143, 146, 147, 148, 149, 150, 151
Pedrog Sant 79, 91, 92
Pencader 51
Penllyn 20
Pen Llŷn 20, 28
Peredur 52
Perthynoliaeth 150
Pla Du 103
Plaid Cymru 15, 152, gw. hefyd Cenedlaetholdeb Cymreig
Plaid Lafur 15, gw. hefyd Llafur
Platoniaeth 13
Pont Menai 121
Preseli xi
Price, Angharad x, 4, 5, 7, 169, 194, 195, 203
Prichard, Caradog 157
Prifysgol Caerdydd vii
Prifysgol Cymru vii
Prifysgol Cymru, Llanbedr Pont Steffan viii
Prifysgol Freiburg 138, gw. hefyd Freiburg
Prifysgol Laval 189
Prifysgol Rhydychen 117
Prifysgol Rydd Amsterdam 193
Prydeindod 7
Pryderi 55
Pumlumom 158, 159, 174

Radhakrishnan, R. 17
Raj, Y 147
Richards, I. A. 162

Roberts, Brynley 54
Roberts, Llion Pryderi ix
Roberts, Thomas 86
Robey, David 170
Robin Nordd 61, 62
Rookmaaker 193
Rousseau, Jean-Jacques 13
Rowland, Jenny 158
Rowlands, Eurys 54
Rowlands, John vii, 2, 105, 153, 154, 155, 158, 166, 167, 172
Ruddock, Gilbert 82, 83, 84, 85, 88, 89, 91, 92, 94
Rwsia 13, gw. hefyd Ffurfiolwyr Rwsia
Rwsieg 49

Rhamantiaeth 11
Rheged 96
Rhodri Mawr 104
Rhufain 2, 81
Rhydderch Hael 101
Rhydderch, Francesca 7
Rhyfel Byd 148
Rhyfel Byd Cyntaf, Y x, 147, 149
Rhyfel Cyntaf y Balcanau 147
Rhyfel y Rhosynnau 80
Rhys ap Gruffudd 51, 58
Rhys ap Maredudd o'r Tywyn 78, 79, 80, 85, 91, 100, 105
Rhys ap Rhydderch ap Rhys 78
Rhŷs, John 116
Rhŷs, Robert vii, xi, 155, 156, 159, 160, 161, 174, 175, 188

Sadwrn 103
Said, Edward viii, x, 23, 44, 47, 48, 50, 64, 138, 139, 140, 143, 144, 145, 146, 148, 150
Salesbury, William 10
San Steffan ix
Sanskrit 143
Saussure, Ferdinand de 189, 190

Mynegai 211

Schweickart, Patrocino P. 164
Seioniaeth 13
Seisnigrwydd 5, 9
Sglefrio ar Eiriau vii, 1, 2, 3, 5, 155, 160
Sherwood, Shirley 137
Sherzer, Joel 127
Sieffre o Fynwy 93
Singer, Milton 129
Siofinistiaeth 31
Sir Benfro 30, 154
Sir Feirionnydd 84, gw. hefyd Meirionnydd
Siwdan 18
Smith, Dai 46
Sofia 138, 140, 149
Sosialaeth 26
Soweto 15, 18
Spivak, Gayatri 44
Sri Lanka 17
Stalin, Joseph 26
'Staliniaeth Lenyddol' 3
Suffolk 61
'Switches' (theori) 161 *et seq*
Sycharth 54

Tagore, Rabindranath 155
Tair Rhamant, Y 202, 203
Talgarreg 12
Taliesin 175
Thomas, Dafydd Elis 154, 155
Thomas, Gwyn (bardd) 29
Thomas, Ned 45, 47, 154, 155, 156, 160, 161, 162, 166, 171
Thomas, William (Islwyn) 157
Thurneysen, Rudolf 143
Tiwnisia 43

Tomas ap Rhys o Dywyn 88, 90
Traethodydd, Y 167, 189
Trebitsch, Rudolf 119, 120
Tretŵr 81
Tribiwnllys Cyflogaeth 15
Tu Chwith viii, 4, 5, 67
Tudur Aled 167
Twrci 147
Tŷ Ddewi 154, 163
Tywyn 76, 78, 82, 83, 86, 102, gw. hefyd Rhys ap maredudd o'r Tywyn

Uffingham 167
Unol Daleithiau 48, 123, 137, gw. hefyd America
Urdd Gobaith Cymru 16, gw. hefyd Eisteddfod yr Urdd

Valin, Roch 189
Van Til 193
Voltaire 2

Welch Regiment 170
Wil Cilan Fawr 20
Wladwriaeth Brydeinig, Y 20, 21, 31
Williams, Chris 42
Williams, Dilys xi, 153, 154, 163, 166, 168, 169, 179
Williams, D. J. 154, 172
Williams, Gruffydd Aled 104
Williams, Ifor 93, 115, 116, 117, 120
Williams, Jac L. 189

Williams, J. E. Caerwyn xi, 130, 153, 155, 164, 165, 167
Williams, J. J. 115
Williams, Raymond viii, 45
Williams, Samuel 95
Williams, Waldo x, xi, 13, 30, 152, 153, 154, 155, 156, 157, 158, 159, 160, 161 *et seq.*, 163, 164, 166, 167, 169, 170, 172, 173, 174, 175, 176, 179, 180
Williams, William (Crwys, 1875–1968) 119
Williams, William (Pantycelyn, 1717–91) 157
Wittgenstein, Ludwig 4

Ymerodraeth Brydeinig 41, 45, 46
Ynys Manaw 119
Ynys Môn 116, gw. hefyd Môn
Ysgol Friars, Bangor 116
Ysgrifau Beirniadol vii
Ystrad Fflur 104